역주
양직공도

역주

양직공도

한원연구회

책머리에

「양직공도」는 훗날 양 원제(元帝)가 되는 소역(蕭繹)이 형주자사(荊州刺史)로 재임하던 시절에 각국 사신들의 모습을 자필로 묘사한 자료를 기반으로 하고 있다. 소역은 이후 부친인 양 무제(武帝)의 재위 40년을 기념하여 기존의 그림 자료들을 결집하여 긴 두루마리 형태로 만들어 바쳤는데, 이렇게 「양직공도」라는 작품이 만들어졌다.

현재 그 원본은 전하지 않으며, 이를 모사한 그림과 제기들 4종(고덕겸모본·북송모본·염립본모본·장경모본)이 남아있을 뿐이다. 또 각 모사본들은 사신의 수와 세세한 표현, 기재 순서 등의 면에서 적지 않은 차이가 발견되며, 원본처럼 사신도와 해당 국가의 제기(설명문)가 함께 기재된 것은 북송모본 1종에 불과하다.

6세기경 양나라를 방문했던 각국 사신들의 용모와 복식을 자세히 묘사한 이 작품은 기존에 파악하기 어려웠던 귀중한 시각 정보들을 전해주고 있으며, 제기는 기존 문헌과 일치하지 않는 많은 기록을 담고 있어서 고대 역사상을 새롭게 들여다볼 수 있게 한다. 따라서 「양직공도」는 최초 모사본이 공개된 1960년대 이래로 많은 연구자들의 관심을 받아왔다. 특히 한국사 분야에서는 고구려·백제·신라의 사신도와 더불어 그 제기가 주목받았고, 이들의 외교적 행적을 고대 동아시아의 국제관계상에서 조명할 수 있는 중요한 단서로 평가받았다.

다만 이를 사료로 활용하기 위해서는 각 모사본들의 성격에 대한 규명이 먼저 이루어져야 하며, 제기에 대해서도 신중하고 장기적인 연구를 필요로 한다. 현재까지 국내에서 「양직공도」 자체에 대한 연구는 매우 부족한 실정이며, 대체로 한반도의 고대 역사와 관련된 그림과 제기 자료들만을 중심으로 논의가 이루어졌을 뿐이다.

특히 중국과 일본에서는 「양직공도」 연구의 기본이 되는 모사본의 각국 제기에 대한 전체적인 판독과 역주, 그리고 다른 사서에 일부나마 인용되어 있는 제기의 현황 등에 대한 파악이 어느 정도 진행되기도 했으나, 국내의 연구는 여전히 미진한 점이 많다. 이 때문에 연구자들이 「양직공도」라는 사료를 연구에 적극적으로 활용하는 데에도 일정한 어려움이 있었던 것이 사실이다.

이에 한원연구회에서는 총 23명의 연구자들이 참여하여 2019년 5월 18일부터 거의 매월 세미나를 열었고, 여기서 「양직공도」의 사신도 분석과 더불어 제기에 대한 판독과 역주 작업을 진행했다. 사료가 방대한 양이었기에 많은 시간과 공력을 필요로 했으며, 다른 한편으로 코로나19의 대유행으로 한동안 비대면으로 모여서 논의하는 등 어려움도 적지 않았다. 하지만 많은 분들의 적극적인 참여로 꾸준히 강독회를 진행했으며, 2021년 가을에는 국립해양박물관과 함께 학술대회(「「양직공도」와 동아시아 해상 네트워크」, 국립해양박물관, 2021.10.22.)도 개최하는 등 자료 자체에 대한 연구도 함께 진행하였다. 그 외에도 역주가 마무리될 즈음인 2023년 7월에는 「양직공도」에 사신도가 보이는 중앙아시아의 우즈베키스탄과 투르크메니스탄·타지키스탄 일대를 답사하기도 하였다.

많은 연구자들의 꾸준한 참여와 관심 속에 긴 과정을 거쳐 결국 역주서를 완성하게 되었다. 참여하신 한분 한분이 모두 감사한 분들이다. 지면을 빌어 모든 분들께 감사의 말씀을 올리고 싶다. 특히 역주의 진행 과정에서 많은 조언을 해주신 윤용구 선생님(경북대), 세미나 운영과 최종 편집작업의 실무를 담당하셨던 전상우 선생님(단국대), 백다해 선생님(동북아역사재단), 원고의 교정 작업에 도움을 주신 남소연(서울시립대), 남혜민(연세대), 이일규(연세대), 정지은(동국대) 선생님께도 감사드린다. 또 최근 병환으로 치료를 받고 계신 이용현 선생님의 쾌유를 비는 마음도 함께 전하고 싶다. 마지막으로 기꺼이 출판을 맡아주신 주류성출판사에도 큰 감사의 말씀을 올린다.

2025년 9월
한원연구회 대표
안정준

목차

책머리에 ··· 004

「양직공도(梁職貢圖)」의 텍스트와 연구동향 ··· 008

일러두기 ··· 031

범례 ··· 035

「양직공도」 세계의 지도 ··· 036

「양직공도」 서문 ··· 037

노국(魯國) ··· 040

예예국(芮芮國) ··· 050

하남왕국(河南王國) ··· 057

중천축국(中天竺國)·북천축국(北天竺國) ··· 063

사자국(師子國) ··· 072

갈반타국(渴盤他國) ··· 079

무흥국(武興國) ··· 087

고창국(高昌國) ··· 098

천문만(天門蠻)	⋯ 113	말국(末國)·위국(爲國)	⋯ 272
건평만(建平蠻)	⋯ 119	임읍국(林邑國)	⋯ 280
임강만(臨江蠻)	⋯ 124	파리국(婆利國)	⋯ 287
활국(滑國)	⋯ 129	탕창국(宕昌國)	⋯ 296
파사국(波斯國)	⋯ 142	낭아수국(狼牙脩國)	⋯ 305
백제(百濟)	⋯ 157	등지국(鄧至國)	⋯ 314
구자(龜茲)	⋯ 175	위국(爲國)	⋯ 323
왜국(倭國)	⋯ 184	간타리국(干陀利國)	⋯ 324
고구려(高句驪)	⋯ 201	부남국(扶南國)	⋯ 330
우전국(于闐國)	⋯ 215	여단국(女蜑國)	⋯ 336
신라(新羅)	⋯ 233	백목조국(白木條國)	⋯ 340
주고가국(周古柯國)	⋯ 242		
가발단국(呵跋檀國)	⋯ 250	**필자소개(가나다 순)**	⋯ 344
호밀단국(胡蜜丹國)	⋯ 256	**참고문헌**	⋯349
백제국(白題國)	⋯ 264	**색인**	⋯360

해제

「양직공도(梁職貢圖)」의 텍스트와 연구동향

목차	

I. 머리말
II. 「양직공도」의 모본
  1. 모본 4종의 내용
  2. 「양직공도」 제기와 『양서』 제이전(諸夷傳)
	III. 연구 현황과 과제
	  1. 1기: 1960~1986
	  2. 2기: 1987~2010
	  3. 3기: 2011~2025
	IV. 맺음말

I. 머리말

「양직공도(梁職貢圖)」는 남조(南朝) 양무제(梁武帝)의 제7자 소역(蕭繹, 후에 원제, 508~554)이 형주자사(荊州刺史) 재임 시(526~539)에 주변 외국(外國) 사신의 용모를 자필로 묘사한 두루마리 그림('화권(畵卷)' 혹은 '권축화(卷軸畵)')이다.[1] 문헌으로만 전해지던 「양직공도」가 남경박물원(南京博物院)에 남아 있다는 사실은 1960년 중국의 미술사가 진웨이누오(金維諾, 1924-2018)에 의해 처음 알려졌다.[2] 곧 북송 희녕(熙寧) 10년(1077)에 장차율(張次律) 소장본 「양직

---

1) 蕭繹은 두 차례(526년~539년, 547년~552년) 형주자사를 역임하였으나, 『양직공도』의 완성은 처음 형주자사를 마친 540년을 전후한 시기로 여겨지고 있다. 정동준, 2022, 「蕭繹의 생애와 《梁職貢圖》의 편찬」, 『선사와 고대』 68, p.177
2) 金維諾, 1960, 「職貢圖之時代與作者」, 『文物』 1960-7, pp.14~17; 2004, 『中國美術史論集』(上卷), 黑龍江美

공도」를 모사하고, 소송(蘇頌, 1020~1101)이 장정(裝幀)한 채색(彩色) 견본(絹本)의 잔권(殘卷)으로 추정되었다.[3]

남경박물원 소장 북송대 모사본(이하 '북송모본(北宋摹本)'으로 약함)에는 12개국 사신도(使臣圖)와 해당국의 기원과 지리 풍속 및 양대(梁代) 이르는 교섭 기사가 적힌 13개국의 제기(題記)가 붙어있다. 특히 해당국의 제기에는 『양서』 제이전(諸夷傳)에 누락된 기사가 적지 않다. 때문에 「양직공도」는 남조 양대(梁代)의 대외관계사는 물론이고 회화사, 복식사 등 여러 학문 분야에서 높은 관심과 연구가 이루어졌다.

「양직공도」 '북송모본'의 존재가 알려진 지 20여 년이 지난 1987년 타이베이(臺北)의 고궁박물원(故宮博物院)에 또 다른 모본 2종이 있다는 사실이 에노키 카즈오(榎一雄, 1913-1989)에 의해 소개되었다.[4] 뒤이어 2011년에는 연대 미상의 「양직공도」를 1739년 화론가(畫論家) 장경(張庚, 1685~1760)이 모사하였고, 이를 19세기 말 지이시통(葛嗣浵, 1867~1935)이 제기만을 재록한 「청장경제번직공도권(清張庚諸番職貢圖卷)」(이하 '장경모본'으로 약함)이 자오찬펑(趙燦鵬, 1970~현재)에 의해 발견되었다.[5] 이 때문에 「양직공도」 연구는 1960년 '북송모본'의 발견 이후 새로운 모본이 발견될 때마다 진전되었다. 이에 따라 「양직공도」의 텍스트가 되는 4종의 모본이 공개된 시기를 분기로 연구의 추이와 쟁점을 정리해 보고자 한다.[6]

Ⅱ. 「양직공도」의 모본

1. 모본 4종의 내용

양원제 소역이 그린 「양직공도」의 원본은 남아 있지 않지만, 〈표 1〉에서 보는대로 모사(模

術出版社, pp.114~118.
3) 金維諾, 1960, 위의 논문, p.118.
4) 榎一雄, 1987a, 「故宮博物院(台北)所藏の梁職貢図について」, 『東洋文庫書報』 19, 東洋文庫, pp.60~63.
5) 趙燦鵬, 2011a, 「南朝梁元帝《職貢圖》題記佚文的新發現」, 『文史』 94, 中華書局, pp.111~118.
6) 본고는 필자의 「6세기 세계사를 보는 窓: 《梁職貢圖》」, 『白山學報』 130(2024.12)에 수록된 글의 제목과 내용을 수정 보완한 것이다.

寫)한 텍스트(摹本, 模本) 4종이 전해지고 있다. 먼저 1960년 재발견된 북송모본(北宋摹本)이다. 여기에는 현재 12개국의 사신도와 13개국의 제기가 남아 있다. 다른 두 점은 앞서 언급한 대로 1987년 알려진 「남당고덕겸모양원제번객입조도(南唐顧德謙摹梁元帝蕃客入朝圖)」와 「당염립본왕회도(唐閻立本王會圖)」이다(이하 고덕겸모본, 염립본모본으로 약함). 여기에는 제기 없이 각기 33국과 25개국의 사신도와 이어서 국명만 이름표처럼 방제(旁題)되어 있다. 끝으로 2011년 소개된 장경모본(張庚摹本)(「청장경제번직공도(淸張庚諸番職貢圖)」)이다. 현재 18개국의 제기만이 전하고, 사신도에 대해서는 크기와 함께 '일국화일인(一國畵一人)'씩 총 18인의 인물상이 종이에 백묘(白描·墨本)로 그려져 있다는 기록을 남기고 있다.

「양직공도」에 수록된 외국 사신의 총 수효는 35개국 내외로 추정되고 있다. 그 분포는 동으로 왜국, 서쪽으로는 서역을 넘어 파사국(波斯國), 남으로는 임읍(林邑)을 지나 동남아시아와 인도 각지에 걸쳐있다.(<그림 1> 참조)

그런데 「양직공도」 모본에 보이는 사신의 수효, 배열순서, 용모와 복장, 그림의 소재, 채색 여부, 화법이 모두 다르다. 특히 2~3폭씩 남아 있는 같은 국가의 사신의 용모, 연령, 복장에서 차이가 뚜렷한데서 알 수 있으며, 이는 백제를 비롯하여 고구려·신라·왜국 사신도 또한 마찬가지다.

<표 1> 「양직공도」 모본 4종의 속성

명칭	연대/모사자	소재/색상	크기(本幅)	내용	특이 사항
고덕겸 모본	五代南唐/顧德謙	紙/白描	26.8cm×531.5cm	33국 使臣圖(無名 사신 2인 포함) 國名 표기 외 題記 없음	8片의 그림이 하나로 연접되어 있음.
북송 모본	北宋 熙寧10년 (1077) / 蘇頌	絹/彩色	25cm×405.4cm (現 25cm×198cm)	본래 25國 使臣圖 및 題記 (現 12국 사신도, 13국 제기 傳存)	溥儀 出宮時 (1924년) 竊取 賣却, 南京博物院 購入 前 소실
염립본 모본	未詳 (明末 印記)	絹/彩色	28.1cm×238.1cm	24국 使臣圖 國名 표기 외 題記 없음	唐 閻立本의 眞蹟으로 보기 어려움.
장경 모본	淸 乾隆4년 (1739)/ 張庚	紙/白描	28.2cm×406.9cm	18국 使臣圖 및 題記 (現 18국 題記만이 傳存)	'張庚摹本' 소재 불명.

• 명칭 약호(略號)
• 「고덕겸모본」: 南唐顧德謙摹梁元帝蕃客入朝圖
• 「염립본모본」: 傳唐閻立本王會圖
• 「북송모본」: 南京博物院 舊藏 北宋摹本
• 「장경모본」: 淸張庚諸番職貢圖

여기에 당송(唐宋) 이래 「양직공도」를 소장(所藏)·소견(所見)한 기록까지 참조하면 사신도의 수효와 기재 순서가 다른 모본은 근 20종에 달한다.[7] 적게는 9개국부터 35개국까지 각기 다른 그림 소재, 채색 유무, 사신도의 배열도 다양하다.

이는 「양직공도」 전체 35국 내외의 원도(原圖)가 전존과정에서 훼손되고, 재편집이 반복되는 과정에서 생겨난 것으로 보인다. 다른 한편으로는 처음부터 수요자의 취향과 요구에 따라 소재, 색상, 사신도의 배열 등이 별도로 편집되기도 하였다.[8] 사신도와 마찬가지로 그에 방제된 각국의 제기 또한 분량, 내용, 기재 순서에 있어서 차이가 크게 나타난다.

실제로 북송모본과 장경모본 모두에서 확인되는 활국(滑國, Hephthalites) 등 11개 제기를 비교하면, 북송모본에 기사 내용이 많은 것이 3개국, 서로 비슷한 사례가 4개국, 장경모본이 많은 것이 4개국으로 나타난다. 또한 북송모본에 없는 내용이 장경모본에 적지 않게 나타난다. 108자(字)나 적은 파사국(波斯國)의 경우 북송모본에 없는 토산물품이 확인된다.

기사 배열에 있어서도 장경모본은 지리풍속+교섭기사 순으로 기록한 사례가 많은 반면, 북송모본에서는 그 반대로 된 것이 두드러진다. 또한 기록이 간략한 경우에도 역사지리+교섭+풍속의 대강은 기록하였다. 특히 풍속은 복식 기록을 중심으로 정리한 사례가 많다. 이는 장경모본이 사신도에 그려진 인물의 용모와 복식을 표현하는데 주안점을 둔 것으로 생각된다. 반면 사신도의 정치 상황, 국서와 조서의 내용, 국가조직 등의 내용은 삭제 혹은 축약하였다.[9]

이처럼 사신도와 함께 제기 또한 내용과 기재 방식이 다양하게 나타난다. 따라서 「양직공도」의 원도(原圖)가 채색의 분본(粉本)인지 아니면 흑백의 백묘(白描)로 그려졌는지 알 수 없어도, 고덕겸모본과 같이 완질(完帙)에 가까운 것이 있는가 하면 지역별 사신도만을 나누어 제작한 모본도 상정할 수 있겠다. 이미 살펴본 대로 제기가 있는 것과 없는 모본이 있었으며, 그 제기 또한 사신도의 수효와 마찬가지로 원문에서부터 여러 분량의 초록본(抄錄本)이 있었다고 여겨진다.

---

7) 尹龍九, 2012b, 「《梁職貢圖》의 流傳과 摹本」『木簡과 文字』9. pp. 132~133 표2. 「梁職貢圖」소장·소견일람.
8) 尹龍九, 2012b. 위의 논문, pp.128~131.
9) 尹龍九, 2012b. 위의 논문, p.135.

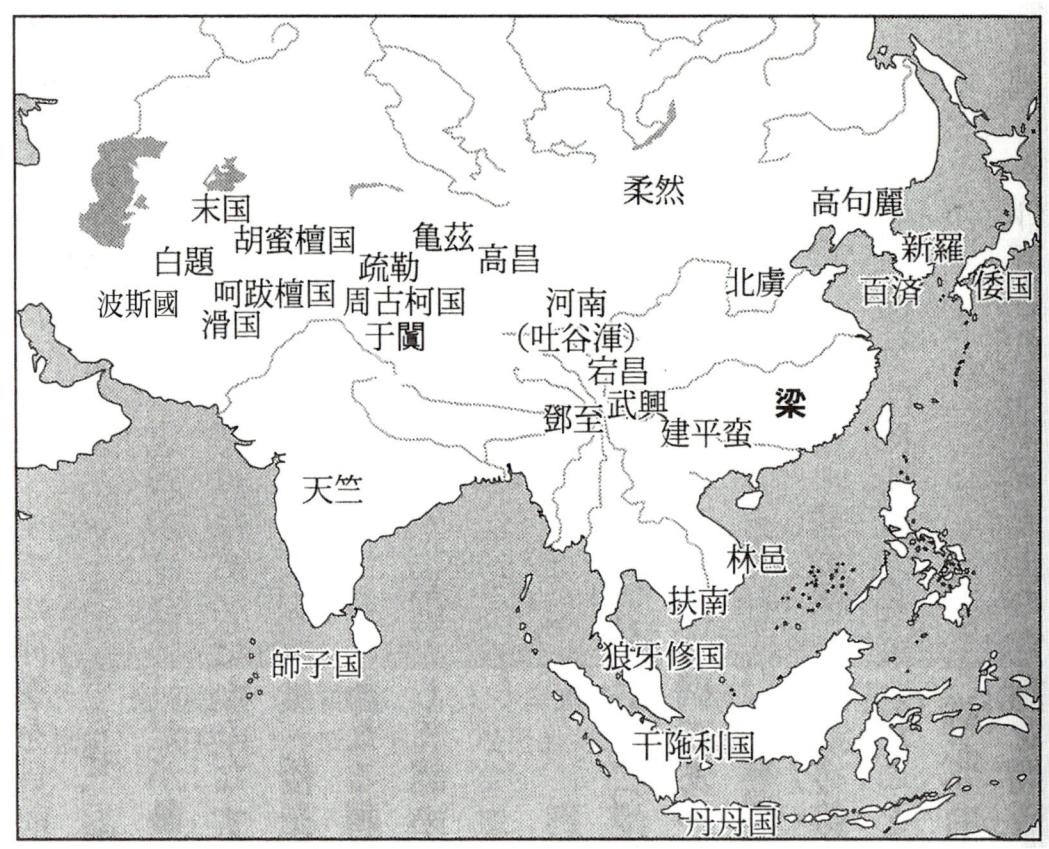

<그림 1> 「양직공도」에 수록된 나라들
河上麻由子, 2019, 『古代日中關係史』, 中公新書 2533, p.23 <그림 1-4>를 토대로 재구성

그러나 정작 「양직공도」 텍스트 이해의 걸림돌은 소역의 「직공도」 외에도 양무제 초기에 활동한 강승보(江僧寶)의 「직공도」, 배자야(裴子野, 467?~530?)의 「방국사도(方國使圖)」가 있었던 점이다.[10] 특히 「방국사도」에 수록된 20개국은 사신도와 함께 지리 풍속 기사를 적은 제기가 붙어 있다고 한다. 형식과 내용상 「양직공도」와 같았던 것으로 여겨지고 있다. 또한 강승보의 '직공도(御像職貢圖)' 3권도 상세한 내용은 알 수 없으나 당대(唐代)까지 전하고 있었다.

이 밖에 남조대 외국 사신과 공물(貢物)의 모습은 서역계 화공들에 의하여 수없이 그려졌

---

10) 余太山, 1998, 『梁書·西北諸戎傳』與《梁職貢圖》:兼說今存《梁職貢圖》殘卷與裴子野《方國使圖》的關係」, 『燕京學報』 新5期, 北京大學出版社; 2003, 『兩漢魏晉南北朝正史西域傳研究』, 中華書局, pp.61~62.

다. 고구려의 경우만 하여도 육탐미(陸探微, ?~485)가 그린 「고려자백마도(高麗赭白馬圖)」·「손현착고려의도(孫夐著高麗衣圖)」를 비롯하여, 고보광(顧寶光)의 「고려투압도(高麗鬪鴨圖)」 등이 당대 사서의 예문지와 화론서(畫論書)에 전하고 있다.[11] 4종의 모본은 그 저본이 모두 다르다는 결론도 이러한 점에서 수긍이 가는 연구라 하겠다.[12] 그러므로 「양직공도」 모본 사이의 상이한 모습은 원도(原圖)와 그에 방제된 제기(題記)가 전존되는 과정에서 훼손, 그리고 모본 수요자의 요구에 따른 반복된 편집 외에 남조대 제작된 복수의 '직공도' 형식의 도서(圖書)가 복합된 결과였다.[13]

2. 「양직공도」 제기와 『양서』 제이전(諸夷傳)

「양직공도」 제기는 636년에 완성된 『양서』 제이전에 주된 자료로 활용되었다. 제기에 없는 내용이 『양서』에 보이면 찬자 요사렴(姚思廉, 557~637)이 다른 자료를 통해 보충한 것으로 알려져 왔다.[14] 이는 두 자료 이해에 통설로 여겨져 왔다.[15] 하지만 현재 전하는 「양직공도」의 제기는 남조 양대의 원전을 충실히 전하는 것이 아니라는 점에서 그 동안의 통설은 재검토 되어야 한다.

우선 「양직공도」에 수록된 국가가 대부분 『양서』에 입전되었지만, 노국(魯國)·백목조국(白木條國)·천문만(天門蠻)은 빠져있다. 그런데 남아 있더라도 상당부분 축약하였다. 북송모본과 장경모본에 100자 내외의 제기가 기록된 주고가국(周古柯國)·호밀단국(胡蜜檀國)·가발단국(呵跋檀國)의 경우는 30자 안팎의 내용만이 『양서』에 전한다. 반대로 분량은 늘었지만, 제기의 내용이 아닌 앞선 시기의 기사로 채운 경우도 있다. 『삼국지』 동이전의 기록으로 채운 고구려·왜국의 제기가 여기에 해당한다.[16]

---

11) 尹龍九, 2012b, 앞의 논문, p.131.
12) 米婷婷, 2016, 「梁职贡图摹本源流初探」 中国艺术研究院 硕士学位论文, pp.18~43.
13) 尹龍九, 2012b, 위의 논문, pp.129~130.
14) 金鍾完, 1981, 「梁書 東夷傳의 文獻的 檢討」『又石大論文集』3, pp.155~174; 全海宗, 2000, 「梁書 東夷傳의 研究」, 『學術院論文集』39(人文社會科學篇), pp.1~38.
15) 金鍾完이 「백제국기」와 『양서』 백제전을 비교한 것에서도 재확인된 바 있다(金鍾完, 2000, 위의 논문, p.51).
16) 尹龍九, 2019, 앞의 논문, p.69.

북송모본과 장경모본의 제기를 비교할 때도 마찬가지다. 구자국(龜茲國)을 제외하면 분량에서 장경모본은 북송모본과 비슷하거나 적은 것이 반반이다. 하지만 장경모본의 활국(滑國)·파사국(波斯國)·백제국(百濟國) 제기는 북송모본에 비해 크게 축약되었다. 장경모본이 적은 것은 북경모본의 제기에 보이는 해당국의 정치 상황, 표문(表文), 관료조직 같은 내용을 삭제 혹은 간략히 한 때문이다. 그런데 장경모본에 생략 혹은 축약한 내용은 『양서』 제이전에서도 찾기 어렵다.

백제의 '방소국(旁小國)'에 관한 내용이 『양서』에 누락된 것이 대표적인 사례이다. 하지만 생략한 이유는 '장경모본'과 『양서』 제이전이 같지 않았다. 활국·파사국 제기에서 보듯이 장경모본은 사신도에 그려진 인물의 용모와 복식을 이해하는데 서술의 주안점이 두어진 듯하다. 반면 제이전의 경우는 『양서』가 편찬되던 당태종 정관(貞觀) 연간(627~649)의 국제관계에 따른 정치적 문제와 관련된 듯하다. 곧 당에 적대적인 백제는 정복의 대상이지, 신라 등 부용국을 거느리고 조공하는 외신(外臣)으로 인정하지 않겠다는 의미라 보여진다.

이런 점에서 장경모본의 발견으로 새로 확인된 고구려, 신라(斯羅) 제기, 그리고 기존에 알려진 북송모본에 수록된 백제국기와 『양서』 제이전의 비교도 새롭게 이해할 수 있게 되었다. 특히 북송모본에도 본래는 고구려(高句麗)와 신라(新羅)의 제기가 있었다는 점이다. 청대 황실 소장의 서화 카탈로그인 오승(吳升)의 『대관록(大觀錄)』(권11, 당염립덕왕회본[唐閻立德王會本])과 『석거보급초편(石渠寶笈初編)』(권32, 당염립덕직공도[唐閻立德職貢圖])의 '북송모본'에 해당하는 항목에 고구려와 신라가 모두 수록되어 있기 때문이다.[17] 이들 자료에 따르면 고구려, 신라만이 아니라, 우전(于闐)·중천축(中天竺)·사자국(師子國)·북천축(北天竺)·갈반타(渴槃陀)·무흥번(武興番)·고창국(高昌國)·천문만(天門蠻)·건평단(建平蜑)·임강단(臨江蜑)까지 12개국의 사신도와 제기가 청대까지 전해지고 있었던 것이다. 현재 전하는 북송모본에 없는 것은 민국초(民國初) 폐위된 선통제 푸이(溥儀, 1906~1967)에 의해 민간에 유출된 후 소실된 때문이었다.[18]

---

17) 尹龍九, 2012b, 앞의 논문, p.134 표3 참조.
18) 楊仁愷, 1994, 『國寶沈浮錄-故宮散佚書畫見聞考略』, 上海人民美術出版社, pp.139~140.

Ⅲ. 연구 현황과 과제

1. 제1기: 1960~1986

1960년 미술사가인 진웨이누오(金維諾)는 남경박물관에 당염립본(唐閻立本) 혹은 염립덕(閻立德)의 그림으로 전해오던 「직공도」는 북송대 모본이며, 그 원도는 양원제 소역이 540년경에 완성한 「양직공도」라는 사실을 처음으로 밝혔다. 그것은 사신도가 당 이전의 화법이며, 제기의 내용이 『양서』 제이전과 대체로 부합할 뿐 아니라 교섭기사의 경우 양대를 끝으로 하고 있는 점을 근거로 들었다. 하지만 이듬해 첸종미엔(岑仲勉, 1885-1961)은 제기에 오탈자가 많은 것은 원도의 모사가 아니며, 그 저본은 수당대(隋唐代) 모본으로 추정하였다.[19]

1963년 이후 「양직공도」 연구는 서역(西域)과 중앙아시아를 중심으로 동서교섭사를 전공한 일본의 에노키 카즈오(榎一雄)에 의해 주도되었다. 북송모본에 대한 상세한 서지학적 분석으로부터, 당송에서 명청 대에 이르는 「양직공도」의 전승(流傳) 양태를 추적하였다. 이를 통해 「양직공도」는 소역의 창작은 아니고, 그에 앞서 배자야(裴子野, 469~530)가 양무제 초기에 입조한 20국의 사신을 그린 「방국사도(方國使圖)」를 저본으로 증보한 것이며[20] 그 완성은 늦어도 539년경으로 추정하였다.

계속하여 에노키 카즈오는 남송대 부흠보(傅欽甫) 소장의 직공도를 소견(所見)하고 남긴 누약(樓鑰, 1137~1213)의 문집(『공괴집(攻媿集)』 권75, 「부흠보소장직공도(傅欽甫所藏職貢圖)」)에서 20개국의 제기 가운데 양과의 교섭기사 등을 발췌('姑紀略論')한 제기를 찾아내기도 하였다.[21] 여기에는 북송모본에 없는 백제와 왜국의 기사가 남아 있어 주목을 요한다.[22]

에노키 카즈오를 비롯한 일본의 연구자들은 북송모본에 수록된 '왜국사도(倭國使圖)'에 대해 지대한 관심을 보였다. '백제사도(百濟使圖)'를 비롯하여 의관을 정제하고 단정한 모습의 10개국 사신도와 달리 왜국사도(倭國使圖)는 낭아수국 사신과 함께 맨발(徒跣)에 몸에는 천을

---

19) 岑仲勉, 1961, 「現存的職貢圖是梁元帝原本嗎」『中山大學學報』(社會科學) 1961-3; 1981, 『金石論叢』, 上海古籍出版社, pp.476~483.
20) 榎一雄, 1964, 「滑國に關する梁職貢圖の記事について」『東方學』27; 1994, 『榎一雄著作集』7, p.126.
21) 榎一雄, 1964(1994), 위의 논문, pp.176~183.
22) 尹龍九, 2012a. 앞의 논문, pp.249~251.

둘둘 감아 묶은 모습을 보여주고 있다. 그 제기 또한 남조대 왜국의 사정이 아니라 『삼국지』 왜인전을 축약한 것이었다. 요컨대 양과의 교섭이 없었던 왜국에 대한 사정을 모른 채 『삼국지』 단계의 전문(傳聞)에 사신도를 그렸다고 이해하였다.[23)]

「양직공도」에 남아있는 백제국사도에 대한 관심은 북한 연구자에 의해 시작되었다. 특히 진웨이누오에 앞서 백제국사도의 존재는 북한의 미술사가 김용준(金瑢俊, 1904-1967)이 처음 소개하였다.[24)] 사신도 옆에 쓰인 「百濟國記」의 내용이 『양서』 백제전에서 찾아 진다는 점을 알고 있었지만, 「양직공도」 모본이라는 사실을 인식하지는 못하였다. 그러나 그가 1958년 가을 남경박물원을 방문하고, 백제국사도와 그에 방제된 백제국기를 모사하여 남조 양대 백제복식의 새로운 자료로 제시한 것은 북송모본의 존재를 처음 보고한 것으로[25)] 평가되어 마땅하다. 이와 별개로 에노키 카즈오를 비롯한 일본에서의 연구가 본격화되던 시기 이홍직(李弘稙)에 의해 백제의 사신도와 제기가 분석되었다. 특히 제기 가운데 반파(叛波) 등 9개의 '방소국(旁小國)' 위치를 비정하여 이후 연구의 토대가 되었다.[26)]

2. 제2기: 1987~2010

1987년 에노키 카즈오는 대만 고궁박물원에 소장된 오대남당(五代南唐)의 고덕겸(高德謙)이 33개국의 사신도를 모사한 흑백(白描)의 직공도('고덕겸모본')과[27)] 25개국의 사신도만 있는 채색의 '당염립본왕회도(唐閻立本王會圖)'의 존재를 발표하였다.

대만 고궁박물원의 모본 2종은 1999년 후카즈 유키노리(深津行德, 1960~현재)에 의해 상세

---

23) 西嶋定生, 1963, 「職貢圖卷·倭國使」『世界美術大系』 8(中國美術 1), 講談社, p.202 및 p.204; 1964, 「倭國使圖」『現代のエスプリ』 6, p.182; 上田正昭, 1964, 「職貢圖倭人の風俗」『風俗』 3-4; 1968, 「職貢圖の倭國使について」『日本古代國家論究』, 塙書房, pp.477~480; 榎一雄, 1985, 「描かれた倭人の伊節―北京博物館藏〈職貢圖卷〉」『歷史と旅』 12-2; 1994, 『榎一雄著作集』 7, pp.162~174.
24) 김용준, 1959, 「백제 복식에 관한 자료」『문화유산』 1959-6, pp.64~66.
25) 정찬영, 1962, 「량 원제의《직공도》에 대하여」『문화유산』 1962-6, pp.56~59.
26) 李弘稙, 1965, 「梁 職貢圖 論考 -특히 百濟國 使臣 圖經을 中心으로」『高麗大學校開校60週年紀念論文集(人文科學篇)』, pp.295~325; 『韓國古代史의 硏究』, 新丘文化社, pp.408~425.
27) 榎一雄, 1987b, 「梁職貢圖の起源」『東方學會創立四十周年紀念 東方學論集』; 1994, 『榎一雄著作集』 7, pp.83~105.

한 조사 결과가 발표되었다.28) 곧 대만 고궁박물원의 사신도 2종은 북송모본과는 서로 다른 「양직공도」 모본이며, 북송모본의 사신도가 옷에 붉은색을 일률적으로 칠하는 등 획일적인데 반해, 염립본모본 인물과 복식 묘사에 있어서 매우 상세하다고 보았다. 이는 처음 알려진 북송모본이 제기에 주안점이 두어진 반면, 대만 고궁박물원의 2종의 모본은 사신도에 장점이 있다는 것으로 해석되었다.

후카즈 유키노리의 보고서 말미에는 북송모본을 비롯하여 고덕겸모본, 염립본모본 등 새로운 모본 2종의 선명한 채색 도판이 실려 있어 사신도와 제기에 묘사된 화법, 복식 등에 대한 새로운 연구의 계기가 되었다. 이에 대하여 구오화이위(郭懷宇)는 사신도의 옷차림과 제기의 복식 기사가 대부분 부합하지 않는다는 점을 지적하면서, 북송모본을 통해 남조의 권축인물화풍(卷軸人物畵風)을 논하기 어렵다고 보았다.29)

한편 이 시기 북송모본에 대한 문헌적 연구에 진전이 있었다. 하나는 소역의 「양직공도」의 제작시기에 관한 왕쑤(王素)의 연구였다. 그는 소역이 그린 직공도의 명칭이 문헌에 따라 「번객입조도(蕃客入朝圖)」·「직공도(職貢圖)」·「공직도(貢職圖)」 등 3가지 나타나는 깃을 근거로 하여 「양직공도」가 3단계를 거쳐 완성되었다고 보았다. 1단계(번객입조도)는 형주자사 재임시 제작(526~536), 2단계(직공도)는 양무제 재위 40년(540)을 기념하여 그린 증보판, 3단계(공직도)는 북경모본에 수록된 갈반타국(渴盤陁國)이 무제 중대동(中大同) 원년(546)에 처음 양에 입공한 사실에 근거하여 소역이 원제로 즉위한 554년 최종적으로 완성되었다는 것이다.30)

또 하나는 「양직공도」의 제작과 관련하여 위타이샨(余太山)은 북송모본에 수록된 활국을 비롯한 10국의 사신도와 관련 제기는 배자야의 「방국사도」를 기초로 작성되었다는 것을 분명히 하였다.31) 「양직공도」가 소역의 창작은 아니고, 「방국사도」를 저본으로 증보한 것이라는 에노키 카즈오 연구를 재확인 한 것이다. 왕쑤의 주장대로 3단계를 거쳐 「양직공도」가 완

---

28) 深津行德, 1999, 「臺灣故宮博物院所藏『梁職貢圖』模本について」, 『朝鮮半島に流入した諸文化要素の研究 2』 (學習院大學東洋學硏究所 調査硏究報告 44), pp.41~99.
29) 郭懷宇, 2011, 「《職貢圖》的時代風格再硏究」, 『美術』 2011-2, 中國美術家協會, pp.112~115.
30) 王素, 1992, 「梁元帝《職貢圖》新探」, 『文物』 1992-2, pp.72~80.
31) 余太山, 1998, 앞의 논문, pp.61~62.

성되었는지는 분명치 않지만,[32] 양대에 여러 차례 직공도 제작이 있었음을 짐작할 수 있는 대목이다.

사신도와 관련해서도 새로운 문제 제기가 있었다. 대만 고궁박물원 소장 염립본모본에 나타난 고구려 사신의 모습은 마치 실제 보고 그린 것 처럼 사실적이고, 그것이 『한원(翰苑)』에 인용된 「양원제직공도」의 고구려 복식에 대한 기록과 부합하는데도 정작 『양서』 고구려전에 반영되지 않은 점에 의문을 제기하였다.[33] 곧 『한원』은 「양직공도」를 인용하여 고구려 귀족의 관책(冠幘)에는 금은(金銀)으로 장식하였고, 귀에는 금귀고리를 달았다(貴者冠幘…金銀以鹿耳…穿耳以金環")라고 하였는데, 『양서』 고구려전에는 해당 기록을 볼 수 없으나, 염립본모본 고구려 사신의 모습에서 확인하였던 것이다.

2000년 8월 이진민은 한국 연구자로는 처음으로 대만의 고궁박물원을 방문하여 '염립본모본'과 '고덕겸모본'을 실사하였다. 이를 토대로 양직공도 모본의 서지적 검토는 물론 고구려, 백제, 신라를 비롯한 전체 외국 사신의 복식 전반에 대한 연구 결과를 제출하였다.[34] 최근까지도 「양직공도」를 이용한 복식사 연구의 토대가 되었다.

백제국 제기의 '방소국' 문제에 대해서는 이용현(李鎔賢)의 연구가 주목된다. 특히 에노키 카즈오의 연구를 받아들여 배자야의 「방국사도」를 백제국 제기의 원사료로 이해하면서, 그 「방국사도」는 양 천감(天監) 15년(516)에서 보통(普通) 6년(525) 사이에 편찬된 것으로 추정되고 있다.[35] 이를 통해 6세기 들어 가야 방면 진출을 본격화 하면서 백제 중심의 화이관(華夷觀)인 '방소국관(旁小國觀)'도 구체화되었음을 지적하였다.[36]

한편 김종완(金鍾完)은 「양직공도」가 형주자사 소역에 의해 만들어진 배경에는 형주지역이 장강 상류를 통해 들어오는 서역제국(西域諸國)에 있어서 관문적 위치라는 지리적 장점을

---

32) 王素가 「양직공도」의 마지막 단계로 설정한 「貢職圖」는 「職貢圖」의 이칭이지 별노의 난계를 설정하기 어렵다는 반론이 있다.(정동준, 2022, 앞의 논문, pp.175~177)
33) 李成市, 1988, 「〈梁職貢圖〉の高句麗使圖について」, 『東アジア史上の國際關係と文化交流』(昭和61·62年度文部省科學研究費補助金總合研究(A)研究調査報告書), p.21.
34) 이진민, 2001 「王會圖」와 「蕃客入朝圖」에 묘사된 三國使臣의 服飾 硏究」 서울대학교 석사학위논문; 이진민 外, 2001, 「〈王會圖〉와 〈蕃客入朝圖〉에 묘사된 三國使臣의 服飾 硏究」, 『服飾』 51-3, pp.155~170.
35) 李鎔賢, 1999, 「《梁職貢圖》百濟國使條の〈旁小國〉」, 『朝鮮史研究會論文集』 37, p.177.
36) 李鎔賢, 1999, 위의 논문, pp.186~189.

지적하였다. 그리고 백제국 제기와 『양서』 백제전을 상세하게 비교한 연구도 이 문제 이해의 폭을 크게 넓혀 주었다.[37] 2010년 손영종이 백제국 제기의 9개 '방소국'에 대한 위치 비정을 시도한 글이 발표되었다.[38] 위치 비정에 있어 기존 견해를 염두에 두지 않고 지리지와 언어 풀이로 이루어져 참고할 부분이 있다.

3. 제3기: 2011~2025

2011년 자오찬펑(趙燦鵬)은 「양직공도」의 또 다른 모본이 존재한다는 사실을 발표하였다.[39] 그것은 1739년 화론가(畵論家) 장경(張庚, 1685~1760)이[40] 연대 미상의 백묘(白描) 「직공도(職貢圖)」에 수록된(이하 '장경모본'으로 약함) 18인의 사신도와 제기를 모사하였는데, 19세기 말 지이시통(葛嗣浵, 1867~1935)이 그 제기만을 재록(再錄)한 「청장경제번직공도권(淸張庚諸番職貢圖卷)」(『애일음려서화속록(愛日吟廬書畵續錄)』 권5, 1914)을 자오찬펑이 발견한 것이다. 그는 또 대장경(大藏經) 소재 주석서에서 그 동안 알려지지 않은 노국(魯國)과 백목조국(白木條國)의 「양직공도」 제기 일문(佚文)을 찾아냄으로써, 직공도 연구의 활력을 불어넣었다.[41]

장경모본의 행방은 여전히 알 수 없지만, 지이시통이 재록한 「양직공도」 제기가 공개된 이후 동아시아 학계 전반에서 관련 연구가 활발하게 전개되었다. 무엇보다도 북송모본의 기록과 다른 백제의 제기와 함께 고구려와 신라의 제기가 남아 있어 한국고대사 연구에서도 주

---

37) 金鍾完, 2000, 「《梁職貢圖》百濟國記의 文獻的 檢討」, 『東아시아 歷史의 還流』, 知識産業社, pp.25~52; 2001, 「梁職貢圖의 성립 배경」, 『魏晋隋唐史硏究』 8, pp.29~67.

38) 반파는 성주 벽진면(고령군 성산면), 탁은 함안 칠북면 덕촌리(탁순은 창녕군 덕촌리), 다라는 합천, 전라는 김해 진례, 사라는 신라가 아니라 마한 54국 하나인 駟盧國이며 남원 사등촌, 지미는 산청(혹은 진양) 지수면, 마련은 산음현(산청군) 마연동산(대동여지도의 산청 마연산), 상기문은 남원, 곡성, 구례 일대로, 하침라는 하동군 도무리(혹은 사천군 두음산)에 비정하였다(손영종, 2010, 「《백제국사》그림에 보이는 백제 주변의 소국들에 대하여」, 『력사과학』 2010-4, pp.40~43.

39) 趙燦鵬, 2011a, 앞의 논문, pp.111~118.

40) 張庚(1685~1760), 중국 청대 중기의 문인화가. 초명(初名)은 도(燾), 자는 부삼(溥三)이다. 후에 경(庚)으로 개명하고 자를 포산(浦山), 공지간(公之干). 호를 미가거사(彌伽居士) 또는 과전(瓜田), 백저촌상자(白苧村桑者)라 칭하였다. 왕휘 문하의 우산파 화가이고, 산수화를 비롯하여 진순풍의 화훼화와 白描에 의한 세밀한 인물화도 그렸다. 畵論書로 『國朝畵徵錄』, 『國朝畵徵續錄』, 『浦山論畵』 등을 남겼다(尹龍九, 2012b, 앞의 논문, p.156).

41) 趙燦鵬, 2011b, 「南朝梁元帝《職貢圖》題記佚文續拾」, 『文史』 2011-4, 中華書局, pp.237~242.

목하지 않을 수 없었다. 장경모본이 소개된 직후인 2011년 4월, 일본에서는 스즈키 야스타미(鈴木靖民)의 주도 아래 '직공도연구회(職貢圖研究會)'가 첫 발표회를 시작하였으며, 같은 해 한국에서도 새로운 자료의 출현을 알리면서 흐름에 부응하였다.[42]

장경모본은 갈반타(渴盤陁)를 비롯한 7개국의 새로운 제기를 비롯하여, 찢겨져 전모를 모르던 왜국과 탕창국(宕昌國) 제기가 복원되었으며, 이미 알려진 경우에도 북송모본과의 내용이 다른 부분이 많아 사료적 가치가 높게 평가되었다. 장경모본의 발견 직후 만들어진 일본의 '직공도연구회'는 2012년 1월 일본 고쿠가쿠인대학(國學院大學)에서 '国際シンポジウム("梁職貢図と倭―5·6世紀の東ユーラシア世界")이 개최되었다. 그 결과는 「양직공도」 연구의 새로운 방향을 제시하였다.[43]

2011년 장경모본의 출현은 「양직공도」의 국제적 연구 환경을 일으켰을 뿐 아니라 텍스트 연구를 심화하는데 크게 기여하였다. 특히 여러 모본을 소장하거나 소견한 문헌 기록을 재구성하고, 제기와 『양서』 제이전의 사료적 성격을 새로운 관점에서 볼 수 있는 계기가 되었다. 이 점에 있어서 자오찬펑의 연구는 독보적이다.[44] 또한 「양직공도」를 통해 6세기 전반, 서쪽으로는 지중해와 아시아를 포괄하는 국제관계를 구축하려는 이해를 촉진하였다. 이른바 '동부(東部) 유라시아 세계'라는 새로운 국제관계망을 통해 책봉체제에 바탕한 '고대 동아시아 세계론'의 한계를 극복하려는 시도의 새로운 계기를 만들었다.[45]

이처럼 장경모본의 출현을 계기로 진행된 일본 '직공도연구회'의 2012년 1월의 학술 대회 결과가 2014년 鈴木靖民·金子修一 編, 2014, 『梁職貢図と東部ユーラシア世界』(勉誠出版)로

---

42) 윤용구, 「새로 발견된〈양직공도〉제기-백제국·왜국·고구려국·사라국기의 기초적 검토」 제107회 신라사학회 학술발표회(2011.8.20, 서강대 정하상관); 「현존 <양직공도> 백제국기 三例」, 무령왕릉 발견 40주년 기념 국제학술회의, 2011.10.29, 국립공주박물관

43) 荊木美行, 2015, 「新刊紹介 : 鈴木靖民·金子修一編, 《梁職貢図と東部ユーラシア世界》」, 『唐代史研究』 18, pp.192~197.

44) 赵灿鹏·潘龙威, 2022, 「南朝梁元帝《职贡图》历代摹本著录述略」, 『历史文献与传统文化』 2022-2, pp.121~135 ; 赵灿鹏, 2023, 『南朝梁元帝職貢圖題記釋文校證』, 社會科學文獻出版社.

45) 鈴木靖民, 2012, 「東アジア世界史と東部ユーラシア世界史: 梁の国際関係·国際秩序·国際意識を中心に」, 『専修大学社会知性開発研究センター東アジア世界史研究センター年報』 6, pp.143~163; 鈴木靖民·金子修一, 2014, 『梁職貢図と東部ユーラシア世界』 勉誠出版, pp.3~44; 河上麻由子, 2015, 「職貢圖とその世界観」, 『東洋史研究』 74-1, pp.1~38 ; 정동준, 2021, 「동부 유라시아론이란 무엇인가?」, 『고조선단군학』 46, pp.241~278.

결집된 이후 한국과 중국에서도 새로운 연구 흐름이 조성되었다. 2018년 1월 마한연구원이 주최한 "중국 양직공도(梁職貢圖), 마한제국(馬韓諸國)"의 국제학술회의가 그것이다.[46] 특히 백제국기의 '방소국' 9개국의 존재에 대한 6세기 전반의 존재 의미,[47] '방소국'의 명칭 표기가 백제와의 친소 관계에 따라 비칭과 우호적 표현이 혼재하였다는 점,[48] 백제가 고구려와의 체재 경쟁의 우위에 있음을 보여주기 위해 과거 고구려에 부용화 되었던 신라를 대동하였으리라는 해석이[49] 주목되었다.

장경모본이 발견되고 이를 통해 양직공도 연구의 열기가 일본과 한국 등지에서 확산되자 중국의 자오찬펑·왕쑤를 중심으로 최근 10년간 다수의 성과물이 제출되었다.[50] 최근 중국에서「양직공도」에서 청대에 이르기까지 만들어진 '직공도'를 통한 중국적 세계관 연구와[51] 남해제국(南海諸國)에 대한 관심의 제고도[52] 같은 맥락에서 진행되고 있다. 제기에 대해서는 새로운 자료의 출현에 따른 다각도의 연구가 진행되고 있다.[53] 2019년 고덕겸모본과 염립본모본을 소장하고 있는 대만 고궁박물원에서도 "사방내조(四方來朝): 직공도특별전(職貢圖

---

46) 임영진 외, 2019, 『중국 梁職貢圖 馬韓諸國』, 학연문화사.

47) 임영진, 2019, 「양직공도 마한제국의 역사고고학적 의의」, 『중국 梁職貢圖 馬韓諸國』, 학연문화사, pp.11~29.

48) 박중환, 2019, 「양직공도 '방소국'기사를 통해 본 520년대 백제의 주변국 인식」, 『중국 梁職貢圖 馬韓諸國』, 학연문화사, pp.85~125.

49) 井上直樹, 2019, 「양직공도 백제 제기에 보이는 방소국 재고」, 『중국 梁職貢圖 馬韓諸國』, 학연문화사, pp.228~229.

50) 참고문헌 참조

51) 张勇革, 2011, 「萧绎与阎立本《职贡图》的比较研究」, 『新课程学习·中』 2011-11, pp.168~169; 唐峰, 2011; 李孟彧, 2015, 「从《职贡图》卷到《乾陵王宾像》看初唐时期的对外交流」, 『荣宝斋』 2015-12, pp.124~129; 米婷婷, 2016, 「梁职贡图摹本源流初探」, 中国艺术研究院 碩士學位論文; 莫莹萍·府建明, 2016, 「梁元帝《职贡图》"倭国使"题记二题」, 『北华大学学报(社会科学版)』 2016-4, pp.82~89. 이 시기 중국 측 연구 성과에 대해서는 王文源, 2017, 「梁职贡图研究综述」, 『散文百家(新语文活页)』 2017-8, pp.23~24; 罗建新, 2020, 「中国古代职贡图像研究的回顾与前瞻」, 『中国史研究动态』 2020-2, pp.13~20; 叶原·高丽, 2023, 「异质与差序：宋摹本萧绎《职贡图》中的使节形象」, 『美术』 2023-8, pp.106~113.

52) 권오영, 2017, 「狼牙脩國과 海南諸國의 세계」, 『백제학보』 20, pp.213~237.

53) 王素, 2012, 「梁元帝《职贡图》'龜茲國使'题记疏證」, 『龜茲學研究』 5, pp.139~145; 2014, 「梁職貢図と西域諸国―新出清張庚模本「諸番職貢図巻」がもたらす問題」, 『梁職貢図と東部ユーラシア世界』, 勉誠出版, pp.45~66; 李成市, 2014, 앞의 논문; 赤羽目匡由, 2014, 「新出『梁職貢図』題記逸文の朝鮮関係記事二、三をめぐって」, 『梁職貢図と東部ユーラシア世界』, 勉誠出版, pp.455~476; 米婷婷, 2016, 앞의 논문, pp.44~56.

特別展)"을 개최하고 상세한 도록을 발행하면서 직공도 연구의 흐름에 부응하였다.[54] (<그림 2> 참조)

그런데 중국의 양직공도 연구의 열기는 2013년 본격화된 중국의 국가전략 "일대일로(一帶一路)"를 통한 제국과의 네트워크를 형성한 모범적 사례로서 주목되었다. 하지만 관련 연구는 학술적으로 진행되었다. 연구사의 정리,[55] 「양직공도」 모본에 대한 기초적 연구,[56] 「양직공도」를 당송 이래 소장·열람한 기록을 모본 별로 정리하거나,[57] 초분광 영상기술에 의한 보존 처리 기법의 제안,[58] 장경모본으로 새로 알려진 서역제국에 대한 정보를 중시한 연구가[59] 주목되었다.

이처럼 장경모본이 나온 이후 「양직공도」 연구 열기가 동아시아 전체에 가득하던 2019년부터 한원연구회는 「양직공도」역주를 위한 강독회를 이어 갔으며 2021년 11월 국립해양박물관과 공동으로 "「양직공도」와 동아시아 해상 네트워크"를 주제로 한 학술대회를 개최하였다. 「양직공도」의 텍스트의 전반적인 문제와 함께 남조 양을 중심으로 전개된 대외 관계에 대한 총 6편의 주제가 발표되었다. 북송모본의 백제국기(百濟國記)에 한정된 시각에서 벗어나, 자료와 그것이 보여주는 6세기 동아시아사 연구 전반으로 확산하려는 시도를 보여 주었다.[60]

---

54) 劉芳如·鄭淑方 編, 2019, 『四方來朝: 職貢圖特別展』, 國立故宮博物院.
55) 王文源, 2017, 「梁職貢圖研究綜述」, 『散文百家(新语文活页)』 2017-8, pp.23~24 ; 罗建新, 2020, 「中国古代职贡图像研究的回顾与前瞻」, 『中国史研究动态』 2020-2, pp.13~20.
56) 米婷婷, 2016, 「梁职贡图摹本源流初探」, 中国艺术研究院 碩士學位論文 ; 米婷婷, 2020, 「梁元帝《職貢圖》的形成」, 『魏晋南北朝隋唐史资料』 41, pp.79~93 ; 米婷婷, 2020, 《梁元帝〈职贡图〉基本问题新探》, 北京师范大学博士学位论文.
57) 李昀, 2022, 「梁元帝《职贡图》与唐阎立本《王会图》: 现存《职贡图》摹本题跋辨伪」, 『中国国家博物馆馆刊』 223, pp.91~102.
58) 丁莉, 杨琴, 姜鹏, 徐小蕾, 罗旭东, 张洋, 2022, 「基于高光谱成像技术的中国古代书画研究: 以中国国家博物馆藏《职贡图》(北宋摹本)为例」, 『中国国家博物馆馆刊』 228, pp.148~159.
59) 霍巍, 2022, 「梁元帝《职贡图》与"西戎"诸国」, 『民族研究』 2022-4, pp.90~101.
60) 한원연구회·국립해양박물관, 『2021 학술대회 :「양직공도」와 동아시아 해상 네트워크』 발표자료집 (2021.10.22), pp.5~107.

<그림 2> 장경모본 발견 후 출판된 「양직공도」 연구

Ⅳ. 맺음말

이상에서 현재 전하는 4종의 「양직공도」 모본을 살펴보고, 이들 텍스트의 발견 시기를 분기 삼아 해당 시기 연구 동향을 정리하였다. 먼저 문헌이 아닌 실물을 통한 「양직공도」 연구는 1960년 진웨이누오(1928~2018)가 재발견한 북송모본을 기점으로 시작되었다. 북송모본의 사신도와 그에 방제된 사행국의 제기를 통하여 에노키 카즈오(1913~1989)는 직공도 제작의 기원·『양서』 제이전과의 관계 및 당송대 「직공도」 열람 및 소장 기록을 찾아내어 이 분야 연구의 토대를 마련하였다.

이를 바탕으로 에노키 카즈오는 1987년 대만 고궁박물원에서 당말(唐末)~오대(五代) 무렵 제작된 것으로 추정되는 2종의 모본(고덕겸모본, 염립본모본)을 발견하였다. 백제를 포함하여 신라와 고구려 사신도가 처음으로 확인되었다. 특히 묵본(墨本)과 분본(粉本)의 사신도는 「양직공도」의 전존(傳存)과 모본의 제작만이 아니라, 복식사·회화사로 연구가 심화하는 계기가 되었다.

2011년 자오찬펑(1973~현재)은 1739년 장경(1685~1760)이 작성한 「양직공도」 모본 가운데, 제가 만을 청말 지이시통(1867~1935)이 재록(再錄)한 것을 찾아냈다. 여기에는 고구려국기·신라국기 등 북송모본에 없거나 훼손된 9개국 제기가 포함되어 사료적 가치를 더하였다. 2012년 대규모 국제학술회의를 비롯하여 2013년부터는 중국의 세계 전략인 "일대일로(一帶一路)"에 부합하는 연구 주제로 여겨져 최근 더더욱 활발한 연구가 진행되고 있다.

'장경모본'은 남조 양과 교섭한 서역사 연구의 새로운 계기가 되고 있다. 18개국의 제기 가운데 동아시아 4개 국을 제외한 대부분이 서역 제국의 기록이다. 북송모본과 『양서』 제이전의 해당 기록에 대한 유용한 비교 자료가 되고 있다. 2020년대 들어 디지털에 의한 자료 공개가 확산되면서 「양직공도」 연구 환경도 크게 개선되고 있다. 특히 사신도가 남아 있는 3종의 양직공도 모본을 소장한 기관에서 선명한 디지털 파일을 공개하면서 회화사나 복식사 만이 아니라 연구 전반에 새로운 시도가 가능해 졌다.[61]

---

61) · 职贡图卷 / 中国国家博物馆 《职贡图》 北宋摹本 https://www.chnmuseum.cn/zp/zpml/ysp/202103/t20210308_249153.shtml
 · 唐阎立本王会图卷 / 国立故宫博物院(00137900000) https://digitalarchive.npm.gov.tw/Collection/Detail/14747/?dep=P
 · 五代南唐顾德谦摹梁元帝番客入朝图卷 / 国立故宫博物院(故画00138900000) https://digitalarchive.npm.gov.tw/Collection/Detail/14843/?dep=P

1. 제1기 : 1959~1986

김용준, 1959, 「백제 복식에 관한 자료」, 『문화유산』 1959-6, pp.64~66.

金維諾, 1960, 「職貢圖之時代與作者」, 『文物』 1960-7, 14~17쪽; 2004, 『中國美術史論集』(上卷), 黑龍江美術出版社, pp.114~118.

岑仲勉, 1961, 「現存的職貢圖是梁元帝原本嗎」, 『中山大學學報』(社會科學) 1961-3; 1981, 『金石論叢』, 上海古籍出版社, pp.476~483.

정찬영, 1962, 「량 원제의 《직공도》에 대하여」, 『문화유산』 1962-6, pp.56~59.

榎一雄, 1963, 「梁職貢圖について」, 『東方學』 26; 1994, 『榎一雄著作集』 第7卷(中國史), 汲古書院, pp.105~129.

西嶋定生, 1963, 「職貢圖卷・倭國使」, 『世界美術大系』 8(中國美術 1), 講談社, p.202, p.204.

榎一雄, 1964, 「滑國に關する梁職貢圖の記事について」, 『東方學』 27; 『榎一雄著作集』 7, pp.132~161.

上田正昭, 1964, 「職貢圖倭人の風俗」, 『風俗』 3-4; 1968, 修訂改題, 「職貢圖の倭國使について」, 『日本古代國家論究』, 塙書房, pp.477~480.

李弘稙, 1965, 「梁職貢圖論考」, 『高麗大學校開校60週年紀念論文集(人文科學篇)』, pp.295~325; 1971, 『韓國古代史의 硏究』, 新丘文化社, pp.385~425.

榎一雄, 1969, 「梁職貢圖の流傳について」, 『鎌田博士還曆記念 歷史學論叢』; 『榎一雄著作集』 7, pp.175~189.

榎一雄, 1970, 「梁職貢圖に關する攻媿集の記事について」, 『オリエント』 11-1・2; 『榎一雄著作集』 7, pp.130~131.

洪思俊, 1981, 「梁代職貢圖에 나타난 百濟國使의 肖像에 대하여」, 『百濟硏究』 12, pp.167~176.

ENOKI, Kazuo, 1984 The Liang chih-kung-t'u 梁職貢圖 Memoirs of the Research Department of the Toyo Bunko No.42, pp.75~138.

榎一雄, 1985, 「描かれた倭人の使節―北京博物館蔵〈職貢圖卷〉」, 『歷史と旅』 12-2; 『榎一雄著作集』 7, pp.162~174.

2. 제2기 : 1987~2010

榎一雄, 1987a, 「故宮博物院所藏の梁職貢圖について」, 『東洋文庫書報』 19, pp.60~63.

榎一雄, 1987b, 「梁職貢圖の起源」, 『東方學會創立四十周年記念 東方學論集』; 1994 『榎一雄著作集』 7, pp.83~105.

陳連慶, 1987, 「輯本梁元帝《職貢圖》序」, 『古籍整理研究學刊』 1987-3, pp.1~4.

坂元義種, 1988, 「梁職貢圖の倭国使臣圖について」, 『古代の探究』, 學生社, pp.29~44.

錢伯泉, 1988, 「《職貢圖》與南北朝時代的西域」, 『新疆社會科學』 1988-3, pp.78~86.

李成市, 1988, 「〈梁職貢圖〉の高句麗使圖について」, 『東アジア史上の國際關係と文化交流』(昭和61·62年度文部省科學研究費補助金總合研究(A)研究調査報告書), pp.18~22.

王素, 1992, 「梁元帝《職貢圖》新探」, 『文物』 1992-2, pp.72~80.

余太山, 1998, 「《梁書·西北諸戎傳》與《梁職貢圖》-兼說今存《梁職貢圖》殘卷與裴子野《方國使圖》的關係」, 『燕京學報』 新5期, 北京大學出版社; 2003 『兩漢魏晋南北朝正史西域傳研究』, 中華書局, pp.26~64.

深津行德, 1999, 「臺灣故宮博物院所藏『梁職貢圖』模本について」, 『朝鮮半島に流入した諸文化要素の研究 2』(學習院大學東洋學研究所 調査研究報告 44), pp.41~99.[62]

李鎔賢, 1999, 「《梁職貢圖》百濟國使條の〈旁小國〉」, 『朝鮮史研究會論文集』 37, pp.171~195.

金鍾完, 2000, 「《梁職貢圖》百濟國記의 文獻的 檢討」, 『東아시아 歷史의 還流』, 知識産業社, pp.25~52.

金鍾完, 2001, 「梁職貢圖의 성립 배경」, 『魏晋隋唐史研究』 8, pp.29~67.

이진민, 2001, 「「王會圖」와 「蕃客入朝圖」에 묘사된 三國使臣의 服飾 硏究」, 서울대학교 석사학위논문.

이진민 外, 2001, 「〈王會圖〉와 〈蕃客入朝圖〉에 묘사된 三國使臣의 服飾 硏究」, 『服飾』 51-3, pp.155~170.

李垠周, 2001, 「早期職貢題材繪画之再探討」, 『美術研究』 2001-3, pp.44~52.

洪潤基, 2004, 「〈梁職貢圖〉의 백제사신과 劉勰」, 『中國語文論叢』 27, pp.239~267.

林樹中, 2004, 「蕭繹與《職貢圖》」, 『六朝藝術』 南京出版社, pp.142~147.

---

62) 논문 말미에 南京博物院舊藏本 梁職貢圖 北宋摹本을 비롯하여, 台北 國立故宮博物院의 所藏 「唐閻立本王會圖」와, 「南唐顧德謙摹蕃客入朝圖」 등 3종의 梁職貢圖 摹本의 선명한 채색도판이 수록되어 있다.

陳繼春, 2006, 「蕭繹《職貢圖》的再研究」, 『中國美術史論文集』(金維諾教授八十華誕暨從教六十周年紀念 文集), 紫禁城出版社, pp.153~160.

李道學, 2008, 「梁職貢圖의 百濟 使臣圖와 題記」, 『百濟文化海外調査報告書』 VI, 국립공주박물관 (未見).

連冕, 2008, 「宋摹梁元帝《職貢圖》與中古域外"冠服"」, 『裝飾』 2008-12, pp.131~133.

손영종, 2010, 「《백제국사》그림에 보이는 백제 주변의 소국들에 대하여」, 『력사과학』 2010-4, pp.40~43.

李霖灿, 2010, 「从《职贡图卷》说起」, 『中华文化画报』 2010-10, pp.88~97.

3. 제3기 : 2011~2025.6.

趙燦鵬, 2011, 「南朝梁元帝《職貢圖》題記佚文的新發現」, 『文史』 94, pp.111~118.

趙燦鵬, 2011, 「南朝梁元帝《職貢圖》題記佚文續拾」, 『文史』 97, pp.237~242.

张勇革, 2011, 「萧绎与阎立本《职贡图》的比较研究」, 『新课程学习·中』 2011-11, pp.168~169.

郭懷宇, 2011, 「《職貢圖》的時代風格再研究」, 『美術』 2011-2, pp.112~115.

唐峰, 2011, 「萧绎《职贡图》画面风貌之研究」, 『大家』 2011-23.

氣賀澤保規, 2012, 「梁職貢圖にみる倭人像」, 『遣隋使がみた風景』, 八木書店, pp.272~281.

王素, 2012, 「梁元帝《職貢図》'龜玆國使'題記疏證」, 『龜玆學研究』 5, pp.139~145.

鈴木靖民, 2012, 「東アジア世界史と東部ユーラシア世界史 : 梁の国際関係·国際秩序·国際意識を中心に」, 『専修大学社会知性開発研究センター東アジア世界史研究センター年報』 6, pp.143~163.

尹龍九, 2012a, 「현존《梁職貢圖》百濟國記 三例」, 『百濟文化』 46, pp.241~268.

尹龍九, 2012b, 「《梁職貢圖》의 流傳과 摹本」, 『木簡과 文字』 9, pp.125~168.

이용현, 2013, 「梁職貢圖 止迷의 위치」, 『전남지역 마한 소국과 백제』, 학연문화사, pp.273~303.

鈴木靖民·金子修一, 2014, 『梁職貢図と東部ユーラシア世界』, 勉誠出版.[63]

---

[63] 2011년 2월 '장경모본' 발견을 계기로 2012년 1월 東京, 國學院大學에서 개최된 国際심포지엄("梁職貢図と倭—5·6세기의東ユーラシア世界")의 발표문을 결집한 것이다. 총 18편의 논고가 수록되었다.
第一部　東部ユーラシア世界の構造
東部ユーラシア世界史と東アジア世界史—梁の国際関係·国際秩序·国際意識を中心として—　鈴木靖民
梁職貢図と西域諸国—新出清張庚模本「諸番職貢図巻」がもたらす問題—　王素 (菊地大·速水大 訳)
梁への道—「職貢図」とユーラシア交通—　石見清裕

강종훈, 2014, 「양직공도의 사료적 가치와 독법」, 『한국고대사연구의 자료와 해석』, 사계절, pp.352~378.

정은주, 2015, 「중국 역대 職貢圖의 韓人圖像과 그 인식」, 『漢文學論集』 42, pp.77~124.

河上麻由子, 2015, 「職貢圖とその世界觀」, 『東洋史研究』 74-1, pp.1~38.

李孟彧, 2015, 「从《职贡图》卷到《乾陵王宾像》看初唐时期的对外交流」, 『荣宝斋』 2015-12, pp.124~129.

徐邦達, 2015, 「閻立德·閻立本〈直貢圖〉(即王會圖) 卷」, 『古書畵僞訛考辨』(徐邦達十), 故宮出版社, pp.49~65.

朱浒, 2015 「"夷歌成章, 胡人遥集"-从《职贡图》看南朝胡人图像与政治的关系」, 『南京艺术学院学报(美术与设计版)』 2015-01, pp.77~81+236

米婷婷, 2016, 「梁职贡图摹本源流初探」, 中国艺术研究院 碩士學位論文.

莫莹萍·府建明, 2016, 「梁元帝《职贡图》"倭国使"题记二题」, 『北华大学学报(社会科学版)』 2016-4, pp.82~86.

권오영, 2017, 「狼牙脩國과 海南諸國의 세계」, 『백제학보』 20, pp.213~237.

김선숙, 2017, 「梁職貢圖·梁書의 신라 국호 異稱에 대한 검토」, 『국학연구』 32, pp.7~45.

「梁職貢図」の国名記載順　中村和樹
南朝梁の外交とその特質　金子ひろみ
「梁職貢図」と『梁書』諸夷伝の上表文―仏教東伝の準備的考察―　新川登亀男
第二部　テキストとしての職貢図
「梁職貢図」流伝と模本　尹龍九 (近藤剛·訳)
台湾故宮博物院所蔵「南唐顧徳謙模梁元帝蕃客入朝図」について　深津行徳
「梁職貢図」逸文の集成と略解　澤本光弘·植田喜兵成智
木下杢太郎と芥川龍之介が見た北京の職貢図　片山章雄
第三部　梁と「蕃夷」の国際関係
中国における倭人情報―「梁職貢図」の前後―　河内春人
孫呉·東晋と東南アジア諸国　菊地大
倭の五王の冊封と劉宋遣使―倭王武を中心に―　廣瀬憲雄
「梁職貢図」と東南アジア国書　河上麻由子
「梁職貢図」高句麗·百済·新羅の題記について　李成市
新出「梁職貢図」題記逸文の朝鮮関係記事二、三をめぐって　赤羽目匡由
「魯国」か「虜国」か　堀内淳一
北朝の国書　金子修一

王文源, 2017, 「梁职贡图研究综述」, 『散文百家(新语文活页)』 2017-8, pp.23~24.

安炫妹, 2019, 『唐代《王會圖》의 使臣服飾 硏究』, 성균관대학교 박사학위논문.

임영진 외, 2019, 『중국 양직공도梁職貢圖 마한제국 馬韓諸國』, 학연문화사.64)

劉芳如·鄭淑方 編, 2019, 『四方來朝:職貢圖特別展』, 國立故宮博物院.

罗建新, 2020, 「中国古代职贡图像研究的回顾与前瞻」, 『中国史研究动态』 2020-2, pp.13~20.

罗丰, 2020, 「邦国来朝:台北故宫藏职贡图题材的国家排序」, 『文物』 2020-2, pp.41~55.

米婷婷, 2020, 「梁元帝《职贡图》"女蜑"即"临江蛮"考」, 『文物』 2020-2, pp.56~58.

王素, 2020, 「梁元帝《职贡图》与西域诸国」, 『文物』 2020-2,65) pp.33~40.

米婷婷·王素, 2020, 「隋封高昌王麴伯雅弁国公索隐:兼谈梁元帝《职贡图》的影响」, 『西域研究』 2020-2, pp.75~81.

杜帅莽, 2020, 「从萧绎《职贡图》看百济与南朝梁关系」, 『开封文化艺术职业学院学报』 40-4, pp.3~4.

王素, 2020, 「梁元帝「《职贡图》"高昌国使"图像与题记」, 『魏晋南北朝隋唐史资料』 41, pp.72~78.

王素, 2020, 「梁元帝《职贡图》与《梁书·诸夷传》」 http://www.cnpubg.com/book/2020/0623/51985.shtml 2020-06-23

米婷婷, 2020 『梁元帝〈职贡图〉基本问题新探』, 北京师范大学博士学位论文

米婷婷, 2020, 「梁元帝《職貢圖》的形成」, 『魏晋南北朝隋唐史资料』 41, pp.79~93.

胡健, 2020, 「梁元帝《芙蓉蘸鼎图》考」, 『中国国家博物馆馆刊』 2020-07, pp.86~93.

이규호, 2021, 「양(梁)에 전해진 고구려 정보와 《양직공도(梁職貢圖)》 장경모본(張庚模本)」, 『해양유산』 3, pp.7~28.

나용재, 2021, 「《양직공도(梁職貢圖)》 모본(摹本) 사신도(使臣圖)의 특징과 제작시기 검토」, 『해양유산』 3, pp.29~63.

---

64) 2018년 8월 30일 마한연구원 주최의 국제학술회의 발표문을 편집한 책이다. 여기에는 「양직공도 마한제국의 역사고고학적 의의」(임영진)을 비롯하여 「양 원제 소역의 직공도」(林華東), 「양직공도와 백제 고구려 신라의 제기」(윤용구), 「양직공도 '방소국' 기사를 통해 본 520년대 백제의 주변국 인식」(박중환), 「양직공도 상기문. 반파 위치 비정」(곽장근), 「양직공도 백제 제기에 보이는 방소국 재고」(井上直樹) 등 6편의 논문이 수록되어 있다.

65) 도판을 추가하고 일부 수정된 내용 「王素:梁元帝《职贡图》与西域诸国——从新出清张庚摹本《诸番职贡图卷》引出的话题」 https://www.sohu.com/a/399175120_385778 2020-06-02 소개되어 있다.

田惠, 2021, 「南朝到唐代中土与西域服饰的演变与相互影响：以《职贡图》与《客使图》的对比为例」, 『南宁职业技术学院学报』 29-1, pp.95~100.

王素, 2020, 「梁元帝《职贡图》与《梁书·诸夷传》」 http://www.cnpubg.com/book/2020/0623/51985.shtml 2020-06-23

한원연구회·국립해양박물관, 『2021 학술대회：〈양직공도〉와 동아시아 해상 네트워크』 발표자료집 (2021.10.22), pp.5~107.66)

霍巍, 2022, 「梁元帝《职贡图》与"西戎"诸国」, 『民族研究』 2022-4, pp.90~101.

李昀, 2022, 「使者与商人：6~8世纪粟特和中国的交往与职贡图绘」, 『丝绸之路研究集刊』 2022-2, pp.310~335.

李昀, 2022, 「梁元帝《职贡图》与唐阎立本《王会图》：现存《职贡图》摹本题跋辨伪」, 『中国国家博物馆馆刊』 223, pp.91~102.

赵灿鹏·潘龙威, 2022, 「南朝梁元帝《职贡图》历代摹本著录述略」, 『历史文献与传统文化』 2022-2, pp.121~135.

丁莉, 杨琴, 姜鹏, 徐小蕾, 罗旭东, 张洋, 2022, 「基于高光谱成像技术的中国古代书画研究：以中国国家博物馆藏《职贡图》(北宋摹本)为例」, 『中国国家博物馆馆刊』 228, pp.148~159.

许帅英, 2022, 「〈梁职贡图〉与〈梁书·诸夷传〉的上表文-佛教东传的前期考察」, 郑州大学硕士論文.

정동준, 2022, 「소역(蕭繹)의 생애와 『양직공도(梁職貢圖)』의 편찬」, 『先史와 古代』 68, pp.159~180.

鄭勉, 2023 「南朝 梁代 '海南諸國'과의 교류와 외교：林邑과 扶南을 중심으로」 『중국사연구』 142, pp.1~41

赵灿鹏, 2023, 『南朝梁元帝職貢圖題記釋文校證』, 社會科學文獻出版社.

叶原·高丽, 2023, 「异质与差序：宋摹本萧绎《职贡图》中的使节形象」 『美术』 2023-8, pp.106~113.

羅建新, 2024, 「中國國家博物館藏《職貢圖》(北宋摹本)辨偽」 『历史文献研究』 2024-1, pp.193~206.

佚名, 2025, 「《职贡图》卷(局部)」, 『中国国家博物馆馆刊』 2025-03.

[윤용구]

---

66) 1부에는 정동준, 蕭繹의 생애와 梁職貢圖의 편찬, 나용재, 「梁職貢圖」摹本 使臣圖의 특징과 제작 시기 검토, 양진성, 梁書 「諸夷傳」과 「梁職貢圖」 題記의 '表文'에 대하여 2부에는 정면, 梁과 海南諸國의 교류, 윤용구, 윤용구, 梁과 西域諸國의 교류와 영향 -『양직공도』의 波斯國 題記를 중심으로- 이규호, 梁에 전해진 고구려 정보와 梁職貢圖 張庚模本 등 6편의 발표문이 수록되었다.

일러두기

「양직공도」의 국가 배열 기준과 국명[67]

① 33국	② 13국	③ 20국	④ 22국	⑤ 9국	⑥ 24국	⑦ 25국	⑧ 18국	총 35국
01.魯國	(缺落)	01.河南	01.魯國	01.且末	01.虜(國)	01.(缺落)	01.渴槃陀	01.魯國
02.芮芮國	01.(滑國)	02.中天竺國	02.丙丙國	02.中天竺	02.芮芮國	02.波斯	02.武興蕃	02.芮芮國
03.河南	02.波斯國	03.師子國	03.河南	03.師子	03.波斯國	03.百濟國	03.高昌國	03.河南
04.中天竺	03.百濟國	04.北天竺國	04.中天竺	04.北天竺	04.百濟國	04.龜玆	04.天門蠻	04.中天竺國
05.(缺名)[68]	04.龜玆國	05.渴槃陀國	05.師子	05.渴槃陀	05.胡密陀	05.倭國	05.滑	05.師子國
06.爲國	05.倭國	06.武興蕃國	06.北天竺	06.武興番	06.白題國	06.高句驪	06.波斯國	06.北天竺國
07.林邑國	(缺落)	07.滑國	07.渴盤陀	07.高昌	07.鞨國	07.于闐	07.百濟國	07.渴盤陀國
08.師子國	06.(宕昌國)	08.波斯國	08.武興蕃	08.建平蛋	08.中天竺	08.新羅	08.龜玆國	08.武興蕃國
09.北天竺	07.狼牙脩國	09.百濟國	09.滑	09.臨江蠻	09.獅子國	09.宕昌	09.倭國	09.高昌國
10.渴盤陀國	08.鄧至國	10.龜玆國	10.波斯		10.北天竺	10.狼牙脩	10.高句驪	10.天門蠻
11.武興蕃	09.周古柯國	11.倭國	11.百濟		11.β +曷槃陀	11.鄧至國	11.于闐	11.建平蛋
12.宕昌國	10.呵跋檀國	12.因古柯國	12.龜玆		12.武興國	12.周古柯	12.斯羅國	12.臨江蠻
13.狼牙脩國	11.胡蜜丹國	13.呵跋檀國	13.倭		13.龜玆國	13.阿跋檀	13.周古柯國	13.滑國
14.鄧至國	12.白題國	14.胡密丹國	14.因古柯呵		14.倭國	14.胡密丹	14.呵跋檀	14.波斯國
15.波斯國	13.末國	15.白題國	15.呵跋檀		15.高驪國	15.白題國	15.胡蜜丹國	15.百濟國
16. 百濟國	(缺落)	16.末國	16.胡密丹		16.于闐國	16.鞨國	16.宕昌國	16.龜玆國
17. 龜玆國		17.林邑國	17.白題		17.新羅國	17.中天竺	17.鄧至國	17.倭國
18. 倭國		18.婆利國	18.末		18.宕昌國	18.師子國	18.白題國	18.高句驪
19. 周古柯		19.宕昌國	19.林邑		19.狼牙脩	19.北天竺		19.于闐
20. 呵跋檀國		20.狼牙脩國	20.婆利		20.鄧至國	20.揭盤陀		20.新羅
21. 胡密丹國			21.宕昌		21.周古柯	21.武興番		21.周古柯國
22. 白題國			22.狼牙修		22.阿跋檀	22.高昌國		22.呵跋檀國
23. 臨江蠻					23.建平蠻	23.天門蠻		23.胡蜜丹國
24.(缺名)[69]					24.女蠻國	24.建平蠻		24.白題國
25. 高麗國						25.臨江蠻		25.末國
26.高昌國								26.林邑國
27.天門蠻								27.婆利國
28.建平蠻								28.宕昌國
29.滑國								29.狼牙脩國
30.于闐								30.鄧至國
31.新羅								31.爲國
32.千陀國								32.千陀國
33.扶南國								33.扶南國
								34.女蠻國
								35.白木條國

현전 「양직공도」의 모본 4종은 모두 편집, 각색된 결과로서,[70] 전하는 나라의 수, 이름도 다를 뿐 아니라, 기재순서도 달랐다. 선본을 확정할 수 없는 상황에서, 자료의 원상태에 최대한 밀착하려는 역주 본래의 취지에 따라 몇 가지 기준에 의한 나름의 준거와 판단이 필요했다. 근거자료는 현전하는 4종의 모본(①, ②, ⑥, ⑧)과 함께, 제기의 일부를 전하는 자료(③『공괴집(攻媿集)』), 현전하지 않는 모본의 서지사항(국명 기재순서 등)을 전하는 자료 3종(④『옥해(玉海)』, ⑤『문헌집(文憲集)』, ⑦『대관록(大觀錄)』) 등 총 8개 자료이다.[71] 기왕에 「양직공도」의 국명 기재순서를 추정했던 선행연구가 없지 않지만,[72] 기재순서를 전하는 『옥해(玉海)』(④) 등의 자료를 포괄하지 않는 등의 한계가 있었다.

8개 자료의 기재순서를 비교 검토하여 새로운 안을 제시하기 위해서는 기준이 될 만한 기본 전제가 필요했다. 먼저, 여러 자료에서 반복되는 특징 및 순서를 존중하는 태도이다. 모본 간의 공통점은 원본과의 공통점일 수 있기 때문이다. 다음, 모사도만 전하는 자료(①, ⑥)보다

---

67) ① 고덕겸모본(10세기 전반) : 臺北 故宮博物院 所藏 南唐顧德謙摹梁元帝蕃客入朝圖
　　② 북송모본(1077) : 南京博物院(現 北京 中國國家博物館)舊藏 北宋摹本
　　③『攻媿集』(1163) 卷75, 「跋傅欽甫所藏職貢圖」
　　④『玉海』(13세기) 卷56, 「梁職貢圖」
　　⑤『文憲集』(明初) 卷12, 「題梁元帝畫職貢圖」
　　⑥ 염립본모본(明末) : 臺北 故宮博物院 所藏 唐閻立本王會圖
　　⑦『大觀錄』(1712) 卷11, 「閻立德王會圖」
　　⑧ 장경모본(1739) : 『愛日吟廬書畫續錄』卷5, 「清張庚諸番職貢圖」(1914)

68) 中天竺에 이은 缺名使者의 경우, 中天竺 使者 2인으로 보는 견해(李成市, 1988, 「『梁職貢圖』의 高句麗使圖에 대하여」, 福井重雅 外, 『東アジア史上の國際關係と文化交流』(昭和61·62年度文部省科學研究費補助金總合研究(A)研究調査報告書), 早稻田大學, p.21)도 있다. 『石渠寶笈續編』(1793) 卷17, 「顧德謙摹梁元帝蕃客入朝圖」에서도 缺名使者를 中天竺 使者로 보고, 네 번째 中天竺에 이어 爲國을 다섯 번째라고 기술하고 있다. 반면, 국명이 누락되었을 뿐, 다른 나라의 사신으로 보기도 한다(尹龍九, 2012, 「『梁職貢圖』의 流傳과 摹本」, 『木簡과 文字』9, p.134).

69) 『石渠寶笈續編』(1793) 卷17, 「顧德謙摹梁元帝蕃客入朝圖」는 缺名使者를 臨江蠻 使者로 보고, 22번째 臨江蠻(臨江蠻)에 이어 萬麗國(高麗國)을 23번째라고 기술하고 있다. 반면, 국명이 누락되었을 뿐, 다른 나라의 사신으로 보기도 한다(尹龍九, 2012, 「『梁職貢圖』의 流傳과 摹本」, 『木簡과 文字』9, p.134).

70) 尹龍九, 2012, 「『梁職貢圖』의 流傳과 摹本」, 『木簡과 文字』9, pp.129~130.

71) 그 외 明代 倪謙의 『倪文僖公集』卷24, 「跋王會圖後」에도 왕회도의 서지사항을 전하며 국명이 20여개 기재되어 있지만, 사신도의 복식에 따라 4그룹으로 나누어 설명하고 있으므로, 나열순서로 보기 어렵다.

72) 中村和樹, 2014, 「『梁職貢圖』の國名記載順」, 鈴木靖民·金子修一 編, 『梁職貢圖と東部ユーラシア世界』, 勉誠出版.

는 제기를 전하는 자료(②, ③, ④, ⑤, ⑦, ⑧)[73]의 순서를 더 신뢰하는 자세이다. 사신도만 모사할 경우, 필요에 따라 손쉽게 순서를 바꾸는 등의 편집이 가능한 반면, 제기가 포함될 경우, 주변국을 기준 삼은 지리적 위치 설명 등 순서를 바꾸기 어려운 서술이 있기 때문이다.

한편, 위의 두 가지 전제를 바탕으로 자료들을 비교 검토하는 와중에 지리적 위치가 배치의 기준이 아니라는 사실이 확인되었다. 지리적 위치에 따라 해남(海南)·동이(東夷)·서북제융(西北諸戎)의 순서로 구분하여 기재한 『양서』제이전과 비교해보면, 「양직공도」 모본은 지리적 위치를 고려하지 않고 국명을 나열했다는 사실을 알 수 있다. 예컨대, 8개 자료 중 7개 자료는 공히 페르시아를 가리키는 파사국(波斯國) 다음에 백제(百濟)를 배치하거나, 오늘날 중국 신강에 있었던 구자국(龜玆國) 다음에 왜(倭)를 배치하였고, 또, 그 위치가 오늘날 중국 깐수 일대로 비정되는 탕창국(宕昌國)과 오늘날 말레이시아에 있었던 낭아수국(狼牙脩國)을 연속 배치하였다. 결과적으로 배치안의 전제 및 기준은 지리적 위치를 고려하지 않으면서, 자료 사이에 반복되는 특징을 존중하고, 모사도보다 제기의 순서를 신뢰하는 태도 등 세 가지였다.

이러한 전제 및 기준을 바탕으로 비교 검토한 결과, 8개 자료에 나열된 국명순서에서 몇 개의 그룹이 포착되었다. 예컨대, 파사국·백제(百濟)·구자국·왜국·고구려·우전국·신라의 경우, 자료마다 나라의 출입은 있지만, 그 순서가 변하지 않고 동일하게 전재됨에 따라 하나의 그룹으로 묶일 수 있었다(B그룹[분홍색]). 주고가국·가발단국·호밀단국·백제국(白題國)·말국 역시, 마찬가지 기준에 따라 하나의 그룹으로 묶일 수 있다(C그룹[초록색]). 이와 같은 방식으로 네 개(A[파란색]·B[분홍색]·C[초록색]·D[주황색]그룹)의 그룹을 묶고 나면, 하나의 자료에만 등장하여 경향을 알 수 없는 나라들(E그룹[흰색])만 남게 된다.

그룹 간의 순서는 다음과 같이 통계에 따라 추론하였다. 우선, B[분홍색]그룹과 C[초록색]그룹이 있는 7개 자료에서 공통적으로 전자가 후자보다 먼저 기재되었다. 모사도만 전하는 2개 자료(①, ⑥)의 경우, 비록 B[분홍색]그룹이 둘 이상으로 나뉘고 그 사이에 C[초록색]그

---

[73] 『玉海』가 전하는 직공도 모본(④)은 그림과 함께 '序外國貢事', 즉 제기가 있었다고 전한다. 『文憲集』에 전하는 모본(⑤)은 그림 뒤에 土俗과 공헌한 시기 등 제기가 있었다고 전한다. 『大觀錄』에 전하는 모본(⑦)은 사신도 뒤에 그 나라의 위치, 산천, 풍토 등의 채록 즉, 제기가 있었다고 전한다.

룹이 기재되었지만, B[분홍색]그룹이 먼저 기재되기 시작했다는 경향성은 인정할 수 있다. 다음, B[분홍색]그룹과 D[주황색]그룹이 있는 7개 자료 중 6개 자료에서 공통적으로 전자가 후자보다 먼저 기재되었다. 그리고 A[파란색]그룹과 B[분홍색]그룹이 있는 6개 자료 가운데 5개 자료에서 전자가 후자보다 먼저 기재되었다. 이러한 통계에 따라 A[파란색]그룹→B[분홍색]그룹→C[초록색]그룹 혹은 D[주황색]그룹의 순서가 나올 수 있었다. 한편, C[초록색]그룹과 D[주황색]그룹 간 선후관계는 양자가 있는 7개 자료 중 3개 자료에서는 C[초록색]그룹이, 다른 3개 자료에서는 D[주황색]그룹이 먼저 기재되었고, 남은 1개 자료에서는 C[초록색]그룹이 둘로 나뉘고 그 사이에 D[주황색]그룹이 기재되어 있어, 판단이 쉽지 않은 형편이다. 단, 제기를 전하는 5개 자료 가운데서는 C[초록색]그룹이 먼저 기재된 사례가 더 많으므로(5개 중 3개), C[초록색]그룹을 먼저 기재한다. 끝으로, 8개 자료 가운데 하나의 자료에만 등장하는 E[흰색]그룹을 배치한다. 이로써 A[파란색]그룹→B[분홍색]그룹→C[초록색]그룹→D[주황색]그룹→E[흰색]그룹의 순서가 도출되었다.

끝으로 백목조국(白木條國)은 현존 모본과 제기, 서지사항을 전하는 자료 등 8개 자료에는 전하지 않지만, 「양직공도」를 인용한 오대(五代) 시기 자료에 등장하여, 「양직공도」 원문에는 있었을 것으로 추정되었다.[74] 이에 따라 E[흰색] 그룹으로 분류하였다.

한편 국명의 표기와 관련해서도 고민이 많았다. 자료별로 국명 표기가 미묘하게 달랐기 때문이다. 일괄적인 기준을 마련할 필요가 있었고, 상당수 국가의 국명표기를 확인할 수 있는 『양서』 제이전에 따랐다.

[권순홍]

---

74) 趙燦鵬, 2023, 『南朝梁元帝職貢圖題記釋文校證』, 社會科學文獻出版社, pp.64~65.

범례

1. 「양직공도」의 각 모본은 다음을 참고하였다.
   * 북송모본(北宋摹本): 한성백제박물관
   * 고덕겸모본(南唐顧德謙摹本): 李成市·田中俊明 敎授
   * 염립본모본(唐閻立本王會圖): 李成市·田中俊明 敎授
   * 장경모본(張庚摹本): 尹龍九, 2012b, 「《梁職貢圖》의 流傳과 摹本」, 『木簡과 文字』 9

2. 국가의 배열 기준은 일러두기를 참조. 국명은 『양서』 제이전을 기준으로 표기하였다.

3. 참고자료로 제시된 『양서』, 『남사』 등 25사는 중화서국, 『공괴집』은 문연각 사고전서 pc판을 저본으로 활용하였다.

   참고자료의 번역은 동북아역사재단 편, 『역주 중국정사 외국전』(2009~2014)을 참고하였다.

4. 판독문에서 간사·속자·이체자 등은 원분대로 적고, 추독은 □로 표기하였다. 교감문에서는 이를 정자로 적는 것을 원칙으로 하였다. 미상자는 ▨로 표기하였다.

   서체와 이체자 등의 판독은 다음을 참고하였다.
   * 书法字典(www.shufazidian.com)
   * 京都大學 人文科學硏究所 拓本文字データベース(http://coe21.zinbun.kyoto-u.ac.jp/djvuchar)

5. 교감문 작성의 원칙은 동북아역사재단 편, 『역주 한원』(2018)을 준용하였다.

「양직공도」 세계의 지도

몽골
예예국
구자국 고창국
갈반타국 욱전국 말국
가발단국? 주고가국?
파사국 백제국 호밀단국? 하남국 노국 고구려
이란 (白題國) 활국 탕창국 등지국 무흥국 여단국? 백제 대한민국
중국 건평·천문·임강만 **양** 신라 왜국
일본
방글라데시
천축국 백목조국?
인도 미얀마 대만
태국 임읍국 베트남
부남국 필리핀
사자국 낭아수국 파리국?
싱가포르
간타리국
인도네시아

36 역주 양직공도

「양직공도」 서문

『예문유취(藝文類聚)』 권55 잡문부(雜文部)1 집서(集序)[75]

梁元帝職貢圖序曰, 竊聞職方氏掌天下之圖, 四夷八蠻, 七閩九貉, 其所由來久矣. 漢氏以來, 南羌旅距, 西域憑陵, 創金城, 開玉關, 絶夜郎, 討日逐. 覩犀甲[76]則建朱崖, 聞蒲陶則通大宛, 以德懷遠, 異乎是哉. 皇帝君臨天下之四十載, 垂衣裳而賴兆民, 坐巖廊而彰萬國. 梯山航海, 交臂屈膝, 占雲望日, 重譯至焉. 自塞以西, 萬八千里, 路之峽者, 尺有六寸. 高山尋雲, 深谷絶景. 雪無冬夏, 與白雲而共色, 水無早晩, 與素石而俱貞. 蹈空桑而歷昆吾, 度青丘而跨丹穴. 炎[77]風弱水, 不革其心, 身熱頭痛,[78] 不改其節. 故以明珠翠羽之珍, 細而弗有, 龍文汗血之驥, 卻而不乘. 尼丘乃聖, 猶有圖人之法, 晉帝君臨, 實[79]聞樂賢之象. 甘泉寫閼氏之形, 後宮玩單于之圖. 臣以不佞, 推轂上游, 夷歌成章, 胡人遙集. 款開蹶角, 沿泝荊門, 瞻其容貌, 訴其風俗. 如有來朝京輦, 不涉漢南, 別加訪採, 以廣聞見. 名爲貢職圖云爾.

양 원제의 「직공도」 서문에서 다음과 같이 이른다. "삼가 듣건대 직방씨(職方氏)가 천하의 지도를 관장하였다고 하니, 사이(四夷)와 팔만(八蠻), 칠민(七閩)과 구맥(九貉)[80]의 유래를 [아

---

75) 「직공도」 서문의 표점은 趙燦鵬, 2023, 『南朝梁元帝職貢圖題記釋文校證』, 社會科學文獻出版社, pp.66~67쪽을 따랐다.
「직공도」 서문의 표점 및 해석에 관해서는 소역 저, 김만원 역, 2020, 『금루자 역주』 역락, pp.387~390 ; 정동준, 2022, 「소역(蕭繹)의 생애와 『양직공도(梁職貢圖)』의 편찬」 『선사와 고대』 68, p.175을 참고하였다.
76) 사고전서 『예문유취』 「甲」 上海古籍出版社(1965) 『예문유취』 및 趙燦鵬(2023) 「申」. 사고전서 『예문유취』에 따라 「甲」으로 해석하였다.
77) 사고전서 『예문유취』 및 趙燦鵬(2023) 炎, 上海古籍出版社(1965) 『예문유취』 災. 사고전서 『예문유취』와 趙燦鵬(2023)에 따라 炎으로 해석하였다.
78) 『한서』 서역전에 따르면 서역과 교통할 때 몸에 열이 나고(身熱), 머리가 아프며(頭痛), 밧줄을 타고 길을 건너야 하는(縣度) 어려움이 있다고 한다(『한서』 권96下, 서역전66下, 贊 "且通西域, 近有龍堆, 遠則蔥嶺, 身熱·頭痛·縣度之阨.").
79) 사고전서 『예문유취』 「實」, 上海古籍出版社(1965) 『예문유취』 및 趙燦鵬(2023) 「寔」. 사고전서 『예문유취』에 따라 「實」로 해석하였다.
80) 사이(四夷)와 팔만(八蠻), 칠민(七閩)과 구맥(九貉) : 일찍부터 중국의 천하관은 전국(戰國)에서 진한(秦漢) 이래 '구주(九州)'와 '오복(五服)'으로 피아를 구분하였다. 왕조의 범위가 미치는 지역 즉, 군현(郡縣)의 영역

는 것이] 오래되었다. 한(漢) 이래로 남강(南羌)이 무리를 지어 항거하고 서역(西域)은 제멋대로 날뛰어 금성(金城)[81]을 두고 옥관(玉關)[82]을 열었으며, 야랑(夜郎)[83]을 끊고 일축(日逐)[84]을 토벌하였다. 코뿔소 갑옷을 보고 곧 주애(朱崖)를 세웠으며,[85] 포도에 대해서 듣고 곧 대완(大宛)[86]과 교통하였으니 덕으로 먼 곳을 품은 것이 이와 무엇이 다르겠는가. 황제가 천하에 군림한 것이 40년(양 무제 재위 40년, 대동 7년, 541)인데, 무위의 정치를 행하여 백성이 은혜를 입었고, 조정에 머물며 만국을 밝게 하였다. [만국의 사신들이] 산을 넘고 바다를 건너

인 구주와 그 외부로써 오복이 설정되었다. 구주는 황하·장강 유역을 중심으로 하되 때로는 화남(華南) 지역도 포함되는 가변적인 인식이자 범위였다. 오복 또는 이에 연하여 변동됐으며, 거리에 따라 구분되는 '피라미드형' 구획이었다. 세부적 표현 또한 다양하여, 『墨子』 節葬 下에 '北八狄, 西七戎, 東九夷', 『管子』 小匡·『禮記』 曲禮 下 王制의 '東夷·西戎·南蠻·北狄', 『周禮』 職方氏에도 '四夷·八蠻·七閩·九貊·五戎·六狄' 등 다양한 유형이 나타났다(渡邉英幸, 2010, 「〈中華〉とは何か」 『古代〈中華〉觀念の形成』, 岩波書店, pp.15~17).

81) 금성(金城) : 전한 소제(昭帝) 시원(始元) 6년(기원전 81)에 설치된 군(郡)으로, 지금의 중국 간쑤성(甘肅省) 란저우시(蘭州市) 서쪽으로 비정된다(동북아역사재단 편, 2009, 『漢書 外國傳 譯註』 下, 동북아역사재단, p.357). 『한서』 권28하, 지리지8하 금성군(金城郡)의 주문(注文)에 따르면, 첫 축성 때 금(金)을 발견했기 때문이라고 하거나 견고함, 즉 금성탕지(金城湯池)에서 나왔다는 등의 설명이 보인다. 금(金)이 서방으로 간다는 의미에서 나왔다고도 한다.

82) 옥관(玉關) : 옥문관(玉門關)으로도 불린다. 한 무제(武帝) 때 설치된 관문으로, 지금의 중국 간쑤성(甘肅省) 둔황시(敦煌市) 서북쪽으로 비정된다(동북아역사재단 편, 2009, 『後漢書 外國傳 譯註』 下, 동북아역사재단, pp.160).

83) 야랑(夜郎) : 전국시대~전한 초까지 존재한 국가로, 지금의 중국 구이저우성(貴州省) 서부, 윈난성(雲南省) 동부 일대에 위치하였다. 야랑에 대한 구체적인 설명은 동북아역사재단 편, 2009, 『史記 外國傳 譯註』, 동북아역사재단, pp.207~240이 참고된다. 『사기』와 『한서』 서남이전에 따르면, 야랑은 남방의 반강(盤江) 상류에 있던 가장 최대 세력으로 나타난다. 한무제(漢武帝)의 남월 토벌 때 당몽(唐蒙)을 야랑으로 보내 군대를 요청하였고, 이때 야랑후(夜郎侯) 다동(多同)이 한으로 귀순하자 그 땅을 건위군(健爲郡)으로 삼았다. '야랑자대(夜郎自大)'의 고사로도 유명하다. 남월 멸망 이후 야랑후는 왕(王)으로 승격됐고, 왕인(王印)을 받기도 하였다. 야랑왕·구정왕·누와후가 서로 공격하자 장가군 태수가 먼저 야랑왕을 참하여 난을 수습하였다(栗原朋信, 1970, 「漢帝國と周邊諸民族」 『岩波講座 世界歷史4 古代4(東洋篇) 東アジア世界の形成Ⅰ』, 岩波書店, pp.456~457).

84) 일축(日逐) : 일축왕 선현전(先賢撣)을 가리키는 것으로 보인다. 그는 후계자 갈등 문제로 신작 2년(기원전 60) 한으로 투항하였으며, 이후 귀덕후(歸德侯)에 봉해졌다. 이와 관련한 구체적인 내용은 『한서』 흉노전이 참조된다.

85) 주애(朱崖) : 한 무제 때 남월(南越)을 평정한 후 설치한 珠崖郡을 가리킨다. 『한서』 무제기에는 元鼎 6년(기원전 111), 『한서』 지리지에는 元封 원년(기원전 110)에 설치되었다고 한다. 지금의 중국 하이난성(海南省) 하이커우시(海口市) 충산(瓊山) 동남쪽으로 비정된다(동북아역사재단 편, 2009, 『漢書 外國傳 譯註』 下, 동북아역사재단, p.332).

86) 대완(大宛) : 『사기』 대완열전에 따르면 대완과 그 좌우 세력이 포도를 술로 만들어 먹었다(宛左右以蒲陶爲酒)는 서술이 보인다. 그리고 한(漢)의 사신이 이 씨앗을 들고 와서 비옥한 땅에 심었다고 한다(漢使取其實來, 於是天子始種苜蓿·蒲陶肥饒地).

손을 맞잡고 무릎을 꿇어 절하며 운수와 때를 살펴 거듭 통역하여 [먼 곳으로부터] 이르렀다. 새(塞)의 서쪽 1만 8,000리 중에 길이 좁은 곳은 폭이 1척 6촌이다. 높은 산은 구름에 닿고, 깊은 계곡은 절경이다. 눈은 겨울과 여름을 가리지 않고 흰 구름과 같은 색이며, 물은 아침저녁으로 흰 돌과 같이 정결하다. [만국의 사신들이] 공상(空桑)을 넘어 곤오(昆吾)를 거쳐 청구(靑丘)를 건너고 단혈(丹穴)을 넘었으니, 더운 바람이 불고 약수(弱水)[87]가 있어도 그 의지를 바꾸지 않았고, 몸에 열이 나고 머리가 아파도 그 절도를 고치지 않았다. 이 때문에 명주(明珠)와 취우(翠羽) 같은 보물을 천하게 여겨 가지지 않았고, 용문(龍文)이나 한혈(汗血) 같은 천리마도 물리쳐 타지 않았다. 공자(尼丘)는 성인이지만 사람의 법속을 그렸으며, 진의 황제(晉帝)는 군림하면서 현자의 모습을 좋아한다고 알려졌으니 감천(甘泉)에서 연지(閼氏)의 모습을 묘사하였고, 후궁에서는 선우의 그림을 감상하였다. 신(소역)은 재주가 없으나 [황제께서] 추곡(推轂)[88]하여 주셔서 강릉에 주둔하니(上游) 이(夷)의 노래는 악장을 이루었고, 호인(胡人)은 멀리서 모여들었다. [이(夷)와 호인(胡人)이] 정성을 드러내어 이마를 땅에 조아리며 형문(荊門)을 거슬러 오르니 그 용모를 살피고 그들의 풍속을 알게 되었다. 만약 도성(京輦)에 와서 조공함에 한남(漢南)을 건너지 않는 경우가 있다면, 별도로 묻고 채집한 것을 더하여 견문을 넓혔다. 이름을 「공직도(직공도)」라 하여 이를 기록한다."

---

87) 약수(弱水) : 『사기』 대완열전에 따르면 안식국(安息國)의 서쪽 수천 리에 위치한 조지(條枝)에 약수(弱水)가 있다고 전한다(『사기』 권123, 大宛列傳63, 條枝 "安息長老傳聞條枝有弱水·西王母, 而未嘗見."). 또한 대진국(大秦國)의 서쪽에 약수와 유사(流沙)가 있고, 서왕모(西王母)의 거처와 가까우며, 태양이 들어가는 곳과 가깝다고 한다(『후한서』 권88, 서역전88, 大秦國 "或云其國西有弱水·流沙, 近西王母所居處, 幾於日所入也."). 이로 보아 약수는 서역의 먼 곳에 있는 강을 가리킨다고 이해할 수 있다. 약수에 대한 보다 구체적인 설명은 동북아역사재단 편, 2009, 『史記 外國傳 譯註』 동북아역사재단, pp.266~267이 참고된다.

88) 추곡(推轂) : 상고시대에 제왕이 장수를 출정시키면서 직접 수레바퀴를 밀어주는 의식이다(『사기』 권102, 張釋之馮唐列傳42, 馮唐 "臣聞上古王者之遣將也, 跪而推轂, 曰閫以內者, 寡人制之, 閫以外者, 將軍制之.").

노국(魯國)

개요

노국은 「양직공도」의 시작을 알리는 국가이다. 북송모본에는 남아있지 않지만, 고덕겸모본과 염립본모본 모두 세 명의 인물로 이루어진 노국 사신의 모습으로 직공도를 시작하고 있다. 이처럼 첫머리에 배치된 도상의 위치나 국가당 1인의 사신을 그린 다른 국가와 달리 3인으로 이루어진 사신도의 구성 등을 통해 볼 때 노국은 다른 국가와 다른 위상을 가졌던 것으로 여겨진다.

「양직공도」 모본별 노국 사신 관련 정보

사신도			제기	
고덕겸모본	북송모본	염립본모본	북송모본	장경모본
○	없음	○	없음	없음

본격적인 논의에 앞서 국명부터 살펴볼 필요가 있다. 고덕겸모본에서는 '노국(魯國)'으로 쓴 반면에 염립본모본은 '노▨(虜▨)-뒷글자는 국(國)으로 추정-'라고 되어 있어 모본별로 차이가 있다. 이는 특정 시점에 표기에 혼선이 발생하였음을 보여준다. 그러나 아래 표에서 확인되듯 염립본모본을 제외한 대부분의 자료에서 '노국(魯國)'이라는 표현이 보다 많이 발견된다.

노국(魯國) 표기가 확인되는 자료

찬자		자료명
송(宋)	이천(李薦)	『덕우당화품(德隅堂畫品)』「양원제번객입조도(梁元帝番客入朝圖)」
	왕응린(王應麟)	『옥해(玉海)』 권56 예문(藝文)·도(圖)
명(明)	송렴(宋濂)	『송학사전집(宋學士全集)』 中 「제양원화직공도(題梁元帝畫職貢圖)」
청(淸)	왕걸(王杰)	『석거보급속편(石渠寶笈續編)』 권17 양심전장(養心殿藏) 「남당고덕겸모양원제번객입조도(南唐顧德謙摸梁元帝蕃客入朝圖)」

이로 보아 '노국(魯國)'이 보다 일반적으로 통용되었으나 어느 순간 '노국(虜國)'이라는 표현이 혼재되어 사용되었던 듯하다.

노국은 다른 국가와 달리 중앙 인물을 중심으로 좌우에 각 1인씩, 총 3인이 하나의 도상을 이루고 있다. 세 명이 한 쌍을 이룬 구성을 두고, 불교의 삼존불(三尊佛)에서 영향을 받았다는 견해도 있다(深津行德, 1999). 그 실상을 확인하기는 어렵지만 위진남북조시대에 이러한 도상이 유행하였던 것은 분명하다. 이는 당(唐) 초기에 활동하였던 염립덕(閻立德)의 「역대제왕도권(歷代帝王圖卷)」[89]에서도 확인이 가능하다. 즉, 노국 사신도 역시 당시의 정형화된 도상을 따랐음을 엿볼 수 있다.

노국은 고덕겸모본과 염립본모본 두 개의 모본에 사신도만 전한다. 하지만 후대에 편찬된 불교 문헌에서 노국 제기의 일문(逸文)으로 추정되는 것이 확인된다. 그 중 하나가 바로 당의 승려 도선(道宣)의 『대당내전록(大唐內典錄)』[90] 4권에 수록된 「후위원씨번전불경록(後魏元氏翻傳佛經錄)」이다. 최근 「양직공도」에 관한 역주서를 발간한 자오찬펑(趙燦鵬) 역시 해당 내용이 노국 제기의 일문임을 주장하였다(趙燦鵬, 2023, pp.35~39).

---

[89] 당 초기에 활동하였던 염립덕은 중원의 전통적인 화풍을 따르면서도 강남 일대에서 유행하였던 것을 접목시켜 새로운 화풍을 창안해 낸 것으로 평가받는다. 그의 대표작인 「歷代帝王圖卷」에는 前漢~北周代 활약하였던 13인, 즉 前漢 昭帝 劉弗陵, 後漢 光武帝 劉秀, 曹魏 文帝 曹丕, 吳의 孫權, 蜀의 劉備, 西晉 武帝 司馬炎, 陳宣帝 陳曇頊, 陳文帝 陳蒨, 陳廢帝 陳伯宗, 陳後主 陳叔寶, 北周武帝 宇文邕, 隋文帝 楊堅, 隋煬帝 楊廣의 모습이 그려져 있다.

[90] 『大唐內典錄』은 당의 승려 도선이 엮었다고 알려진 총10권의 대장경 목록이다. 기존의 대장경 목록과 長安 西明寺의 대장경을 참조하여 만든 것으로 제1권~제5권까지는 『歷代三寶記』의 내용을 계승하였으며, 제6권과 제7권은 隋 彦琮의 『衆經目錄』을 답습하였다고 알려져 있다. 제8권이 서명사에 소장되어 있던 대장경 목록이며, 제9권과 제10권은 중국에서 찬술 경전인 僞經과 주석서 등이 수록되었다고 알려져 있다.

해당 기록을 보면, '양 상동왕 역의 공직도에서 이르기를(梁湘東王繹貢職圖云)'이라고 시작되는 문장이 확인된다.[91] '양상동왕역공직도(梁湘東王繹貢職圖)'라는 표현은 원(元)의 오징(吳澄)이 찬한 『오문정집(吳文正集)』에서도 확인된다.[92] 이로 보아 해당 자료는 여러 단계를 거쳐 완성된 양 직공도의 일종(一種)임이 분명하며, 『대당내전록』에 수록된 문장은 노국 제기의 일문일 가능성이 크다(趙燦鵬, 2023, p.62). 이밖에 원(元)의 염상(念常)이 찬한 『불조역대통재(佛祖歷代通載)』 권7의 중 일부[93]를 노국 제기의 일문으로 간주하기도 한다(윤용구, 2012, p.145). 다만, 해당 내용 가운데 어디까지가 직공도의 일문인지는 보다 자세한 연구가 필요하다.

다음으로 사신도를 살펴보겠다. 고덕겸모본과 염립본모본 두 모본을 보면, 비슷한 부분도 있지만 차이점도 적잖이 확인된다. 세 명 중 가장 중요한 역할을 맡았던 것으로 여겨지는 중앙 인물부터 살펴보면, 팔을 넓게 벌리고 선 중앙인물의 자세(pose)가 인상적이다. 고덕겸모본은 백묘화(白描畫)인 관계로 복식의 색상은 알 수 없으나 의복의 전체적 구성이나 모양은 염립본모본과 상당히 비슷하다. 복부까지 내려오는 긴 끈이 달린 무관(武冠) 형태의 관을 쓴 것이 특징적이다.

사신의 복색(服色)은 염립본모본을 통해 자세히 파악할 수 있다. 염립본모본의 중앙인물은 붉은색의 기장이 길고 소매가 넓은 겉옷을 입고 있다. 옷깃과 소매 끝은 흑색으로 덧대었으며, 백색의 대(帶)를 착용하였다. 하의는 흰색의 통이 넓은 대구고(大口袴)이다. 역시나 밑단은 흑색으로 장식하였다. 신발은 백색인데, 흑색으로 장식한 앞코가 특징적이다. 고덕겸모본과 차이가 나는 부분은 관(冠)으로 특별히 초미(貂尾) 장식이 두드러진다. 중앙 인물에게서 눈에 띄는 것은 무관인데, 초기에는 이를 바탕으로 신분을 파악하려는 시도가 있었다(深津行德, 1999). 하지만 위진남북조시대 무관은 관리부터 황제까지 폭넓게 즐겨 쓰던 범용적인 것

---

91) 『大唐內典錄』序 歷代眾經傳譯所從錄第一之四, 後魏元氏翻傳佛經錄第十三, "…(중략) 案梁湘東王繹貢職圖云 本姓托跋鮮卑胡人也 西晉之亂有托跋廬 出居晉樓煩地 晉即封為代王 於後部落分散經六十餘年 至廬孫拾翼犍 或言涉珪 魏史云 即道武皇帝魏之太祖也 …"

92) 吳澄, 『吳文正集』卷59 梁湘東王繹貢職圖後, "吳澄跋云, '梁史所載 陳史所載, 若扶南, 若林邑, 若婆利, 若于陁利, 及蠕蠕、盤盤、丹丹等, 並有使至, 而此無之.'"

93) 念常, 『佛祖歷代通載』卷7, "珪按世錄 其先出自黃帝之後 昌意之子 受封北國 有大鮮卑山 自以為號 西晉之亂 有拓跋廬 出居縷煩 晉封為代王 於後部落分散 經六十餘年至廬孫什翼涉珪"

이었다. 따라서 관만으로 신분을 판단하는 것은 곤란하다(이경희 외, 2007, pp.58~60).

중앙에 그려진 인물의 실체를 두고도 여러 가지 견해가 제출되었다. 자세한 내용은 후술하겠지만, 많은 학자들이 노국을 북조(北朝)로 간주하는 가운데, 중앙인물을 북조의 사신(王素, 1992; 堀內淳一, 2012)이나 북위(北魏)·동위(東魏)의 황제(深津行德, 1999; 안현주, 2020, pp.148~149)로 간주한다. 사신도만으로 정확한 판단이 어렵지만 「역대제왕도권」처럼 당시 유행하였던 '제왕도'의 도상 형식을 참조하였을 때 노국의 중앙인물은 제왕의 도상을 염두에 두었을 가능성이 있다. 이를 「양직공도」의 자료적 성격과 함께 고려하면, 양 중심의 세계관을 보다 강조하기 위한 하나의 장치로 볼 여지도 있다.

좌측 인물은 어깨까지 내려오는 복건(幅巾)을 착용한 것이 눈에 띈다. 고덕겸모본의 경우 복건 외에 우측 인물의 복식과 큰 차이가 나지 않는다. 그러나 염립본모본을 보면, 좌측 인물은 백색의 깃이 곧은 겉옷인 직령포(直領袍)를 입었다. 다른 인물과 마찬가지로 소매가 넓고 가장자리는 흑색으로 덧대었으나 대의 착용여부는 확인하기 어렵다. 신발은 황색이다. 특징적인 것은 옷의 여밈 방향인데, 한인(漢人)의 전통 여밈이 아닌 좌임(左衽)의 형태를 취하였다.

고덕겸모본의 경우 우측 인물과 좌측 인물의 도상 상 두드러지는 차이는 없다. 머리에 뒤가 짧은 두건(頭巾)을 쓰고 있는 점이 다를 뿐이다. 두건을 쓴 모습은 염립본모본에서도 확인된다. 또한 염립본모본 우측 인물은 연한 붉은색에 기장이 길고 소매가 넓고, 역시나 옷깃과 소매 끝은 흑색을 덧댄 겉옷을 입었다. 그 안에 녹색 깃이 둥근 단령(團領)의 내의(內衣)와 같은 색감의 통이 넓은 대구고를 입었다. 바지의 경우 밑단을 붉은색으로 장식하였으며, 신발은 미색의 비단신으로 보인다. 눈에 띄는 부분은 옷의 여밈 방향으로, 좌임을 하였던 좌측인물과 달리 한인의 전통 여밈인 우임(右衽)을 하였다.

이처럼 사신의 구성과 복식의 양상으로 볼 때, 노국은 상당히 높은 위상을 가진 국가였던 것으로 여겨진다. 일찍부터 많은 학자들이 노국의 실체를 두고 여러 견해를 제시하였다. 「양직공도」를 본격적으로 분석한 에노키 카즈오(榎一雄)는 '魯'를 '稟'의 오기라고 보고, 이를 불름(拂菻), 즉 동로마제국이라고 보았다(榎一雄, 1999).

하지만 대다수의 연구자들은 노국을 동시기 양과 중원을 나누어 점유하였던 북조, 즉 북위나 동위로 간주한다. 그 근거로 첫째, 남쪽에서는 북조를 삭로(索虜), 위로(魏虜)라 칭하며, '오랑캐(虜)'로 인식하였다는 점,[94] 둘째 중앙인물이 착용한 초미 장식이 달린 무관은 북조의 묘장 벽화에서 다수 확인되며, 해당 관이 북조에서 통상적이었다는 점, 셋째, 염립본모본의 중앙과 우측인물이 착용한 붉은색의 복식은 당시 남·북조 사신이 즐겨 입었던 것이었다는 점 등을 근거로 제시하고 있다(王素, 1992; 深津行德, 1999; 堀內淳一, 2012; 안현주, 2020, pp.148~149). 실제 남조가 북위·동위·서위(西魏)를 낮춰 부를 때 노(虜)라는 표현을 사용하였고(박한제, 1988),[95] 이는 사료에서도 확인된다. 게다가 앞서 제시한 『대당내전록』 등에 남아 있는 것이 노국의 일문이라면, 노국이 북조일 가능성은 더욱 높아진다.

---

94) 『공괴집』에 수록된 「跋傅欽甫所藏職貢圖」에는 "이용면의 첩에 이르기를, '양원제 소여이 형주에 진주하고 있을 때 직공도를 만들었는데, 虜에서 시작하여 蠶으로 끝나니 모두 30여 국이다'라고 하였다. 지금 이 권에는 겨우 22국만 있으니 필시 빠진 것이 있는 듯하다(李龍眠有帖云, 梁元帝蕭繹鎭荊時作職貢圖, 首虜而終蠶, 凡三十餘國. 今此卷纔二十有二, 必有遺脫者.)"라는 문장이 확인된다. 현재 확인 가능한 자료를 종합해보면 「양직공도」의 첫머리에는 '魯國'이 위치하였는데, '虜'로 시작하였다는 내용으로 보아 노국(북위 혹은 동위)을 오랑캐(虜)로 간주하였음을 엿볼 수 있다.

95) 『송서』와 『남제서』에 북위에 관한 기록은 각각 『宋書』 索虜傳, 『南齊書』 魏虜傳에 수록되어 있다. 또한 『南齊書』 祥瑞志에서는 북위를 虜國, 북위의 황제를 虜主, 북위의 태후를 虜太后로 칭하고 있다(『南齊書』 권18 祥瑞 銅鍾 등 참조).

사신도

고덕겸모본
魯國

염립본모본
虜▩

참고자료

○ **『공괴집』권75 발부흠보소장직공도**

　부흠보(傅欽甫)에 실려 있는 「직공도(職貢圖)」를 보면, 그림과 글씨가 정갈하고 아름답지 않으며 상제(上題)의 글자(字)도 합하여 이루어진 것이다. 이용면(李龍眠)의 첩에서 이르기를, '양원제 소역이 형주에 머무를 때, 「직공도」를 만들었는데, 노(虜)로 시작하여 연(蜑)으로 끝나니 모두 30여 국이었다'라고 하였다. 지금 이 문서[卷]에는 겨우 22국이니 필시 빠진 것이 있는 듯하다. 내가 그것을 비교하여 살펴보니, 첫 번째는 노국(魯國)인데, [이]용면은 '노(虜)'로 시작한다고 하였으나 여기에는 노(魯)라고 하니 무엇이 잘못인가? 『남사』양의 기전(記傳)과 『통전』·『태평어람』을 두루 살펴보면, 모두 노국(魯國)과 예예국(芮芮國)이 없다. 그 아래에 20국이 있는데, 앞에서 이미 열거하였으며, 모두 일찍이 양에 조공을 한 나라들이다. 무제기(武帝紀) 중(中)에 또 부남(扶南)·등지(鄧至)·우전(于闐)·연연(蠕蠕)·고려(高麗)·간타리(干陁利)·신라(新羅)·반반(盤盤)·단단(丹丹) 9국이 있는데 어찌 그림에서는 빠진 것인가? 또 이른바 연(蜑)은 보이지 않는데 해남제국(海南諸國)을 살펴보면, 진대(晉代) 중국(中國)과 통교한 것이 드물었다. 그러므로 사관(史官)이 싣지 않은 것이다. 송(宋)·제(齊)와 양(梁)에 이르러 그들이 정삭(正朔)을 받들고, 직공(職貢)을 닦으며 바다를 항해하여 자주 이르렀다. 진씨(晉氏)가 남쪽으로 건너가 강좌(江左)에 머물렀을 때부터 북쪽은 황폐해지고, 서쪽은 멀어져 막혀서 통하지 않게 되어 남쪽으로 돌아 이르렀으며, 동쪽 변경은 영토가 인접해 있다. 송 원가 연간에 상포(象浦)에서의 승리로 위세를 해외에 떨쳤다. 이에 [먼 나라들이] 통역하여 잇달아 이르니 해마다 끊긴 적이 없었다. 제와 양대에 이르러서야 직공에 질서가 생겼다. …(중략)"[96]

---

96) "正字傅欽甫攜職貢圖見示, 不惟畫筆精好, 其上題字, 亦自合作. 李龍眠有帖云, 梁元帝蕭繹鎮荊時, 作職貢圖, 首虜而終蜑, 凡三十餘國. 今此卷纔二十有二, 必有遺脫者. 余試攷之, 其一曰魯國, 使龍眠以爲首虜而此曰魯, 豈有誤耶. 徧閱南史梁之記傳, 及通典·太平御覽, 皆無魯國與芮芮國. 其下二十國則有之, 既列于前, 皆曾朝貢于梁者也. 武帝紀中又有扶南·鄧至·于闐·蠕蠕·高麗·干陁利·新羅·盤盤·丹丹九國, 豈圖之所遺耶. 亦不見所謂蜑者, 按海南諸國, 晉代通中國者蓋鮮. 故不載史官. 及宋·齊至梁, 其奉正朔修職貢, 航海往往而至. 自晉氏南渡, 介居江左, 北荒西裔, 隔礙莫通, 至于南徼, 東邊界壤所接. 宋元嘉象浦之捷, 威震冥海. 於是鞮譯相係, 無絶歲時. 以泊齊·梁, 職貢有序. …(중략)"

○ 『대당내전록』 서 역대중경전역소종록 1-4, 후위원씨반전불경록 13

(중략) 양 상동왕(湘東王) [소]역의 「직공도」(貢職圖)를 살펴보니 이르기를, '본래 성은 탁발(托跋)이며, 선비(鮮卑) 호인(胡人)이다. 서진의 난 때 탁발로(托跋盧)가 있었는데, 진(晉)의 누번(樓煩)의 땅에서 나와서 살았다. 진은 곧 [그를] 대왕(代王)으로 봉하였다. 후에 부락(部落)이 분산되었다. 60여 년이 지나 [탁발]로의 손자 [탁발]십익건(拾翼犍) 때에 이르렀다. 혹은 [탁발]섭규(涉珪)라고도 한다.'라고 하였다.[97]

○ 『덕우당화품』 「양원제번객입조도」

양 원제가 형주자사(荊州刺史)로 있었을 때에 분본(粉本)을 그렸다. 노국(魯國)이 가장 처음이며 35국이 있는데 모두 그 사자를 그려 호(胡)·월(越)이 한 집안(一家)이며 요복(要服)·황복(荒服)의 종족과 부락(種落)이 함께 천자를 뵈러 온 일(來王之職)을 보이고자 하였다. 그 생김새가 각각 같지 않으나 모두 야만스럽고 괴이하며 못생기고 누추하여 화인(華人)의 기운(氣韻)이 없었다.[98]

○ 염상, 『불조역대통재』 권7

"[탁발]규(珪). 『세록(世錄)』을 살펴보면, 그 선조는 황제(黃帝)의 후손이며, 창의(昌意)의 아들인데, 북국의 봉작을 받았다. 대선비산(大鮮卑山)이 있는데, 스스로 [그것을] 호칭으로 삼았다. 서진의 난 때에 탁발로(拓跋盧)가 있었는데, 누번(縷煩)에서 나와 살았다. 진이 [그를] 대왕(代王)에 봉하였다. 이후에 부락이 분산되었다. 60여 년이 지나 [탁발]로의 손자 [탁발]십익섭규(什翼涉珪)에 이르렀다."[99]

---

97) "…(중략) 案梁湘東王繹貢職圖云, 本姓托跋, 鮮卑胡人也. 西晉之亂, 有托跋盧, 出居晉樓煩地. 晉即封爲代王. 於後部落分散. 經六十餘年至盧孫拾翼犍. 或言涉珪."
98) "梁元帝爲荊州刺史日所畫粉本. 魯國而上三十有五國, 皆寫其使者, 欲見胡越一家, 要荒種落, 共來王之職. 其狀貌各不同, 然皆野怪寢陋, 無華人氣韻."
99) "珪. 按世錄其先出自黃帝之後, 昌意之子, 受封北國. 有大鮮卑山, 自以爲號. 西晉之亂, 有拓跋盧, 出居縷煩. 晉封爲代王. 於後部落分散. 經六十餘年至盧孫什翼涉珪."

○ 『송서』 권95 삭로

삭두로의 성은 탁발씨(託跋氏)이며, 그 선조는 한(漢)의 장군 이릉(李陵)의 후손이다. [이]릉이 흉노에게 항복할 때 수천 종(種)이 있어 각각 이름과 호칭(名號)을 만들었는데, 삭두도 그 가운데 하나이다. [서]진 초에 삭두종(索頭種)에는 있는 부락 수만 가(家)가 운중(雲中)에 있었다. 혜제(惠帝) 말에 병주자사(幷州刺史) 동영공(東嬴公) 사마등(司馬騰)이 진양(晉陽)에서 흉노에게 포위당하였는데, 삭두선우(索頭單于) [탁발]의타(猗䒟)가 군사를 보내 [사마]등을 도왔다. 회제(懷帝) 영가 3년(309)에 [탁발의]타의 동생 [탁발의]로(盧)가 부락을 거느리고 운중에서 안문(雁門)으로 들어와 병주자사(幷州刺史) 유곤(劉琨)에게 나아가 누번(樓煩) 등 5현을 탐하니 [유]곤이 제어할 수가 없고, 또 [탁발의]로에게 의지하여 도움을 받고자 하니 [탁발의로가] 상언(上言)하기를, '[탁발의]로의 형 [탁발의]타는 [사마]등을 구원한 공이 있으니 옛 공(舊勳)을 마땅히 기록해야 합니다. 청컨대 5현의 백성들을 신흥(新興)으로 옮기고, 그 땅에 머물게 해주십시오'라고 하였다. [유]곤이 또 표로 [탁발의]로를 봉하여 대군공(代郡公)으로 삼았다. 민제(愍帝) 초에 또 [탁발의]로를 승급시켜 대왕(代王)으로 삼고, 상산군(常山郡)을 식읍으로 더하였다. 그 후 [탁발의]로는 국내의 큰 난(大亂)으로 죽었는데 아들이 또 유약하여 부락이 분산되었다. [탁발의]로의 손자 [탁발]십익건(什翼犍)은 날래고 씩씩하여 무리가 다시 그에게 의지하고 [그를] 상락공(上洛公)이라고 불렀다. 북쪽으로는 사막이 있고, 남쪽으로는 음산(陰山)에 의탁하였으며, 무리는 수십만이었다. 그 후에 부견(苻堅)에게 격파되어 사로 잡혀 장안(長安)으로 보내졌다가 후에 북쪽으로 돌아가기를 청하였다. [탁발십익]건이 죽자 아들 섭규(涉珪)가 대신 섰다. …(중략)[100]

---

100) "索頭虜姓託跋氏, 其先漢將李陵後也. 陵降匈奴, 有數百千種, 各立名號, 索頭亦其一也. 晉初, 索頭種有部落數萬家在雲中. 惠帝末, 幷州刺史東嬴公司馬騰於晉陽爲匈奴所圍, 索頭單于猗䒟遣軍助騰. 懷帝永嘉三年, 䒟弟盧率部落自雲中入雁門, 就幷州刺史劉琨求樓煩等五縣, 琨不能制, 且欲倚盧爲援, 乃上言, '盧兄䒟有救騰之功, 舊勳宜錄. 請移五縣民於新興, 以其地處之.' 琨又表封盧爲代郡公. 愍帝初, 又進盧爲代王, 增食常山郡. 其後盧國內大亂, 盧死, 子又幼弱, 部落分散. 盧孫什翼犍勇壯, 眾復附之, 號上洛公 北有沙漠, 南據陰山, 眾數十萬. 其後爲苻堅所破, 執還長安, 後聽北歸. 犍死, 子開字涉珪代立. (중략)"

○ 『남제서』 권57 위로

위로(魏虜)는 흉노의 종족(種)이며, 성은 탁발씨(托跋氏)이다. [서]진 영가 6년(312)에 병주자사(幷州刺史) 유곤(劉琨)이 도각호(屠各胡) 유총(劉聰)에게 공격을 당하였는데, 삭두(索頭)인 [탁발]의로(猗盧)가 아들 [탁발]리손(利孫)을 보내 병사를 거느리고 태원(太原)에서 [유]곤을 구원하게 하고 [탁발]의로는 들어와 대군(代郡)에 머무르며 또 선비(鮮卑)라고 칭하였다. 머리를 풀어헤치고, 좌임(左衽)을 하였으므로 삭두(索頭)라고 부른다. [탁발]의로의 손자 [탁발]십익건(什翼犍)은 자(字)가 울률전(鬱律旃)인데 후에 음산(陰山)으로 돌아와 선우가 되었으며 흉노의 여러 부를 거느렸다. 태원(太元) 원년(376)에 부견(苻堅) 자신이 임명한(僞) 병주자사(幷州刺史) 부락(苻洛)을 보내 [탁발십익]건을 정벌하게 하니 [부락이 그를] 용정(龍庭)에서 격파하고 [탁발십익]건을 사로잡아 장안으로 돌아왔다. …(중략) [부]견이 패하자 아들 [탁발]규(珪), 자(字)는 섭규(涉圭)인데 장인(舅)인 모용수(慕容垂)를 따라 중산(中山)에 머물렀다가 돌아와 그 부를 거느렸는데 후에 점차 강성해졌다. …(중략)[101]

[백다해]

---

101) "魏虜, 匈奴種也, 姓托跋氏. 晉永嘉六年, 幷州刺史劉琨爲屠各胡劉聰所攻, 索頭猗盧遣子曰利孫將兵救琨於太原, 猗盧入居代郡, 亦謂鮮卑. 被髮左衽, 故呼爲索頭. 猗盧孫什翼犍, 字鬱律旃, 後還陰山爲單于, 領匈奴諸部. 太元元年, 苻堅遣僞幷州刺史苻洛伐犍, 破龍庭, 禽犍還長安. …(중략) 堅敗, 子珪, 字涉圭, 隨舅慕容垂據中山, 還領其部, 後稍彊盛. …(중략)"

예예국(芮芮國)

개요

「양직공도」의 예예국(芮芮國)은 중국 남북조시대에 활동한 유연(柔然)을 가리킨다. 유연은 4세기 초 탁발부(拓跋部)에 종속했다가, 376년 대(代)가 멸망하자 하(夏)의 조상인 흉노(匈奴) 유위장(劉衛長)에 복속하였다. 이후 북위(北魏)의 압박을 받았지만, 4세기 말 두륜(杜崙)의 지배 아래에 강성해졌다. 북위의 북방에 위치한 유연은 북연(北燕)과 통혼하거나 북량(北涼)을 경유하여 동진(東晉)-송(宋)과도 연결되었다. 이러한 형세 구축은 북위를 견제하려는 세력에 외교적 선택권을 제공한 것으로 평가된다(三崎良章, 2007, p.147).

유연은 자료에 따라 연연(蠕蠕:『위서』『북사』『남사』『통전』), 예예(芮芮:『송서』『남제서』『양서』), 여여(茹茹:『주서』『수서』), 유연(蝚蠕:『진서(晉書)』) 등으로 다양하게 기록되어 있다. 그러나 결국 벌레와 관련된 문자를 주로 사용한다는 것은 그들의 씨족 토템과 관련된 모욕적 의미를 뜻하며, 유연 사람들은 '여여(茹茹)'를 보편적으로 사용했다고 한다(內田吟風, 1975, p.274). 「양직공도」의 '예예국'이라는 표기 역시 그들의 사적이 비교적 자세하게 실려 있는 『남제서』나 『양서』의 방식을 감안한 것으로 생각된다.

「양직공도」에 예예국의 제기는 없고, 사신도는 고덕겸모본과 염립본모본 2종만 전한다. 이 두 사신도는 채색 여부와 함께, 모자의 유무나 외모에서 큰 차이를 보인다.

「양직공도」 모본별 예예국 사신 관련 정보

사신도			제기	
고덕겸모본	북송모본	염립본모본	북송모본	장경모본
○	없음	○	없음	없음

우선 고덕겸모본을 살펴보도록 한다. 일단 앞머리는 벗겨 있고, 이마가 툭 튀어나온 모습이 눈에 띈다. 『위서』 연연에 따르면, 연연의 성(姓)은 욱구려씨(郁久閭氏)이다. 그 선조는 '두발이 눈썹 언저리부터 나기 시작하는' 특이한 모습을 하고 있었는데, 이름을 잊어버렸다고 하여 주인에게서 '목골려(木骨閭)'라는 이름을 받았다고 한다. 이 목골려는 곧 '수독(首禿)' 즉 대머리를 가리킨다. 고덕겸모본의 그림은 이러한 서술을 형상화했을 것이다.

머리카락은 다소 정리되지 않아 보인다. 곱슬머리 혹은 땋은 모습으로 짐작된다. 참고로 『양서』 예예국에 '변발(辮髮)'이라는 표현이 있는데, 변발한 그들의 풍습이 묘사된 것으로도 보인다. 얼굴은 광대뼈가 튀어나왔고, 콧구멍은 넓은 가운데, 거뭇거뭇한 수염이 나 있다. 이러한 다소 기괴한 용모는 고덕겸모본 중 예예국 사신이 유일하다.

차림은 바로 옆에 그려져 있는 하남(河南)의 사신과 비슷한 모습이다. 『남제서』에 따르면, 예예는 항상 하남도(河南道)를 거쳐 익주(益州)에 방문했다고 한다. 양과의 교류 때도 주로 북조(北朝)를 우회하고, 토욕혼(=하남국)을 거쳐 견사(遣使)하였다(金子ひろみ, 2014, p.149). 예예와 하남은 양 무제 친감(天監) 15년(516) 8월에 같이 양을 방문한 사례도 있는 만큼, 사신이 서로 면담한 역사도 존재한다.

하체는 발가락을 그리지 않은 것으로 보아, 아마도 신발을 신은듯하다. 다른 사신도의 경우는 맨발이거나 신발에 가로줄을 그어 접힌 모습을 표현한 데 비해, 예예국 사신은 다소 외형의 굴곡만 있을 뿐, 특별한 문양이나 특징은 없다. 『양서』와 『남사』에 '심옹화(深雍靴)'라고 하여, 예예 사람은 길이가 깊은 가죽신을 신는 것으로 나온다. 이를 묘사한 그림으로 보인다.

염립본모본의 사신도는 채색이 되어 있다. 우선 고덕겸모본의 사신도와 달리 초록색 두건을 두르고 있다. 이 두건의 형태는 같은 '서북제융(西北諸戎)'으로 묶여 있는 탕창(宕昌)·등지(鄧至)의 사신이 쓰고 있는 그것과 형태가 비슷하다. 『양서』 등지국에는 그들의 모자는 '돌하

예예국(芮芮國) **51**

(奕何)'라고 부르며, 그 의복은 탕창과 같다고 한다. 이처럼 예예·탕창·등지의 옷차림이 비슷한 경우는, 바지에서도 엿볼 수 있다. 다만 탕창·등지의 사신은 두 가지 색만 사용했지만, 예예는 네 가지 색을 사용하고 있어 더욱 화려한 느낌을 준다.

겉옷은 전체적으로 하얀색이고, 깃과 끄트머리에 문양으로 장식되어 있다. 이 문양은 키질(克孜爾) 석굴 벽화 공양인의 그 문양과 비슷하다. 허리띠는 붉은색 대에 끝부분에 황색 장식이 달려 있다. 이 요대(腰帶)는 돌궐 석상인 카멘나야바바의 모습이나, 내몽골자치구 쑤니터이구(蘇尼特右旗)에서 출토된 금장식 요대가 참고된다(안현주, 2020, p.132).

고덕겸모본과 염립본모본의 사신 모두 우임(右衽)을 하고 있다. 『남제서』에 따르면, 예예는 좌임(左衽)을 한다는 정보가 있어, 차이를 보인다. 좌임이라는 표현 자체가 오랑캐의 풍속을 상징하는 용어이기도 한 만큼, 실제 예예의 사신이 어떤 앞여밈 상태로 양을 방문했을지는 단정하기 어렵다.

사신도

고덕겸모본 芮芮國	북송모본	염립본모본 芮芮國
	없음	

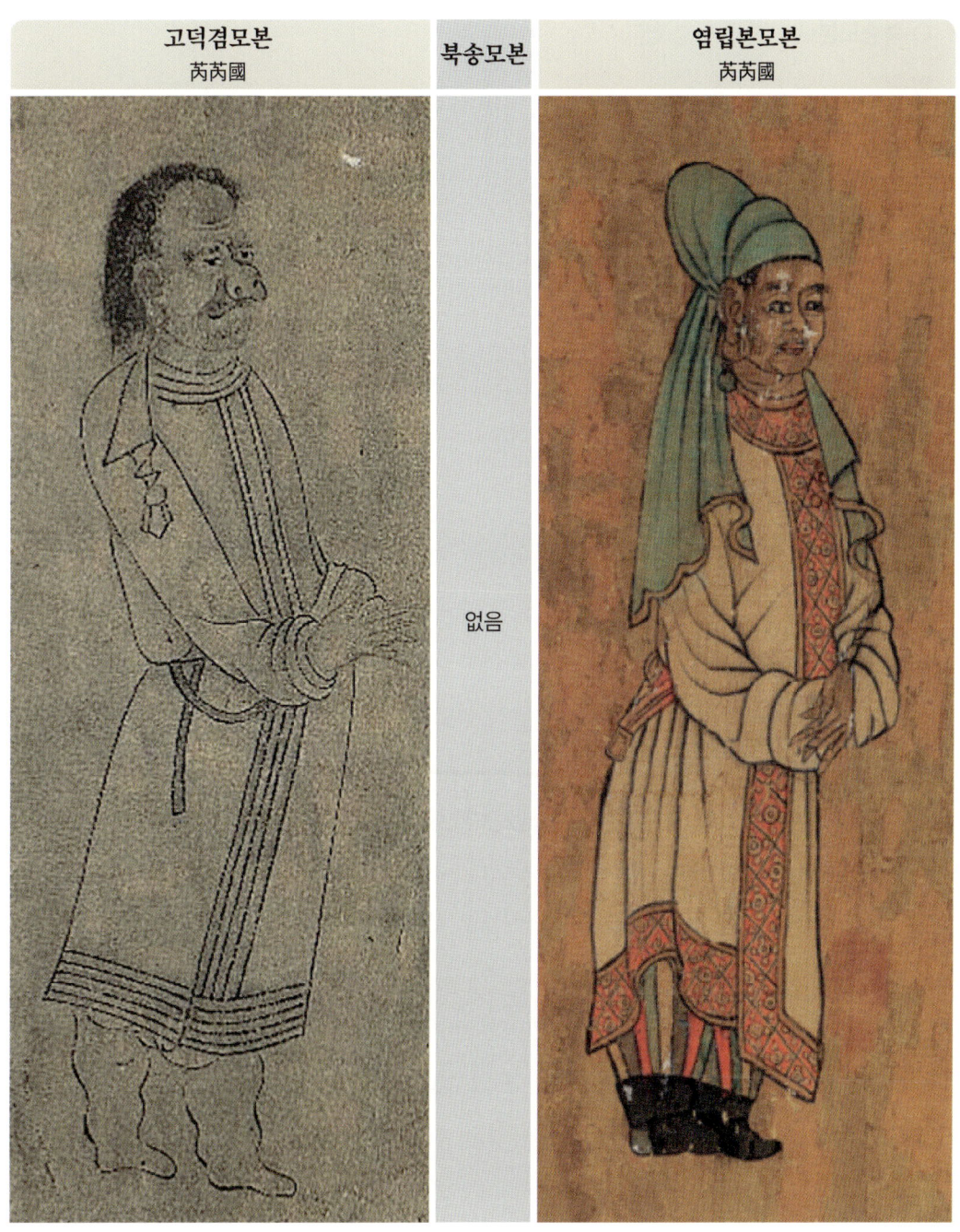

예예국(芮芮國)

제기

○ **북송모본**

없음

○ **장경모본**

없음

참고자료

○ **『공괴집』권75 예예**

부흠보가 말하였다. 『통감』송 원가 27년(450) 북벌의 조(詔)에서 말하기를, 예예(芮芮) 또한 그사이 사신을 파견하여, 멀리서 진심으로 맹서(盟誓)를 보내니, 기각(犄角)을 이루었다고 하였다. 병병(丙丙)과 예예(芮芮)는 서로 비슷하니 아마도 옮기는 중의 오류로 의심된다. 그러나 『남사』 또한 예예라는 이름이 없으니, 잠시 상고(詳考)를 미룬다.

『양서』 서북제융전. 예예국(芮芮國)은 대개 흉노의 별종이다. 위진(魏晉) 시기, 흉노는 수백 수천 부로 나누어져 있고 각자 이름이 있었는데, 예예는 그 [중] 한 부(部)이다. 원위(元魏)가 남천(南遷)하고부터 그 고지(故地)를 점령하였다. 송이 이들을 끌어들여 위를 정벌하려고 하였다. 천감 14년(515) 사자를 보내 검은담비 갖옷[烏貂裘]을 바쳤다. 이후 여러 해에 한 번씩 이르렀다.

정관 연간에 중서사인(中書舍人) 배효원(裴孝源)의 『공사화록(公私畫錄)』에서 말하였다. 양 원제 그림(畫) 6권은, 나란히 제목과 직인이 있지만, 도리어 여기에 미치지는 못한다. 또 말하였다. 직공도 3권은, 강승보(江僧寶) 그림이고 수조(隋朝)의 관본(官本)이다. 또 진·양의 연호가 있다. 『명화기』에서 말하였다. 원제가 그린 직공도에는, 모두 서(序)와 외국의 조공 사건이 있다. 또 『양서』에서 말하였다. 형주에 재임 때 번객입조도를 그렸다. 뒤(下) 원일(元日)

에 다시 넓은 견문의 도움으로 다시 썼다.

처음에 예예를 의심하며 아마도 이는 연연이라고 하였다. 『북사』 연연전에 매우 이를 상고했으나 보지 못하였다. 그러나 『남사』 연연전과 『양서』 예예전의 시작과 끝이 200여 자에 그치고, 사건과 끊어짐이 서로 비슷하니, 이에 예예가 과연 연연임을 알 수 있다. 연연의 공헌은 이미 앞에 보이니, 무제기(武帝紀) 중에 뽑아 아울러 이를 기록한다.[102]

○ 『남제서』 권59 예예로

예예로는 새외(塞外)의 잡호이다. 변발하고 좌임(左衽)하였다. 진(晉) 시기 십익규가 새내로 들어온 후, 예예는 물과 풀을 따라다니는 [유목 생활을] 했으며, 흉노의 옛 땅을 모두 차지하고, 위력으로써 서역까지 굴복시켰다. …(중략) 항상 위로(魏虜)와 원수처럼 적대하였다. …(중략) 예예는 늘 하남(河南)의 길을 거쳐 익주에 이르렀다.[103]

○ 『양서』 권54 예예국

예예국(芮芮國)은 대개 흉노의 별종이다. 위진(魏晉) 시기, 흉노는 수백 수천 부로 나누어져 있고 각자 이름이 있었는데, 예예는 그 [중] 한 부(部)이다. 원위(元魏)가 남천(南遷)하고부터 그 고지(故地)를 점령하였다. 성곽이 없고 물과 풀(水草)을 따라 목축하며 궁려(穹廬)를 거처로 삼았다. 변발하고 비단옷을 입었는데, 소매가 좁은 도포, 입구가 좁은 바지이며, 가죽신으로 깊이 가린다. 그 땅은 거칠고 추워, 7월에야 얼음이 녹아 항상 강을 흐른다. …(중략) [천감] 14년(515)에 사자를 보내 검은담비 갖옷(烏貂裘)을 바쳤다. …(중략) 보통(普通) 원년(520)에 다시 사자를 보내 방물을 바쳤다. 이후 여러 해에 한 번씩 이르렀다. 대동(大同) 7년(541)에

---

102) "溥欽甫云. 通鑑, 宋元嘉二十七年, 將北伐詔云, 芮芮亦間遣使, 遠輸誠款誓, 爲犄角. 疑丙丙與芮芮相類, 恐傳寫之誤. 然南史亦無芮芮之名, 姑俟詳攷. 梁書, 西北諸夷傳, 芮芮國, 蓋匈奴別種. 魏晉世, 匈奴分爲數百千部, 各有名號, 芮芮其一部也. 自元魏南遷, 因擅其故地. 宋引之共伐魏. 天監十四年, 遣使獻貂裘. 是後歲一至. 貞觀中, 中書舍人裴孝源公私畵錄云. 梁元帝畵六卷, 並有題印, 卻不及此. 又云, 職貢圖三卷, 江僧寶畫, 隋朝官本. 亦有陳梁年號. 名畵記云, 元帝畫職貢圖, 并序外國貢事. 又梁書云, 任荊時畵番客入朝圖. 下元日, 再書以助博聞. 初疑芮芮, 恐是蠕蠕. 北史蠕蠕傳, 甚詳攷之不見. 而南史蠕蠕傳與梁書芮芮傳, 首尾止二百餘字事絶相類, 乃知芮芮果蠕蠕也. 蠕蠕貢獻已見前, 跂在武帝紀中因倂書之."

103) "芮芮虜, 塞外雜胡也. 編髮左衽. 晉世什翼圭入塞內後, 芮芮逐水草, 盡有匈奴故庭, 威服西域. …(중략) 常與魏虜爲讎敵. …(중략) 芮芮常由河南道而抵益州."

다시 말 1필, 금 1근을 바쳤다.[104]

○ 『위서』 권103 연연

　연연은 동호(東胡)의 후예이고, 성은 욱구려씨(郁久閭氏)이다. 처음 신원제 말년 약탈하던 기졸(騎卒)이 1명의 노예를 사로잡았다. 두발이 눈썹 언저리부터 나기 시작하였고, 본래의 성명을 잊어버려 그 주인은 그에게 목골려(木骨閭)라는 자(字)를 주었다. 목골려란 대머리라는 뜻이다. 목골려는 욱구려와 발음이 서로 비슷하므로 뒤에 자손은 이를 씨(氏)로 삼았다. 목골려는 장성하자 노예에서 방면되어 기졸이 되었다.[105]

○ 『남사』 권79 연연

　북적의 종류는 실로 번다한데, 연연이라는 족속은, 대개 흉노의 별종이다. 위가 남천한 이후부터 그 땅을 마음대로 차지하였다. 성곽이 없고 물과 풀(水草)을 따라 목축하며 궁려(穹廬)를 거처로 삼았다. 변발하고 비단옷을 입었는데, 소매가 좁은 도포, 입구가 좁은 바지이며, 가죽신으로 깊이 가린다. 그 땅은 거칠고 추워, 7월에야 얼음이 녹아 항상 강을 흐른다. …(중략) 양 천감 14년에 사자를 보내 말과 담비 갖옷(貂裘)을 바쳤다. 보통 원년에 또 사자를 보내 방물(方物)을 바쳤다. 이후 수년에 한 번씩 왔다. 대동 7년에 다시 말 1필과 금 1근을 바쳤다.[106]

[김효진]

---

104) "芮芮國, 蓋匈奴別種. 魏·晉世, 匈奴分爲數百千部, 各有名號, 芮芮其一部也. 自元魏南遷, 因擅其故地. 無城郭, 隨水草畜牧, 以穹廬爲居. 辮髮, 衣錦, 小袖袍, 小口袴, 深雍靴. 其地苦寒, 七月流澌亘河. …(중략) 十四年, 遣使獻烏貂裘.(중략) 普通元年, 又遣使獻方物. 是後數歲一至焉. 大同七年, 又獻馬一匹, 金一斤."

105) "蠕蠕, 東胡之苗裔也, 姓郁久閭氏. 始神元之末, 掠騎有得一奴. 髮始齊眉, 忘本姓名, 其主字之曰木骨閭. 木骨閭者, 首禿也. 木骨閭與郁久閭聲相近, 故後子孫因以爲氏. 木骨閭旣壯, 免奴爲騎卒."

106) "北狄種類實繁, 蠕蠕爲族, 蓋匈奴之別種也. 魏自南遷, 因擅其故地. 無城郭, 隨水草畜牧, 以穹廬居. 辮髮, 衣錦小袖袍·小口褲·深雍韡. 其地苦寒, 七月流澌亘河. …(중략) 梁天監十四年, 遣使獻馬·貂裘. 普通元年, 又遣使獻方物. 是後數歲一至焉. 大同七年, 又獻馬一匹, 金一斤."

하남왕국(河南王國)[107]

개요

　하남은 『남제서』와 「양직공도」 및 이를 바탕으로 한 『양서』에만 등장하는 국명으로써 선비 모용부에서 갈라져 나온 토욕혼(吐谷渾)을 가리킨다. 『진서(晉書)』를 시작으로 『신당서』에 이르는 여타 사서에서는 토욕혼이라는 이름으로 열전에 실려 있다. 토욕혼의 기원은 모용혁락간(慕容奕洛干)의 서자이자 장자였던 모용토욕혼으로부터 시작된다. 그는 혁락간의 적자였던 외(廆)를 피해 서쪽으로 이주하기 시작했고, 양주(涼州)의 서남쪽 적수(赤水)에 이르러 거주하게 된다. 이후 토욕혼이라는 이름이 국명이 되는데, 토욕혼의 손자인 섭연(葉延) 대에 왕이 된 조상의 자(字)를 국씨(國氏)로 삼는다는 예(禮)에 따라 성(姓)과 국명을 토욕혼으로 한 것이다.

　『양서』에 의하면 하남이라는 명칭의 유래는 황하의 남쪽에 있기 때문이라 하면서, 유송(劉宋) 문제(文帝) 원가(元嘉) 연간(424~453)에 군주였던 모연(慕延)이 자칭한 것이라 한다. 그런데 『송서』에 의하면 모연이 즉위하고 사신을 보내 표를 바치자 원가 15년(438)에 농서왕(隴西王)으로 봉하였다가 16년(439)에 하남왕으로 개봉(改封)했다는 기록이 있고,[108] 『위서』에서도 유송 문제가 모리연(慕利延 : 모연)을 하남왕에 임명했다고 한다.[109] 이에 따르면 하남왕의 칭호는 유송의 책봉으로 인한 것이 된다. 지리적으로 토욕혼의 서쪽에는 우전, 북쪽에

---

107) 국명 표기는 『양서』 제이전에 따른다는 원칙에 따라 '하남왕국'이라고 하였으나 본문에서는 '하남', '하남국'으로 표기하였다.
108) 『송서』 권96 선비토욕혼, "慕璝死, 弟慕延立, 遣使奉表. [元嘉]十五年(438), 除慕延使持節·散騎常侍·都督西秦河沙三州諸軍事·鎭西大將軍·領護羌校尉·西秦河二州刺史·隴西王. 十六年, 改封河南王."
109) 『위서』 권101 토욕혼, "時慕利延又通劉義隆, 義隆封爲河南王."

는 고창이 있다고 하였는데, 현재의 중국 칭하이성(靑海省)일대에 해당한다.

현전하는 「양직공도」 판본들에는 하남국의 제기가 전하지 않고 고덕겸모본에 사신도만 하나 전할 뿐이다. 따라서 하남국에 대한 기록은 중국 정사 토욕혼 열전의 내용을 참고할 수밖에 없다. 토욕혼 열전은 진(晉)에서 당(唐)에 이르는 광범위한 시대의 사서에 실려 있으므로, 이를 통해 토욕혼에 대한 시대별 정보와 각 중원왕조와의 관계를 파악할 수 있다.

「양직공도」 모본별 하남 사신 관련 정보

사신도			제기	
고덕겸모본	북송모본	염립본모본	북송모본	장경모본
○	없음	없음	없음	없음

고덕겸모본의 하남국 사신의 모습을 보면, 비교적 기록에 부합하는 모습으로 그려져 있다. 『양서』에서는 소매가 작은 솜옷과 폭이 좁은 바지를 입으며, 머리가 크고 긴 치마 모양의 모자를 쓴다고 하였다. 고덕겸모본에 의하면 바지의 하단 폭이 좁고, 상의의 소매 역시 타국의 사신과 비교했을 때 좁은 편이며, 모자도 묘사된 바와 비슷하다. 다만 『진서』 토욕혼전에는 남자들이 긴 치마를 입고 머리에는 일종의 두건인 멱리(羃䍦)를 썼다고 하고,[110] 『주서』 토욕혼전에서는 사내의 옷이 중국(華夏)과 거의 같은 옷을 입는다고 하는데,[111] 『진서』와 『주서』 토욕혼전 배경연대의 시간적 간격을 고려하면 주변국과의 교류에 따라 토욕혼 복식에 변화가 있었을 가능성도 생각해볼 수 있다.

---

110) 『진서』 권97 토욕혼, "其男子通服長裙, 帽或戴羃䍦"
111) 『주서』 권50 토욕혼, "其俗丈夫衣服略同於華夏, 多以羃䍦爲冠, 亦以繒爲帽"

사신도

고덕겸모본 河南	북송모본	염립본모본
	없음	없음

하남왕국(河南王國)

제기

○ **북송모본**

없음

○ **장경모본**

없음

참고자료

○ **『공괴집』 권75 하남**

하남은 선비모용씨(鮮卑慕容氏)로부터 나왔으며, 토욕혼의 후예이다. 땅은 하남의 옛 유사(流沙)에 있다. 양 천감 원년(502)에 사신을 보내 조공하고 마노종(瑪瑙鍾)을 바쳤다. 이후에도 한 해에 두 세 번 이르거나 격년에 한 번 이르렀다.[112]

○ **『양서』 권54 하남왕국**

하남왕(河南王)은 그 선조가 선비 모용씨로부터 나왔다. 일찍이 모용혁락간(慕容奕洛干)은 두 아들이 있었는데 서장자는 토욕혼(吐谷渾)이라 하고, 적자는 외(廆)라 하였다. [모용혁]락간이 죽고 [모용]외가 지위를 이으니 토욕혼은 그를 피해 서쪽으로 [거처를] 옮겼다. [모용]외가 그를 쫓아서 붙잡았으나 우마(牛馬)가 모두 서쪽으로 달려가서 돌아오려 하지 않았다. 이로 인하여 마침내 농산(隴山)을 오르고 포한(枹罕)을 건너 양주(涼州)의 서남쪽으로 나와 적수(赤水)에 이르러 그곳에 거처하였다. 그 땅은 곧 장액(張掖)의 남쪽, 농서(隴西)의 서쪽, 황하(黃河)의 남쪽에 있기 때문에 이름 삼은 것이다. 그 경계는 동쪽으로 첩천(疊川)에 이르고 서

---

112) "河南, 出鮮卑慕容氏, 吐谷渾之後也. 地在河南古之流沙也. 梁天監元年, 遣使朝貢獻瑪瑙鍾. 後或歲再三至, 或再歲一至."

쪽으로는 우전(于闐)에 이웃하며 북쪽으로 고창(高昌)에 접하고 동북으로는 진령(秦嶺)에 통하였으니 사방 1,000여리이며 대개 옛 유사(流沙, 서역)의 땅이다. 초목이 부족하고 큰 비가 드물다. 사시에 늘 눈과 얼음이 있고 오직 6~7월에만 비와 우박이 매우 성하였는데 만약 날이 개면 회오리바람이 자갈을 날려 항상 빛을 가린다. 그 땅은 보리가 있으나 곡식은 없다. 청해(靑海)가 있는데 사방 수백 리로 암말을 그 옆에 방목하면 쉽게 망아지를 낳았으니 지역인들은 그것을 일컬어 용종(龍種)이라 부르는데, 그러한 까닭에 그 나라에는 좋은 말이 많다. 가옥이 있는데 백자장(百子帳)이 섞여 있으니 즉 궁려(穹廬)이다. 소매가 좁은 솜옷(두루마기)과 통이 좁은 바지, 윗부분이 크고 긴 치마형의 모자를 쓴다. 여자는 머리카락을 나누어 땋는다.

　그 후 토욕혼의 손자 섭연(葉延)은 자못 글을 읽고 쓸 줄 알았는데 스스로 말하기를 증조 혁락간이 처음으로 창려공(昌黎公)에 봉해졌고, 자신은 대개 공의 손자라고 하였다. 예에는 조부(王父: 할아버지)의 자(字)로써 나라의 성을 삼는다고 하였으니, 이로 인하여 토욕혼을 성으로 하고 또 국호로 삼았다. 그 먼 후손인 아시(阿豺)에 이르러 처음으로 중국의 관작을 받았다. 조카인 모연(慕延)은 송 원가(424~453) 말에 또 스스로 하남왕(河南王)이라 불렀다. 모연이 죽자 사촌동생인 습인(拾寅)이 즉위하니 곧 문자를 쓰고 성과 해자를 세웠으며 궁전을 지었는데 그 소왕(小王)도 모두 집을 지었다. 나라 안에서 불법을 믿었다. 습인이 죽자 아들 도역후(度易侯)가 즉위하였다. [도]역후가 죽자 아들 휴류대(休留代)가 즉위하였다. [남]제 영명 연간(483~493)에 [휴류]대를 사지절(使持節)·도독서진하사삼주(都督西秦河沙三州)·진서장군(鎭西將軍)·호강교위(護羌校尉)·서진하이주자사(西秦河二州刺史)로 삼았다.

　양이 흥하자 [휴류]대를 진호하여 정서장군(征西將軍)으로 삼았다. [휴류]대가 죽자 아들 복련주(伏連籌)가 작위를 이었다. 천감 13년(514)에 사신을 보내 금으로 장식한 마노종(馬腦鐘) 2구를 바치고 또 표를 올려 익주에 9층 불사를 세운다 하여 조서를 내려 허락하였다. [천감] 15년(516)에 또 사신을 보내 적무용구(赤舞龍駒)와 방물을 바쳤다. 사신은 한 해에 두세 번 이르거나 격년에 한 번 이르렀다. 그 땅은 익주와 인접하여 항상 상인이 통하고, 백성들이 그 이익을 원하여 그들을 따라가는 일이 많아, 글자와 기록을 가르치고 그들을 위해 말을 통역하니 점차 흉포하고 교활해졌다. 보통 원년(520)에 또 방물을 바쳤다. [복련]주가 죽자 아들 가라진(呵羅眞)이 즉위하였다. 대통 3년(529)에 조서를 내려 [가라진을] 영서장군(寧西將軍)·호강교위(護羌校尉)·서진하이주자사(西秦河二州刺史)로 삼았다. [가라]진이 죽자 아들 불보(佛輔)가 작위를 이었다. 그 세자는 또 사신을 보내 백룡구(白龍駒)를 황태자에게 바쳤다.[113]

[이규호]

---

113) "河南王者, 其先出自鮮卑慕容氏. 初, 慕容奕洛干有二子, 庶長曰吐谷渾, 嫡曰廆. 洛干卒, 廆嗣位, 吐谷渾避之西徙. 廆追留之, 而牛馬皆西走, 不肯還. 因遂徙上隴, 度枹罕, 出涼州西南, 至赤水而居之. 其地則張掖之南, 隴西之西, 在河之南, 故以爲號. 其界東至疊川, 西鄰于闐, 北接高昌, 東北通秦嶺, 方千餘里, 蓋古之流沙地焉. 乏草木, 少水潦. 四時恆有冰雪, 唯六七月雨雹甚盛, 若晴則風飄沙礫, 常蔽光景. 其地有麥無穀. 有青海方數百里, 放牝馬其側, 輒生駒, 土人謂之龍種, 故其國多善馬. 有屋宇, 雜以白子帳, 即穹廬也. 著小袖袍·小口袴·大頭長裙帽. 女子披髮爲辮. 其後吐谷渾孫葉延, 頗識書記, 自謂曾祖奕洛干始封昌黎公, 吾蓋公孫之子也. 禮以王父字爲國氏, 因姓吐谷渾, 亦爲國號. 至其末孫阿豺, 始受中國官爵. 弟子慕延, 宋元嘉末又自號河南王. 慕延死, 從弟拾寅立, 乃用書契, 起城池, 築宮殿, 其小王並立宅. 國中有佛法. 拾寅死, 子度易侯立. 易侯死, 子休留代立. 齊永明中, 以代爲使持節·都督西秦河沙三州·鎭西將軍·護羌校尉·西秦河二州刺史. 梁興, 進代爲征西將軍. 代死, 子伏連籌襲爵位. 天監十三年, 遣使獻金裝馬腦鐘二口, 又表於益州立九層佛寺, 詔許焉. 十五年, 又遣使獻赤舞龍駒及方物. 其使或歲再至, 或再歲一至. 其地與益州鄰, 常通商賈, 民慕其利, 多往從之, 敎其書記, 爲之辭譯, 稍桀黠矣. 普通元年, 又奉獻方物. 籌死, 子呵羅眞立. 大通三年, 詔以爲寧西將軍·護羌校尉·西秦河二州刺史. 眞死, 子佛輔襲爵位, 其世子又遣使獻白龍駒於皇太子."

중천축국(中天竺國)·북천축국(北天竺國)

개요

'천축(天竺)'이라는 명칭은 일반적으로 인도의 옛 칭호로 알려져 있다. 『사기(史記)』 권116 서남이열전(西南夷列傳)에 처음 등장하는 '신독(身毒)'이나, 『한서(漢書)』의 '천독(天篤)' 등 인도 지역에 대한 한식(漢式) 명칭도 존재했다. 『사기색은(史記索隱)』에서는 신독에 대하여 "즉 천축이며 소위 부도(浮圖)[가 속했던] 호(胡)이다"라고 했다. 이후 '천축국'이라는 명칭이 사서에 처음 등장하는 것은 『후한서』 서역전(西域傳)이 처음이라고 생각된다(石﨑貴比古, 2021, p.28).

「양직공도」 모본별 중천축국 사신 관련 정보

사신도			제기	
고덕겸모본	북송모본	염립본모본	북송모본	장경모본
○	없음	○	없음	없음

「양직공도」 모본별 북천축국 사신 관련 정보

사신도			제기	
고덕겸모본	북송모본	염립본모본	북송모본	장경모본
○	없음	○	없음	없음

『후한서』 서역전 천축국조에 의하면 신독이라는 것은 천축의 별칭(別稱)이다. 이는 산스크리트어인 Sindhu를 한자로 표현한 것이며, '신독(申毒)'·'신도(新陶)'·'신두(辛頭)'·'신도(信度)' 등 비슷한 음으로 된 한식 표현들 역시 같은 의미이다. 또한 천축이라는 명칭 역시 Sindhu 음이 버마 지역에서 잘못 전해져서 Thindhu로 알려지게 된 것인데, 이것이 천축을 비롯해

천독(天篤)·천독(天毒)·천독(天督) 등의 한식 이칭(異稱)들을 만들어낸 것으로 보인다(杉本直治郎, 1956, pp.637~671).

한과 천축국과의 교류는 이미 전한 무제대(武帝代)부터 시도가 이루어진 바 있었다. 전한 무제 때에 흉노에 대한 협공을 위해 외교사절로서 중앙아시아·대월씨와의 동맹을 목표로 파견됐다가 원수(元狩) 원년(기원전 122)에 귀국한 장건(張騫)은 촉(蜀) 지역에서 운남(雲南)과 신독국(천축국), 심지어 중앙아시아에 도달하는 교역로의 존재를 알게 되었다. 그는 무제에게 흉노에 대한 전략적 의미에서 이 교통로를 개발할 것을 건의했다.『사기』대완열전(大宛列傳)에 따르면, 무제는 기원전 112년경 왕연우(王然于)·백시창(柏始昌)·여월인(呂越人) 등에게 명하여 이를 추진하게 했으나, 익주군(益州郡) 지역에서 곤명(昆明)의 저항에 직면한데다, 주천에서 대하에 이르는 북도(北道)가 이미 발견된 것 등을 계기로 하여 4년여 만에 중단되었다고 한다(동북아역사재단 편, 2009, pp.234~235).

한편『후한서』서역전에 의하면, 후한 환제(桓帝) 연희(延熹) 2년(159)과 4년(161)에 천축이 일남(日南)의 변경 밖에서 자주 방물을 갖고 왔으며, 후에 후한 명제(明帝)가 꿈에 금인(金人: 부처를 의미)을 본 뒤 사신을 천축으로 보내어 불교의 도법을 물었고, 이로 인해 마침내 중원의 나라에서 [부처의] 형상을 그리게 되었다고도 전한다. 다만 이때 후한측에서 보낸 사신이 어떤 루트를 통해 천축국으로 가게 되었는지는 명확하지 않다.

천축의 위치에 대해『사기정의(史記正義)』에서는 "월지(月氏)에서 동남으로 수천 리 떨어진 곳에 있다"라고 하였다.『후한서』서역전에는 "월지와 고부국(高附國)에서 서쪽으로 가면, 남쪽으로는 서해(西海)에 도달하고 동쪽으로는 반기국(磐起國)에 도달하는데, 모두 신독(천축)의 땅이다"라고 기술되어 있다. 또『괄지지(括地志)』에서는 "천축국은 동·서·남·북·중앙의 [다섯] 천축국이 있는데, 나라의 둘레가 3만 리이고, 월지에서 7천 리 떨어져 있으며, 대국(大國)으로 거기에 예속된 나라가 무릇 21개나 된다. 천축은 곤륜산의 남쪽에 있는 대국이며, 치성(治城)은 긍수(恆水)에 임해 있다"라고 하였다. 이를 통해 천축국이 현재의 히말라야산맥 남쪽으로부터 인도의 중북부에 해당하는 지역에 존재했던 것으로 추정할 수 있다. 다만 더 이상의 구체적인 위치를 알기는 어렵다.

한편『송서』이만전에는 천축가비려국(天竺迦毗黎國)이라는 국명이 등장한다. 그 국왕 월애

(月愛)가 유송(劉宋) 황제에게 올렸다고 하는 표문에 의하면 천축가비려국은 '가비하(迦毗河, 갠지스강)'에 있다고 전하는데, 그 국명을 감안하면 석가모니의 고국이자 현재 인도와 네팔의 경계에 존재했던 중천축(中天竺)의 가비라국(迦毗羅國)이나 가비라위국(迦毗羅衛國)을 가리킬 가능성이 높다. 다만 이들은 모두 기원전 4~6세기에 존재했던 국가들이었으며, 4세기 초부터 6세기 중반에는 북인도에 굽타왕조가 존재하고 있었다. 따라서 『송서』에서 원가(元嘉) 5년(428)에 왔다고 전하는 천축가비려국의 사신은 실제로는 존재하지 않는 국가를 가장해서 찾아온 거짓 사신(僞使)이었을 가능성이 높다고 생각된다(김유철, 2016, pp.162~166).

이후 『양서』 제이전에는 중천축이라는 명칭이 나오는데, 손오(孫吳)시기에 부남왕(扶南王) 범전(范旃)이 천축국에 사신을 보내 교섭했다는 내용이 있으며, 천감(天監) 연간(502~519)에 천축국의 왕 굴다(屈多)가 장사(長史) 축나달(竺羅達)을 보내 양 무제에게 올린 표문의 내용이 인용되어 있다. 현전하는 「양직공도」의 고덕겸모본과 염립본모본에는 중천축과 북천축의 사신도가 그려져 있는데 모두 제기는 전하지 않는다.

다만 부흠보소장본에는 중천축국에 대해 "一名身毒, 天監初, 其王屈多遣使, 獻瑠璃. 唾壺等"이라고 하여 기존의 사서에서 전해지던 천축국과 동일시하고 있다. 또한 북천축국에 대해서는 "天監三年, 遣使朝貢"이라고 하였는데, 이는 『양서』 제이전에서 천감 연간에 천축국의 왕 굴다가 장사 축나달을 보내 표문을 올렸다는 기사와도 상통하는 것으로 생각되며, 이 역시 천축국에 대한 내용으로 보아도 무리가 없을 것이다. 「양직공도」에서 기존의 천축국이 중천축과 북천축으로 구분된 원인은 명확하지 않지만, 『양서』 제이전 집필 단계에서는 이를 중천축으로만 통합하여 기록했던 것으로 추정해볼 수 있다.

북천축국과 중천축국의 사신도는 모두 고덕겸모본과 염립본모본에 잘 남아있다. 흥미로운 것은 양국의 사신은 머리모양을 비롯해 붉은색의 짧은 바지만 착용한 것과 상반신에 긴 끈 모양의 의상을 두른 것, 그리고 목걸이·팔찌·발찌 등의 장신구를 착용한 모습까지 거의 유사한 복식을 하고 있다는 점이다. 두 모본에서 보이는 차이점으로는 고덕겸모본에서는 중천축과 북천축 사신 모두 목걸이와 팔찌·발찌가 단순하게 동그란 구슬을 엮은 형태로만 그려진 반면, 염립본모본에는 그 각각의 형태와 재료가 다양하게 묘사되어 있다는 점이다. 이는 염립본모본이 고덕겸모본에 비해 더욱 상세하게 묘사된 결과라고 생각된다.

사신도

고덕겸모본 中天竺	북송모본	염립본모본 中天竺

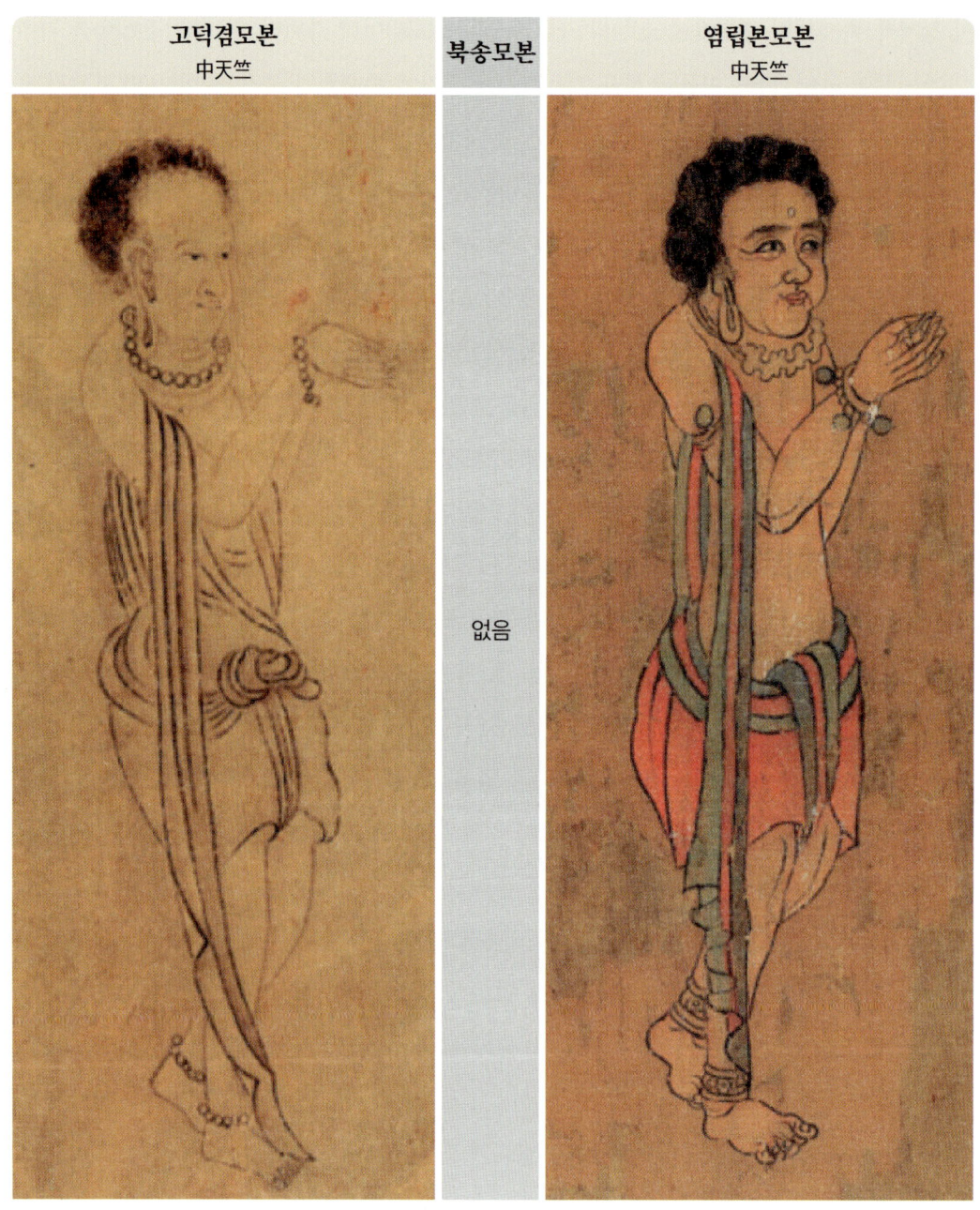

없음

고덕겸모본 北天竺	북송모본	염립본모본 北天竺
	없음	

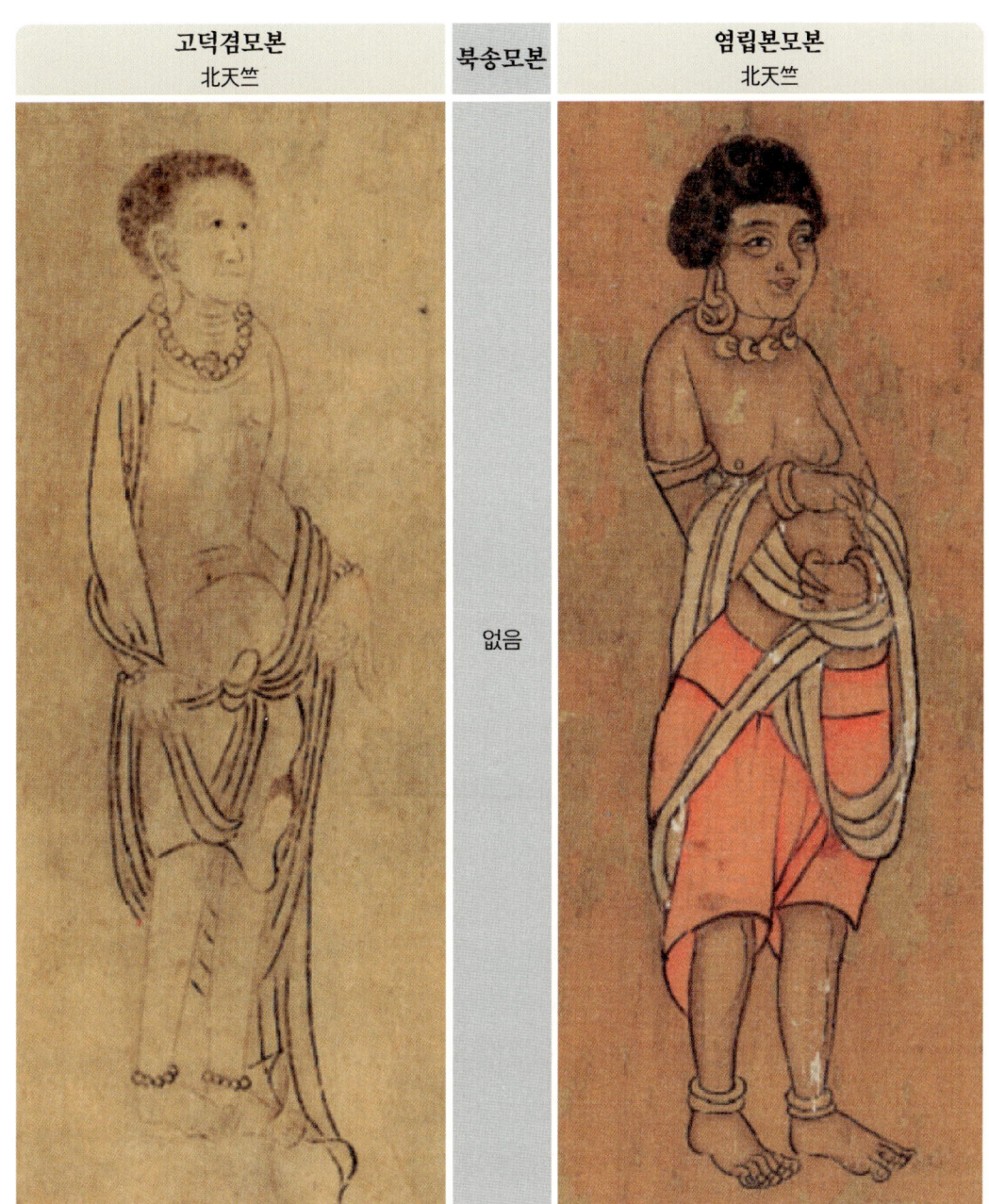

중천축국(中天竺國)·북천축국(北天竺國)

제기

○ **북송모본**

없음

○ **장경모본**

없음

참고자료

○ 『공괴집』 권75 중천축국

중천축국은 일명 신독이다. 천감 연간 초에 그 왕 굴다가 사신을 보냈는데, 유리·타호(唾壺) 등을 바쳤다.[114]

○ 『공괴집』 권75 북천축국

북천축국은 천감 3년(504)에 사신을 보내 조공하였다.[115]

○ 『후한서』 권88 천축

천축국은 일명 신독이라고도 하며 월지의 동남쪽 수천 리 되는 곳에 있다. 풍속은 월지와 동일하지만 [땅이] 낮고 습하며 덥다. 그 나라는 큰 강에 임해 있으며, 코끼리를 타고 전투를 한다. 그 사람들은 월지에 비해서 유약한데, 불교를 신봉하여 사람을 죽이거나 정벌하지 않는 것이 마침내 습속이 되어 버렸다. 월지와 고부국에서 서쪽으로 가다 보면, 남쪽으로는 서해(西海)에 도달하고 동쪽으로는 반기국(磐起國)에 도달하는데, 모두 신독의 땅이다. 신독은

---

114) "中天竺國, 一名身毒. 天監初, 其王屈多遣使, 獻瑠璃·唾壺等."
115) "北天竺國, 天監三年, 遣使朝貢."

별도로 [독립된] 수백 개의 성이 있으며, 성에는 수령(長)을 두었다. 또한 별도의 나라가 수십 이며 나라에는 왕을 두었다. 비록 각자 조금씩 다르기는 하지만 모두 신독이라는 이름을 갖고 있으며, 당시 모두 월지에게 복속해 있었다. 월지는 그 왕을 죽이고 장군을 두어 그 사람들을 통솔하도록 했다. 그 땅에서는 코끼리, 물소, 대모, 금, 은, 동, 철, 아연, 주석 등이 나오며, 서쪽으로는 대진과 통하여 대진의 진기한 물건들이 있다. 또한 세포와 좋은 탑등(毾㲪), 여러 향료와 석밀(石蜜)·후추(胡椒)·생강(薑)·흑염(黑鹽) 등이 있다. 화제 때에 여러 차례 사신을 보내 공물을 헌납했고, 그 후에 서역이 반란을 일으키자 [관계가] 끊어졌다. 환제 연희 2년(159)과 4년(161)에 일남의 변경 밖에서 자주 헌물을 갖고 왔다. 세간에 전하는 바에 의하면 명제(明帝)가 꿈에 금인(金人)을 보았는데, 장대하고 정수리에는 빛이 있었다. 여러 신하들에게 물어보니 혹자가 말하기를, "서방에 신(神)이 있는데 이름하여 부처[佛]라고 합니다. 그 모습은 키가 1장 6척이고 황금빛이라고 합니다"라고 하였다. 이에 황제가 사신을 천축으로 보내어 불교의 도법을 물어 보았고, 마침내 중원의 나라에서 [부처의] 형상을 그리게 된 것이다. 초왕(楚王) 영(英)이 그 술법을 처음으로 믿었고, 중원의 나라에서는 이로 인하여 그 도를 받드는 사람들이 상당히 많아졌다. 후일 환제가 신(神)을 좋아하여 여러 차례 부도(浮圖)와 노자(老子)에게 제사를 드렸는데, [처음에는] 백성들 가운데 소수가 제사를 드렸으나 후일 마침내 점점 더 많아지게 되었다.[116)]

○『송서』 권97 천축가비려국

천축가비려국은 원가 5년(428)에 국왕 월애가 사신을 파견하고 표(表)를 올렸다. …(중략) 금강 가락지(金剛指環), 마륵금(摩勒金)의 팔찌 등의 각종 보물 그리고 붉은색과 흰색의 앵무새 각각 한 마리씩을 봉헌하였다. 태종(太宗) 태시(泰始) 2년(466)에 또 사신을 보내어 헌

---

116) "天竺國一名身毒, 在月氏之東南數千里. 俗與月氏同, 而卑溼暑熱. 其國臨大水. 乘象而戰. 其人弱於月氏, 脩浮圖道, 不殺伐, 遂以成俗. 從月氏·高附國以西, 南至西海, 東至磐起國, 皆身毒之地. 身毒有別城數百, 城置長. 別國數十, 國置王. 雖各小異, 而俱以身毒爲名, 其時皆屬月氏. 月氏殺其王而置將, 令統其人. 土出象·犀·瑇瑁·金·銀·銅·鐵·鉛·錫, 西與大秦通, 有大秦珍物. 又有細布·好毾㲪·諸香·石蜜·胡椒·薑·黑鹽. 和帝時, 數遣使貢獻, 後西域反畔, 乃絕. 至桓帝延熹二年·四年, 頻從日南徼外來獻. 世傳明帝夢見金人, 長大, 頂有光明, 以問羣臣. 或曰, 西方有神, 名曰佛, 其形長丈六尺而黃金色. 帝於是遣使天竺問佛道法, 遂於中國圖畫形像焉. 楚王英始信其術, 中國因此頗有奉其道者. 後桓帝好神, 數祀浮圖·老子, 百姓稍有奉者, 後遂轉盛.?

납하니, 그 주사(主使)인 축부대(竺扶大)·축아미(竺阿彌)를 모두 건위장군(建威將軍)으로 삼았다.[117)]

○ 『양서』 권54 중천축국

중천축국은 대월지(大月支)의 동남 수천 리에 있으며, 땅은 사방 3만 리이고, 일명 신독이라고도 한다. 한대에 장건이 대하(大夏)에 사자로 갔다가, 공죽장(邛竹杖)과 촉포(蜀布)를 보았는데, 나라 사람이 이르기를 신독에서 샀다고 하였다. 신독은 곧 천축이며, 대개 전하여 번역하는 데 음자가 다른 것이지 그 실체는 하나이다. 월지와 고부(高附)로부터 서쪽, 남쪽으로 서해(西海)에 이르기까지, 동쪽으로 반월(槃越)에 이르기까지, 늘어선 나라가 수십인데, 나라마다 왕을 두고 그 이름은 비록 달라도, 모두 신독이다. 한대에는 월지에 기속(羈屬)하였으며, 그 풍속은 땅에 정착하여 사는 것이 월지와 같고, 비습하여 덥고 뜨거우며, 백성은 유약하여 전쟁을 두려워하여 월지보다 약하다. 국은 큰 강에 접하여 있는데, 강의 이름은 신도(新陶)이다. 그 근원은 곤륜(崑崙)에서 나며, 나뉘어 다섯 갈래의 강이 되는데, 총칭하여 항수(恒水)라고 한다. …(중략) 후한 화제(和帝) 시기에 천축이 여러 차례 사자를 보내 공헌(貢獻)하였는데, 나중에 서역이 이반하여, 마침내 교통이 끊겼다. 환제(桓帝) 시기에 이르러 연희(延熹) 2년(159)과 4년(161)에 자주 일남군 요외로부터 와서 공헌하였다. 조위(曹魏) 시기와 진(晉) 시기에는 끊어져서 다시 통하지 못하였다. 오직 [동]오(吳) 시기에 부남왕 범전(范旃)이 가까이 신임하는 소물(蘇物)이라는 이를 천축국에 사자로 보냈다. 부남의 투구리(投拘利) 입구로부터 출발하여 바다의 큰 만을 따라 정서북쪽으로 들어가 만 주변의 여러 나라를 거쳐서 갔는데, 1년 여가 지나서야 천축강 입구에 닿을 수 있었고, 강을 거슬러 올라가 7,000리를 가서야 도착하였다. 천축왕이 놀라 말하기를, "바다의 끝은 지극히 먼데도 이런 사람이 [살고] 있구나"라고 하였다. 즉시 불러서 국내를 시찰하도록 하고, 이윽고 진(陳)과 송(宋) 등 두 사람을 파견하여, 월지마(月支馬) 4필을 가지고 가서 범전에게 보답하도록 하였다. 소물 등을 보내 돌아가게 하였는데, 네 해를 채우고서야 [부남에] 도달할 수 있었다. 그때 [동]오에서는 중랑

---

117) "天竺迦毗黎國, 元嘉五年, 國王月愛遣使奉表. …(중략) 奉獻金剛指環 摩勒金環諸寶物 赤白鸚鵡各一頭. 太宗泰始二年, 又遣使貢獻, 以其使主竺扶大·竺阿彌並爲建威將軍."

(中郎) 강태(康泰)를 부남에 사자로 보냈다. [강태가] 진과 송 등을 보고, 천축의 토속을 물으니, "불도(佛道)가 일어난 나라입니다. 인민이 많은데다 부유하고, 토지는 넓고 비옥합니다. 그 왕의 호칭은 무론(茂論)입니다. 도읍은 성곽을 둘렀는데, 물이 샘에서 갈라져 흘러 도랑과 해자를 채우고 큰 강으로 흘러 내려갑니다. 그 궁전은 모두 무늬를 새겼으며, 성내의 거리와 마을은 옥사(屋舍)와 누관(樓觀)으로 가득 찼고, 종소리와 북소리(鐘鼓) 음악이 넘쳐나며, 의복과 장식은 향기롭고 화려합니다. 물길과 뭍길의 교통이 편하여 온갖 상인들이 모여 교역하니, [아무리] 기이한 노리개나 진보(珍寶)라도 갖고자 하는 대로 살 수 있습니다. 주변의 가유(嘉維)·사위(舍衛)·엽파(葉波) 등 16대국은 천축으로부터의 거리가 혹 2~3,000리인데, 모두 천축국을 귀히 여겨 받들며, 천지의 중심으로 여깁니다"라고 말하였다.

천감(天監) 연간 초에 천축국의 왕 굴다(屈多)가 장사(長史) 축나달(竺羅達)을 보내 표를 받들어 말하기를, "엎드려 듣건대, …(중략) 말씀드린 바가 합당하다면, 바라건대 채납하여 주십시오. 지금 유리로 만든 타호(唾壺)와 잡향(雜香)과 고패(古貝) 등의 물품을 받들어 바칩니다"라고 하였다.[118]

[안정준]

---

118) "中天竺國, 在大月支東南數千里, 地方三萬里, 一名身毒. 漢世張騫使大夏, 見邛竹杖·蜀布, 國人云, 市之身毒. 身毒卽天竺, 蓋傳譯音字不同, 其實一也. 從月支·高附以西, 南至西海, 東至槃越, 列國數十, 每國置王, 其名雖異, 皆身毒也. 漢時羈屬月支, 其俗土著與月支同, 而卑濕暑熱, 民弱畏戰, 弱於月支. 國臨大江, 名新陶, 源出崐崘, 分爲五江, 總名曰恒水. …(중략) 漢和帝時, 天竺數遣使貢獻, 後西域反叛, 遂絶. 至桓帝延熹二年, 四年, 頻從日南徼外來獻. 魏·晉世, 絶不復通. 唯吳時扶南王范旃遣親人蘇物使其國, 從扶南發投拘利口, 循海大灣中正西北入歷灣邊數國, 可一年餘到天竺江口, 逆水行七千里乃至焉. 天竺王驚曰, 海濱極遠, 猶有此人. 卽呼令觀視國內, 仍差陳·宋等二人以月支馬四匹報旃, 遣物等還, 積四年方至. 其時吳遣中郞康泰使扶南, 及見陳·宋等, 具問天竺土俗, 云, 佛道所興國也. 人民敦厖, 土地饒沃. 其王號茂論. 所都城郭, 水泉分流, 繞于渠壍, 下注大江. 其宮殿皆雕文鏤刻, 街曲市里, 屋舍樓觀, 鐘鼓音樂, 服飾香華, 水陸通流, 百賈交會, 奇玩珍瑋, 恣心所欲. 左右嘉維·舍衞·葉波等十六大國, 去天竺或二三千里, 共尊奉之, 以爲在天地之中也. 天監初, 其王屈多遣長史竺羅達奉表曰, 伏聞 …(중략) 所白如允, 願加採納. 今奉獻琉璃唾壺·雜香·古貝等物."

사자국(師子國)

개요

『양서』에 따르면 "사자국은 천축 옆의 나라이다"라고 전한다. 사자국은 현대 스리랑카의 고대 명칭이다. 『대사(大史)』에 의하면 기원전 5세기 무렵 인도 위자야(Vijaya) 왕자가 사자의 도움을 받아 나라를 세웠다고 한다. 위자야 왕자가 인도에서 추방되고 랑카섬에 도착하여 사자와 결혼해 나라를 세웠기 때문에 그 후예들을 싱할러족(Sinhala)이라고 한다. 이때 산스크리트어에서 싱하(Sinha)는 사자를, 러(le)는 피를 의미한다. 따라서 싱할러족은 사자의 혈통을 전승한 민족이라는 뜻이다(마성, 1990: 2010, p.91). 『양서』·『송서』·『남사』에는 훈차하여 "사자국"으로 『대당서역기(大唐西域記)』에는 음차하여 "승가라(僧伽羅)"라고 표기했다.

   사자국에 대한 설명은 『양서』에 자세하다. "그 땅은 살기에 쾌적한데 겨울과 여름의 차이가 없어서 오곡은 사람이 씨를 뿌리는 대로 맡겨두면 계절을 기다릴 필요가 없다"라고 전한다. 같은 내용이 『남사』에도 전한다. 현재 스리랑카는 열대기후 지역으로 연교차가 적으며 계절풍의 영향에 따라 사계절로 구분한다.

   현존하는 「양직공도」 모본 가운데 고덕겸모본과 염립본모본에 사자국 사신의 모습이 전한다. 사자국은 고덕겸모본에서 8번째, 염립본모본에서 9번째 순서에 있다. 사신 배열에는 지역별, 조공한 시기 선후관계, 양과의 이해관계 등이 고려되었을 것이다(王素, 1992, p.77). 『공괴집(攻媿集)』에도 사자국에 대한 서술이 있다. 반면 북송모본과 장경모본에서는 사신도와 제기가 전하지 않는다.

   모본 중 고덕겸모본은 채색도 되어 있지 않고 옷을 표현하는데도 상세함이 떨어진다. 겉옷 하단에 희미하게 산능선 같은 무늬가 그려져 있지만, 바지에 무늬는 없다. 반면 염립본모본에는 겉옷에 산능선 무늬가 그려져 있고 옥색으로 채색되어 있다. 겉옷 안에 입은 바지의 경우 가로줄 무늬를 그렸고 붉은색과 검은색으로 교차해 채색하였다. 두 모본 간 대체로 옷의 전체적인 형태, 사신의 곱슬머리 모양, 귀걸이, 수인의 모양 등은 동일하다.

지금까지 확인되는 모본의 사신 중에서 손을 드러낸 사신의 수는 적은데, 특히 사자국은 불교의 수인을 하고 있어 주목된다. 사자국 사신은 왼손의 손바닥을 하늘로 향하게 눕혀 검지와 엄지를 붙이고, 오른손을 세웠다. 이는 스리랑카가 4세기 이래 부처님의 왼쪽 송곳니(佛齒舍利)를 모시는 곳으로 이름났던 이유도 있을 것이다. 스리랑카의 옛 수도 캔디(Kandy)에 위치한 불치정사(佛齒精舍)가 불치사리(佛齒舍利)를 모시는 사원으로 유명하다. 5세기 이후 동아시아 불교계에 불치의 존재는 널리 알려져 스리랑카로 많은 순례자들이 방문하였으며 스리랑카의 불교문화는 동아시아에 많은 영향을 미쳤다(주경미, 2008, p.134). 『양서』에는 동진 의희(義熙) 연간(405~418) 초에 사자국에서 공헌한 불상이 10년이 지나서야 겨우 도착하였다고 서술하고 있다. 또한 남해제국의 상표문은 불교적 찬양이 차지하는 비율이 커지는데 이는 양무제의 불교적 찬양을 강조한다는 방침 아래 작성되었기 때문으로 보인다(河上麻由子, 2012, pp.415~420).

제기(題記)는 전하지 않지만 『공괴집』외에도 『양서』, 『남사』, 『송서』에서 사자국과의 교류 내용이 전한다. 『양서』에는 송 원가 6년(429)과 12년(435)에 왕인 찰리마가(刹利摩訶)가 사자를 보내 공헌하였다고 서술하고 있다. 또 대통(大通) 원년(527)에 왕(後王)인 가섭가라가리야(伽葉伽羅訶梨邪)가 사자를 보내 표를 올려 말한 내용이 서술되었다. 『남사』에도 같은 내용이 서술되어 있는데, 원가 6년이라고 한 『양서』와 달리 원가 5년(428)에 그 왕 찰리마가가 사자를 보내어 표를 올리고 공헌하였다고 전한다. 『송서』에도 원가 5년(428) 국왕 찰리마가남(刹利摩訶南)이 표를 올린 내용이 상세하게 서술되어 있다. 다만 『송서』 문제기에는 원가 5년의 기록은 없다. 『공괴집』에는 대통 원년(527)에 왕인 가섭가라가려야(迦葉伽羅訶黎邪)가 사자를 보내 공헌하였다는 내용이 서술되었다.

사신도

고덕겸모본 師子國	북송모본	염립본모본 獅子國
	없음	

제기

○ 북송모본
없음

○ 장경모본
없음

참고자료

○ 『공괴집』 권75 사자국
사자국은 대통 원년(527)에 왕인 가섭가라가려야가 사자(使者)를 보내 공헌하였다.[119]

○ 『송서』 권97 사자국
사자국은 원가 5년(428)에 국왕 찰리마가남(刹利摩訶南)이 표를 올렸다. 그 내용은 다음과 같다. "삼가 대송의 명주께 고합니다. 비록 산과 바다가 가로 막혀있으나, 소식들은 때때로 통하였습니다. 엎드려 황제를 받드오니, 도덕이 높고 원대하시어, 두루 덮어주심이 천지와 똑같으며, 밝게 빛나는 것이 해와 달과 같아서, 사해의 바깥에서 찾아와 복종하지 않는 나라가 없습니다. 사방 나라의 여러 왕들은 사절을 보내 공물을 헌납하여, 대덕에 귀의하는 성의를 표하지 않은 나라가 없습니다. 어떤 경우에는 바다에서 3년간 항해하고, 육지에서 1,000일을 이동하여, 위세를 두려워하고 그 덕을 사모하니, 아무리 길이 멀어도 찾아오지 않는 나라가 없습니다. 저는 선왕 이래로 오직 덕을 닦는 것으로 올바른 길로 삼고, 엄중한 형벌을 쓰지 않고 다스리며, 삼보를 존중하고 받들어, 천하를 구제하니, 남에게 선한 점이 있으

---

119) "師子國, 大通元年, 其王迦葉伽羅訶黎邪, 使使貢獻."

면 이를 기쁘게 여겨서, 그 경사로움이 마치 나에게 있는 것처럼 여깁니다. 천자와 함께 정법을 널리 펴서, 교화시키기 어려운 이들을 구제할 수 있기를 바랍니다. 그래서 4명의 도인에게 부탁하여 2명의 속인(俗人)과 함께 파견하면서, 아대상(牙臺像)을 보내어 신표와 서약의 표지로 삼고자 합니다. 사절들이 돌아올 때, 원하건대 그 대답을 들을 수 있도록 해 주십시오."[120]

○ 『양서』 권54 사자국

사자국은 천축 옆의 나라이다. 그 땅은 [살기에] 쾌적한데(和適) 겨울과 여름의 차이가 없어서 오곡은 사람이 씨를 뿌리는 대로 맡겨두면 계절을 기다릴 필요가 없다. 그 나라는 옛날에 인민은 없고 다만 귀신과 용이 거주하고 있었다. 여러 나라의 상인(商估)이 함께 교역하였는데, 귀신은 그 형상을 보이지 않은 채 단지 진보를 내어놓고는 그 감당할 정도의 가격을 제시하였는데, 상인은 가격에 따라 물건을 취했다. 여러 나라 사람들이 그 땅이 좋다는 것을 듣고 여기에 이르기를 다투니 어떤 이는 정주하여 마침내 대국이 되었다.

동진 의희 연간(405~418) 초에 비로소 사자를 보내 옥으로 만든 불상을 공헌하였는데 10년이 지나서야 겨우 도착하였다. 불상의 높이는 4척 2촌이었고 옥의 색이 깨끗하고 윤이 났으며, 만든 모양이 특수하여 사람의 기술이 아닌 듯했다. 이 불상은 동진과 유송을 거쳐 와관사에 보관되었다. 사원에는 이미 징사(徵士) 대안도(戴安道)가 손으로 제작한 불상 5구와, 고장강이 그린 유마힐이 있었기 때문에 세상 사람들은 이 [세 가지]를 일컬어 삼절이라고 하였다. [남]제의 동혼 대에 이르러 이윽고 옥불상을 훼손하였는데, 먼저 [옥불상의] 어깨를 잘라 몸둥이만 취하여 폐첩 반귀비를 위한 비녀와 팔찌를 만들었다.

송 원가 6년(429)과 12년(435)에 그 [나라] 왕인 찰리마가가 사자를 보내 공헌하였다. 대통 원년(527)에 왕 가섭가라가리야가 사자를 보내 표를 올려 말하였다. "삼가 위대하신 양의 명주에게 아룁니다. 비록 산과 바다로 멀리 떨어져 있으나, 소식은 때마다 통합니다. 엎드려

---

120) "師子國, 元嘉五年, 國王刹利摩訶南奉表曰, '謹白大宋明主, 雖山海殊隔, 而音信時通. 伏承皇帝道德高遠, 覆載同於天地, 齊乎日月, 四海之外, 無往不伏, 方國諸王, 莫不遣信奉獻, 以表歸德之誠, 或泛海三年, 陸行千日, 畏威懷德, 無遠不至. 我先王以來, 唯以修德爲正, 不嚴而治, 奉事三寶, 道濟天下, 欣人爲善, 慶若在己, 欲與天子共弘正法, 以度難化. 故託四道人遣二白衣送牙臺像以爲信誓, 信還, 願垂音告.' 至十二年, 又復遣使奉獻."

받드니, 황제의 도덕이 고원하고 만물을 포용하는 것이 천지와 같으며 밝게 비치는 것이 일월과 같아 사해의 바깥에서도 따르지 않는 자가 없고, 사방의 나라 여러 왕들이 봉헌함으로써 도의를 사모하는 정성을 표하지 않음이 없습니다. 어떤 때에는 바다에 떠서 3년, 육지로 1,000일이 걸리나 위엄을 경외하고 덕을 흠모하여 아무리 멀어도 이르지 않는 [나라가] 없습니다. 저는 선왕 이래로 오로지 덕을 닦는 것을 근본으로 여기며 [백성을] 엄하지 않게 다스리고 있습니다. 정법을 받들어 천하를 인도하니, 남을 기쁘게 하는 것을 선으로 여겨 경사로움이 마치 자신의 [일과] 같으니 위대하신 양과 함께 삼보를 널리 펴서 이로써 교화가 어려운 이들은 선도하고자 합니다. 사절이 돌아올 때 칙서의 보고를 엎드려 듣고자 합니다. 지금 미약하나마 봉헌하오니 원컨대 은혜를 베풀어 받아주십시오."[121]

○ 『남사』 권78 사자국

천축 옆에 있는 나라이다. 그 땅은 기후가 온화하여 살기에 적당하고, 겨울과 여름의 차이가 없다. 오곡은 사람들이 뿌리는 대로 맡겨두면 되고, 시절을 맞출 필요가 없다. 그 국은 옛날에는 인민이 없었고, 단지 귀신과 용만이 거주하였다. 여러 나라의 상인들이 와서 교역하였는데, 귀신이 그 형체를 드러내지 않은 채 단지 진보를 내어 놓고 그 가격을 나타내었다. 상인은 가격에 따라 [지불하고] 물건을 가져왔다. 여러 나라의 사람들에게 그 땅이 살기 좋다는 소문이 퍼졌고, 이로 인하여 다투어 몰려왔는데, 그중 어떤 이들은 정주하게 되었고, 마침내 대국이 되었다. 동진 의희(義熙, 405~418) 초에 비로소 사자를 보내 옥으로 만든 불상을 공헌하였는데, 10년이 걸려서야 겨우 도착하였다. 옥불상의 높이는 4척 2촌이었는데, 옥의 색이 깨끗하고 윤기가 있고 만든 모양이 특수하여 마치 사람이 만든 것 같지 않았다. 이 옥

---

121) "師子國, 天竺旁國也. 其地和適, 無冬夏之異, 五穀隨人所種, 不須時節. 其國舊無人民, 止有鬼神及龍居之. 諸國商估來共市易, 鬼神不見其形, 但出珍寶, 顯其所堪價, 商人依價取之. 諸國人聞其土樂, 因此競至, 或有停住者, 遂成大國. 晉義熙初, 始遣獻玉像, 經十載乃至. 像高四尺二寸, 玉色潔潤, 形製殊特, 殆非人工. 此像歷晉、宋世在瓦官寺. 寺先有徵士戴安道手製佛像五軀, 及顧長康維摩畫圖, 世人謂爲三絶. 至齊東昏, 遂毀玉像, 前截臂, 次取身, 爲嬖妾潘貴妃作釵釧. 宋元嘉六年, 十二年, 其王刹利摩訶遣使貢獻. 大通元年, 後王伽葉伽羅訶梨邪使奉表曰, '謹白大梁明主, 雖山海殊隔, 而音信時通. 伏承皇帝道德高遠, 覆載同於天地, 明照齊乎日月, 四海之表, 無有不從, 方國諸王, 莫不奉獻, 以表慕義之誠. 或泛海三年, 陸行千日, 畏威懷德, 無遠不至. 我先王以來, 唯以脩德爲本, 不嚴而治. 奉事正法道天下, 欣人爲善, 慶若己身, 欲與大梁共弘三寶, 以度難化. 信還, 伏聽告敕. 今奉薄獻, 願垂納受.'"

불상은 동진과 유송 양대를 거쳐 와관사에 보관되어 있었다. 이 사원에는 이미 징사(徵士) 대안도(戴安道)가 손으로 제작한 불상 5구와 고장강(顧長康)이 그린 유마화도가 있었는데, 세인들은 이들 세 작품을 일러 삼절이라 하였다. [남]제의 동혼후(東昏侯) 대에 이르러 마침내 옥불상을 훼손하였는데, 먼저 옥상의 팔을 끊고, 다음에는 그 몸을 취하여, 애첩 반귀비(潘貴妃)를 위하여 비녀와 팔찌를 만들어 주었다.

송 원가 5년(428)에 그 왕 찰리마가가 사자를 보내어 표를 올리고 공헌하였다. [원가] 12년(435)에 또 사자를 보내 봉헌하였다. 양 대통 원년(527)에 왕 가섭가라가려야(迦葉伽羅訶黎邪)가 사자로 하여금 표를 받들어 공헌하게 하였다.[122]

[나유정]

---

122) "師子國, 天竺旁國也. 其地和適, 無冬夏之異. 五穀隨人種, 不須時節. 其國舊無人, 止有鬼神及龍居之. 諸國商來共市易, 鬼神不見其形, 但出珍寶, 顯其所堪價. 商人依價取之. 諸國人聞其土樂, 因此競至, 或有住者, 遂成大國. 晉義熙初, 始遣使獻玉像, 經十載乃至. 像高四尺二寸, 玉色潔潤, 形制殊特, 殆非人工. 此像歷晉·宋在瓦官寺, 先有徵士戴安道手製佛像五軀, 及顧長康維摩畫圖, 世人號之三絶. 至齊東昏遂毀玉像, 前截臂, 次取身, 爲嬖妾潘貴妃作釵釧. 宋元嘉五年, 其王刹利摩訶遣使奉表貢獻. 十二年, 又遣使奉獻. 梁大通元年, 後王迦葉伽羅訶黎邪使使奉表貢獻."

갈반타국(渴盤他國)

개요

갈반타국은 지금의 신장웨이우얼자치구와 파키스탄의 경계지역인 타쉬쿠르간(Tashkurghan) 사리콜(sar-i Kol) 계곡에 위치한 것으로 추정한다. 고덕겸모본에 그려진 사신의 모습은 현재 이 지역에서 살고 있는 사리콜인과 비슷하다. 후대의 사료지만 『대당서역기(大唐西域記)』에 보면 왕족의 용모는 중국 사람과 같다고 서술하기도 하였다. 사신의 외모를 살펴보면 고덕겸모본의 사신은 곱슬머리이고, 이마가 넓다. 코가 신라의 사신보다 높지만 파사국과 우전국의 사신보다는 낮다. 턱이 둥글고 두툼하게 묘사되었다. 눈에 쌍꺼풀은 없는 듯하다. 염립본모본의 갈반타국 사신 외모를 보면 파사국과 호밀단국의 사신의 피부색과는 다르며 오히려 동쪽의 신라의 사신과 같다. 다만 코의 모양을 보면 신라의 사신보다 호밀단국과 파사국과 유사해 보인다. 턱은 수염에 가려져 있어 확인이 어렵지만 둥근 듯하며 눈의 끝이 위로 찢어지고 쌍꺼풀은 없다. 사신의 외모가 동양인과 서역인의 중간 모습인 것이 특징이다. 이러한 외모적 특징은 갈반타국이 위치한 지역 특성 때문일 것이다.

현존하는 「양직공도」 모본 가운데 고덕겸모본과 염립본모본에 갈반타국 사신의 모습이 전한다. 갈반타국은 고덕겸모본에서 10번째, 염립본모본에서 11번째 순서에 있다. 사신 배열에는 지역별, 조공한 시기 선후관계, 양과의 이해관계 등이 고려되었을 것이다(王素, 1992, p.77). 북송모본에서는 사신도와 제기(題記)가 전하지 않지만 장경모본과 『공괴집(攻媿集)』 「발부흠보소장직공도(跋傅欽甫所藏職貢圖)」에 갈반타국에 대한 서술이 있다.

사신의 의상을 살펴보면, 고덕겸모본에서 보이는 겉옷은 현대의 원피스와 비슷한 모습으로 정강이까지 내려오며 허리에 끈을 묶었다. 현대의 카라 티셔츠(Collar T-shirt)처럼 쇄골 언저리에 깃이 있으며 목이 살짝 보이는 형태를 하고 있다. 소매는 한 두 마디 접은 듯 묘사되었으며 손도 그려져 있다. 속에 바지를 따로 착용하였다. 발에는 종아리까지 오는 신발을 착용하였는데 장경모본에 가죽신을 신는다고 한 것으로 보아 소재는 가죽일 것이다. 염립본모본에 보이는 사신의 의상도 고덕겸모본의 사신과 유사하다. 붉은색과 푸른색이 적절하게 배치된 겉옷을 청록색 끈으로 묶었다. 신발은 검정색 가죽신을 신었다.

사신이 착용한 장신구를 살펴보면 고덕겸모본의 사신은 귀걸이와 모자는 착용하지 않았고 손에는 긴 막대기 같은 기물을 들었다. 반면 염립본모본의 사신은 모자를 착용했는데 골무 모양의 갓처럼 보이기도 한다. 귀걸이도 착용했는데 링(ring) 귀걸이 형태이다. 손가락 정도 길이의 기물을 들고 있다. 후대의 사료지만 『대당서역기』에 왕족은 머리에는 네모진 모자(冠)를 쓰고 있다고 전한다. 두 모본에 보이는 사신은 모자 착용의 유무가 다른데 이는 두 사신의 출신이나 신분이 달랐기 때문일 가능성도 있다.

두 모본에 등장하는 갈반타국의 사신과 다른 나라의 사신을 비교해 보면 갈반타국 왼쪽으로 그려진 무흥국(武興國)의 복장이 갈반타국과 가장 유사하다. 특히 카라가 있는 형태로 목의 일부 드러나 보인다는 점, 손에 막대기와 같은 기물을 들고 있는 점이 유사하다. 염립본모본에서 양국 사신이 들고 있는 기물의 길이가 달라진 점까지 유사하다. 다만 무흥국 사신은 머리에 모자를 착용하고 있어 갈반타국과 차이가 있다. 『양서』에는 갈반타국의 풍속이 우전국(于闐國)과 서로 비슷하다고 하였고 『신당서』에서도 우전국과 모습·언어가 같다고 했지만 실제 「양직공도」에서 갈반타국 사신과 우전국 사신의 모습은 차이가 있다.

북송모본의 제기는 전하지 않는다. 다만 장경모본과 『공괴집』 외에도 『양서』, 『위서』, 『남사』, 『북사』, 『신당서』에서 갈반타국의 서술이 확인된다. 장경모본의 전체적인 내용은 『양서』, 『남사』와 거의 동일하다. 북송모본의 제기와 『양서』 제이전을 비교한 것을 근거로 『양서』 제이전이 직공도의 제기에 기초하여 서술되었다고 이해하기도 한다(錢伯泉, 1988, pp.78~86).

반면 장경모본 및 『양서』에서는 갈반타국이 우전국의 서쪽이라고 전하는데, 『공괴집』에서는 우전국에 있는 소국이라고 기록하고 있다. 『공괴집』의 내용 역시 소략하지만 『남사』의 표현과 일치한다. 한편, 『위서』에는 앞에 사서들과는 다른 경관의 지형만이 간략하게 서술되어 있다. 『북사』는 『위서』의 내용과 동일하다. 『신당서』에는 7세기까지의 갈반타국에 대해 가장 상세하게 서술되어 있다. 현재 문헌 기록에서 확인되는 갈반타국의 한자표기는 각각 차이가 있는데 아래 표와 같다.

사서별 갈반타국의 표기 차이

전거	표기
『위서』, 『북사』	渴槃陁國
『양서』	渴盤陁國
『남사』	渴盤陀國
『공괴집』 부흠보소장본, 고덕겸모본	渴盤陀國
장경모본	渴槃陀
염립본모본	暍槃陀
『신당서』	喝盤陀 (漢陀, 渴館檀, 渴羅陀)
『대당서역기』	朅盤陀國

사신도

고덕겸모본 渴盤陀國	북송모본	염립본모본 喝槃陀
	없음	

제기

○ 북송모본

없음

○ 장경모본

1. 교감문

渴槃陀, 於闐西小國也. 在山谷中平地. 城周圍十餘里, 國內凡十二城. 風俗與于闐合. 衣古貝布, 著長身小裹[123]袍, 小口袴. 深雍皮靴. 種大小麥, 資以爲糧. 多牛馬, 出好氈. 渴槃陀王今姓葛沙氏. 大同元年, 遣使史蕃匿奉表貢獻.

2. 역주

갈반타(渴槃陀)[124]는 [우]전([于]闐) 서쪽[125]의 소국이다.[126] 산골짜기 안의 평지에 있다.[127] 성의 둘레는 10여 리이며, 나라 안은 모두 12성이 있다. 풍속은 우전(于闐)과 같다.[128]

---

123) 원문 「裏」 「裹」의 이체자로 「裹」로 교감
124) 갈반타(渴槃陀): 『양서』와 『남사』에 갈반타국전이 전한다. 『위서』에는 갈반타국이 총령(蔥嶺)의 동쪽에 있다고 전한다. 『신당서』에는 갈반타국을 평정하고 총령수착(葱嶺守捉)을 두었다고 전한다. 『왕오천축국전』에서는 중국 총령진에 도착하여 이곳을 외국인들이 갈반타국이라고 부른다고 전한다. 총령진은 현 중국 신장 웨이우얼과 파키스탄 간 접경인 타쉬쿠르간(Tashkurghan)의 사리콜(Sar-i-Kol)이다. 혜초는 파미르고원을 넘는 방법 중 북도로 총령진에 도착하였다.
125) 우전 서쪽: 갈반타국의 위치에 대하여 『양서』에서는 우전국의 서쪽, 부흠보소장본에서는 우전국에 있는 소국(于闐中小國也)이라고 기록하고 있다. 『위서』에 따르면 갈반타국은 엽달에 복속한 나라로 서술되어 있으며 갈반타국 서쪽에는 발화국(鉢和國)이 있다.
126) 소국(小國): 소국의 표현은 상대화된 국제질서의 표현이라기보다 양나라의 기준에서 지역에 대한 지정학상 교통상의 상대적인 개념으로 보기도 한다(王素, 2012, 「梁職貢圖と西域諸國」, 『梁職貢図と東部ユーラシア世界』, 勉誠出版, p.59).
127) 산골짜기…있다: 『양서』에는 "所治在山谷中" 『남사』에는 "國都在山谷中"이라고 하여 치소의 위치를 설명하고 있다. 『대당서역기』에는 갈반타국의 선조는 총령 안의 거친 평원에 자리 잡았다고 한다.
128) 같다: 『양서』와 『남사』에서는 "相類" 라는 표현으로 서로 비슷하다고 서술하였다.

고패포(古貝布)[129]로 옷을 만드는데,[130] 길이가 길고 소매가 짧은[131] 겉옷(袍)과 입구가 작은 바지[132]를 입는다. 가죽신으로 깊이 가린다. 밀과 보리를 심어 양식으로 삼는다.[133] 소와 말이 많고, 좋은 모직물이 나온다.[134] 지금 갈반타 왕의 성은 갈사씨(葛沙氏)이다.[135] 대동 원년(535)에, 사신 사번익(史蕃匿)[136]을 보내 표를 올리고 공물을 바쳤다.[137]

참고자료

○『공괴집』권75 갈반타국

갈반타국은 우전(于闐)에 있는 소국이다. 중대동 원년(546년)에 비로소 강좌(江左)와 통교하

---

129) 고패포(古貝布): 『양서』에는 吉貝布로, 『남사』에는 古貝布로 표기되었다. 吉貝는 목화의 한 종류이다. 『양서』에서 임읍국(훗날 참파) 남으로 200여 리 가면 西國夷가 있으며 그 나라에서 길패가 난다고 전한다. 길패는 나무의 이름으로 거위의 배털 같은 꽃으로 실을 뽑아 자아서 베를 만드는데 오색으로 물들여 斑布를 만든다.
130) 고패포로…만드는데: 『대당서역기』에는 모직으로 짠 옷을 입는다고 전한다(衣服氈褐).
131) 몸길이가…짧은: 短이 아니라 小로 서술되어 있지만, 직공도에 그려진 사신의 모습을 보면 武興國의 모습과 비교되는데 특히 소매 길이가 짧다는 점이 주목된다. 이에 小를 '짧다'로 해석한다.
132) 입구가 작은 바지: 바지 다리 부분의 양 끝단을 의미하는 것으로 보인다. 모본에 그려진 사신의 모습을 보고 바지를 추정해 보면 신발이 올라오는 부분까지 몸에 딱 붙는 모양을 하고 있을 것이다. 통이 넓은 바지를 입으면 가죽신을 종아리까지 끌어올려 신기가 불편하기 때문에 이를 고려해 만든 바지 형태라고 보인다.
133) 밀과…삼는다: 『양서』와 『남사』에는 "地宜小麥"이라고 하여 땅에는 소맥에 알맞다고 하였다.
134) 좋은…나온다: 『양서』에는 모직물 뿐 아니라 금과 옥도 나온다고 서술하였다.
135) 지금…갈사씨이다: 『신당서』에는 그 왕이 본시 疏勒人이며 대대로 세습하고 있다고 전한다. 『대당서역기』에는 왕이 스스로 '漢日天種'이라고 부른다고 전한다. 옛 파리랄사국 왕이 漢에서 아내를 맞이하여 돌아오는데 왕비가 태양으로부터 말을 타고 내려온 장부의 아이를 가졌다. 이에 해를 입을까 두려워 돌산 봉우리 위에 궁을 짓고 왕비를 왕으로 세웠다. 이후 자손들은 선조의 출생을 어머니는 漢나라 사람, 아버지는 태양신의 종족이라고 여겼다고 한다. 『왕오천축국전』에는 옛날 왕이었던 裴星의 나라로 왕이 배반하고 토번으로 달아나 투항하였으므로 백성이 없다고 전한다.
136) 사번익(史蕃匿): 다른 행적이 확인되지 않는다.
137) 표를…바쳤다: 『양서』에는 中大同 원년(546)에 사신을 보냈다고 전한다. 『남사』와 『부흠보소장본』에는 양 중대동 원년(546년)에 양쯔강 하류 남쪽 연안 지대인 강좌(江左)에서 통교하여 사신을 보내 방물을 보냈다고 전한다. 『신당서』에서 정관 9년(635)에 사신을 보내 내조하고 개원 연간(713~741)에 갈반타국을 평정하고 총령수착을 설치했다고 전한다.

여 [사신을] 보내 방물을 바쳤다.138)

○ 『양서』 권54 갈반타국

갈반타국은 우전(于闐)국 서쪽의 소국이다. 서쪽으로 활국(滑國)과 이웃하며, 남쪽으로는 계빈국(罽賓國)과 접하고, 북쪽으로는 사륵국(沙勒國)과 닿아 있다. 도성은 산골짜기 안에 있고, 성의 둘레는 10여 리이며 나라에는 12성이 있다. 풍속은 우전과 서로 비슷하다. 고패포(古貝布)로 옷을 만들고 좁은 소매의 긴 윗옷과 통이 좁은 바지를 입는다. 땅은 밀을 기르기에 알맞아 수확하여 양식으로 삼는다. 소·말·낙타·양 등이 많다. 좋은 모직물과 금, 옥이 나온다. 왕의 성은 갈사씨(葛沙氏)이다. 중대동 원년(546)에 사신을 보내 방물을 바쳤다.139)

○ 『위서』 권102 갈반타국

갈반타국은 총령(蔥嶺)의 동쪽, 주구파(朱駒波)의 서쪽에 있다. 강이 그 나라를 지나 동북으로 흐른다. 높은 산이 있고 여름에도 눈과 서리가 쌓여 있다. 또한 불도를 숭배하며 엽달(嚈噠)에 의부하였다.140)

○ 『남사』 권79 갈반타국

갈반타국은 우전국 서쪽에 있는 소국이다. 서쪽으로는 활국과 이웃하며, 남쪽으로는 계빈국과 접하고, 북쪽으로는 사륵국과 닿아 있다. 도성은 산골짜기 안에 있고 성의 둘레는 10여 리이며 나라에는 12성이 있다. 풍속은 우전국과 서로 비슷하다. 고패포로 옷을 만들고 길이가 길고 소매폭이 좁은 도포와 통이 좁은 바지를 입는다. 땅은 밀을 기르기에 알맞아 수확하여 양식으로 삼는다. 소·말·낙타·양 등이 많다. 좋은 모직물이 나온다. 왕의 성은 갈사씨이

---

138) "渴盤陀國, 于闐中小國也. 中大同元年, 始通江左, 遣獻方物."
139) "渴盤陁國, 于闐西小國也. 西隣滑國, 南接罽賓國, 北連沙勒國. 所治在山谷中, 城周迴十餘里, 國有十二城. 風俗與于闐相類. 衣古貝布, 著長身小袖袍, 小口袴. 地宜小麥, 資以爲糧. 多牛馬駱駝羊等. 出好氈金玉. 王姓葛沙氏. 中大同元年, 遣使獻方物."
140) "渴槃陁國, 在蔥嶺東, 朱駒波西. 河經其國, 東北流. 有高山, 夏積霜雪. 亦事佛道. 附於嚈噠."

다. 양나라 중대동 원년(546)에 비로소 강좌와 통교하여 사신을 보내 방물을 바쳤다.[141]

○『북사』권97 갈반타국

갈반타국은 총령의 동쪽, 주구파의 서쪽에 있다. 강이 그 나라를 지나 동북으로 흐른다. 높은 산이 있고 여름에도 눈과 서리가 쌓여 있다. 또한 불도를 숭배하며 엽달에 의부하였다.[142]

○『신당서』권221 갈반타국

갈반타는 한타(漢陀) 혹은 갈관단(渴館檀) 또는 갈라타(渴羅陀)라고 부른다. 소륵에서 서남쪽으로 검말곡(劍末谷)과 불인령(不忍領)으로 들어가 600리를 가면 그 나라가 나온다. 과주에서 서쪽으로 4,500리이며 곧장 주구파의 서쪽, 남쪽으로는 현도산(懸度山)과 접하고 북쪽으로는 소륵과 닿아있으며, 서쪽으로는 호밀(護密), 서북쪽으로는 판한국(判汗國)과 접해 있다. 총령 안의 지역을 다스리며 도성은 사다하(徙多河)를 끼고 있다. 병력은 1,000명이다. 그 왕은 본시 소륵인이며 대대로 세습한다. 서남쪽으로는 곧 두통산(頭痛山)이 있다. 총령은 현지에서는 극억산(極嶷山)이라고 부르는데, 그 나라를 둘러싸고 있다. 사람은 사납고 그 모습과 언어는 우전과 같다. 그 법은 살인한 사람은 죽이고 나머지는 재물로 속죄한다. 세금은 반드시 복식(服飾)으로 바치며, 왕은 금상(金床)에 앉는다. 후위(後魏) 태연(太延) 연간(435~439)에 처음으로 중국과 교통하였다. 정관 9년(635)에 사신을 보내 내조하였고, 개원 연간(713~741)에 그 나라를 평정한 뒤 총령수착(葱嶺守捉)을 두었으니, 안서의 가장 먼 주둔지이다.[143]

[나유정]

---

141) "渴盤陀國, 于闐西小國也. 西鄰滑國, 南接罽賓國, 北連沙勒, 國都在山谷中, 城周圓十餘里, 國有十二城. 風俗與于闐相類. 衣吉貝布, 著長身小袖袍, 小口袴. 地宜小麥, 資以爲糧. 多牛馬駱駝羊等. 出好氈. 王姓葛沙氏, 梁中大同元年, 始通江左, 遣獻方物."

142) "渴槃陀國, 在葱嶺東, 朱駒波西. 河經其國東北流. 有高山, 夏積霜雪. 亦事佛道, 附於嚈噠."

143) "喝盤陀, 或曰汉陀, 曰渴馆檀, 亦谓渴罗陀, 由疏勒西南入剑末谷不忍领六百里, 其国也. 距瓜州四千五百里, 直硃俱波西, 南距悬度山, 北抵疏勒, 西护密, 西北判汗国也. 治葱岭中, 都城负徙多河. 胜兵千人. 其王本疏勒人, 世相承为之. 西南即头痛山也. 葱岭俗号极嶷山, 环其国. 人劲悍, 貌言如于阗. 其法, 杀人剽劫者死, 馀得赎. 赋必输服饰, 王坐人床. 后魏太延中, 始通中国. 贞观九年, 遣使者来朝. 开元中破平其国, 置葱岭守捉, 安西极边戍也."

무흥국(武興國)[144]

개요

　무흥국(武興國, 478~553)은 지금의 중국 산시성(陝西省) 남부, 간쑤성(甘肅省) 동남부, 쓰촨성(泗川省) 북부의 고원 평지 지역에서 거주하였던 저족(氐族)의 나라였다. 간쑤성 시화현(西華縣) 남쪽 구지산(仇池山) 일대에서 처음 세력화되었기 때문에 '구지저(仇池氏)'라고 불렸다.

　구지저는 296년부터 580년까지 280여 년간 5대 왕국-전구지(前仇池)·후구지(後仇池)·무도국(武都國)·무흥국(武興國)·음평국(陰平國)-이 명멸을 거듭하였지만, 왕성(王姓)은 양씨(楊氏)로 유지되었다. 양씨 세력은 본래 약양군(略陽郡) 청수현(淸水縣, 오늘날의 간쑤성 칭수이현) 출신이었기 때문에 '약양청수저(略陽淸水氐)'라고도 한다.

　후한(後漢) 말에 양씨 세력은 청수에서 구지 지역으로 남하하였다. 후한 말부터 서진(西晉) 말까지 구지 지역은 각종의 저인과 한인(漢人) 유민(流民), 그리고 강인(羌人) 등이 모여 사는 다종족 사회를 이루었다. 양씨 세력을 중심으로 부씨(符氏), 강씨(姜氏) 등의 유력 세력이 양씨를 지지하는 지배구조를 형성하였다.[145]

　구지저가 활동한 지역은 중국 서부 지역의 교통의 요지였다. 하서회랑(河西回廊)과 장안(長安) 그리고 한중(漢中)과 파촉(巴蜀) 지역으로 연결되는 교통로에 위치하여, 고원 평지의 험준한 지형 때문에 군사적 거점이 되기도 하였다. 구지저의 세력권은 토욕혼(吐谷渾)과 서역

---

144) 무흥번(武興蕃): 『양서』와 『남사』에서는 '무흥국', 고덕겸모본에서는 '무흥번', 염립본모본에서는 '무흥국', 장경모본에서는 '무흥번국' 등으로 기술되었다. 「양직공도」 모본 중에서 국명에 '번'을 쓰고 있는 유일한 사례이다. 무흥은 현재 산시성 뤠양현(略陽縣)이다.

145) 『송서』 권98 저호 참조

제국(西域諸國), 그리고 유연(柔然)으로 연결되는 교통로에 위치하고 있었기 때문에 남북조는 구지저를 자국의 영향력 아래 두고자 치열한 신경전을 벌였다(김종완, 1993, pp.21~28). 그래서 『양서』제이전 무흥국조와 장경모본 무흥국 제기에는 무흥국 주변의 사방 지리가 자세히 소개되어 있고, 다른 남북조 사서 외국전에서도 구지저의 기록이 많은 편에 속한다.

구지저는 남북조 사이에서 등거리 외교를 전개하며 생존을 도모하였고 남북조와 활발히 조공·책봉관계를 맺었다(徐日輝, 1988, pp.120~121; 樊翔, 2016, pp.65~147). 남북조는 구지저의 군주에게 장군(將軍), 자사(刺史), 교위(校尉), 왕(王)·공호(公號) 등을 책봉하였고 군주의 왕자, 동생 등의 인척에게는 장군과 태수호(太守號) 등의 관작을 임명하기도 하였다. 지리적 특수성 덕분에 구지저의 군주는 남북조로부터 거기대장군(車騎大將軍), 표기대장군(驃騎大將軍)과 같은 최고위급 장군호를 책봉받았다(정동준, 2017, pp.98~105; 정동준, 2018, pp.4~5). 군주와 유력한 후계자까지 살펴 책봉하였다는 점에서 구지저에 대한 남북조의 관심도를 짐작해 볼 수 있다.

구지저는 남북조로부터 높은 품계의 장군호를 받기는 했지만, 구지저에게 항상 유리한 국제정세가 펼쳐졌던 것은 아니었다. 남북조 간의 군사적 갈등이 촉발될 때마다 구지저에 직접적인 영향을 미쳐 왕계가 교체되는 원인이 되었다. 무흥국의 건국도 그러하였다. 후구지의 국왕이었던 양난당(楊難當)이 스스로 진왕(秦王)을 표방하고 양주(梁州) 지역으로 진출하려 하자, 유송(劉宋) 문제(文帝)가 군사를 보내 후구지를 토벌하였다. 양난당은 북위로 달아났고 유송은 양난당의 조카인 양문덕(楊文德)에게 작위를 주어 국왕으로 인정하였다. 이에 북위가 양문덕을 공격하였다. 북위의 침공으로 양문덕은 한중으로 달아났다. 그러자 유송은 무흥에 주둔하고 있었던 양문홍(楊文弘)을 무도왕(武都王)을 삼았다. 이것이 무흥국의 시작이었다.[146]

무흥국을 비롯한 구지저는 남북조의 책봉을 받으면서 '번(蕃)'을 자처하였지만, 세력을 키우려 할 때마다 남북조는 구지저를 군사적으로 억압하였다. 그 결과 6세기 전반 무흥국은 남북조의 '동익주(東益州)'로 교대로 편입되기도 하였다.[147] 이와 같은 배경 속에서 남조는

---

146) 『양서』 권54 무흥국 참조
147) 506년 북위는 무흥을 공격하여 楊紹先을 사로잡아 수도로 압송한 다음 武興鎭을 만들었다가 다시 동익주

그 어떤 이민족 국가보다도 무흥국에 대해서는 번국 인식이 강하였던 것으로 이해된다. 그래서 고덕겸모본의 '무흥번(武興藩)', 장경모본의 '무흥번(武興蕃)', 『공괴집』의 '무흥번국(武興蕃國)'이라는 표현이 기술될 수 있었던 것으로 파악된다.

「양직공도」 모본별 무흥국 사신 관련 정보

사신도			제기	
고덕겸모본	북송모본	염립본모본	북송모본	장경모본
○	없음	○	없음	○

무흥국의 사신도는 북송모본에서는 멸실되었고, 고덕겸모본과 염립본모본에 전해진다. 먼저 고덕겸모본의 무흥국 사신은 두건(頭巾)을 이마부터 뒷머리까지 둘러쓴 다음 남은 천을 묶어 아래로 늘어뜨렸다. 모자 윗부분은 둥글게 말아져 있다. 이 모자를 '오조돌기모(烏皁突騎帽)'라고 한다. 오조돌기모는 북조의 관리 토용과 무덤 벽화의 인물상이 쓰고 있는 모자, 즉 뒤를 묶지 않고 어깨로 늘어뜨린 '풍모(風帽)'와 유사한 형태이다. 본래 오조돌기모는 기병(騎兵)이 쓰던 모자로서 바람을 막기 위한 용도로 활용된 것이 민간에 보급된 것으로 추정된다(안현주, 2020, pp.136~137).

고덕겸모본의 무흥국 사신은 상의에 긴 도포를 착용하였고 가슴 부분은 좌우로 깃을 젖혔다. 포의 옆선은 허리까지 트여 있다. 허리에는 별다른 장식이 없는 요대(腰帶)를 착용하였다. 하의로는 민무늬에 바짓부리가 좁은 바지를 입었다. 신발은 주름이 있는 가죽 신발을 신었다. 손은 소매에 넣어 가리고 긴 막대를 쥐었다.

염립본모본의 무흥국 사신도는 고덕겸모본의 사신도보다 수염이 더 짙고 우락부락한 인상이다. 고덕겸모본의 사신도와 옷차림새는 전체적으로 비슷하나, 염립본모본의 사신도가 좀 더 장식이 많고 화려하다. 무흥국 사신의 머리에는 청색 건을 이마에서 뒷머리까지 둘러쓴 다음 묶어 고정하고, 남은 자락을 아래로 늘어뜨린 오조돌기모를 썼다. 고덕겸모본보다

라고 개명하였다. 532년 양이 漢中을 회복하자 楊智慧가 535년 양조에 귀부하였고 무흥은 동익주가 되었다. 545년에는 西魏가 무흥에 동익주를 설치하고 양소선의 후계자인 楊辟邪를 자사로 삼았다. 이처럼 남북조의 각축 속에서 무흥국이 남북조의 동익주로 편입되는 경우가 잦았다.

는 뒷머리 부분이 좀 더 솟아 있다.

염립본모본의 무흥국 사신은 고덕겸모본과 달리, 4개의 푸른 구슬을 엮어서 장식한 귀걸이를 하였다. 상의로 착용한 황색 도포의 가슴 부분에는 깃을 좌우로 젖힌 상태이고, 포의 옆선에는 허리까지 트임이 있다. 허리에는 원형의 금속장식이 부착된 요대를 착용하였다. 하의로는 바짓부리가 좁은 바지를 입었다. 바지는 붉은색 바탕에 원형의 문양이 장식되어 있고 바지의 끝단에는 녹색 천을 덧댔다. 신발은 뒤꿈치가 덧대진 갈색의 가죽 신발을 신었다. 손을 소매에 넣고서 얇고 짧은 막대기를 들고 있다.

무흥국의 제기는 현재 장경모본이 남아 있고, 『공괴집』에는 짧은 내용이 전해진다. 장경모본에는 왕성, 지리, 인구, 언어, 의복, 곡물, 혼인 예법, 양조로의 귀부 요청에 대한 내용 등이 실려 있다. 대체로 지리와 문화에 대한 내용이 많다. 『공괴집』에는 천감(天監, 502~519) 초에 무도왕으로 책봉되고, 후에 동익주로 편입됐다는 내용이 간략히 기술되었다.

사신도

고덕겸모본 武興蕃	북송모본	염립본모본 武興國
	없음	

무흥국(武興國)

제기

○ 북송모본

없음

○ 장경모본

1. 교감문

武興蕃, 本是仇池國, 國王姓楊. 其國東連秦嶺, 西接宕昌, 南接梁漢, 北接去岐州. 去長安九百里. 國有十萬戶, 世世分減, 今已半矣. 言語與中國略同. 著烏皁突騎帽·長身小袖袍·小口袴·皮靴. 種五穀. 婚姻備六禮. 知詩書. 智慧, 大同元年 遣使符道安·楊瑛等送啓, 乞歸其國.

2. 역주

무흥번(武興蕃)은 본디 구지국(仇池國)으로 국왕의 성은 양씨(楊氏)이다. 그 나라는 동쪽으로 진령(秦嶺)148)과 이어지고 서쪽으로 탕창(宕昌)149)과 접하며 남쪽으로 양주(梁州),150) 한중(漢中)과151) 접하고 북쪽으로 기주(岐州)와152) 떨어져 접한다. 장안(長安)과는 900리 떨어져 있다. 나라에는 10만 호(戶)가 있었으나, 대대로 갈라지고 소멸하여 지금은 절반일 따름이다. 언어는 중국과 대략 같다. 오조돌기모(烏皁突騎帽)를 쓰고,153) 길이가 길고 소매가 좁은

---

148) 진령(秦嶺): 중국 陝西省의 남부에 있는 산으로, 진령산맥의 중심부에 해당된다. 한중에서 장안으로 이동할 때 거쳐야 하는 고갯길이다.

149) 탕창(宕昌): 陝西省 岐山 동북에서 甘肅省 경내와 漢川 서쪽 일대를 포괄하며 西域과 통하는 지역에 분포하였던 羌族을 가리킨다. 『양서』에서는 무흥국이 탕창국과 800리 떨어져 있다고 기술하였다.

150) 양주(梁州): 오늘날의 중국 쓰촨성 동북부, 산시성과 간쑤성 남부 지역이 관할구역이었다. 曹魏 景元 4년(263)에 益州를 동서로 나눠 동부에 양주를 설치하였다. 서진 시기에는 治所를 한중에 두었다가 東晉 이후 여러 차례 치소를 옮겼다.

151) 한중(漢中): 지금의 陝西省 漢中市이다. 관할구역은 陝西省 秦嶺 남쪽과 留壩, 勉縣 동쪽 일대, 乾祐河 유역 및 湖北省 鄖縣, 保康 서쪽, 大巴山 북쪽 일대에 해당된다. 한중은 서진 시대에 양주의 치소이기도 하였다. 『양서』에서 무흥국은 한중과 400리 떨어져 있다고 소개하고 있다.

152) 기주(岐州): 지금의 陝西省 鳳翔縣에 위치한다. 북위 太和 11년(487)에 설치되었다. 『양서』에서 무흥국은 기주와 300리 떨어져 있다고 한다.

153) 오조돌기모(烏皁突騎帽): 천을 머리 전체에 감싼 다음 남은 천을 묶어 어깨까지 내린 모자이다. 돌기모에

도포와 구멍이 작은 바지를 입고, 가죽 신발을 신는다. 다섯 가지 곡식을 심는다.[154] 혼인은 여섯 가지 예법을 갖추고 있다.[155] 시경(詩經)과 서경(書經)을 안다.[156] 지혜(智慧)는[157] 대동(大同) 원년(535)에 사신 부도안(符道安)과 양환(楊瑍) 등을 보내 계(啓)를[158] 전하며 그 국(무흥국)이 [양에] 귀부(歸附)하는 걸 요청하였다.

참고자료

○ 『공괴집』 권75 무흥번국

무흥번국은 본래 구지이다. 천감 연간 초에 무도왕에 봉해졌으며, 후에 동익주가 되었

대한 기록은 『隋書』에도 있다(『隋書』 권12 禮儀7, "後周之時, 咸著突騎帽, 如今胡帽, 垂裙覆帶, 蓋索髮之遺象也. 又文帝項有瘤疾, 不欲人見, 每常著焉. 相魏之時, 著而謁帝, 故後周一代, 將爲雅服, 小朝公宴, 咸許戴之. 開皇初, 高祖常著烏紗帽, 自朝貴已下, 至于冗吏, 通著入朝. 今復制白紗高屋帽, 其服, 練裙襦, 烏皮履. 宴接賓客則服之."). 북주와 수대에는 귀족이 착용하는 禮服으로 발전한다.

154) 다섯 가지…심는다: 곡물을 총칭하는 말로 여러 가지 이설이 있다. 『周禮』에 의하면 오곡은 벼·기장·피·보리·콩이며, 『禮記』에서는 마·기장·피·보리·콩이고, 『管子』에서는 기장·차조·콩·보리·벼가 오곡에 해당된다. 『양서』와 『남사』에서는 '九穀'을 심는다고 하였다.

155) 혼인은…있다: 『儀禮』 士昏禮에 따르면, 육례는 혼인을 위한 여섯 가지 예의를 말한다. ①납채(納采, 남자 측에서 여자 측에 아내 삼을 대상으로 선정했다는 취지를 알리는 절차), ②문명(問名, 신부가 될 여자의 어머니 성씨를 묻는 것), ③납길(納吉, 남자 측에는 여자 측의 문명에 대한 회답 내용과 혼인 여부를 검토하여 여자 측에 통지하는 절차), ④납징(納徵, 남자 측에서 여자 측에 아내로 맞이하기로 결정한 징표를 보내는 절차), ⑤청기(請期, 남자 측에서 여자 측에 혼인예식을 거행할 날짜를 청하는 절차), ⑥친영(親迎, 신랑이 될 남자가 신부의 집에 가서 신부감을 친히 맞아다가 신랑의 집에서 혼인예식을 거행하는 절차)가 있다.

156) 시경…안다: 『양서』와 『남사』에서는 "知書疏"라고 하였다. 문자를 쓰고 이해할 수 있었다는 의미를 뜻한다.

157) 지혜(智慧): [양]지혜는 양소선의 후계자이다. 『양서』와 『남사』에서는 양소선의 후계자를 양지혜, 『주서』와 『북사』에서는 楊辟邪라고 하여 차이가 있다. 양지혜를 양소선의 長子, 양벽사를 次子로 이해하기도 한다(甄逸伦, 1990,「武兴国之始末」,『兰州教育学院学报』1990-1, pp.75~76). 『양서』에서는 양조가 한중 지역을 회복하자 535년 양지혜가 사신을 보내 4천호를 이끌고 양조에 귀부할 것을 요청하였고 이에 양조의 동익주로 편입하였다고 한다.

158) 계(啓): 남조에서 사용한 문서로서 신료가 황제에게 의사를 상달하기 위해 사용한 것이다. 계 이외에도 신료가 황제에게 그 의사를 전달하기 위해 사용한 문서로는 章, 表, 奏 등이 있었다. 장, 표, 계 등의 경우에는 신료들이 자신의 職掌과 무관하게 상주가 가능했다. 그래서 단순한 의례용 하례나 국정전반에 걸친 자신의 견해를 밝힐 때 활용되었다(梁鎭誠, 2016,『南朝時期의 文書行政에 관한 硏究』, 연세대학교 박사학위논문, p.81).

다.¹⁵⁹⁾

○『양서』권54 무흥국

　무흥국(武興國)은 본디 구지(仇池)이다. 양난당(楊難當)이 자립(自立)하여 진왕(秦王)이 되자, 유송의 문제가 배방명(裵方明)을 보내 토벌하였고, [양]난당은 북위로 달아났다. [양]난당의 형의 아들인 [양]문덕(文德)이 다시 가로(葭蘆)에서 무리를 모으니, 유송 조정에서 작위를 수여하였으나, 북위가 다시 그를 공격하여 [양]문덕은 한중(漢中)으로 달아났다. [양문덕의] 종제(從弟)인 [양]승사(僧嗣)가 또 자립하여 다시 가로에 주둔하였다. [양승사가] 죽자, [양]문덕의 아우 [양]문도(文度)가 서서, 자신의 아우 [양]문홍(文洪)을 백수태수(白水太守)로 삼아 무흥에 주둔하게 하였는데, 유송대에 [양문홍을] 무도왕(武都王)으로 삼았다. 무흥의 국(國)은 이로부터 비롯한 것이다. [양]난당의 족제(族弟) [양]광향(廣香)이 다시 [양]문도를 공격하여 죽이고, 자립하여 음평왕(陰平王) 가로진주(葭蘆鎭主)가 되었다. [양]광향이 죽고, 그 아들 [양]경(炅)이 섰다. [양]경이 죽으니, 그 아들 [양]숭조(崇祖)가 섰고, [양]숭조가 죽으니, 그 아들 [양]맹손(孟孫)이 섰다.

　남제 영명 연간(永明, 483~493)에 북위(魏氏)의 남양주자사(南梁州刺史)·구지공(仇池公) 양영진(楊靈珍)이 니공산(泥功山)을 점거한 채로 귀순하자, 남제대에 [양]영진을 북양주자사(北梁州刺史)·구지공(仇池公)으로 삼았다. [무흥의 무도왕] [양]문홍(文洪)이 죽자, 그 족인 [양]집시(集始)를 북진주자사(北秦州刺史)·무도왕(武都王)으로 삼았다. 천감(天監) 연간 초에 [양]집시(集始)를 사지절(使持節)·도독진(都督秦)·옹이주제군사(雍二州諸軍事)·보국장군(輔國將軍)·평강교위(平羌校尉)·북진주자사(北秦州刺史)·무도왕(武都王)으로 삼았으며, [양]영진(靈珍)을 관군장군(冠軍將軍)으로 삼고, [양]맹손(孟孫)을 가절(假節)·독사주자사(督沙州刺史)·음평왕(陰平王)으로 삼았다. [양]집시(集始)가 죽자, 아들 [양]소선(紹先)이 직위를 이었다. [천감] 2년(503)에 [양]영진을 지절(持節)·독농우제군사(督隴右諸軍事)·좌장군(左將軍)·북양주자사(北梁州刺史)·구지왕(仇池王)으로 삼았다. [천감] 10년(511)에 [양]맹손(孟孫)이 죽자, 조를 내려 안사장군(安

---

159) "武興蕃國, 本仇池. 天監初, 封武都王, 後以爲東益州."

沙將軍)·북옹주자사(北雍州刺史)에 추증(追贈)하였다. 그의 아들 [양]정(定)이 봉작을 이어받았다. [양]소선(紹先)이 죽자, 그 아들 [양]지혜(智慧)가 섰다. 대동(大同) 원년(535)에 [양 조정이] 한중을 수복하자, [양]지혜가 사자를 보내 표를 올려 요구하기를, 4,000호 이끌고 귀부할 것을 청하니, 조를 내려 허락하고 바로 동익주(東益州)로 삼았다.

그 나라의 동쪽으로는 진령(秦嶺)과 이어지고, 서쪽으로는 탕창(宕昌)과 접하여 탕창과의 거리가 800리이며, 남쪽으로는 한중과의 거리가 400리이고, 북으로는 기주와의 거리가 300리이며, 동쪽으로 장안과의 거리가 900리이다. 본디 10만 호가 있었으나, 대대로 갈라지고 소멸하였다. 그 대성으로는 부씨(符氏)와 강씨(姜氏)가 있다. 언어는 중국과 같다. 오조돌기모(烏皂突騎帽)를 쓰고, 길이가 길고 소매가 좁은 도포와 구멍이 작은 바지를 입고, 가죽신발을 신는다. 땅에는 아홉 가지 곡식을 심는다. 혼인은 여섯 가지 예법을 갖추고 있다. 글을 적어 주고받을 줄 알았다. 뽕나무와 삼을 심는다. 명주, 정포, 칠, 납, 산초 등이 난다. 산에는 동과 철이 난다.[160]

○『남사』권79 무흥국

무흥국(武興國)은 본디 구지(仇池)이다. [양]난당(楊難當)이 자립하여 진왕(秦王)이 되자 유송 문제가 배방명(裴方明)을 보내 토벌하니, [양]난당은 북위로 달아났다. [양]난당의 형의 아들인 양문덕(楊文德)이 다시 가로(葭蘆)에서 무리를 모으니, 유송은 이에 작위를 제수하였다.

북위가 다시 공격하니 양문덕은 한중으로 달아났다. 그 종제(從弟)인 [양]승사(楊僧嗣)가 또 다시 자립하여 가로를 지키다가 죽었다. [양]문덕의 동생인 [양]문탁이(楊文度)가 서자, 동생

---

[160] "武興國, 本仇池. 楊難當自立爲秦王, 宋文帝遣裵方明討之, 難當奔魏. 其兄子文德又聚衆葭蘆, 宋因授以爵位, 魏又攻之, 文德奔漢中. 從弟僧嗣又自立, 復戍葭蘆. 卒, 文德弟文度立, 以弟文洪爲白水太守, 屯武興, 宋世以爲武都王. 武興之國, 自於此矣. 難當族弟廣香又攻殺文度, 自立爲陰平王·葭蘆鎭主. 卒, 子炅立; 炅死, 子崇祖立; 崇祖死, 子孟孫立. 齊永明中, 魏氏南梁州刺史·仇池公楊靈珍據泥功山歸款, 齊世以靈珍爲北梁州刺史·仇池公. 文洪死, 以族人集始爲北秦州刺史·武都王. 天監初, 以集始爲使持節·都督秦雍二州諸軍事·輔國將軍·平羌校尉·北秦州刺史·武都王, 靈珍爲冠軍將軍, 孟孫爲假節·督沙州刺史·陰平王. 集始死, 子紹先襲爵位. 二年, 以靈珍爲持節·督隴右諸軍事·左將軍·北梁州刺史·仇池王. 十年, 孟孫死, 詔贈安沙將軍·北雍州刺史. 子定襲封爵. 紹先死, 子智慧立. 大同元年, 克復漢中, 智慧遣使上表, 求率四千戶歸國, 詔許焉, 卽以爲東益州. 其國東連秦嶺, 西接宕昌, 去宕昌八百里, 南去漢中四百里, 北去岐州三百里, 東去長安九百里. 本有十萬戶, 世世分減. 其大姓有符氏·姜氏. 言語與中國同. 著烏皂突騎帽·長身小袖袍·小口袴·皮靴. 地植九穀. 婚姻備六禮. 知書疏. 種桑麻. 出紬絹·精布·漆·蠟·椒等. 山出銅鐵."

[양]문홍을 백수태수(白水太守)로 삼고 무흥에 주둔케 하였다. 유송대에 무도왕(武都王)으로 삼았다. 무흥(武興)이라는 나라는 여기에서 비롯되었다. [양]난당의 족제(族弟)인 [양]광향이 다시 [양]문탁을 공격해 죽이고 스스로 음평왕(陰平王) 가로진주(葭蘆鎭主)가 되었다. [양광향이] 죽자 그의 아들 [양]경이 섰다. [양]경이 죽자 그의 아들 [양]숭조가 섰다. [양]숭조가 죽자 그의 아들 [양]맹손이 섰다. 남제 영명(永明) 연간에 북위의 남양주자사(南梁州刺史)·구지공(仇池公) 양영진(楊靈珍)이 니공산(泥功山)을 점거하고 남제에 귀부하자, 남제 무제(武帝)가 [양]영진을 북양주자사(北梁州刺史)·구지공(仇池公)으로 삼았다. [양]문홍이 죽자 그 족인인 [양]집시를 북진주자사(北秦州刺史)·무도왕(武都王)으로 삼았다. 양 천감 초에 [양]집시를 지절(持節)·도독진옹이주제군사(都督秦雍二州諸軍事)·보국장군(輔國將軍)·평강교위(平羌校尉)·북진주자사(北秦州刺史)·무도왕(武都王)으로 삼았다. [양]영진은 관군장군(冠軍將軍)에 임명하였다. [양]맹손은 가절(假節)·독사주제군사(督沙州諸軍事)·평강교위(平羌校尉)·사주자사(沙州刺史)·음평왕(陰平王)에 임명하였다. [양]집시가 죽자 그의 아들 [양]소선이 작위를 계승하였다. 천감 2년(503)에 [양]영진을 지절(持節)·독농우제군사(督隴右諸軍事)·좌장군(左將軍)·북양주자사(北涼州刺史)·구지왕(仇池王)에 임명하였다. [천감] 10년(511)에 [양]맹손이 죽자 조를 내려 안사장군(安沙將軍)·북옹주자사(北雍州刺史)에 추증하였다. 그의 아들 양정(楊定)이 봉작을 계승하였다. [양]소선이 죽자 그의 아들 [양]지혜가 섰다. 대동(大同) 원년(535)에 [양 조정이] 한중을 쳐서 회복하자, [양]지혜가 사신을 보내 표를 올리고 4,000호를 이끌고 양에 귀부할 것을 청하니, 조를 내려 허락하고 곧바로 이를 동익주(東益州)로 삼았다.

[무흥]국은 동쪽으로 진령(秦嶺)과 이어지고 서쪽으로는 탕창과 접해 있다. 대성(大姓)으로

---

161) "武興國, 本仇池. 楊難當自立爲秦王, 宋文帝遣裴方明討之, 難當奔魏. 其兄子文德又聚衆葭蘆, 宋因授以爵位. 魏又攻之, 文德奔漢中, 從弟僧嗣又自立, 復成葭蘆, 卒. 文德弟文度立, 以弟文弘爲白水太守, 屯武興. 宋世以爲武都王. 武興之國自於此矣. 難當族弟廣香又攻殺文度, 自立爲陰平王·葭蘆鎭主. 死, 子貝立. 貝死, 子崇祖立. 崇祖死, 子孟孫立. 齊永明中, 魏南梁州刺史仇池公楊靈珍據泥功山歸齊, 齊武帝以靈珍爲北梁州刺史·仇池公. 文洪死, 以族人集始爲北秦州刺史·武都王. 梁天監初, 以集始爲持節·都督秦雍二州諸軍事·輔國將軍·平羌校尉·北秦州刺史·武都王. 靈珍爲冠軍將軍. 孟孫爲假節·督沙州諸軍事·平羌校尉·沙州刺史·陰平王. 集始死, 子紹先襲爵位. 二年, 以靈珍爲持節·督隴右諸軍事·左將軍·北涼州刺史·仇池王. 十年, 孟孫死, 詔贈安沙將軍·北雍州刺史. 子定襲封爵. 紹先死, 子智慧立. 大同元年, 剋復漢中, 智慧遣使上表, 求率四千戶歸梁, 詔許焉, 卽以爲東益州. 其國東連秦嶺, 西接宕昌. 其大姓有符氏·姜氏·梁氏. 言語與中國同. 著烏皁突騎帽, 長身小袖袍, 小口袴, 皮靴. 地植九穀. 婚姻備六禮. 知書疏. 種桑麻. 出紬絹·布·漆·蠟·椒等, 山出銅鐵."

부씨(符氏), 강씨(姜氏), 양씨(梁氏)가 있다. 언어는 중국과 같다. 오조돌기모(烏皁突騎帽)를 착용하고 길이가 길고 소매가 좁은 도포를 입으며 구멍이 좁은 바지를 입고 가죽 신발을 신는다. 땅에는 아홉 가지 곡식을 심는다. 혼인할 때에는 여섯 가지 예법을 갖춘다. 글을 적어 주고받을 줄 알았다. 뽕나무와 마를 심는다. 명주, 포, 칠, 납, 산초 등이 나며 산에서는 동과 철이 난다.[161]

[백길남]

고창국(高昌國)

개요

고창국은 현재의 투루판(吐魯蕃, Turpan) 지역에 존재하였던 나라다. 투루판 지역의 고대사는 선사(先史), 거사국(車師國), 고창국, 당(唐)의 서주(西州), 고창회홀(高昌回鶻, Uyghurs), 이슬람화의 여섯 가지 시기로 구분된다(임매촌 저·장민 외 역, 2020, p.451). 이 중 고창국 시기는 5세기 중반에서 7세기 중반까지에 해당한다.

고창국의 중심지는 오늘날 투루판시(吐魯蕃市)에서 동쪽으로 약 40㎞ 떨어진 곳에 위치한 고창고성(高昌故城)이다. 서역의 다른 여러 나라처럼 고창국 역시 다양한 종족으로 구성된 사회였다(李强, 2014, pp.8~9). 다만 전한(前漢) 무제(武帝)의 서역 원정이 계기가 되어 정착한 한인(漢人) 계통의 주민들이 많이 존재하였고, 이들이 정치·사회적으로 주요한 위치를 차지하였다고 이해된다(李志敏, 1999; 三崎良章 저·김영환 역, 2007, pp.144~145). 고창국 시기의 대부분을 차지하는 국씨(麴氏) 정권에서 구축한 통치체제가 실제 운영 양상에 있어서는 중국과 상당한 차이를 보이나(荒川正晴, 1983; 本間寬之, 2005), 외형적으로 매우 흡사한 점은 이와 무관치 않으리라 생각된다.

고창국의 역사에 대해서는 문헌자료뿐 아니라, 투루판 지역에서 출토된 다량의 목간과 문서 등을 통해 다양한 방면에서 연구가 이루어지고 있다. 자세한 내용은 신행 연구에 잘 정리되어 있으므로(王素, 1998), 여기에서는 대략적인 역사상 흐름이 어떻게 전개되었는지에 대해 소개하도록 하겠다.

전한의 서역 경영 과정에서 투루판 지역에 고창벽(高昌壁)이 설치되었고, 이후 이곳에 무기교위(戊己校尉) 등 한인(漢人) 출신 관리들이 거주하기 시작하였다.[162] 그리고 327년에 이르러서는 전량(前涼)의 장준(張駿)이 고창군(高昌郡)을 설치하였다. 그 후에는 전진(前秦)→후량(後涼)→북량(北涼)→서량(西涼)→북량의 지배를 받는 과정을 거쳤다(三崎良章 저·김영환 역, 2007, pp.143~144).[163] 435년 무렵에는 감상(闞爽)이라는 인물이 등장하여 고창태수(高昌太守)를 자칭하였다.[164] 그러나 얼마 안되어 감상은 저거무휘(沮渠無諱)에게 공격받아 쫓겨났고, 이 지역에는 북량의 망명정권이 성립되었다. 이후 460년에 이르러 유연(柔然)이 저거씨 정권을 멸망시킨 뒤에 감백주(闞伯周)란 인물을 내세워 투루판 지역을 다스렸는데, 이때부터 고창이라는 명칭으로 칭왕(稱王)이 시작되었다.

481년에 유연과 쟁투하던 고차(高車)는 고창국왕 감수귀(闞首歸)를 살해하고, 돈황(敦煌) 출신의 장맹명(張孟明)을 왕으로 삼았다. 이에 고창의 국인(國人)들은 장맹명을 죽인 뒤에 마유(馬儒)라는 사람을 옹립하였으나, 그는 북위(北魏)에 '나라를 들어 내지로 이동시켜줄 것을 요청(求擧國內徙)'하였다. 이에 불만을 품은 고창국 사람들은 마유 또한 죽이고 국가(麴嘉)를 왕으로 세웠다.

국씨 정권하의 고창국은 508년 무렵부터 북위와 조공·책봉 관계를 형성하였다.[165] 다만

---

162) 『魏書』에서는 高昌壘, 즉 漢代에 설치된 高昌壁에 연원하여 '高昌'을 국호로 삼았다고 전하고 있다. 한편 '高昌'에 대해서는 이 지역이 지세가 높고 땅이 평평하며, 사람들이 많이 살았기 때문에 붙여진 것으로 설명하고 있다.

163) 『魏書』에는 고창군의 설치 주체를 晉이라 하고 있으며, 그 뒤에 전량의 시조라 할 수 있는 張軌, 후량의 건국자인 呂光, 북량의 2대 왕인 沮渠蒙遜이 하서를 점령하였을 때 모두 이곳에 태수를 두어 통솔하였다고 전하고 있다. 다만 『晉書』를 통해 알 수 있듯이 고창군은 장궤의 손자인 장준에 의해 설치되었다. 전량이 공식적으로 稱帝建元을 한 것은 354년의 일이지만, 이미 장궤의 아들인 張寔부터 사실상 독립국으로서의 행보를 보였음이 관찰된다. 따라서 고창군의 설치 주체 역시 진이라기보다는 전량이라고 보아야 한다. 한편 전량 이후로도 지배권의 향방이 상당히 복잡하게 전개되었지만, 『魏書』를 포함한 이후 고창국과 관련된 자료에서는 소략하게 소개되어 있다.

164) 당시 북량은 일단 이를 묵인한 듯한데, 그 구체적인 이유는 알기 어렵다. 다만 『魏書』를 통해 북위는 감상이 고창태수로 자칭한 이후 얼마 되지 않은 시점에 해당하는 太延 연간(435~440)에 散騎侍郞 王恩生 등을 사절로 파견하였음이 확인된다. 비록 이는 柔然의 방해로 실패하였으나, 감상이 자립하기 이전부터 북위와 모종의 관계가 형성되어 있었을 가능성을 고려해볼 수 있게 한다. 북량은 430년대 무렵부터는 북위의 영향을 강하게 받는 모습이 확인되는데, 감상의 행보를 묵인한 것은 이와 관련되지 않았을까 한다.

165) 이때 고창국은 이전처럼 북위에게 내지로 귀속시켜주길 요청하였는데, 마유 때와는 달리 내부적으로 별다른 반발이 확인되지 않는다. 이에 대해서는 종래 밀접한 관련을 맺고 있었던 유연과 고차가 급속히 쇠퇴해 감에 따라 지배층이 漢人 계통이었던 고창국이 중국왕조에 대한 의존을 높여야 했을 필요성이 증대되었기 때문이라 이해되기도 한다(辻正博 著·서용석 譯, 2009, 「中國王朝의 外交政策 -麴氏 高昌國의 사례」, 『동

고창국은 국내에서는 자체적으로 제정한 연호를 사용하였다(王素, 1998, pp.327~336).[166] 이는 당시 동아시아 세계에서 그리 특별한 일이 아니었기에 북위에서도 별다른 제재를 가하지는 않았다(辻正博 저·서용석 역, 2009, pp.276~281). 양국의 관계는 20여 년 조금 넘게 이어졌는데, 520년대에는 육진(六鎭)의 난으로 인해 교류가 일시 중단되었고, 530년대에 일시 회복되었지만 얼마 가지 못하고 완전히 끊겼다. 북위가 멸망한 이후에는 서위(西魏) 및 그를 계승한 북주(北周)와 다시금 조공·책봉 관계를 맺었으나 561년을 마지막으로 중단되었다.

한편 북조(北朝)가 혼란에 빠졌던 6세기 전반에 고창국은 남조(南朝)와 교섭을 시도한 것으로 보인다. 그 시점에 대해 『양서(梁書)』·『남사(南史)』에는 양 대동(大同) 연간(535~545), 「양직공도」 장경모본의 제기에는 대통(大統) 연간(527~529)으로 기록되어 있다. 대동과 대통 중 어느 쪽이 정확한지는 알 수 없다. 그러나 이 외에는 교류의 흔적이 보이지 않으므로, 고창국과 남조 사이의 교섭이 적극적으로 이루어지지는 않았던 것으로 추정된다.

고창국과 중국왕조 사이의 관계는 수(隋)가 건국된 이후인 608년에 이르러 다시 활성화되었다. 이는 수의 서역에 관한 관심 증대, 그리고 서돌궐(西突厥)과 철륵(鐵勒)의 대립에 따른 국제정세의 변화에 대응하기 위한 고창국의 입장이 맞물린 결과였다(關尾史郎, 1993, pp.159~163). 이후 수의 양제(煬帝)는 609년에 입조한 고창국의 왕 국백아(麴伯雅)와 그의 세자를 오랫동안 장안에 머물게 하였으며, 각지의 순행 및 고구려와의 전쟁에도 동행시켰다.[167] 이 과정에서 북주의 황족 출신이자 수 종실의 일원인 화용공주(華容公主)와 국백아를 결혼시키기도 하였다. 이는 고창국에 대한 영향력을 강화하고자 한 노력의 일환으로 평가되

국사학』 46, p.274). 『위서』에 따르면 북위는 여기에 호응하여 군대를 보내 맞이할 준비를 하였다. 그러나 상호 약조한 날짜가 지켜지지 않아 실패하고 말았다. 이후로도 고창국은 동일한 요청을 몇 차례 더 하였으나, 북위는 조공-책봉 관계는 유지하되 해당 요청에 대해서는 더 이상 받아들이지 않았다.

166) 국씨 정권하의 고창국은 북위와의 관계에서뿐만 아니라, 그 이후 멸망하는 때까지 계속하여 독자적인 연호를 사용하였다. 마지막으로 사용된 것은 '延壽'였다.

167) 『隋書』 및 『舊唐書』를 종합해보면, 이때 국백아는 '左光祿大夫 車師太守 弁國公 高昌王'으로 책봉되었다. 여기서 弁國은 가상의 지명으로 이해되기도 한다(王素, 1998, 『高昌史稿: 統治編』, 文物出版社, p.313). 다만 최근에는 고구려를 가르키는 것으로 보고, 양제가 「양직공도」에 기재된 고창국 사람들의 용모가 고구려 사람들과 닮았다고 소개된 점에 영향을 받아 국백아를 변국공에 책봉하였다고 추정하는 견해도 제기되어 (米婷婷·王素, 2020, 「隋封高昌王麴伯雅弁国公索隐-兼谈梁元帝《职贡图》的影响」, 『西域研究』 2020-2, pp.76~80) 주목된다.

는데(關尾史郎, 1993, pp.164~165), 군현 설치와 같은 단계까지 나아감을 염두에 둔 시책들은 보이지 않는다는 점에서 본질적으로는 북위 때의 방식과 유사하다고 이해되기도 한다(辻正博 저·서용석 역, 2009, pp.285~289).

이러한 우호적 관계는 당(唐)이 건국된 후에도 얼마간 유지되었다. 당은 630년에 고창국 왕 국문태(麴文泰)의 부인 우문씨(宇文氏)에게 종성(宗姓)인 이씨(李氏)를 하사하고, 상락공주(常樂公主)에 책봉하여 형식상이나마 고창국이 당의 사위임을 인정하였다(동북아역사재단 편, 2011, p.546 각주 81). 그러나 얼마 지나지 않아서 양국의 관계는 파탄을 맞이하고 만다. 639년에 당 태종(太宗)은 고창국이 서역 제국의 입조를 방해하고 돌궐과 결탁하였다는 등의 이유를 들어 힐난한 뒤 국문태의 입조를 요구하였다. 그러나 국문태가 여기에 따르지 않자 곧바로 군대를 일으켜 공격해 640년에 항복을 받아낸 뒤, 서주(西州) 및 안서도호부(安西都護府)를 설치하고 주요 지배층을 당으로 옮김에 따라 고창국은 멸망하였다.

다음으로는 「양직공도」와 관련된 고창국 사신도 및 제기의 현황에 대해 살펴보도록 하겠다. 현재 전하고 있는 여러 종류의 「양직공도」 모본 중 사신도는 고덕겸모본, 제기는 장경모본에서만 확인된다. 다만 북송(北宋) 시기의 『덕우재화품(德隅齋畫品)』, 명(明) 때의 『문헌집(文憲集)』·『예문희집(倪文僖集)』, 청(淸) 때의 『대관록(大觀錄)』 등을 통해 볼 때, 청대까지만 하더라도 현전하는 모본과 차이가 있는 사신도 및 제기가 존재하였음을 알 수 있다(王素, 2020, pp.72~74).

「양직공도」 모본별 고창국 사신 관련 정보

사신도			제기	
고덕겸모본	북송모본	염립본모본	북송모본	장경모본
○	없음	없음	없음	○

이제 고덕겸모본에 묘사된 고창국 사신 그림에 대해 살펴보면, 전반적인 얼굴 생김새는 서역 제국 사신보다는 삼국(고구려·백제·신라) 및 노국(魯國, 北魏 또는 東魏)과 더 흡사하다. 수염은 턱수염 없이 콧수염만을 길렀는데, 고구려와 동일한 방식이다.

복장의 경우 머리 부분에는 관모 및 여타 장신구가 특별히 보이지 않는다. 대신 머리카락을 뒤로 넘겨 최소한 어깨까지 드리우고 있는 모습인데, 자세히 살펴보면 머리를 땋은 형태(辮髮)임을 알 수 있다(王素, 2020, p.76).

상의는 정강이까지 내려오는 기다란 두루마기(袍)를 입고 있는데, 전체적으로 몸에 딱 맞는 좁은 폭의 형태로 묘사되어 있다. 옷깃의 형태는 직령(直領) 또는 번령(翻領)을 묘사하였다고 생각되나, 정확하게 어느 쪽인지는 단언하기 어렵다. 다만 왼쪽의 옷깃이 몸 바깥쪽으로 펼쳐진 듯 보여 번령일 가능성이 좀 더 크지 않을까 한다.

여밈 방식은 우임(右衽)과 좌임(左衽)을 모두 상정해볼 수 있다. 먼저 왼쪽의 옷깃을 몸 안쪽으로 접는다고 가정하면, 우임의 형태를 취하게 될 것으로 예상된다. 좌임의 경우는 오른쪽 옷깃의 중간 부분이 왼쪽을 덮는 듯한 모습으로 보인다는 점, 그리고 특히 오른쪽 어깨 부분에 연주문(連珠紋)이 장식된 직물이 덧대어진 것처럼 그려졌음이 주목된다. 이는 하남(河南) 등 몇몇 사신도에 묘사된 오른쪽 어깨 부분과 유사한데, 이러한 복장 요소는 끝부분의 고리 장식(紐)과 결합하여 옷을 여미는 기능을 수행하였다고 이해되고 있다(안현주, 2020). 고창국 사신도의 경우에는 고리 장식이 보이지 않는데, 이와 같은 유형은 하나의 옷에서 좌임과 우임이 혼용되었다고 이해되기도 한다(안현주, 2020, p.124). 다만 이런 경우에는 양쪽의 옷깃 및 어깨 부분이 대칭되는 형태임을 고려할 필요가 있다. 고창국 사신도의 왼쪽 어깨 부분에서는 오른쪽과 같은 요소가 보이지 않으므로, 역시 이는 여밈을 위해 덧대어진 직물이었던 것으로 추측된다. 따라서 고창국 사신도의 오른쪽의 옷깃을 끌어다 왼쪽을 덮는 좌임에 해당할 가능성이 좀 더 크다고 생각된다.

허리에는 얇은 띠(帶)를 두르고 있는데, 오른쪽 끝부분에 금속제로 추정되는 원형의 물체를 제외하면 장식 요소가 거의 없는 단순한 형태로 묘사되어 있다. 그 길이 또한 몸통 둘레에 딱 맞춘 듯하게 그려져 있다.

하의는 정강이 윗부분의 일부분만 관찰되지만 바지(袴)를 입고 있음을 알 수 있다. 바짓부리가 몸에 딱 맞는 좁은 폭의 형태를 취하고 있는 점이 눈에 띈다. 이 역시 특별한 장식 요소는 보이지 않는다.

신발은 목이 긴 형태인데, 재질은 가죽이었을 것으로 추측된다. 종아리 윗부분과 발목 아랫부분에는 각각 2개와 1개의 선을 둘러 장식한 듯 묘사되어 있는데, 주름이 잡힌 것을 표현하였을 가능성도 고려된다.

이와 같은 특징들은 중국의 복식보다는 소위 호복(胡服)이라 불리는 유형에 부합하는 것이다. 그런데 카라호자(哈拉和卓, Kara-khoja)·아스타나(阿斯塔那, Astana) 고분군에서 발견되는 목용(木俑)과 니용(泥俑) 및 고분 벽화 등을 통해, 투루판 지역에서는 4세기 이래로 호복뿐 아니라 중국의 것과 유사한 종류의 복식도 사용되고 있었음이 확인된다(김소현, 2003, pp.137~144). 또한 고창국의 지배층은 대체로 한인 계통으로 추정됨과 동시에, 내부의 관제(官制) 역시 중국의 것과 매우 유사하였다. 이러한 사정에도 불구하고, 고덕겸모본에 묘사된 고창국 사신의 복장에서 유독 호복의 특징이 두드러지게 관찰되는 점은 매우 흥미롭다. 아마 이는 고창국의 지배층이 한인 계통이라 할지라도, 오랫동안 투루판 지역에 웅거하면서 호인의 풍속에 동화되었기 때문이 아닐까 한다. 그리고 612년 수에서 돌아온 국백아가 '머리를 풀고 옷깃의 여밈을 고치라'는 명령을 내린 사실로 미루어 볼 때,[168] 호복이 주류를 이루었던 양상은 7세기 이전까지는 큰 변화 없이 유지되었을 가능성이 높다. 따라서 고덕겸모본에 묘사된 내용은 「양직공도」가 제작된 6세기 전반에 양이 실제로 관찰할 수 있었을 고창국 사신의 모습에 가까웠을 것으로 생각된다.

다음으로 장경모본에 기록되어 있는 고창국 제기의 내용은 대략 <①고창국의 위치 및 지리적 환경, ②문화 및 습속, ③특산물, ④양과의 교류 현황>으로 구성되어 있다. 이상의 내용은 『양서』에 수록된 고창국에 관한 정보와 대동소이하다. 그런데 『양서』에서는 고창국의 연혁을 일정 부분이나마 소개하고 있으며, 그 위치 및 지역 특성 등에 대해서도 보다 구체적인 정보를 전하고 있다. 또한 내부의 통치체제와 관련해서도 다른 곳에서는 보이지 않는 내용들을 언급하고 있다. 다만 이조차도 고창국이 주로 교류하였던 북조와 관련된 사서인 『위서

---

[168] 다만 『隋書』에서 이어지는 내용을 살펴보면 국백아의 명령 및 수 양제의 지원에도 불구하고, 鐵勒을 두려워하였던 고창국은 결과적으로 胡服을 유지하였다고 전하고 있다. 그런데 투루판 지역에서 출토된 문서 등을 참고하여, 이러한 '解辮削衽'의 명령이 발단으로 작용하여 소위 '義和政變'이라고 불리는 사태가 벌어져 국백아가 일시적으로 왕위에서 쫓겨나는 사태가 벌어졌다고 이해하는 견해도 있다. '義和政變'과 관련된 연구사 및 그 자세한 내용은 關尾史良, 1993, 「『義和政變』前史 -高昌國王麴伯雅의 改革을 中心으로-」 『東洋史研究』 52-2 및 王素, 1998, 『高昌史稿: 統治編』, 文物出版社, pp.359~394에 잘 정리되어 있어 참고된다.

(魏書)』나 『주서(周書)』, 그리고 『북사(北史)』 등과 비교해보면 상당히 소략하게 작성되었음을 알 수 있다.

따라서 장경모본은 고창국의 역사상을 파악함에 있어서 기존의 자료와 차별되는 결정적 단서를 제공한다고 보기까지는 어렵다. 다만 『양서』가 「양직공도」보다 후대에 편찬되었고, 전자의 외국 열전 중 일부가 후자를 참고로 작성되었음을(榎一雄, 1992, pp.121~122) 고려할 필요가 있다. 즉 장경모본 제기는 「양직공도」가 제작되는 시점에 양이 파악하고 있던 고창국 관련 정보가 어느 정도 수준이었는지, 또 현전하는 모본들의 원류를 연구하기 위한 측면에서 그 사료적 가치가 충분하다고 평가할 수 있다(王素, 2020, p.78). 그러면 이와 관련된 몇 가지 주목되는 사안을 소개하는 것으로서 장경모본의 고창국 제기에 대한 검토를 마무리하고자 한다.

첫 번째는 고창국의 위치를 설명함에 익주(益州)를 기준으로 삼고 있는 점이다. 장경모본을 제외한 나머지 대부분 자료에서는 고창국의 위치에 대해 거사국의 옛 땅이라고 하거나, 또는 장안이나 낙양을 기준으로 거리를 제시하였다는 점에서 차이를 보이기 때문이다. 여기에 대해서는 고창국의 사신이 탕창(宕昌)을 경유하여 익주를 통과한 뒤 건강(建康)에 도착하였다고 추정되는 점과 관련되었다고 이해하는 견해(王素, 2020, p.75)가 있다. 즉 양의 지배력이 미침과 동시에, 고창국 사신이 국내에 들어오는 관문과 같은 역할을 하였던 지역인 익주를 기준점으로 삼아 고창국의 위치를 서술하였다고 보는 것이다. 양의 입장에서 고창국은 유송 이래 200여년 만에 교류가 재개됨에 따라, 관념적으로 갖고 있었던 지식과는 별개로 그 실체는 생소한 나라였을 것이다. 그렇다면 장경모본의 해당 내용은 『양서』나 『남사』 등 다른 자료에 비해 소략하게 작성되었지만, 오히려 이는 고창국 사신이 방문하였을 당시 양의 인식이 더 잘 반영되었기 때문일 가능성을 상정해 볼 수 있다.

두 번째는 고창국 사람들의 생김새에 대한 부분이다. 장경모본 및 『양서』와 『남사』의 경우, 이와 관련된 특별한 언급이 없는 북조계 사서에서와 달리 고구려(高麗)와 유사하다고 소개하고 있다. 고창국과 고구려 사람들의 용모가 실제로 비슷하였는지 여부는 알 수 없다. 다만 해당 내용이 현전하는 자료상으로는 『양서』에서 가장 먼저 확인된다는 점 및 『수서』나 『구당서(舊唐書)』·『신당서(新唐書)』 등에서는 채록되지 않은 점을 고려해보면, 이는 고창국 및 고구려 사신을 접견한 뒤 생긴 양의 독자적인 인식이 「양직공도」 제기에 반영된 이후 이어진 것일 가능성이 있다(米婷婷·王素, 2020, p.79).

　마지막으로는 고창국에서 사용된 언어와 관련된 문제다. 『양서』나 『남사』에서는 각각 '중국(中國)', '화(華)'와 같다고 서술되어 있음에 반해, 장경모본에서는 '나라 사람들의 언어는 위와 대략 비슷하다(國人言語與魏略仝)'라고 소개하고 있다. 여기에 대해 「양직공도」의 저자인 양 원제(元帝)가 '위(魏)'라는 표현을 쓰지 않았을 것이며, 장경모본의 해당 자구는 서위(西魏)가 「양직공도」를 입수한 뒤 일부 국가의 표기를 자신들의 이익에 맞게 수정하면서 개변된 것으로 이해하기도 한다(王素, 2020, pp.75~76; 米婷婷·王素, 2020, pp.79~80). 『태평광기(太平廣記)』에 수록된 「양사공기(梁四公記)」의 일문(逸文)에서 고창국의 '문자와 언어가 양과 같다(文字言語與梁國略同)'라는 서술이 확인되는 점은 이러한 견해에 힘을 실어주는 사례라 할 수 있다.

　그러나 『양서』와 『남사』는 당이 건국된 이후 편찬이 완료된 자료라는 점을 염두에 둘 필요가 있다. 이와 관련하여 중국에서는 수 때부터 고창국을 한화(漢化)시키기 위해 적극적으로 유도하였던 양상이 관찰되는데, 특히 당 태종은 고창국을 점령한 이후 고창의 주민들이 본래 '중국의 사람들로서 중화의 문화를 유지하고 있다'라는 조칙을 내려 눈길을 끈다. 이는 절역(絶域)이라고 인식되고 있던 고창 지역에 대한 직접 지배의 정당성을 선전하고자 '한인국가(漢人國家) 고창'이라는 이미지를 각인시키기 위함이었다고 이해된다(辻正博 저·서용석 역, 2009, p.294). 그렇다면 장경모본의 해당 자구는 오히려 당 이후의 인식이 개입되었을 가능성이 존재하는 『양서』나 『남사』 등이 편찬되기 이전, 즉 「양직공도」가 제작될 당시에 기록된 고창국 제기의 원형에 좀 더 가깝다고 볼 수 있는 여지 역시 충분하다고 생각된다.[169]

---

[169] 『太平廣記』의 경우에는 해당 자료가 기본적으로 온갖 종류의 기록을 집대성한 일종의 설화집과 같은 성격을 갖고 있으므로, 그에 담긴 내용을 활용함에 있어서는 엄정한 고찰이 요구된다. 또한 여기에 수록된 「梁四公記」 역시 당 이후에 편찬된 자료라는 점에서, 『梁書』나 『南史』의 해당 내용을 전거로 삼았기에 '양과 같다'라는 구절이 나타나는 것일 가능성도 고려할 필요가 있다.

사신도

고덕겸모본 高昌國	북송모본	염립본모본
	없음	없음

제기

○ 북송모본
없음

○ 장경모본

1. 교감문

高昌國, 去益州一萬二千里. 國人言語與魏略仝. 有五經歷代史[書][170]諸子集, 往往誦讀. 面貌類高麗, 辮髮爲十條, 垂肩項之間. 著長身小裓[171]袍縵襠袴金鞮[172]靴, 無襪履. 女子頭髮辮而不垂肩, 著錦纈瓔珞環釧. 婚姻[有][173]六禮. 其地高燥, 築土爲城, 架木爲屋, 覆土其上. 寒暑與益州相似. 有水田, 備種九穀, 人多噉麪羊牛. 出良馬蒲萄酒石鹽. 多草木. 交關用布帛. 有朝烏, 集王[174]殿前地, 爲行列, 不畏人, 日出然後散去. 大通中, 遣使獻鳴[175]鹽枕蒲萄良馬氍毹等物.

2. 역주

---

170) 원문 및 『梁書』와 『南史』에는 해당 글자가 없다. 다만 그 앞뒤의 「五經」과 「諸子集」이 모두 서적류에 해당함이 분명함으로, 보다 명확하게 의미를 전달하기 위하여 [書]를 보입하였다.

171) 판독문 「褁」 윤용구 「裏」/ 澤本·植田, 趙燦鵬 「褁」 『梁書』와 『南事』의 해당 부분은 「袖」라 기재되어 있는데, 「褁」는 「袖」와 같은 의미로 이해된다는 점(趙燦鵬, 2014, 134쪽)을 참고하여 교감하지 않는다.

172) 판독문 「鞮」 윤용구 「革莫」/ 澤本·植田, 趙燦鵬 「鞮」 『梁書』와 『南事』에서는 해당 자구와 관련된 내용이 기록되어 있지 않다. 한편 『晉書』 卷91 列傳61 儒林 劉兆과 同書 卷106 載記6 石季龍上에서 유사한 자형을 가진 「鞮」字가 '목이 긴 가죽 신발'의 뜻으로 사용됨이 확인된다는 점으로 볼 때, 「鞮」은 「鞾」의 誤記일 가능성을 고려해 볼 수 있다. 다만 확인하기는 어려우며, 北宋 시기에 편찬된 韻書인 『集韻』 卷10에 「鞮, 鞜鞮, 皮也」라는 내용이 확인된다는 점(趙燦鵬, 2023, 『南朝梁元帝職貢圖題記釋文校證』, 社會科學文獻出版社)을 고려하여 교감하지 않는다.

173) [有]: 원문에는 해당 글자가 없다. 이 경우에도 전하고자 하는 의미에 대해 파악함에는 큰 무리가 없다. 그러나 보다 명확하게 의미를 전달하기 위해 『梁書』와 『南事』의 해당 부분을 참고하여 [有]를 보입하였다.

174) 「王」: 판독문 「主」 윤용구, 澤本·植田, 趙燦鵬 「王」 『梁書』와 『南事』의 해당 부분은 「王」으로 되어 있고, 이 경우가 문맥상 더 매끄럽게 해석되기 때문에 「王」으로 교감하였다.

175) 「鳴」: 판독문 「烏」 윤용구, 澤本·植田, 趙燦鵬 「烏」 『梁書』와 『南事』의 해당 부분이 「鳴」으로 확인되는 점을 참고하여 「鳴」으로 교감하였다.

고창국은 익주[176)]에서 1만 2,000리 떨어져 있다. 나라 사람들의 언어는 [북]위와 거의 같다.[177)] 오경(五經), 역대의 사서, 여러 자(子)·집(集)이 있어[178)] 자주 송독하였다.[179)] 얼굴의 생김새는 고려(高麗, 高句麗)와 유사하고, 머리카락을 10가닥으로 땋아 어깨와 목 사이에 늘어뜨린다. 길이가 길고 소매가 좁은 두루마기와 민무늬의 잠방이(縵襠袴)를 입고, 금색 가죽의 목이 긴 신발을 신는다. 치마와 목이 짧은 신발은 없다. 여자는 머리카락을 땋되 어깨에 늘어뜨리지 않으며, 무늬를 수놓은 비단과 구슬로 꿴 목걸이, 팔찌를 착용한다. 혼인에는 여섯 가지 예가 있다.[180)] 그 [나라의] 땅은 높고 메말랐으며, 흙을 쌓아 성을 만들고, 나무를 얽어 집으로 삼는데, 흙으로 그 위를 덮는다. 춥고 더움은 익주와 서로 비슷하다. 논이 있어 아홉 가지 곡식의 종류를 갖추었고, 밀가루, 양, 소를 많이 먹는다. 좋은 말과 포도주, 돌소금이 난다. 풀과 나무가 많다. [서로] 거래할 때는 베(布)와 비단(帛)을 사용한다. 조오(朝烏)[라는 새]가 있어 왕의 궁전 앞 땅에 모여 행렬하며, 사람을 두려워하지 않고 해가 뜬 후에는 흩어져 떠난다. [양 무제] 대통 연간(527~529)에 사신을 보내 명염침(鳴鹽枕),[181)] 포도, 좋은 말, 구유(氍毹)[182)] 등의 물품을 바쳤다.[183)]

---

176) 익주: 前漢 武帝가 『禹貢』의 梁州를 덧붙여 새로 개척한 西南夷 지역에 설치하여 붙여진 이름이다. 현재 쓰촨성·구이저우성·윈난성의 대부분 지역에 걸치며, 후베이성의 서북부와 간쑤성의 일부도 포함된다(동북아역사재단 편, 2009, 『南齊書·梁書·南史 外國傳 譯註』, 동북아역사재단, p.90 각주 87).

177) [북]위와…같다: 『梁書』에는 中國, 『南事』에는 華와 같다고 하여 차이를 보인다.

178) 여러 자(子)·집(集)이 있어: 이와 관련하여 『周書』 권50 高昌에서는 고창국 사람들이 공부하는 경전 종류에 『毛詩』·『論語』·『孝經』이 있다고 전하여 참고된다.

179) 자주 송독하였다: 『北史』 卷97 列傳85 西域 高昌에서는 "有毛詩·論語·孝經, 置學官弟子, 以相教授. 雖習讀之, 而皆爲胡語"라고 하여 고창국에서 주로 사용하던 언어가 胡語임을 전하고 있다. 장경모본의 '國人言語與魏略소'이란 대목은 이와 관련된 것일 가능성에 대해 고려해 볼 수 있다. 한편 『周書』 권50 高昌에서는 "文字亦同華夏, 兼用胡書"이라 하여 문자 역시 漢字와 胡의 것이 병용되었던 듯한 정황을 전하고 있다.

180) 혼인에는…있다: 納采·問名·納吉·納徵·請期·親迎으로 이루어지는 혼례 과정을 의미한다. 이에 대한 자세한 내용은 『禮記』 「昏義」 및 『儀禮』 「士昏禮」가 참고 된다.

181) 명염침(鳴鹽枕): 『魏書』에서는 고창국의 특산물인 鹽枕에 대하여 "復有白鹽, 其形如玉, 高昌人取以爲枕, 貢之中國."이라고 전하고 있다. 이 베개는 두드리면 울림소리를 낸다고 하므로(동북아역사재단 편, 2009, 앞의 책, 동북아역사재단, p.218 각주 228), 鳴鹽枕이라 부른 듯하다.

182) 구유(氍毹): 『廣韻』 上平聲에 "氍, 聲類曰氍毹毛席也, 風俗通云織毛褥謂之氍毹亦作毧."라 기록된 내용을 참고하면, 털로 만든 방석(毛席) 또는 담요(褥)임을 알 수 있다. 『後漢書』·『魏書』·『周書』·『北史』 등을 참고해 보면, 이는 고창국만이 아닌 康國, 龜茲國, 大秦國, 波斯國과 같이 西域 지역에 위치한 나라들의 공통적인 특산물로 생각된다.

183) 대통 연간에…바쳤다: 『梁書』와 『南史』에는 大同 연간(535~545)으로 되어 있다. 『宋書』 등을 참고해보면,

참고자료

○ 『양서』 권54 고창국

고창국은 감씨(闞氏)가 주인이었는데, 그 후에 하서왕(河西王) 저거무건(沮渠茂虔)의 동생 [저거]무휘에게 습격 받아 격파되니, 그 왕 감상(闞爽)은 예예(芮芮)로 달아났다. [저거]무휘가 [고창국에] 웅거하여 왕을 칭하였으나, 일대(一世)만에 멸망하였다. 국인(國人)들이 다시 국씨(麴氏)를 세워 왕으로 삼았는데, 이름은 가(嘉)였으며, 원씨의 위나라(元魏, 北魏)에서 거기장군(車騎將軍)·사공공(司空公)·도독진주제군사(都督秦州諸軍事)·진주자사(秦州刺史)·금성군개국공(金城郡開國公)에 제수하였다. 재위한지 24년만에 죽었으며, 시호는 소무왕(昭武王)이라 하였다. [그의] 아들 [국]자견은 사지절(使持節)·표기대장군(驃騎大將軍)·산기상시(散騎常侍)·도독과주제군사(都督瓜州諸軍事)·과주자사(瓜州刺史)·하서군개국공(河西郡開國公)·의동삼사(儀同三司)·고창왕(高昌王)으로 [왕]위를 이었다.

그 나라는 대체로 거사(車師)의 옛 땅이다. 남쪽으로는 하남(河南)에 접하고 동쪽으로는 돈황(燉煌)과 이어지며, 서쪽으로는 구자(龜茲)의 옆이고, 북쪽으로는 칙륵(敕勒)과 이웃하고 있다. 46[개의] 진(鎭)을 두었는데, 교하(交河)·전지(田地)·고녕(高寧)·임천(臨川)·횡절(橫截)·유파(柳婆)·오림(洿林)·신흥(新興)·유녕(由寧)·시창(始昌)·독진(篤進)·백력(白力) 등은 모두 그 진의 이름이다. 관[직]으로는 사진장군(四鎭將軍)과 잡호장군(雜號將軍), 장사(長史)·사마(司馬)·문하교랑(門下校郞)·중병교랑(中兵校郞)·통사사인(通事舍人)·통사영사(通事令史)·자의(諮議)·

고창국과 남조계 국가는 5세기 중반 무렵 이 지역을 차지하였던 북량 출신의 저거씨 정권이 劉宋과 조공-책봉 관계를 맺었던 이후로 특별히 교섭한 흔적이 확인되지 않는다. 반면 『魏書』와 『周書』를 통해 5세기 말 이래 고창국은 북위와 조공-책봉 관계를 형성한 이래 북주 때까지 주로 북조계 국가와 밀접하게 교류하였음을 알 수 있다. 그런데 6세기 중반 이후 이 과정에서 두 번의 단절기가 확인된다. 첫 번째 단절기는 북위에서 발생한 羽林의 변 및 六鎭의 난에 기인한 것인데, 이로 인해 521년 이후 사신의 왕래가 단절되었다가 孝莊帝 建義 원년인 528년에 당시 고창국의 王世子인 光을 책봉하면서 교섭이 재개되었다. 다만 이전보다는 단속적인 교섭의 형태로 변화하였다. 두 번째 단절기는 孝武帝 永熙 2년인 533년 이후부터 서위 文帝 大統 14년인 548년 까지인데, 이는 북위가 동·서로 분열되면서 촉발된 혼란으로 인한 일이었다고 추측된다. 이러한 역사상 맥락을 고려해보면, 고창국의 입장에서는 대통과 대동 연간 모두 새로운 대중국 교섭 상대로서 오랫동안 교류가 단절되었던 남조에 사신을 파견함을 진지하게 고려해볼 만한 시기에 해당한다고 볼 수 있다. 다만 『梁書』 본기의 해당 연간 기사에 고창국의 조공 내용이 나오지 않는 관계로, 현재로서는 어느 쪽이 더 정확한 내용을 전하고 있는지에 대해 확언할 수 없다.

교위(校尉)·주부(主簿)가 있다. 나라 사람들의 언어는 중국과 대략 같다. 오경과 역대의 사서, 여러 자와 집이 있다. 얼굴의 생김새는 고려와 비슷하고, 머리를 땋아 등 뒤로 늘어뜨리고, 길이가 길고 소매가 좁은 두루마기와 민무늬의 잠방이를 입는다. 여자의 머리카락은 땋으나 늘어뜨리지 않고, 무늬를 수놓은 비단과 구슬로 꿴 목걸이, 팔찌를 착용한다. 혼인에는 여섯 가지 예가 있다. 그 [나라의] 땅은 높고 메말랐으며, 흙을 쌓아 성을 만들고, 나무를 엮어 집으로 삼는데, 흙으로 그 위를 덮는다. 춥고 더움은 익주와 서로 비슷하다. 아홉 가지 곡식의 종류를 갖추었고, 사람들은 보릿가루와 양고기와 소고기를 많이 먹는다. 좋은 말과 포도주, 돌소금이 난다. 풀과 나무가 많으며, 풀의 열매가 누에고치 같은데, 누에고치 [같은 열매] 안의 실이 가는 무명실 같아서 백첩자(白疊子)라고 하며, 나라 사람들이 많이 취하여 짜서 베를 만든다. 베는 매우 부드럽고 희며, 시장에서 [다른 물품과] 교환함에 쓰인다. 조오(朝烏)[라는 새]가 있어, 동틀 무렵에 왕의 궁전 앞에 모여 행렬을 짓는데, 사람을 두려워하지 않으며, 해가 뜬 후에는 흩어져 가버린다. 대동 연간(535~545)에 [국]자견이 사신을 보내어 명염침·포도·좋은 말·구유 등의 물품을 바쳤다.[184]

○『남사』 권79 고창국

고창국은 처음에 감씨가 주인이었는데, 그 후에 하서왕 저거무건의 동생 [저거]무휘가 습격하여 격파되었다. 그 왕 감상은 연연(蠕蠕)으로 달아났다. [저거]무휘가 [고창국에] 웅거하여 왕을 칭하였으나, 일대(一世)만에 위나라에 [의해] 멸망하였다. 국인들이 다시 국씨를 받들어 왕으로 삼았는데, 이름은 가였으며, 위나라에서 거기장군(車騎將軍)·사공공(司空公)·도

---

184) "高昌國, 闞氏爲主, 其後爲河西王沮渠茂虔弟無諱襲破之, 其王闞爽奔於芮芮. 無諱據之稱王, 一世而滅. 國人又立麴氏爲王, 名嘉, 元魏授車騎將軍·司空公·都督秦州諸軍事·秦州刺史·金城郡開國公. 在位二十四年卒, 諡曰昭武王. 子子堅, 使持節, 驃騎大將軍, 散騎常侍, 都督瓜州諸軍事, 瓜州刺史, 河西郡開國公, 儀同三司, 高昌王嗣位. 其國蓋車師之故地也. 南接河南, 東連燉煌, 西次龜茲, 北鄰敕勒. 置四十六鎭, 交河, 田地, 高寧, 臨川, 橫截, 柳婆, 洿林, 新興, 由寧, 始昌, 篤進, 白力等, 皆其鎭名. 官有四鎭將軍及雜號將軍, 長史, 司馬, 門下校郞, 中兵校郞, 通事舍人, 通事令史, 諮議·校尉, 主簿. 國人言語與中國略同. 有五經, 歷代史, 諸子集. 面貌類高驪, 辮髮垂之於背, 著長身小袖袍·縵襠袴. 女子頭髮辮而不垂, 著錦纈纓珞環釧. 姻有六禮. 其地高燥, 築土爲城, 架木爲屋, 土覆其上. 寒暑與益州相似. 備植九穀, 人多噉 麨及羊牛肉. 出良馬, 蒲陶酒, 石鹽. 多草木, 草實如繭, 繭中絲如細纑, 名爲白疊子, 國人多取織以爲布. 布甚軟白, 交市用焉. 有朝烏者, 旦旦集王殿前, 爲行列, 不畏人, 日出然後散去. 大同中, 子堅遣使獻鳴鹽枕, 蒲陶, 良馬, 氍毹等物."

독진주제군사(都督秦州諸軍事)·진주자사(秦州刺史)·금성군공(金城郡公)에 제수하였다. 재위한 지 24년에 죽었으며 나라에서 시호를 소무왕이라 하였다. 아들[로] [국]자견[이 있었는데], [국]자견이 [왕]위를 이었으며, 위나라에서 사지절(使持節)·표기대장군(驃騎大將軍)·산기상시(散騎常侍)·도독과주자사(都督瓜州刺史)·서평군공(西平郡公)·개부의동삼사(開府儀同三司)·고창왕(高昌王)에 제수하였다.

그 나라는 대체로 거사의 옛 땅인데, 남쪽으로는 하남에 접해있고, 동쪽으로는 돈황과 가까우며, 서쪽으로는 구자의 옆이고, 북쪽으로는 칙륵과 이웃한다. 46[개의] 진(鎭)을 두었는데, 교하(交河)·전지(田地)·고녕(高寧)·임천(臨川)·횡절(橫截)·유파(柳婆)·오림(洿林)·신흥(新興)·유녕(由寧)·시창(始昌)·독진(篤進)·백력(白力) 등의 진이다. 관[직]으로는 사진장군(四鎭將軍) 및 잡호장군(雜號將軍)·장사·사마·문하교랑(門下校郞)·중병교랑(中兵校郞)·통사사인(通事舍人)·통사영사(通事令史)·자의(諮議)·간의(諫議)·교위·주부를 설치하였다. 나라 사람들의 언어는 중화와 대략 같다. 오경과 역대의 사서, 여러 자와 집이 있다. 얼굴의 생김새는 고려와 비슷하고, 머리를 땋아 등 뒤로 늘어뜨렸다. 길이가 길고 소매가 좁은 두루마기와 민무늬의 잠방이를 입는다. 여자의 머리카락은 땋으나 늘어뜨리지 않고, 무늬를 수놓은 비단과 구슬로 꿴 목걸이, 팔찌를 착용한다. 혼인에는 여섯 가지 예가 있다. 그 [나라의] 땅은 높고 메말랐으며, 흙을 쌓아 성을 만들고, 나무를 얽어 집으로 삼는데, 흙으로 그 위를 덮는다. 춥고 더움은 익주와 서로 비슷한데, 아홉 가지 곡식의 종류를 갖추었고, 사람들은 밀가루와 양과 소의 고기를 많이 먹는다. 좋은 말과 포도주, 돌소금이 난다. 풀과 나무가 많으며, 풀의 열매는 누에고치 같은데, 누에고치 [같은 열매] 안의 실이 가는 무명실 같아서 백첩자라고 하며, 나라 사람들이 많이 취하여 짜서 베를 만든다. 베는 매우 부드럽고 희며, 시장에서 [다른 물품과] 교환함에 쓰인다. 조오(朝烏)[라는 새]가 있어, 동틀 무렵에 왕의 궁전 앞에 모여 행렬을 짓는데, 사람을 두려워하지 않으며, 해가 뜬 후에는 흩어져 가버린다. 대동 연간에 [국]자견이 사신을 보내어 명염침·포도·좋은 말·구수(氍毹) 등의 물품을 바쳤다.[185]

[나용재]

---

185) "高昌國, 初闞氏爲主, 其後爲河西王沮渠茂虔弟無諱襲破之. 其王闞爽奔于蠕蠕. 無諱據之稱王, 一世而滅於魏. 其國人又推麴氏爲王, 名嘉, 魏授爲車騎將軍, 司空公, 都督秦州諸軍事, 秦州刺史, 金城郡公. 在位二十四年卒, 國謚曰昭武王. 子子堅, 子堅嗣位, 魏授使持節, 驃騎大將軍, 散騎常侍, 都督瓜州刺史, 西平郡公, 開府儀同三司, 高昌王. 其國蓋車師之故地, 南接河南, 東近敦煌, 西次龜茲, 北鄰敕勒. 置四十六鎭, 交河, 田地, 高寧, 臨川, 橫截, 柳婆, 洿林, 新興, 由寧, 始昌, 篤進, 白力等鎭. 官有四鎭將軍, 及置雜號將軍, 長史, 司馬, 門下校郎, 中兵校郎, 通事舍人, 通事令史, 諮議, 諫議, 校尉, 主簿. 國人言語與華略同. 有五經, 歷代史, 諸子集. 面貌類高麗, 辮髮垂之於背. 著長身小袖袍, 縵襠袴. 女子頭髮, 辮而不垂, 著錦纈纓絡環釧. 昏姻有六禮. 其地高燥, 築土爲城, 架木爲屋, 土覆其上. 寒暑與益州相似, 備植九穀, 人多噉麵及牛羊肉. 出良馬, 蒲桃酒, 石鹽. 多草木, 有草實如繭, 繭中絲如細纑, 名曰白疊子, 國人取織以爲布. 布甚軟白, 交市用焉. 有朝烏者, 旦旦集王殿前, 爲行列, 不畏人, 日出然後散去. 梁大同中, 子堅遣使獻鳴鹽枕, 蒲桃, 良馬, 氍毹等物."

천문만(天門蠻)

개요

천문만(天門蠻)은 고덕겸모본에 그 사신이 묘사되어 있으며, 제기는 장경모본에 전한다. 묘사된 사신의 복장은 단출한데, 소박한 상·하의에 머리에는 두건을 쓰고 있으며, 신발은 신고 있지 않다. 한편, 같은 고덕겸모본에 보이는 결명(缺名)의 사신이 입은 복장이나 모습이 천문만 사신과 유사하다는 점을 근거로 이 사신도 또한 천문만과 같은 만(蠻)의 일종으로 보는 견해가 있다(中村和樹, 2014, p.120).

「양직공도」 모본별 천문만 사신 관련 정보

사신도			제기	
고덕겸모본	북송모본	염립본모본	북송모본	장경모본
○	없음	없음	없음	○

천문만은 그 명칭으로 보아 천문군(天門郡) 부근에 산거하였던 만(蠻)으로 보인다. 천문군은 손오(孫吳) 영안(永安) 6년(263)에 설치되었으며, 형주(荊州) 소속이었다. 그 위치는 현재 중국 후난성(湖南省) 창더시(常德市) 스먼현(石門縣) 및 그 서쪽의 후난성 장자제시(張家界市) 츠리현(慈利縣) 일대에 해당한다. 천문군의 연원과 명칭 유래에 대해서는 아래의 『송서』 기록이 참고가 된다.

천문태수(天門太守). 오(吳)의 손휴(孫休)가 영안(永安) 6년에 무릉(武陵)[의 땅]을 나누어 세웠다. 충현(充縣)에 송량산(松梁山)이 있어, [그] 산에는 돌이 있었는데, 돌이 [갈라져] 열린 땅이 수십 장이고, 그 [땅의] 높이는 쇠뇌를 올려다보며 쏴도 닿을 수 없었으니, 그 이름을 천문(天門)이라 [황제에게] 올려, 이로 인하여 군(郡)을 이름하였다.186)

한편, 천문만의 동향과 관련하여 동진(東晉) 효무제(孝武帝) 시기에 "[영강(寧康) 2년(374)] 겨울 11월 기유(己酉)에 천문단(天門蜑)이 군(郡)을 도둑질하고 공격하여, 태수(太守) 왕비(王匪)가 죽임을 당하니 정서장군(征西將軍) 환활(桓豁)이 병사를 보내 이를 토벌하여 평정하였다"187)라는 기록이 확인된다. 고덕겸모본의 '건평만(建平蠻)'이 염립본모본에서는 '건평단(建平蜑)'으로 표기하였던 사례에서도 알 수 있듯이 여기에 보이는 '천문단'도 '천문만'을 말하는 것이다. 이를 통해서도 '단(蜑)'과 '만(蠻)'이 실은 동류임을 추측할 수 있다.

천문만을 비롯한 형주만의 동향에 대해서는 아래의 『남사』 기록이 참고가 된다.

"형·옹주만(荊·雍州蠻)은 반호(盤瓠)의 후예이다. [그] 종족 부락이 여러 군현에 분포해 있다. 송(宋) 때 진(晉)[의 관례]에 따라 형주에 남만(南蠻)[교위(校尉)]를, 옹주에 영만교위(寧蠻校尉)를 설치하여 다스렸다. [송] 효무(孝武)[제] 초기 남만[교위]를 파하고 대부(大府)에 병합하였으나, 영만[교위]는 예전과 같이 하였다. 만 중에 귀부(順附)한 자는 1호당 몇 곡(斛)의 곡식을 조세로 납부하였고, 그밖에 잡조(雜調)는 없었다. 그런데 송인(宋人)의 부역은 혹독(嚴苦)하여 가난한 자는 명을 감당할 수 없었기에 많은 이들이 도망쳐 만으로 들어갔다. 만은 역(役)이 없었고 [세력이] 강성한 자들은 또한 관에 세금을 바치지 않았다. [이들은] 무리를 모

---

186) 『宋書』 卷37 州郡志, "天門太守. 吳孫休永安六年, 分武陵立. 充縣有松梁山, 山有石, 石開處數十丈, 其高以弩仰射不至, 其上名天門, 因此名郡."
187) 『晉書』 卷9 孝武帝紀 寧康 2年(374), "冬十一月己酉, 天門蜑賊攻郡, 太守王匪死之, 征西將軍桓豁遣師討平之."

으고 군(郡)과 연계하여 수백 수천 인을 움직였지만, 주군(州郡)은 힘이 약하여 곧 [백성이] 일어나 도적이 되고 종류(種類)가 점점 많아지니 [그] 호구[가 얼마인지]를 알 수 없었다. [그들은] 대부분 깊고 험준한 곳에 있었다. 무릉(武陵)[군]에 거주하는 [만]것들은 웅계(雄溪)·만계(樠溪)·진계(辰溪)·유계(酉溪)·무계(武溪)가 있는데, 이것을 일러 오계만(五溪蠻)이라 한다. 그리고 의도(宜都)·천문(天門)·파동(巴東)·건평(建平)·강북(江北) 제군(諸郡)의 만이 거주하는 곳은 모두 깊은 산 험준하여 인적이 드물다. 이전 시대부터 이래로 자주 사람들의 걱정거리가 되었다. …(중략) 무[제] 대명 연간(457~464)에 건평만 향광후(向光侯)가 협천(峽川)을 노략질하며 해치니, 파동태수(巴東太守) 왕제(王濟)와 형주자사 주수지(朱脩之)가 군대를 보내 이를 토벌하였다. [향]광후는 청강(淸江)으로 달아났는데, 청강은 파동에서 천 여리 떨어져 있다. 이때 파동·건평·의도·천문 4군의 만들이 도적이 되니, 여러 군의 인호(人戶)가 떠돌며 흩어져서 백에 하나도 남지 않았다. 명제(明帝)·순제(順帝) 시절 더욱 심하여 형주가 텅 비고 피폐해졌다고 한다."[188]

위의 기록을 보면, 천문만은 직공도에 사신도가 함께 전하는 의도만(宜都蠻)·건평만(建平蠻)과 함께 형주만으로 분류되어 그 동향도 함께 포착되고 있다. 다만 만 혹은 남만에 대해 별전을 수록하지 않은 『양서』 제이전에서 천문만에 대한 기록은 확인할 수 없는데, 장경모본의 제기에서도 전하듯 양 건국 이래 천문만을 비롯한 여러 형주만이 양에 귀속되었기 때문으로 추측된다. 선행 연구에서는 이러한 천문만에 대해 건평만·임강만(臨江蠻) 등과 함께 형주만(荊州蠻)에 포함되어 제(齊)·양 시대에 차례로 귀속한 세력으로 파악한다. 그리고 이들이 「양직공도」에 수록된 것은 「양직공도」를 그린 양 무제(武帝)의 아들 상동왕(湘東王) 소역

---

[188] 『南史』 권79, 荊·雍州蠻 條, "荊·雍州蠻, 盤瓠之後也. 種落布在諸郡縣. 宋時因晉於荊州置南蠻·雍州置寧蠻校尉以領之. 孝武初, 罷南蠻倂大府, 而寧蠻如故. 蠻之順附者, 一戶輸穀數斛, 其餘無雜調. 而宋人賦役嚴苦, 貧者不復堪命, 多逃亡入蠻. 蠻無役, 强者又不供官稅. 結黨連郡, 動有數百千人, 州郡力弱, 則起爲盜賊, 種類稍多, 戶口不可知也. 所在多深險. 居武陵者有雄溪·樠溪·辰溪·酉溪·武溪, 謂之五溪蠻. 而宜都·天門·巴東·建平·江北諸郡蠻所居皆深山重阻, 人跡罕至焉. 前世以來, 屢爲人患. …(중략) 孝武大明中, 建平蠻向光侯寇暴峽川, 巴東太守王濟·荊州刺史朱脩之遣軍討之. 光侯走淸江, 淸江去巴東千餘里. 時巴東·建平·宜都·天門四郡蠻爲寇, 諸郡人戶流散, 百不存一. 明帝·順帝世尤甚, 荊州爲之虛弊云."

(蕭繹, 훗날의 元帝)이 형주자사(荊州刺史) 취임 당시 이 세력들을 통제한 성과를 드러내어 보이기 위한 것이라는 의견이 있다(王素, 2014, p.58). 즉 소역은 526년부터 539년까지 형주자사에 재임한 바 있어 형주는 그의 본거지와 같았고, 따라서 그와 가까운 곳에 거주하였던 제족(諸族)을 직공도에 삽입한 것으로 보인다(中村和樹, 2014, p.120).

사신도

고덕겸모본 天門蠻	고덕겸모본 缺名	북송모본	염립본모본
		없음	없음

천문만(天門蠻)

제기

○ **북송모본**

없음

○ **장경모본**

1. 교감문

天門蠻者, 昔孫休分武陵天門郡, 時有怪石自開, 故以天門爲稱. 其種姓曰田, 曰覃. 主簿者最强盛, 金銀各數百石, 恃其富豪, 不肯賓興. 梁初以來, 方納質款, 輸租賦如平民, 遣子田慈入質.

2. 역주

천문만(天門蠻)은 옛 [손오(孫吳)의] 손휴(孫休)[189]가 무릉군(武陵郡)[190]과 천문군(天門郡)을 나누었는데, 이때 괴석(怪石)이 저절로 열려, 이러한 연유로 천문(天門)을 [군의] 명칭으로 삼았다. 그 종성(種姓)은 전(田)이라고도 하고 담(覃)이라고도 한다. 주부(主簿)가 가장 강성한데, 금은(金銀)이 각기 수백 석으로 그 재물과 세력을 믿고 빈흥(賓興)을 기꺼워하지 않았다. 양초(梁初) 이래로 바야흐로 질자(質子)와 재물을 바쳤고, 조부(租賦)를 보내는 것이 평민과 같았으며, 아들 전자(田慈)를 보내 질자로 들였다.

[이승호]

---

189) 손휴(孫休): 손권의 여섯째 아들로 孫吳의 3대 황제이다. 재위 기간 내내 영안(永安, 258~264)이라는 연호를 사용하였다.

190) 무릉군(武陵郡): 漢代에 설치되었으며, 오늘날의 중국 후난성(湖南省) 창더시(常德市) 일대이다.

건평만(建平蠻)

개요

건평만(建平蠻)은 고덕겸모본과 염립본모본에 그 사신이 묘사되어 있으나, 제기는 전하지 않는다. 고덕겸모본에서는 '건평만(建平蠻)'으로 염립본모본에서는 '건평단(建平蜑)'으로 표기하였다. 두 사신도를 비교하여 보면 신발을 신고 있지 않은 맨발에 입고 있는 옷의 형태도 유사하다. 그러나 고덕겸모본과 달리 염립본모본의 사신도는 채색이 되어 있으며, 또 고덕겸모본에서는 사신의 오른손에 나무로 된 지팡이가 쥐어져 있으나 염립본모본의 사신도에는 묘사되어 있지 않다는 차이점이 확인된다. 즉 '건평만', '건평단'의 표기 차이뿐만 아니라 두 사신도의 묘사 방식에도 약간의 차이가 있다고 볼 수 있다.

「양직공도」 모본별 건평만 사신 관련 정보

사신도			제기	
고덕겸모본	북송모본	염립본모본	북송모본	장경모본
○	없음	○	없음	없음

'단(蜑)'은 '만(蠻)'과 함께 남방의 이민족을 지칭하는 용어로서,[191] 당시에는 중국 푸젠성(福建省)과 광둥성(廣東省) 및 후베이성(湖北省) 일대에 산거하였던 만족(蠻族)[남만(南蠻)]을 주로 지칭하였다(中村和樹, 2014, p.119).『남제서』권15 지7 주군하에는 "桓溫平蜀, 治江陵. 以臨沮西界, 水陸紆險, 行逕裁通, 南通巴·巫, 東南出州治, 道帶蠻·蜑, 田土肥美, 立爲汶陽郡, 以

---

[191] 『說文解字』권14 虫部, "蜑南方夷也."

處流民"이라 하여 '단'이 '만'과 함께 파촉(巴蜀) 동부와 형주(荊州) 일대에 걸쳐 산거하였음을 추측케 한다. 여기서 건평만은 그 이름으로 보아 건평군(建平郡, 지금의 후베이성 우산(巫山) 일대)[192] 인근에 거주하던 만(蠻)[단(蜑)]이었던 것으로 보인다. 그런데 『진서』 권9 효무제기 영강(寧康) 2년(374) 11월 기유조에서는 "天門蜑賊攻郡, 太守王匪死之, 征西將軍桓豁遣師討平之"라고 하여 뒤에서 살펴볼 천문만(天門蠻)과 연결 지어 볼만한 천문단(天門蜑)이 보인다. 이로 보아 당시 형주 일대의 '만'과 '단'은 거의 동류로 볼 여지도 있다.

한편, 『남제서』 만·동남이전에는 "진(晉) 태흥(太興) 3년(320)에 건평이왕(建平夷王) 향홍(向弘)과 향개(向瑹) 등이 조정에 가서 관작을 요청하였다. 상서랑 장량(張亮)이 '오랑캐에게는 군호(軍號)를 줄 여유가 없다'라고 주장하였지만, 원제(元帝)는 조를 내려 특별히 향홍을 절충장군(折衝將軍)으로 임명하고 당평향후(當平鄉侯) 친진왕(親晉王)에 봉하고 조복을 사여하였다"라는 기록이 전한다.

또 『송서』 권97 열전57 이만전 만(蠻)에서는 "소제 경평(景平) 2년(424)에 의도만(宜都蠻)의 수령 석녕(石寧) 등 123인이 조정에 와서 공물을 헌납했다. 태조(太祖) 원가(元嘉) 6년(429)에 건평만 장옹지(張雍之) 등 50인이, 7년(430)에는 의도만 전생(田生) 등 113인이 함께 조정에 와서 공물을 헌납하고 알현했다. 그 후 면중만(沔中蠻)이 크게 소란을 일으켜 상인과 여행객의 왕래가 거의 끊어졌다"라는 기록이 전한다. 또 같은 책에서 "효무[제] 대명(大明) 연간(457~464)에도 건평만의 동향이 보인다. 다만 만 혹은 남만에 대해 별전을 수록하지 않은 『양서』 제이전에서는 건평만이나 건평단에 대한 기록이 보이지 않는다.

---

192) 건평군(建平郡): 건평군은 손오(孫吳)의 손휴(孫休, 손오 景帝. 재위: 258~264)가 영안(永安) 3년(263)에 의도군(宜都郡)에서 건평군을 떼어내 새로 설치하였다. 형주(荊州) 소속으로 치소는 신릉현(信陵縣, 현재 湖北省 歸縣 남쪽)이다. 한편, 위(魏)가 촉(蜀)을 멸한 뒤 건평군도위(建平郡都尉)를 무현(巫縣, 현재 四川省 重慶市 巫山縣)에 설치하였는데, 서진(西晉) 함령(咸寧) 원년(275)에 건평군으로 개칭하였다. 이후 태강(太康) 원년(280)에 손오가 망한 뒤 손오의 건평군과 통합하였다. 관할 영역은 현재 쓰촨성(四川省) 우산현(巫山縣)·우시현(巫溪縣) 및 후베이성(湖北省) 싱산현(興山縣)과 쯔구이현(秭歸縣) 그리고 칭장(淸江) 중류 지역을 포함한다. 남제(南齊) 때에는 파주(巴州) 소속이었고 양대(梁代)에는 신주(信州) 소속이었다. 수(隋) 개황(開皇) 연간에 폐지되었다(동북아역사재단 편, 2010, 『宋書 外國傳 譯註』, 동북아역사재단, p.125 각주 208번; 동북아역사재단 편, 2010, 『南齊書·梁書·南史 外國傳 譯註』, 동북아역사재단, p.318 각주 149 참조).

사신도

고덕겸모본	북송모본	염립본모본
建平蠻		建平蠻

	없음	

건평만(建平蠻)

제기

○ **북송모본**

없음

○ **장경모본**

없음

참고자료

○ **『남사』권79 형·옹주만**

형·옹주만(荊·雍州蠻)은 반호(盤瓠)의 후예이다. [그] 종족 부락이 여러 군현에 분포해 있다. 송(宋) 때 진(晉)[의 관례]에 따라 형주에 남만(南蠻)[교위(校尉)]를, 옹주에 영만교위(寧蠻校尉)를 설치하여 다스렸다. [송] 효무(孝武)[제] 초기 남만[교위]를 피하고 대부(大府)에 병합하였으나, 영만[교위]는 예전과 같이 하였다. 만 중에 귀부[順附]한 자는 1호당 몇 곡(斛)의 곡식을 조세로 납부하였고, 그밖에 잡조(雜調)는 없었다. 그런데 송인(宋人)의 부역은 혹독[嚴苦]하여 가난한 자는 명을 감당할 수 없었기에 많은 이들이 도망쳐 만으로 들어갔다. 만은 역(役)이 없었고 [세력이] 강성한 자들은 또한 관에 세금을 바치지 않았다. [이들은] 무리를 모으고 군(郡)과 연계하여 수백 수천인을 움직였지만, 주군(州郡)은 힘이 약하여 곧 [백성이] 일어나 도적이 되고 종류(種類)가 점점 많아지니 [그] 호구[가 얼마인지]를 알 수 없었다. [그들]은 대부분 깊고 험준한 곳에 있었다. 무릉(武陵)[군]에 거주하는 [만]것들은 웅계(雄溪)·만계(樠溪)·진계(辰溪)·유계(酉溪)·무계(武溪)가 있는데, 이것을 일러 오계만(五溪蠻)이라 한다. 그리고 의도(宜都)·천문(天門)·파동(巴東)·건평(建平)·강북(江北) 제군(諸郡)의 만이 거주하는 곳은 모두 깊은 산 험준하여 인적이 드물다. 이전 시대부터 이래로 자주 사람들의 걱정거리가 되었다. …(중략) 효무[제] 대명 연간(457~464)에 건평만 향광후(向光侯)가 협천(峽川)을 노략질하며 해치니, 파동태수(巴東太守) 왕제(王濟)와 형주자사 주수지(朱脩之)가 군대를 보내 이를 토벌하였다. [향]광후는 청강(淸江)으로 달아났는데, 청강은 파동에서 천 여리 떨어져 있다. 이때 파동·건평·의도·천문 4군의 만들이 도적이 되니, 여러 군의 인호(人戶)가 떠돌며 흩어져서 백에 하나도 남지 않았다. 명제(明帝)·순제(順帝) 시절 더욱 심하여 형주가 텅 비고 피폐해졌다고 한다.[193]

[이승호]

---

193) "荊·雍州蠻, 盤瓠之後也, 種落布在諸郡縣. 宋時因晉於荊州置南蠻·雍州置寧蠻校尉以領之. 孝武初, 罷南蠻倂大府, 而寧蠻如故. 蠻之順附者, 一戶輸穀數斛, 其餘無雜調. 而宋人賦役嚴苦, 貧者不復堪命, 多逃亡入蠻. 蠻無徭役, 强者又不供官稅. 結黨連郡, 動有數百千人, 州郡力弱, 則起爲盜賊, 種類稍多, 戶口不可知也. 所在多深險. 居武陵者有雄溪·樠溪·辰溪·酉溪·武溪, 謂之五溪蠻. 而宜都·天門·巴東·建平·江北諸郡蠻所居皆深山重阻, 人跡罕至焉. 前世以來, 屢爲人患. …(중략) 孝武大明中, 建平蠻向光侯寇暴峽川, 巴東太守王濟·荊州刺史朱脩之遣軍討之. 光侯走淸江, 淸江去巴東千餘里. 時巴東·建平·宜都·天門四郡蠻爲寇, 諸郡人戶流散, 百不存一. 明帝·順帝世尤甚, 荊州爲之虛弊云."

건평만(建平蠻)

임강만(臨江蠻)

개요

임강만(臨江蠻)은 고덕겸모본에 그 사신이 묘사되어 있으나, 제기는 전하지 않는다. "임강만"은 그 명칭으로 보아 임강군(臨江郡), 즉 의도군(宜都郡) 부근에 산거한 만(蠻)이었던 것으로 추정된다. 이 지역은 진(秦)에 의해 남군(南郡)이 설치되었던 곳으로 이후 후한(後漢) 대에 임강군이 설치되었고 유비(劉備) 세력이 점유할 당시 의도군으로 개편되었는데, 그 위치는 지금의 중국 후베이성(湖北省) 이창시(宜昌市) 일대다. 『송서』 권37, 형주(荊州) 조를 보면 "남군태수(南郡太守)는 진이 세웠다. 한(漢) 고제(高帝) 원년에 임강국(臨江國)으로 삼았는데, 경제(景帝) 중2년(中二年)에 다시 예전으로 되돌렸다."라고 전하는데,[194] 이를 통해 본래 이곳이 임강국의 땅이었음을 알 수 있다.

「양직공도」 모본별 임강만 사신 관련 정보

사신도			제기	
고덕겸모본	북송모본	염립본모본	북송모본	장경모본
○	없음	없음	없음	없음

한편, 의도군과 별개로 『남제서』 권14, 남예주(南豫州) 조에 임강군이 확인되는데, 직공도의 임강만은 이곳에 산거한 세력일 수 있다. 이와 관련하여 『남사』 이맥전(夷貊傳)에는 예주

---

194) 『宋書』 卷37, 州郡志, "南郡太守秦立. 漢高帝元年, 爲臨江國, 景帝中二年復故."

만(豫州蠻)에 대한 기록이 전한다.

> 예주만(豫州蠻)은 품군(稟君)의 후예이다. 반호(盤瓠)·품군의 일은 모두 전사(前史)에 갖추어져 있다. 서양군(西陽郡)에 파수(巴水)·기수(蘄水)·희수(希水)·적정수(赤亭水)·서귀수(西歸水)가 있는데, 이[곳에 사는 蠻]를 일러 오수만(五水蠻)이라 한다. 소재지는 모두 깊고 험준한 곳으로 종족과 부락[種落]이 번성[熾盛]하여 대대로 도적이 되었다. 북으로는 회수(淮水)·여수(汝水)에 접하고, 남으로는 장강(長江)·한수(漢水)에 달하니 [그] 땅은 사방 수 천리였다.195)

이로 보아 앞서 거론한 의도군 일대와 함께 남예주, 즉 장강 중류 북안 일대도 임강만의 거주지로 주목해볼 수 있다. 특히 예주만의 산거지가 북쪽으로 여수(汝水)에 접한다고 하는데, 이는 같은 직공도의 여단국(女蜑國)과의 관련을 상정케 한다. 사신도를 보면 임강만의 모자나 복장의 형태가 염립본모본에 묘사된 여단국 사신과 매우 유사하다. 이런 점에 주목하여 양자를 같은 사신으로 보는 견해도 있다(米婷婷, 2020, p.57).

선행 연구에서는 이러한 임강만에 대해 건평만(建平蠻)·천문만(天門蠻)과 함께 형주만(荊州蠻)에 포함되어 제(齊)·양(梁) 시대에 차례로 귀속한 세력으로 파악한다. 그리고 이들이 직공도에 수록된 것은 직공도를 그린 양 무제(武帝)의 아들 상동왕(湘東王) 소역(蕭繹, 훗날의 元帝)이 형주자사(荊州刺史) 취임 당시 이 세력들을 통제한 성과를 드러내어 보이기 위한 것이라는 의견이 있다(王素, 2014, p.58). 즉 소역은 526년부터 539년까지 형주자사에 재임한 바 있어 형주는 그의 본거지와 같았고, 따라서 그와 가까운 곳에 거주하였던 제족(諸族)을 직공도에 삽입한 것으로 보인다(中村和樹, 2014, p.120).

문헌상에 임강만은 보이지 않으나 이와 동류로 볼 수 있는 의도만(宜都蠻)은 『송서』에 그 동향이 확인되는데, "소제(少帝) 경평(景平) 2년(424), 의도만(宜都蠻)의 수령 석녕(石寧) 등 123인이 조정에 와서 공물을 헌납했다. 태조(太祖) 원가(元嘉) 6년(429), 건평만 장옹지(張雍之) 등

---

195) 『南史』卷79, 豫州蠻, "豫州蠻, 稟君後也. 盤瓠·稟君事, 並具前史. 西陽有巴水·蘄水·希水·赤亭水·西歸水, 謂之五水蠻. 所在並深岨, 種落熾盛, 歷世爲盜賊. 北接淮·汝, 南極江·漢, 地方數千里."

50인이, 7년(430)에는 의도만(宜都蠻) 전생(田生) 등 113인이 함께 조정에 와서 공물을 헌납하고 알현했다. 그 후 면중만(沔中蠻)이 크게 소란을 일으켜 상인과 여행객의 왕래가 거의 끊어졌다."라고 전한다.196) 양대(梁代)에는 동향이 잘 나타나지 않는다.

---

196) 『宋書』卷97, 蠻, "少帝景平二年, 宜都蠻帥石寧等一百二十三人詣闕上獻. 太祖元嘉六年, 建平蠻張雍之等五十人, 七年, 宜都蠻田生等一百一十三人, 詣闕獻見. 其後沔中蠻大動, 行旅殆絕".

사신도

고덕겸모본 高昌國	북송모본	염립본모본
	없음	없음

임강만(臨江蠻)

제기

○북송모본

없음

○장경모본

없음

[이승호]

활국(滑國)

개요

활국(滑國)은 백훈이라고도 불리는 에프탈(嚈噠, Ephtal)의 다른 이름으로 현재의 중앙아시아와 아프가니스탄 일대에 위치하였던 국가이다. 이들은 인도유럽 계통의 유목민으로서 서쪽으로 파사(波斯, 사산조 페르시아), 동쪽으로 구자(龜玆)·소륵(疎勒)·우전(于闐) 등의 타클라마칸 사막 오아시스 국가와 접하고 있었다. 중국 정사에서는 『양서』를 시작으로 『수서』에 이르기까지 이들의 열전이 실려 있는데, 에프탈이 6세기 중엽 돌궐과 사산조 페르시아의 공격을 받아 멸망한 사실을 반영하는 것이다.

「양직공도」의 모본 가운데 활국의 사신도는 고덕겸모본과 북송모본에 남아 있고, 제기는 북송모본과 장경모본에 남아 있다.

「양직공도」 모본별 활국 사신 관련 정보

사신도			제기	
고덕겸모본	북송모본	염립본모본	북송모본	장경모본
○	○	없음	○	○

이 가운데 사신도와 제기가 모두 남아 있는 북송모본은 활국 제기 서두 부분의 글씨가 지워진 상태이다. 이 부분에는 직공도의 내용을 토대로 편찬된 『양서』 활국전이나 이본(異本)인 장경모본의 내용을 참고하면 활국의 출자와 관련된 내용이 적혀 있었을 것으로 추정된다. 이에 따라 전반적인 제기의 구성은 활국의 기원과 변천, 습속, 양과의 외교관계 순으로 이루어졌음을 알 수 있다.

먼저 국명과 관련하여 『위서』는 에프탈을 음차하여 엽달(嚈噠)로 기록하고 있음에 반해, 『양서』를 비롯하여 그 원전이 된 「양직공도」 역시 에프탈과 전혀 다른 활국이라는 명칭으로 입전하였다. 이는 『양서』 찬자를 비롯한 당시 양나라 사람들의 인식이 반영된 것인데, 『양서』 활국전에서는 그 기원이 후한(後漢) 시대 서역 소국인 거사(車師)의 팔활(八滑)이라고 보기 때문이다. 그러나 현재까지 팔활과 에프탈의 관련성은 찾기 어려운데, 이러한 오류는 당시 양에서 활국에 대한 잘못된 정보가 유통되고 있었음에서 원인을 찾을 수 있다(榎一雄, 1964, pp.16~19).

한편 활국은 주변의 나라들을 깨뜨리고 땅을 1,000리 개척했다고 하여, 주변 지역을 아우르는 강국이었던 것으로 묘사되고 있다. 『위서』에서도 주변국들이 엽달을 대국이라 불렀다는 기록이 있으므로,[197] 「양직공도」의 서술에 신빙성을 더한다. 이를 통해 6세기 초반 당시 서역의 여러 나라 가운데 활국이 지녔던 위상이나 국력을 가늠할 수 있게 해준다.

사신의 모습과 관련하여 아래에 제시한 북송모본과 장경모본의 제기, 『양서』 활국전은 활국 사람들이 소매가 좁고 길이가 긴 겉옷을 입고 금과 옥으로 만든 허리띠를 두른다고 하였다. 두 사신도의 인물상은 이러한 서술에 따라 소매의 폭과 길이를 반영하여 그렸으나, 허리띠의 경우 금은이라는 재질까지 반영하였다고 보기는 어렵다. 또한 북송모본 제기에는 활국의 사신이 붉은 색의 긴 가죽부츠를 신었다고 되어 있는데, 채색 여부를 제외하면 형태상으로 두 종류의 사신도가 제기의 서술과 같다. 또한 활국 사신은 산발머리에 머리를 깎았다고 하였고, 별도의 관(冠)이나 모자에 관한 서술은 없다. 그에 따라 두 사신도의 인물은 모두 맨머리로 묘사되어 있는데, 고덕겸모본의 사신은 머리를 깎은 부분까지 반영하여 묘사하였다.

두 사신도의 인물상은 차이점도 있다. 북송모본은 긴 겉옷 안에 빨간색 상의를 입은 것으로 그렸으나, 고덕겸모본은 긴 겉옷을 입은 것만이 확인될 뿐 안에 옷을 입었는지 알기 어렵다. 또한 북송모본의 인물은 소매 안으로 두 손을 낮삽고 있는 깃으로 그려저 잇지만, 고덕겸모본의 사신은 잔과 잔대를 받쳐 들고 있는 것으로 묘사되어 있다. 이와 관련하여 현재 판독가능한 제기 마지막 부분의 힐배(纈杯)라는 문구에 주목하면, 사신이 내조할 때 갖고 온 물품 가운데 잔이 있었던 것으로 추정되며, 그것이 그림에 반영된 것일 수도 있다.

---

197) 『위서』 권102, 嚈噠, "西域 康居·于闐·沙勒·安息及諸小國三十許, 皆役屬之, 號爲大國."

사신도

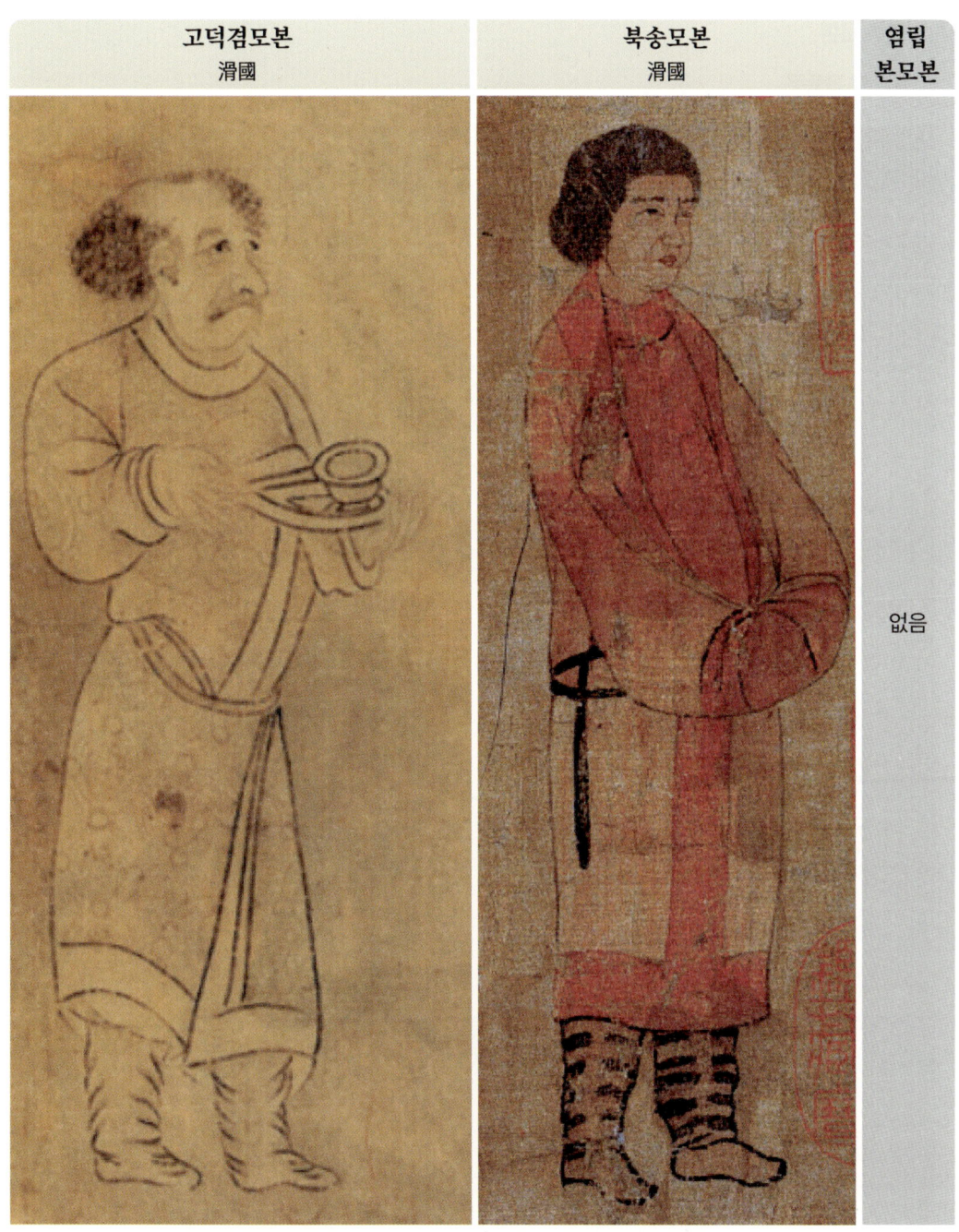

고덕겸모본 滑國	북송모본 滑國	염립본모본
		없음

활국(滑國)

제기

○ 북송모본

1. 원문 및 판독문

[上缺]有功勇與▩198)▩199)▩」部索虜入居桑乾滑爲小國屬芮芮齊時始走莫獻200)而居後強大」征其旁國破波斯槃槃罽賓201)烏纏202)龜玆踈勒于闐勾[舟+?]203)等國開地」千里其土温暖多山川少林木有五穀國人以麪204)及羊肉爲粮205)獸有師子兩」脚駱駞野驢有角人善騎射着小袖長身袍金玉爲絡206)帶如人被裘頭上」刻木爲角長六尺金銀飾之少女子兄弟共妻無城郭氈207)屋爲居東向」開戶其王坐208)金床隨太歲轉與妻並坐接實客無文字以木爲契刻之」約物數與旁國通則使旁國胡爲[?+月]209)書羊皮爲紙無職210)官所降小國使」其王爲▩211)隸事▩212)神每日則出戶祀神而後食其跪一拜而止止即鳴其」王手▩213)賤者鳴王▩214)▩215)以木爲槨父母死子截一耳堼216)已即去魏晉以」來不▩217)▩218)▩219)▩220)監十▩221)年國王姓厭

---

198) 余太山, 윤용구, 澤本·植田, 趙燦鵬「八」
199) 余太山, 윤용구, 澤本·植田, 趙燦鵬「滑」
200) 윤용구「▩」
201) 余太山, 윤용구, 澤本·植田, 趙燦鵬「賓」
202) 余太山, 澤本·植田, 趙燦鵬「纏」
203) 余太山, 윤용구, 澤本·植田, 趙燦鵬「般」
204) 윤용구「麪」
205) 余太山, 澤本·植田「糧」
206) 윤용구「▩」
207) 윤용구「氈」
208) 윤용구「座」
209) 余太山, 윤용구, 澤本·植田, 趙燦鵬「胡」
210) 余太山, 윤용구, 澤本·植田, 趙燦鵬「職」
211) 余太山, 윤용구, 澤本·植田, 趙燦鵬「奴」
212) 余太山, 윤용구, 澤本·植田, 趙燦鵬「天」
213) 余太山, 윤용구, 澤本·植田, 趙燦鵬「足」
214) 余太山, 윤용구, 澤本·植田, 趙燦鵬「衣」
215) 余太山「堼」/ 윤용구, 澤本·植田, 趙燦鵬「葬」
216) 윤용구, 澤本·植田, 趙燦鵬「葬」
217) 余太山, 윤용구, 趙燦鵬「通」
218) 余太山, 윤용구, 澤本·植田, 趙燦鵬「中」
219) 余太山, 윤용구, 澤本·植田, 趙燦鵬「國」
220) 余太山, 윤용구, 澤本·植田, 趙燦鵬「天」
221) 余太山, 윤용구, 澤本·植田, 趙燦鵬「五」

활국(滑國)

帶名夷栗陁始使蒲多達▨²²²⁾▨²²³⁾」遙²²⁴⁾寅²²⁵⁾▨²²⁶⁾名纈杯²²⁷⁾普通元年又遣富何了了獻黃師子白貂裘波斯▨²²⁸⁾子錦王▨²²⁹⁾▨²³⁰⁾▨²³¹⁾遣使康符真同貢物其使人奉頭剪髮」着波斯錦▨²³²⁾茵²³³⁾錦袴朱麇皮長鞾鞬其語言則河南人重譯而通焉」

2. 교감문

[上缺] 有功, 勇擧²³⁴⁾八²³⁵⁾滑²³⁶⁾爲²³⁷⁾後²³⁸⁾部. 索虜入居桑乾, 滑爲小國, 屬芮芮, 齊時, 始走莫獻而居. 後强大, 征其旁國, 破波斯·槃槃·罽賓·烏纏·龜玆·踈勒·于闐·句般²³⁹⁾等國, 開地千里. 其土溫暖, 多山川少林木, 有五穀. 國人以麵及羊肉爲粮. 獸有師子, 兩脚駱駞, 野驢有角. 人善騎射, 着小袖長身袍, 金玉爲絡帶. 女²⁴⁰⁾人被裘, 頭上刻木爲角, 長六尺, 金銀飾之. 少女

---

222) 趙燦鵬「來」
223) 余太山, 澤本·植田, 趙燦鵬「獻」
224) 余太山, 澤本·植田「延」/ 윤용구「▨」/ 趙燦鵬「筵」
225) 윤용구「▨」, 趙燦鵬「賓」
226) 윤용구「廷」
227) 趙燦鵬「▨」
228) 윤용구, 趙燦鵬「師」
229) 余太山, 윤용구, 澤本·植田, 趙燦鵬「妻」
230) 趙燦鵬「姓」
231) 余太山, 윤용구, 澤本·植田, 趙燦鵬「亦」
232) 余太山, 윤용구, 澤本·植田, 趙燦鵬「褶」
233) 余太山, 윤용구, 澤本·植田「▨」
234) 「擧」: 판독문「與」 앞서 '有功'이란 구절과 그 이어 기록된 (班)勇을 토대로, 이를 『양서』의 "有功 勇上八滑爲後部親漢侯"와 비교하여 볼 수 있다. 이때 원문「與」에 대응하는 『양서』의 글자는 '上'이며, 그 내용은 班勇이 八滑의 공로를 上書하여 後漢에서 八滑을 後部親漢侯로 삼았다는 것이다. 따라서 원문 八 뒤에 결락된 글자는 八滑을 後部親漢侯로 삼았다는 내용과 관련한 글자였을 것으로 추정되며, 이에 비추어 與는 '上'의 의미에 가까운 擧로 교감하였다. 與를 擧의 誤記로 본 견해는 趙燦鵬, 2014, 『梁書諸夷傳異文比勘』, 齊魯書社, p.137에서 세기된 바 있다.
235) 「八」: 판독문「▨」 『양서』에 의거하여 「八」로 교감
236) 「滑」: 판독문「▨」 『양서』에 의거하여 「滑」로 교감
237) 「爲」: 판독문「▨」 『양서』에 의거하여 「爲」로 교감
238) 「後」: 판독문「▨」 『양서』에 의거하여 「後」로 교감
239) 「般」: 판독문「舟+?」 『양서』에 의거하여 「般」으로 교감
240) 「女」: 판독문「如」 『양서』에 의거하여 「女」로 교감

子, 兄弟共妻. 無城郭, 氈屋爲居, 東向開戶. 其王坐金床, 隨太歲轉, 與妻並坐接賓客. 無文字, 以木爲契, 刻之約物數. 與旁國通, 則使旁國胡爲胡[241]書, 羊皮爲紙. 無職官, 所降小國使其王爲▨[242]隸. 事天[243]神, 每日則出戶祀神而後食. 其跪一拜而止, 止即鳴其王手▨[244]. 賤者鳴王▨[245]. 葬[246]以木爲槨. 父母死, 子截一耳, 葬已即去. 魏晉以來, 不通[247]中[248]國[249], 天[250]監十五[251]年, 國王姓厭帶名夷栗陁, 始使蒲多達▨[252]▨[253]遙賔▨[254]疲名繼杯. 普通元年, 又遣富何了了, 獻黃師子·白貂裘·波斯師[255]子錦, 王▨[256]▨[257]▨[258]▨[259]遣使康符眞同貢物. 其使人捲頭剪髪, 着波斯錦▨[260], 黃錦袴, 朱麕皮長壅韡. 其語言, 則河南人重譯而通焉.

3. 역주

---

241) 「胡」: 판독문 「?+月」. 『양서』에 의거하여 「胡」로 교감
242) 교감 보류
243) 「天」: 판독문 「▨」. 『양서』에 의거하여 「天」으로 교감
244) 교감 보류
245) 교감 보류
246) 「葬」: 판독문 「▨」. 『양서』에 의거하여 「葬」으로 교감
247) 「通」: 판독문 「▨」. 『양서』에 의거하여 「通」으로 교감
248) 「中」: 판독문 「▨」. 『양서』에 의거하여 「中」으로 교감
249) 「國」: 판독문 「▨」. 『양서』에 의거하여 「國」으로 교감
250) 「天」: 판독문 「▨」. 『양서』에 의거하여 「天」으로 교감
251) 「五」: 판독문 「▨」. 『양서』에 의거하여 「五」로 교감
252) 교감 보류
253) 교감 보류
254) 교감 보류
255) 「師」: 판독문 「▨」. 장경모본에 의거하여 「師」로 교감
256) 교감 보류
257) 교감 보류
258) 교감 보류
259) 교감 보류
260) 교감 보류

[上缺]²⁶¹⁾ 공을 세우니 [반(班)]용(勇)²⁶²⁾이 팔활(八滑)을 천거하므로 후부(後部)로 삼았다. 삭로(索虜)²⁶³⁾가 상건(桑乾)에 들어와 살았을 때,²⁶⁴⁾ 활(滑)은 작은 나라로 예예(芮芮: 유연[柔然])에 속하였는데, 남제(南齊) 때 비로소 막헌(莫獻)²⁶⁵⁾으로 달아나 살았다. 후에 강대해져 그 이웃 나라를 정벌하니 파사(波斯)²⁶⁶⁾·반반(槃槃)²⁶⁷⁾·계빈(罽賓)²⁶⁸⁾·오전(烏纏)²⁶⁹⁾·구자(龜玆)²⁷⁰⁾·소륵(疎勒)²⁷¹⁾·우전(于闐)·구반(句般)²⁷²⁾ 등의 나라를 깨뜨리고 땅을 1,000리 개척하였다. 그 토양은 온난하고, 산천이 많은데 숲과 나무는 적으며, 오곡이 난다. 나라 사람들은 [보리, 밀 등의] 곡물가루와 양고기를 양식으로 삼는다. 짐승으로는 사자, 두 발 낙타, 뿔

---

261) 결락된 앞부분은, 『양서』와의 내용상 비교를 토대로 보아, 대체로 "滑國, 車師之別種, 漢時八滑從班勇, 擊北虜"와 같은 내용이 있었을 것으로 추측하기도 한다(榎一雄, 1964, 「滑國に關する梁職貢圖の記事について」『東方學』27, p.16).

262) 반용(班勇): 後漢 시대의 인물로 班固의 동생인 班超의 아들이다. 서역도호였던 아버지를 이어 후한의 서역 경영에 중요한 역할을 담당하였다. 제기에 보이는 팔활과 관련된 사건은 延光 4년(125)의 車師後部 공격을 가리킨다. 반용의 생애에 대한 내용은 『후한서』권47 열전37, 班超傳 附 班勇傳을 참조.

263) 삭로(索虜): 辮髮을 하고 있는 夷狄이란 뜻으로, 南朝人이 北魏人을 낮추어 부르는 말이다.

264) 삭로가…때: 桑乾은 桑乾川의 약칭으로, 현재 영정하(永定河) 상류 유역을 가리킨다(동북아역사재단 편, 2010, 『南齊書·梁書·南史 外國傳 譯註』, 동북아역사재단, p.220의 주230). 이 시기는 곧 魏가 代(平城)에 도읍한 때인 398년부터 낙양으로 천도한 495년까지를 가리킨다(榎一雄, 1964, 위의 논문, p.16).

265) 막헌(莫獻): 여기에만 나오는 지명으로 현재의 아무다리야강 또는 하리루드강과 관련된 지명으로 보는 견해가 있다(榎一雄, 1964, 위의 논문, pp.16~17).

266) 파사(波斯): 사산조 페르시아를 가리키며, 224~651년까지 존속했다. 현재 이란 남서부의 파르스 지역을 중심으로 점차 영역을 확장하여 7세기에 들어서는 에프탈(활국)을 돌궐과 함께 멸망시켜 서아시아 일대의 대부분을 차지하였다.

267) 반반(槃槃): 盤盤이라고도 하며 태국 남쪽의 萬倫灣(BanDon Bay) 일대로 보거나(동북아역사재단 편, 2010, 위의 책, p273의 주91), 우전 서쪽에 위치한 渴槃阤의 이칭으로 본다(余太山, 2005, 『兩漢魏晋南北朝正史西域傳要注』, 中華書局, p.404). 명칭으로는 동남아의 반반이지만 활국의 영역을 고려하면 후자를 가리킨다고 보는 것이 옳을 것이다.

268) 계빈(罽賓): kapisi를 음역한 것으로 간다라, 카피시, 펀자브 일대 지역을 가리킨다.

269) 오전(烏纏): 烏纏은 于闐의 異表記로, 于闐은 타림분지 남쪽 오아시스 도시인 호탄(지금 신강 위구르자치구 남부의 和田)이며, 于寘, 于循, 于殿, 屈丹, 喚那 등으로도 표기되었다(동북아역사재단 편, 2010, 『宋書 外國傳』, 동북아역사재단, p.403의 于闐國 주78). 단, 이렇게 보면 원문에 또 于闐이 기록되어 중복 표기된 문제가 남는다. 윤용구는 이를 焉耆가 잘못 기록된 것으로 판독하였다(윤용구, 2012, 『『梁職貢圖』의 流傳과 摹本』『목간과 문자』9, p.148의 표 참조).

270) 구자(龜玆): 쿠차라고도 불리며 현재의 新疆 庫車縣을 비롯한 그 일대를 가리킨다.

271) 소륵(疎勒): 疏勒으로도 표기되며 카쉬가르 지역을 지칭한다.

272) 구반(句般): 周古柯國을 가리키며, 지금의 新疆 葉城縣에 위치한 것으로 본다(榎一雄, 1964, 위의 논문, pp.24~25).

이 있는 야생나귀가 있다. 사람들은 말 타기와 활쏘기를 잘 하며, 소매가 좁고 길이가 긴 겉옷을 입고, 금과 옥으로 허리띠(絡帶)를 만든다. 여인은 가죽옷을 입고, 머리 위에다 나무를 깎아 뿔로 삼는데, 길이는 6척이며 금과 은으로 단장을 한다. 여자가 적어서 형제가 아내를 공유한다. 성곽이 없고, 모직물로 만든 집(氈屋)을 거처로 삼으며, 동쪽을 향해 문을 낸다. 그 왕은 금으로 된 평상에 앉는데 태세(太歲: 목성)에 따라 [자리를] 옮기며[273] 아내와 함께 앉아 손님을 접대한다. 문자가 없어서 나무로 징표를 삼고 [나무에] 새겨서 물건의 수를 약속한다. 이웃 나라와 통교할 때는 이웃 나라 호인(胡人)을 시켜 호인의 문자로 쓰게 하는데, 양가죽을 종이로 삼는다. 직관(職官)이 없고, 항복한 소국은 그 왕을 ▨隷로 삼는다. 천신(天神)을 섬기는데 매일 문을 나가 신에게 제사를 지낸 후 밥을 먹는다. 그 [나라 사람은] 무릎 꿇고 한 번 절하는 것으로 그치고, 그치면 그 왕의 手▨에 대고 흐느낀다. 천한 자는 왕의 ▨에 대고 흐느낀다. 장사지낼 때는 나무로 곽(槨)을 만든다. 부모가 죽으면 아들은 한쪽 귀를 자르고 장사가 끝나면 바로 떠난다. 위진(魏晉) 이래로 중국과 통하지 않았는데, 천감(天監) 15년(516)에[274] 국왕의 성(姓)은 염대(厭帶)요, 이름은 이율타(夷栗陁)인 자가 비로소 사신을 보내 蒲多達▨▨遙寶▨㲲名繐杯.[275] 보통(普通) 원년(520)에[276] 또 부하료료(富何了了)를 보내어 황색 사자·흰 담비 가죽옷·페르시아의 사자 비단을 바쳤고, 왕의 ▨▨▨▨▨ 또한 사신 강부진(康符眞)을 보내어 함께 공물을 바쳤다. 그 사신은 산발머리(莑頭)[277]에 머리를 깎았고, 페르시아 비단 ▨와 누런 비단 바지를 입고, 붉은 색의 순록가죽으로 만든 긴 부츠(長壅韡)를[278] 신었다. 그 [나라의] 언어는 하남인이 거듭 통역을 하여야 통한다.

---

273) 태세(太歲)…옮기며: 태세는 목성을 가리키는 이름으로 歲星, 太陰으로 불린다. 해마다 간지(干支)의 방향으로 운행하는데 12년에 한 바퀴를 돈다고 여겼다(동북아역사재단, 2010, 위의 책). 이를 참고하면 해가 바뀔 때마다 목성의 위치에 따라 활국왕이 앉은 자리를 옮긴 것으로 이해할 수 있다. 반면에 『위서』 엽달전의 내용을 참고하여 왕이 자리를 옮기는 것이 아니라 처소를 옮기는 것이라 보기도 한다(榎一雄, 1964, 앞의 논문, p.23).

274) 천감(天監): 天監은 梁 武帝 때의 연호로 502년 4월부터 519년까지 사용되었다.

275) 普通 원년 기사와 비교하여 보았을 때, 해석이 불분명한 이 부분은 아마 사신의 이름 및 함께 보낸 물품(繐杯라 하는 어떤 모직물)이 기록되었을 것으로 추정된다.

276) 보통(普通): 普通은 梁 武帝 때의 연호로 520년부터 527년 3월까지 사용되었다.

277) 산발머리(莑頭): 여기서의 莑頭는 곧 蓬頭를 가리키는 것으로 보인다(榎一雄, 1964, 앞의 논문, p.28).

278) 긴 부츠(長壅韡): 壅은 擁, 雍과 통하며, 長靴의 정강이를 포함하는 筒 부분을 의미한다고 한다(榎一雄,

활국(滑國)

○ 장경모본

1. 교감문

滑者, 出自西域車師之別種也. 其土地溫煖, 多山川少樹木, 有五穀. 國人而麵及羊肉爲糧. 其獸有獅子, 兩腳駱駝, 野驢有角. 人皆善騎射. 著小裏長袍, 用金玉絡帶. 女子被裘, 頭上刻木爲角, 長六尺, 以金玉銀飾之. 少女子, 兄弟共妻. 無城郭, 氈屋爲居, 東向開戶. 其王坐金牀, 隨太歲, 與妻並坐. 無文字, 以木爲契, 刻之以約物數. 葬以木爲槨. 父母死, 其子截一耳. 自魏晉以來, 不通中國, 天監十五年, 奉表獻貢, 普通元年, 獻黃獅子·白貂裘·波斯獅子錦.

2. 역주

활[국]은 서역 거사(車師)의 별종에서 나왔다. 그 토양은 온난하고, 산천이 많은데 수목은 적으며,[279] 오곡이 난다. 나라 사람들은 [보리, 밀 등의] 곡물가루와 양고기를 양식으로 삼는다. 그 [나라의] 짐승으로는 사자, 두 발 낙타, 뿔이 있는 야생나귀가 있다. 사람들은 모두 말타기와 활쏘기를 잘하며, 소매(裏)가[280] 좁고 [길이가] 긴 겉옷을 입고, 금과 옥으로 된 허리띠를 착용한다. 여자는 자루를 쓰고,[281] 머리 위에다 나무를 깎아 뿔로 삼는데, 길이는 6척이며 금과 옥, 은으로 장식한다. 여자가 적어서 형제가 아내를 공유한다. 성곽이 없고, 모직물로 만든 집을 거처로 삼으며, 동쪽을 향해 문을 낸다. 그 왕은 금으로 된 평상에 앉는데 태세(太歲)에 따라 아내와 함께 앉는다.[282] 문자가 없어 나무로 징표를 삼고 [나무에] 새겨서 물건의 수를 약속한다. 장사지낼 때는 나무로 곽을 만든다. 부모가 죽으면 그 자식은 한쪽 귀를 자른다. 위진(魏晉) 이래로 중국과 통하지 않았는데, 천감 15년(516)에 표를 올리고 공물을 바쳤고, 보통 원년(520)에 황색 사자·흰 담비 가죽옷·페르시아 사자 비단을[283] 바쳤다.

1964, 앞의 논문, p.28).『양서』권54, 열전48, 芮芮國傳에서 그 생김새와 복식을 전하며 "辮髮 衣錦 小袖袍 小口袴 深雍鞾"라 한 부분이 참고 된다.

279) 『양서』에는 "多山川樹木"이라 하여, 樹木의 多少가 다르다. 북송모본은『양서』와 마찬가지로 多山川少林木라 하였다.

280) 「裏」와「袖」는 의미가 같다(趙燦鵬, 2014,『梁書諸夷傳異文比勘』齊魯書社, p.134).

281) 『양서』에서는 "女人被裘"라 하였다.

282) 『양서』의 "隨太歲轉, 與妻並坐接客"과 비교하여 보면, 轉과 接客이 없다.

283) 7세기 금직물의 유형은 經錦에서 緯錦으로 전환되었는데, 동아시아의 경금이 서아시아의 직조 기술과 결

참고자료

○ 『공괴집』 권75 활국

활국은 거사의 별종이다. 천감 15년(516)에 그 왕 염대이율타가 사신을 보내 방물을 바쳤다.[284]

○ 『양서』 권54 활국

활국은 거사의 별종이다. 한(漢) 영건(永建) 원년(126)에 팔활이 반용(班勇)을 따라 북쪽의 오랑캐를 치는데 공이 있어, [반]용이 팔활을 올려 후부친한후(後部親漢侯)로 삼았다. 위진 이래로부터 이래로 중국과 통하지 않았는데 천감 15년(516)에 이르러 그 왕 염대이율타가 처음으로 사신을 보내 방물을 바쳤다. 보통 원년(520)에 사신을 보내 황색 사자, 흰 담비가죽, 페르시아 비단 등의 물품을 보냈다. [보통] 7년(527)에 또 표를 올려 공헌하였다. 원위(元魏)가 상건(桑乾)에 거처할 때 활은 아직 소국이어서 예예(芮芮)에 속했다. 이후에 점차 강대해져 그 이웃 나라들인 파사·반반·계빈·언기·구자·소륵·고묵·우전·구반 등의 나라를 정벌하고 땅을 1,000여 리 개척하였다. 토양이 온난하고 산천과 수목이 많으며, 오곡이 난다. 나라 사람들은 곡물가루와 양고기를 식량으로 삼는다. 짐승으로는 사자, 두 발 낙타, 뿔이 있는 야생 나귀가 있다. 사람들은 모두 활쏘기를 잘하며, 소매가 좁고 길이가 긴 겉옷을 입고, 금과 옥을 사용하여 허리띠를 만든다. 여인은 가죽옷을 입고 머리 위에 나무를 깎아 뿔을 만드는데, 길이가 6척이며 금과 은으로 장식한다. 여자가 적어 형제가 아내를 공유한다. 성곽이 없고 모직물로 만든 집을 거처로 삼는데, 동쪽을 향하여 문을 낸다. 그 왕은 금으로 된 평상에 앉는데, 태세(太歲)를 따라 이동하며 처와 함께 앉아 손님을 맞는다. 문자가 없어 나무로 징표

합하였고, 이것이 다시 동아시아로 회귀하여 금직물의 동서교류가 이루어졌다. 서아시아에서 중국으로 전해진 위금직물의 특징은, 문양적으로 신화적인 동물이나 서역의 수렵문 등이 결합한 형태라는 점이다. 이러한 유물들은 당시 문헌에 나타난 波斯錦, 胡錦 등과 관련된 것으로 보인다(신혜성, 2012, 「제직기술과 문양을 통해 본 금직물(錦織物)의 동서교류에 관한 연구」 『복식』 62-4, p.120). 獅子錦 또한 이러한 緯錦을 가리키는 것으로 보인다.

284) "滑國, 車師之別種. 天監十五年, 其王厭帶夷栗陁遣使獻方物."

를 삼는다. 이웃나라와 통교할 때, 이웃나라의 호인(胡人)으로 하여금 호인의 문자로 쓰게 하는데 양가죽을 종이로 삼는다. 직관(職官)이 없다. 천신(天神)과 화신(火神)을 섬기며 매일 문을 나가 신에게 제사 지낸 후에 식사한다. 꿇어 앉아 한 번 절하고 그친다. 장례는 나무로 곽을 만든다. 부모가 죽으면 그 자식은 한쪽 귀를 자르는데, 장례가 끝나면 길하다 하였다. 그 언어는 하남인(河南人)의 통역을 기다린 후에야 통하였다.285)

○『위서』권102 엽달국

엽달(嚈噠)은 대월지(大月氏)의 갈래에 속하는데, 또는 고차(高車)의 별종이라고도 하며 그 원류는 새북(塞北)에서 나왔다. 금산(金山)으로부터 남쪽으로 내려와 우전의 서쪽인 오허수(烏許水) 남쪽 200여 리에 도읍하였는데, 장안에서 1만 100리 떨어져 있다. 그 왕도는 발저연성(拔底延城)으로 대체로 왕사성(王舍城)이라 한다. 그 성은 사방 10리쯤이며, 사찰과 탑이 많은데 모두 금으로 장식하였다. 풍속은 돌궐(突厥)과 대략 같다. 그 습속은 형제가 한 명의 처를 공유하며, 무릇 형제가 없는 자는 그 처가 외뿔 모자를 쓰는데, 만약 형제가 있는 자는 그 숫자의 많고 적음에 의거하여 다시 뿔을 더한다. 의복류는 끈을 둘러 더한다. 머리는 모두 머리카락을 자른다. 그 언어는 연연(蠕蠕)·고차 및 여러 호(諸胡)와 같지 않다. 무리는 10만 가량이며, 성읍이 없고 수초를 따라 의지하며 모직물로 집을 만드는데, 여름에는 서늘한 곳으로 옮기고 겨울에는 따뜻한 곳으로 옮긴다. 부인들을 나누어 각자 다른 곳에 있게 하는데, 서로 2~300리 떨어져 있기도 한다. 그 왕이 차례로 돌아다니면서 매달 한 곳에 머물며 겨울에 추울 때는 3달 동안 옮기지 않는다. 왕위는 반드시 아들에게 전해지는 것이 아니며, 자제가 맡은 바를 감당할만하면 [왕이] 죽고 곧 왕위를 받는다. 그 나라는 수레가 없고 가마가 있

---

285) "滑國者, 車師之別種也. 漢永建元年, 八滑從班勇擊北虜有功, 勇上八滑爲後部親漢侯. 自魏晉以來, 不通中國. 至天監十五年, 其王厭帶夷栗陁始遣使獻方物. 普通元年, 又遣使獻黃師子, 白貂裘, 波斯錦等物. 七年, 又奉表貢獻. 元魏之居桑乾也, 滑猶爲小國, 屬芮芮. 後稍强大, 征其旁國波斯, 盤盤, 罽賓, 焉耆, 龜茲, 疏勒, 姑墨, 于闐, 句盤等國, 開地千餘里. 土地溫暖, 多山川樹木, 有五穀. 國人以麨及羊肉爲糧. 其獸有師子, 兩脚駱駝, 野驢有角. 人皆善射, 著小袖長身袍, 用金玉爲帶. 女人被裘, 頭上刻木爲角, 長六尺, 以金銀飾之. 少女子, 兄弟共妻. 無城郭, 氈屋爲居, 東向開戶. 其王坐金牀, 隨太歲轉, 與妻並坐接客. 無文字, 以木爲契. 與旁國通, 則使旁國胡爲胡書, 羊皮爲紙. 無職官. 事天神, 火神, 每日則出戶祀神而後食. 其跪一拜而止. 葬以木爲槨. 父母死, 其子截一耳, 葬訖卽吉. 其言語待河南人譯然後通."

으며, 낙타와 말이 많다. 형벌을 쓰는 것이 엄하여, 도둑질은 많고 적음을 [따짐이] 없이 허리를 베고 훔친 것의 10배를 물린다. 죽은 사람은 부유한 자는 돌을 쌓아 장례를 치르고 가난한 자는 땅을 파서 묻는데, 몸에 지니던 물건들은 모두 무덤 안에 둔다. 그 사람들은 흉악하고 급하며 싸움에 능하다. 서역의 강거(康居)·우전·사륵(沙勒)·안식(安息) 및 30여 소국들이 모두 그에 속하며 대국이라 불렀다. 연연과 혼인한다. 태안(太安, 455~459) 이후로 매번 사신을 보내 조공하였다. 정광(正光, 520~525) 말에 사신을 보내 사자 한 마리를 바쳤는데, 고평(高平)에 이르러 만사추노(万俟醜奴)의 반란을 만나 그로 인해 억류되었다. 추노가 평정되자 경사로 보내졌다. 영희(永熙, 532~534) 이후에 조공과 공헌이 마침내 끊어졌다. 일찍이 희평(熙平, 516~518) 연간에 숙종이 왕복자통(王伏子統), 송운(宋雲), 승려 법력(法力) 등을 서역으로 사신 보내어 불경을 구하도록 하였다. 이 때 승려 혜생(慧生)이라는 자가 있어 또한 함께 갔는데, 정광 연간에 돌아왔다. 혜생이 거쳤던 여러 나라들은 그 본말 및 산천과 거리는 알 수 없지만 대개 그 대략을 열거한다.286)

[이규호]

---

286) "嚈噠國, 大月氏之種類也, 亦曰高車之別種, 其原出於塞北. 自金山而南, 在于闐之西, 都烏許水南二百餘里, 去長安一萬一百里. 其王都拔底延城, 蓋王舍城也. 其城方十里餘, 多寺塔, 皆飾以金. 風俗與突厥略同. 其俗兄弟共一妻, 夫無兄弟者其妻戴一角帽, 若有兄弟者依其多少之數, 更加角焉. 衣服類加以纓絡. 頭皆剪髮. 其語與蠕蠕·高車及諸胡不同. 眾可十萬, 無城邑, 依隨水草, 以氈爲屋, 夏遷涼土, 冬逐暖處. 分其諸妻, 各在別所, 相去或二百·三百里. 其王巡歷而行, 每月一處, 冬寒之時, 三月不徙. 王位不必傳子, 子弟堪任, 死便授之. 其國無車有輿, 多駝馬. 用刑嚴急, 偷盜無多少皆腰斬, 盜一責十. 死者, 富者累石爲藏, 貧者掘地而埋, 隨身諸物, 皆置家內. 其人兇悍, 能鬪戰. 西域康居·于闐·沙勒·安息及諸小國三十許皆役屬之, 號爲大國. 與蠕蠕婚姻. 自太安以後, 每遣使朝貢. 正光末, 遣使貢師子一, 至高平, 遇万俟醜奴反, 因留之. 醜奴平, 送京師. 永熙以後, 朝獻遂絕. 其國南去漕國千五百里, 東去瓜州六千五百里. 初, 熙平中, 肅宗遣王伏子統宋雲·沙門法力等使西域, 訪求佛經. 時有沙門慧生者, 亦與俱行, 正光中, 還. 慧生所經諸國, 不能知其本末及山川里數, 蓋舉其略云."

파사국(波斯國)

개요

「양직공도」의 파사국은 224년 파르티아(Partia, 安息國)를 정복하고 이란고원 서남부와 메소포타미아 지역을 거점으로 동서 무역으로 번성하다 651년 이슬람 세력에 의해 멸망한 국가이다. 다리우스 대제로 대표되는 아케메네스 페르시아(기원전 550~기원전 330)와 구별하여 사산조 페르시아(기원전 224~651)라 부른다. 파사국은 『위서』(권5,고종기) 문성제(文成帝) 태안(太安) 2년(455) 북위에 조공한 기록이 처음 등장한 이래 522년까지 10차례 사신을 보냈다. 같은 시기 남조에는 기록의 차이가 있지만, 양무제(梁武帝) 중대통(中大通) 2년(530)과 5년(535)에 두 차례 조공한 것으로 보인다. 「양직공도」의 작성자로 알려진 양원제(梁元帝) 소역(蕭繹)의 형주자사 재임 시기(526~539)에 해당한다.

「양직공도」의 여러 모본에는 〈표〉에서 보는 대로 파사국의 사신도와 제기가 남아 있다. 『양서』와 『남사』 파사국전에도 관련 기록이 보인다.

「양직공도」 모본별 파사국 사신 관련 정보

사신도			제기	
고덕겸모본	북송모본	염립본모본	북송모본	장경모본
○	○	○	○	○

파사국 사신도는 아래 그림에서 보는 대로 3점이 남아 있다. 북송모본과 염립본모본은 채색의 분본(粉本)이며, 고덕겸모본은 흑백의 백묘본(白描本)이다. 북송모본에는 '파사국사(波斯

國使'라 하였고 나머지 두 그림에는 '파사국(波斯國)'이라는 국명만을 적었다. 3점의 사신도는 남조(南朝) 양대(梁代) 그려진 원본이 아니라, 당송대 모본으로 여겨지고 있다. 그런데 사신의 모습은 채색 여부와 관련 없이 연령, 용모, 자세에 있어서 큰 차이가 보이지 않는다. 물론 가장 연대가 오랜 것으로 추정되는 염립본모본의 그림이 용모와 복장, 색채에서 매우 세밀하다. 전체적으로는 하나의 원본을 두고 모사한 듯한 모습이다. 사신도는 사신이 올 때마다 제작되었다(윤용구, 2012). 남조와 파사국의 교섭은 양과의 두 차례뿐이었다. 이처럼 3점의 사신도가 유사한 것은 파사국 사신도가 본래 많지 않았던 것에 이유가 있다고 생각된다.

파사국과 사신에 대한 설명인 제기는 북송모본과 장경모본 두 곳에 남아 있다. 파사국에 대한 지리풍속과 특산물 그리고 양과의 외교 교섭의 대략을 적은 것이다. 먼저 제기의 분량에서는 북송모본이 월등하지만, 장경모본에는 북송모본에 없는 내용이 기재되어 있어 상호 보완적 관계에 있다. 북송모본의 제기는 파사국 기원과 국왕의 성명, 그리고 지리풍속 기사에 이어 말미에 양과의 교섭 기사 세 부분으로 이루어져 있다. 지리풍속 기사가 대부분의 분량을 차지한다. 그런데 지리풍속 기사는 도안(道安, 312~385) 또는 석도안(釋道安)이라 불리는 동진대 고승이 지은 「서역제국지(西域諸國志)」를 인용하고 있다. 장경모본의 지리풍속 기사와 큰 차이가 없기 때문에 북송모본과 같은 계통의 자료로 보인다.

「양직공도」의 파사국 제기와 『양서』 파사국전의 관계도 밀접하다. 내용은 대동소이 하지만 서술한 분량은 파사국 제기가 많다. 물론 「양직공도」 제기에 없는 내용도 있다. 그것은 북송모본 제기에 일부 내용이 추가되는 형태이다. 표현을 달리하면 「양직공도」 파사국 제기를 대본으로 축소 기재한 것이다. 따라서 남조 양대의 파사국에 대한 이해는 『양서』보다는 「양직공도」의 사료적 가치가 높다고 하겠다.

앞서 본대로 파사국은 양과의 교섭 이전에는 전적으로 북위와 교섭하였다. 앞서 본대로 455년에서 522년까지 10차례의 파사국 조공 기록이 확인된다. 이 때문에 『위서』 파사국전은 분량에 있어서 「양직공도」 제기 보다 3배에 달한다. 그 내용도 전혀 다르다. 이는 북위에서 확보한 파사국의 정보의 분량과 계통이 남조 양과 달랐기 때문이다. 530년과 535년 두 차례 양과 파사국의 통교는 소역의 형주자사 재임 시에 이루어졌지만, 「양직공도」 제기의 내용 대부분은 동진대 작성된 도안의 「서역제국지」에 기초한 것이었다. 반면 『위서』는 태연

(太延) 연간(436~440) 동완(董琬)·고명(高明) 등 사신을 파견해 수집한 내용, 빈번한 조공 기록, 입축승(入竺僧) 혜생(慧生)의 견문기 등을 기초로 편찬되었다(김호동, 2010). 이런 점에서 「양직공도」 파사국 제기의 내용은 양 무제 중대통 2년(530)과 5년(533)에 수집된 동시대 정보로 보기 어렵다. 실제 532년 양과 파사국의 교섭은 북위의 분열에 따른 일시적 현상이었으며, 이마저도 서위(西魏)와의 대외관계의 파탄에 따라 지속되지 못하였다. 따라서 파사국 사신의 생생한 모습으로 볼 때 양과의 교섭 사실에는 의심의 여지가 없으나, 그 내용은 매우 소략한 것이라 하겠다.

사신도

| 고덕겸모본 | 북송모본 | 염립본모본 |

파사국(波斯國)

제기

○ 북송모본

1. 원문 및 판독문

波斯國使」波斯盖波斯▨287)
王之後也王子祇陁之子孫以王
父字爲氏因爲國稱」釋288)道289)
安西域諸國志捷陁越西西海中
有安息國捷陁越南波羅」陁國
波羅陁國西有波羅斯國城周匝
三十二里高四丈皆築土爲匪」
城門皆有樓290)觀城內屋宇數
百開城外有寺一二百西▨五里
有土山」湧泉下流向南山中有鷲

---

287) 자형이 불분명하다. 앞뒤 내용 상 '國' 字로 보기도 하지만(錢伯泉, 1988 ; 徐邦達, 2015) 혹은 『양서』와 『남사』 파사전의 기록을 근거로 파사왕 '匿'의 자형이 훼손된 것으로 본다.(榎一雄, 1994 ; 余太山, 2003 ; 米婷婷 : 趙燦鵬, 2023)

288) 釋의 이체자. ▨(北齊造釋迦像記), 당대 이전에 많이 사용된 자형이다.

289) 道의 이체자, ▨(乙英碑), ▨(張遷碑), ▨(北魏王承祖侍子廿人造像記) 보는 대로 우변의 상부가 간략히 처리된 경우가 많다.

290) 樓의 이체자, 樓(『康熙字典』) 근래까지 많이 사용된 자형이다.

鳥噉291)羊時時下地銜羊而去土人患之有優鉢」曇花出龍292)駒馬別有鹹池293)生珊瑚馬腦虎白鬼真珠玟珂等寶土人不甚」珍交易金銀婚禮以金帛奴婢牛馬羊等以四疋馬爲畢五彩爲蓋」迎婦兄弟把手付度國東万五千里滑國西万里極婆羅門國南万里有」又婆羅門國北万里即沉壞國大通二年遣中294)▨295)安▨296)越奉表獻佛牙」

2. 교감문

波斯國使

波斯, 蓋波斯匿王之後也. 王子祇陁之子孫. 以王父字爲氏, 因爲國稱. 釋道安西域諸國志, 捷陁越西, 西海中, 有安息國, 捷陁越南, 波羅陁國. 波羅陁國西, 有波羅斯國. 城周回三十二里, 高四丈, 皆築土爲基. 城門皆有樓觀. 城內屋宇數百間, 城外有寺一二百. 西十五里有土山, 湧泉下流向南. 山中有鷲鳥噉羊, 時時下地衡羊而去土人患之. 有優鉢曇花, 出龍駒馬. 別有鹹池, 生珊瑚, 馬腦, 虎魄,297) 真珠, 玟珂等寶, 土人不甚珍. 交易用金銀. 婚禮以金帛, 奴婢, 牛馬羊等, 以四疋馬爲畢, 五彩爲蓋迎婦, 兄弟把手付度. 國東萬五千里滑國, 西萬里極婆羅門國, 南萬里有, 又婆羅門國. 北萬里即沉壞國. 大通二年, 遣中▨安▨越奉表, 獻佛牙.

3. 역주

파사국 사신. 파사(波斯)298)는 대저 파사 닉왕(匿王)299)의 후손이다. 왕(匿王)의 아들인 지

---

291) 좌변 "口"字 아주 작게 적었다. ▨(靈巖寺田園記) 등 흔히 보는 자형이다.
292) 상단 "廿"는 '龍'字로 보기 어렵게 한다. 하지만 『양서』권54, 『남사』권79, 『책부원구』권961에 보이는 同文 모두 '龍'으로 되어 있다. ▨(魏 郭顯墓誌)과 같이 이체자로 볼 수도 있다.
293) 『양서』 파사국전에 '池'로 되어 있다. 남은 자형으로 볼 때 '池'의 가능성이 높다.
294) 『양서』 파사국전에 따라 '使'로 보기도 한다(余太山; 2003), 하지만 남은 자형은 '中'에 가깝다.
295) '至'로 보기도 하지만(余太山; 2003, 趙燦鵬;2023), 분명하지 않다.
296) '馬口'로 보기도 하지만(余太山; 2003), 분명하지 않다.
297) 「虎魄」: 판독문「虎白鬼」琥珀의 다른 표기로 보인다. 『남사』 파사국조에도 虎魄으로 되어 있다.
298) 波斯: Parsa/Persia의 음역. '波斯'라는 말이 중국 사서에 보이는 것은 『위서』(권5,고종기) 문성제 太安 원년 (455) 북위로의 조공 기사가 처음이다.
299) 匿王: 波斯匿王(梵語: Prasenajit, 巴利語 : Pasenadi), 고인도의 코살라국(憍薩羅國)의 왕. 『雜阿含經』과 『中阿含經』에 따르면 波斯匿王은 석가모니와 같은 날 태어난 인물로 열렬한 불교의 보호자로 알려져 있다.

타(祇陁)[300]의 자손이다. 왕부(王父)의 이름으로 씨를 삼아 국호(國號)를 삼았다.[301] 석도안[302]의 「서역제국지(西域諸國志)」[303]에 [말하기를], "건타(揵陁)의 서쪽으로 가면 서해 가운데 안식국(安息國)이 있으며, 건타(揵陁)의 남쪽으로 가면 바라타국(波羅陁國)이다. 바라타국의 서쪽에는 바라사국(波羅斯國)이 있다"라고 하였다.

[파사국] 성은 둘레가 32리 이고, 성의 높이는 네 길(丈)이며, 모두 흙을 쌓아 기초를 삼았다. 성문에는 모두 누각이 있다. 성 안에는 가옥 수백 간이 있으며, 성 바깥에는 사원(寺) 1~2백 개소가 있다. 서쪽으로 15리 거리에 토산이 있는데, 샘이 솟아 아래로 흘러 남쪽으로 향한다. 산 속에는 양을 잡아먹는 수리(鷲鳥)가 살고 있는데 때때로 땅으로 내려와서 양을 물고 가 그 지역 사람들이 걱정거리로 여긴다. [파사국에는] 우담바라(優鉢曇花)[304]가 있고, 용구마(龍駒馬)[305]가 난다. 그밖에 소금 못(鹹池)이 있어서 산호(珊瑚)·마노(馬腦)·호박(虎魄)·진주(真珠)·매괴(玫珂)[306] 등의 보물이 나는데, 그곳 사람들은 귀하게 여기지 않는다. 물건을 사고 팔 때는 금과 은을 사용한다. 혼례에는 금과 비단(金帛), 노비·소와 말 그리고 양 등을 [예물로] 사용하며, 네 마리 말로 수레를 삼고, 오채로 지붕을 덮어 신부를 맞이하며 [신부의] 형제들이 손을 잡고 끌어다가 [신랑에게] 넘겨준다.

[파사]국의 동쪽 만 5,000리에 활국, 서쪽 만 리 끝자락에 파라문국, 남쪽 만 리에도 또 파

---

300) 祇他: 波斯匿王(Prasenajit)之太子. 梵語로는 Jeta, 祇他의 뜻은 '戰勝'이라고 한다.
301) 왕부의…삼았다: 『禮記』와 『春秋』의 여러 주석서에 陋見되는 용례이다. 『통지』 권26 氏族略2 以國為氏에 '按以王父字為氏者, 古之道也. 然亦有以名為氏者'에서 보는 관용구이다.
302) 道安(312~385) 또는 석도안(釋道安): 초기 중국불교를 대표하는 동진(東晉: 317-420) 시대의 고승이다. 카슈미르와 토카라국에서 온 서역승을 도와 소승경전의 번역을 완성하였다.
303) 「西域諸國志」: 釋道安의 「서역제국지」는 연대기 자료에는 확인되지 않는다. 하지만 『北堂書鈔』(권135), 『太平御覽』에 인용문을 통해 도안이 "西方親見" 후에 남긴 기록으로 생각된다. 현재 천축국·월지국·屈茨國·鼠王國과 葱嶺, 佛鉢, 琥珀 등의 지명과 서역 물산에 대한 기록이 남아 있다.
304) 우담바라(優鉢曇花): 優曇花라고도 한다. 梵文 udumbara의 音譯이다. 상세한 것은 『역주 중국정사 외국전』 6, 334쪽 주203 참조.
305) 龍駒馬: 良馬 혹은 駿馬를 말한다.
306) 玫珂: 珂는 瑰와 同字, 玫瑰은 美玉을 말한다.

라문국이 있다. 북쪽 만 리에는 바로 침람국(沉壈國)[307]이다. 대통 2년[308](528)에 中□安□越를 보내 표문를 올리고 부처의 치아(佛牙)[309]를 바쳤다.

○ 장경모본

1. 교감문

波斯國. 土産珊瑚樹, 遠長一二尺. 又有琥珀, 馬瑙, 真珠, 玫瑰等寶, 國中有優鉢曇花, 鮮麗可愛. 市買交關, 並是金銀博換. 俗人婚姻, 下聘用金銀絲帛, 奴婢牛馬駱駝騾羊. 其城, 周迴三十里. 城高四丈, 皆築土爲基, 並無磚礫, 城上有樓觀. 內屋宇有數千間. 西去城十五里有山, 山有鷲鳥噉羊, 時時下地銜羊飛去, 土人極以爲患. 大通三年, 貢獻伏[310]牙.

2. 역주

파사국. 그 땅에는 산호수(珊瑚樹)가 나는데 긴 것은 1~2척이다. 또 [이곳에서는] 호박·마노·진주·매괴 등의 보물이 난다. 나라에는 우담바라(優鉢曇花)가 있는데, 곱고 화려해 아낄 만하다. 시장에서 [물건을] 사고 팔 때는 모두 금은으로 거래한다. [파사국 풍]속에 혼인에는 금과 은, 비단, 노비, 소와 말과 낙타, 노새, 양을 사용한다. [파사국 의] 성은 둘레가 30리이고, 성의 높이는 네 길(丈)이며, 모두 흙을 쌓아 기초를 삼았을 뿐 어디에도 벽돌 무더기는 보이지 않는다. 성 위에는 누각이 있고, [성] 안에는 가옥 수천 간이 있다. 서쪽으로 성에서 15리 떨어진 거리에 산이 있는데, [그] 산에는 양을 잡아먹는 수리 새가 살고 있으며, 때때로 땅으로 내려와서 양을 물고 날아가니, 그 지역 사람들이 큰 걱정거리로 여긴다. 대통 3년(528)에 [파사국에서] 부처의 치아를 바쳤다.

---

307) 沉壈國: 『양서』와 『남사』에는 '汎慄國'으로 되어 있다. 唐 釋道世 『法苑珠林』과 唐 道宣 『釋迦方志』에 인용된 양직공도에는 "拂壈國"으로 되어 있다.

308) 大通 2년: 『양서』와 『북사』 파사국전에는 中大通 2년(530), 장경모본에는 大通 3년(529)으로 기재되어 있다. 하지만 북송대 누약의 「跋傅欽甫所藏職貢圖」에는 中大通 5년(533)으로 나오며 이때 「始通江左」라 하였다. '二·三·五'가 誤記가 쉬운 자형이라는 점에서 생긴 혼동으로 보인다.

309) 佛牙: 즉 석가모니 佛의 치아이다. 전해지는 바에 따르면, 世尊의 茶毗 후에 오로지 치아만이 손상되지 않았다고 한다. 이를 칭하여 佛牙舍利(Dantadhatu)라고 한다.

310) 「伏」: 「佛」의 오기로 보인다.

파사국(波斯國)

참고자료

○ 『양서』 권48 파사국

　　파사국은 그 선조 중에 파사닉왕(波斯匿王)이라는 자가 있는데, 자손이 왕인 조상의 호칭을 씨로 삼았기 때문에 국호가 되었다. 파사국에는 성이 있는데, 둘레가 32리 이고, 성의 높이는 네 길이며, 모두 누각이 있고, 성 안에는 가옥 수백 수천 간이 있으며, 성 바깥에는 불사 2~3백 개소가 있다. 서쪽으로 성으로부터 15리 거리에 토산이 있는데, 산이 그다지 높지는 않지만 그 산세가 매우 멀고, 산 중에는 양을 잡아먹는 수리가 살고 있어 그 지역 사람들이 걱정거리로 여긴다. 나라에는 우담바라가 있는데, 고와서 탐할만하다. 용구마가 난다. 소금 연못(鹹池)에서는 산호수가 나는데, 길이가 1~2척이다. 또한 호박, 마노, 진주, 매괴 등이 나는데, 파사국 안에서는 귀하게 여기지 않는다. 시장에서 물건을 사고 팔 때에는 금과 은을 사용한다. [이 나라의] 혼인법에 따르면, 신랑 집에서 신부 집으로 정혼의 예물을 보내는 것이 끝나면, 신랑이 수십 명을 이끌고 가서 신부를 맞이하는데, 신랑은 금선이 들어간 비단 겉옷(金線錦袍)과 사자비단(師子錦)으로 만든 바지를 입고, 보석으로 꾸민 관(天冠)을 쓰며, 신부도 그렇게 한다. 신부의 형제들이 바로 나와 [신부의] 손을 잡고 끌어다가 [신랑에게] 넘겨주면, 부부의 연을 맺는 예식은 여기에서 끝난다. 파사국은 동쪽은 활국과 이웃하고, 서쪽 및 남쪽은 모두 바라문국과 접하며, 북쪽으로는 범률국과 접한다. 중대통 2년(530)에 사신을 보내 부처의 치아를 바쳤다.[311]

○ 『남사』 권79 파사국

　　파사국은 그 선조 중에 파사닉왕(波斯匿王)이라는 자가 있는데, 자손이 왕부의 자로 씨를

---

[311] 波斯國, 其先有波斯匿王者, 子孫以王父字爲氏, 因爲國號. 國有城, 周迴三十二里. 城高四丈, 皆有樓觀. 城內屋宇數百千間, 城外佛寺二三百所. 西去城十五里有土山, 山非過高, 其勢連接甚遠, 中有鷲鳥噉羊, 土人極以爲患. 國中有優鉢曇花, 鮮華可愛. 出龍駒馬. 鹹池生珊瑚樹, 長一二尺. 亦有琥珀, 馬腦, 眞珠, 玫珥等, 國內不以爲珍. 市買用金銀. 婚姻法,下聘訖, 女壻將數十人迎婦, 壻著金線錦袍, 師子錦袴, 戴天冠, 婦亦如之. 婦兄弟便來捉手付度, 夫婦之禮, 於茲永畢. 國東與滑國, 西及南俱與婆羅門國, 北與汎慄國接. 中大通二年, 遣使獻佛牙.

정하고 이것을 국호로 삼았다. 파사국에는 성이 있는데, 둘레가 32리 이고, 성의 높이는 네 길이며, 모두 누각과 망루가 있다. 성 안에는 가옥 수백 수천 간이 있으며, 성 바깥에는 불사 2~3백 개소가 있다. 서쪽으로 성으로부터 15리 거리에 토산이 있는데, 산이 그다지 높지는 않지만 그 산세가 매우 멀고, 산 중에는 양을 잡아먹는 수리가 살고 있어 그 지역 사람들이 걱정거리로 여긴다. 나라에는 우담바라가 있는데, 고와서 탐할만하다. 용구마가 난다. 소금 연못(鹹池)에서는 산호수가 나는데, 길이가 1~2척이다. 또한 무백(武魄), 마노, 진주, 매괴 등이 나는데, 파사국 안에서는 귀하게 여기지 않는다. 시장에서 물건을 사고 팔 때에는 금과 은을 사용한다. [이 나라의] 혼인법에 따르면, 신랑 집에서 신부 집으로 정혼의 예물을 보내는 것이 끝나면, 신랑이 수십 명을 이끌고 가서 신부를 맞이하는데, 신랑은 금선이 들어간 비단 겉옷(金線錦袍)과 사자비단(師子錦)으로 만든 바지를 입고, 보석으로 꾸민 관(天冠)을 쓰며, 신부도 그렇게 한다. 신부의 형제들이 바로 나와 [신부의] 손을 잡고 끌어다가 [신랑에게] 넘겨주면, 부부의 연을 맺는 예식은 여기에서 끝난다. 파사국은 동쪽은 활국과 이웃하고, 서쪽 및 남쪽은 모두 사라문국(娑羅門國)과 접하며, 북쪽으로는 범률국과 접한다. 중대통 2년(530)에 처음으로 강좌와 토욕하고 사자를 파견하여 부처의 치아를 바쳤다.[312]

○ 『위서』 권102 파사국

파사국. 도읍은 숙리성(宿利城)이고, 유밀국(忸密)의 서쪽에 있으며, 옛 조지국(條支國)이다. 대와는 2만 4,228리 떨어져 있고, 성은 방이 10리 이다. 호구수는 10여 만이고, 강이 그 성의 가운데를 통과하여 남쪽으로 흐른다. 토지는 평평하고 반듯하며, 금과 은, 유석, 산호, 호박, 차거, 마노 등이 나며 큰 진주, 파리, 유리, 수정, 슬슬, 금강, 화제, 빈철, 동, 주석, 주사, 수은, 능금, 첩갈, 구유, 탑등, 적장피 그리고 훈륙, 울금, 소합, 청목 등의 향료, 호초, 필발, 석밀, 천

---

312) 波斯國, 其先有波斯匿王者, 子孫以王父字爲氏, 因爲國號. 國有城周回三十二里, 城高四丈, 皆有樓觀. 城內屋宇數百千間, 城外佛寺二三百所. 西去城十五里有土山, 山非過高, 其勢連接甚遠. 中有鷲鳥噉羊, 土人極以爲患. 國中有優鉢曇花, 鮮華可愛. 出龍駒馬. 鹹池生珊瑚樹, 長一二尺. 亦有武魄·馬腦·眞珠·玫瑰等, 國內不以爲珍. 市買用金銀. 昏姻法, 下娉財訖, 女婿將數十人迎婦. 婿著金線錦袍·師子錦袴, 戴天冠. 婦亦如之. 婦兄弟便來捉手付度, 夫婦之禮, 於茲永畢. 國東與滑國·西及南俱與娑羅門國·北與汎慄國接. 梁中大通二年, 始通江左, 遣使獻佛牙.

년조, 향부자, 가리륵, 무식자, 염록, 자황 등의 물자가 많이 난다. 기후가 뜨거워서 집마다 얼음을 보관하고 있다. 토양은 모래와 자갈이 많고, 물을 끌어들여 관개를 한다. 오곡과 짐승(鳥獸)은 중원과 거의 동일하나 다만 벼와 조, 기장은 없다. 그 지방에서는 명마와 큰 나귀와 낙타가 타며, [이를 타고 가면] 종종 하루에 700리를 가기도 한다. 부자들은 수천 마리를 소유하기도 한다. 또한 백상, 사자, 타조알도 나온다. 낙타와 같은 형상의 새가 있는데 양쪽에 날개가 있고, 날지만 높이 날지 못한다. 풀과 고기를 모두 먹으며 불도 삼킬 수 있다.

그 왕의 성은 파씨(波氏)이며, 이름은 사(斯)이다. 금양상(金羊床)에 앉고 금화관을 쓰며 금포(錦袍)와 직성피(織成帔)를 입고 진주와 보물로 장식을 단다. 그 나라 풍속에 의하면 장부는 머리카락을 자르고, 백피모를 쓰며 너울(頭衫)을 머리에 쓰는데 양쪽 옆은 아랫 부분을 [잘라서] 열어 놓는다. 또한 두건도 쓰는데 그 가장자리는 직물로 짜서 [덧댄] 것이다. 부녀는 큰 적삼을 입고, 큰 옷을 걸치며, 그 머리카락은 앞에서 땋아 뒤에서 [몇 가닥으로] 나누며 금과 은으로 만든 꽃으로 장식하고, 거기에 오색 구슬을 꿰어서 목 뒷부분에 매달아 놓는다. 왕은 그 나라 안에 [왕궁과는] 별도로 소규모의 거처를 10여 군데 가지고 있는데, 이른바 중국의 이궁과 같은 것이다. 매년 4월에 유람차 가서 그곳에 머물며 10월에는 돌아온다. 왕은 즉위한 뒤 여러 아들 가운데 현명한 사람을 골라 비밀리에 그 이름을 적어 그것을 금고 안에 밀봉해 넣어 아들들이나 대신들 모두 누구인지 알지 못하게 한다. 왕이 죽으면 회중들이 비로소 그 글을 꺼내서 보고 그 밀봉된 것 안에 이름이 있는 사람이 왕으로 즉위한다. 다른 아들들은 각자 변방의 임무를 맡아서 나가고 형제는 다시는 서로 만나지 않는다. 나라 사람들은 왕을 칭하여 의찬(醫囋)이라고 부르며, 왕비를 가리켜 방보솔(防步率)이라고 하며, 왕의 아들들을 살야(殺野)라고 부른다. 고관으로는 나라 안의 형옥과 소송을 관장하는 모호단(摸胡壇)이 있고, 국고의 개폐를 관장하는 이홀한(泥忽汗), 문서와 여러 사무를 관장하는 지비(地卑)가 있다. 그 다음으로는 왕의 내무 사무를 관장하는 알라가지(遏羅訶地), 사방의 병마를 관장하는 설파발(薛波勃)이 있다. 그들 휘하에는 모두 하속 관리들이 있어 그 사무를 나누어 통할한다. 무기로는 갑옷과 창, 둥그런 방패, 검, 쇠뇌, 활, 화살 등이 있다. 전투할 때에는 코끼리에 올라타기도 하고 100명이 그 뒤를 따른다. 그 형법에 의하면 중죄를 범한 사람은 장대 위에 매달아 활로 쏘아 죽이고, 그 다음은 옥에 가두었다가 신왕이 즉위하면 그때 가서 풀어준다. 가벼운 죄를 범한 사람은 코를 베고 머리카락을 밀거나 수염의 반을 밀어버리고 목에 패찰을 달아서 치욕을 느끼게 한다. 강도를 범한 사람은 그것을 평생 달아두고 귀족의 부인과 간음을 한 자는 남자의 경우 유배를 보내고 여자는 그 귀와 코를 베어버린다. 부세는 토지의 소유에 따라서 은전으로 납부한다.

 풍습으로 보면 화신과 천신을 숭상한다. 문자는 호서(胡書)와 다르다. 자매를 부인으로 삼는 경우가 많고, 그 이외의 혼인은 [상대방의] 존귀를 가리지 않으니 여러 만이들 가운데 가장 추하고 더럽다. 백성들 가운데 여자가 10살 이상으로 자태와 미모를 갖추고 있으면 왕이 그를 거두어 기르며, 공훈을 세운 사람이 있으면 곧 그에게 나누어 준다. 사람이 죽으면 그 시체를 산에 버리는 경우가 많고, 한 달 동안 상복을 입는다. 성 밖에는 [다른 사람들과] 떨어져 사는 사람들이 있는데, 그들은 오로지 장사를 치루는 일만 담당하며 깨끗하지 못한 사람이라고 칭해진다. 그들은 성시 안에 들어갈 때에는 방울을 흔들어 스스로를 구별한다. 6월을 한 해의 시작으로 여기고, 또한 7월 7일과 12월 1일을 중히 여겨서 그 날이 되면 서민 이상[의 지위에 있는] 사람들은 서로 초대하며 연회를 열고 오락을 베풀어 환락을 즐긴다. 또한 매년 1월 20일에는 각자 그 조상 가운데 죽은 사람을 위해 제사를 지낸다. 신구 연간(518~519)에 그 나라가 사신을 보내 상서와 조공품을 올리며, "대국의 천자께서는 하늘이 낳으신 분이시니 원컨대 해가 뜨는 곳에서 언제나 한나라(漢中)의 천자가 되시기를 기원합니다. 파사국의 왕 거화다가 천만 번 경배를 올립니다"라고 하였다. 조정은 이를 가납하였고, 그 이후로 매번 사신을 보내 헌물을 바쳤다.[313]

---

313) 波斯國, 都宿利城, 在忸密西, 古條支國也. 去代二萬四千二百二十八里. 城方十里, 戶十餘萬, 河經其城中南流. 土地平正, 出金·銀·鍮石·珊瑚·琥珀·車渠·馬腦, 多大眞珠·頗梨·琉璃·水精·瑟瑟·金剛·火齊·鑌鐵·銅·錫·朱砂·水銀·綾·錦·氎·毼·氍毹·毾㲪·赤獐皮, 及薰陸·鬱金·蘇合·靑木等香, 胡椒·蓽撥·石蜜·千年棗·香附子·訶梨勒·無食子·鹽綠·雌黃等物. 氣候暑熱, 家自藏冰. 地多沙磧, 引水漑灌. 其五穀及鳥獸等與中夏略同, 唯無稻及黍·稷. 土出名馬·大驢及駝, 往往有日行七百里者. 富室至有數千頭. 又出白象·師子·大鳥卵. 有鳥形如橐駝, 有兩翼, 飛而不能高, 食草與肉, 亦能噉火. 其王姓波氏, 名斯. 坐金羊床, 戴金花冠, 衣錦袍·織成帔, 飾以眞珠寶物. 其俗, 丈夫剪髮, 戴白皮帽, 貫頭衫, 兩廂近下開之, 亦有巾帔, 緣以織成, 婦女服大衫, 披大帔, 其髮前爲髻, 後披之, 飾以金銀花, 仍貫五色珠, 絡之於膊. 王於其國內別有小牙十餘所, 猶中國之離宮也. 每年四月出遊處之, 十月乃還. 王卽位以後, 擇諸子內賢者, 密書其名, 封之於庫, 諸子及大臣皆莫之知也. 王死, 衆乃發書視之, 其封內有名者, 卽立以爲王, 餘子出各就邊任, 兄弟更不相見也. 國人號王曰「醫囋」, 妃曰「防步率」, 王之諸子曰「殺野」. 大官有摸胡壇, 掌國內獄訟; 泥忽汗, 掌庫藏開禁; 地卑, 掌文書及衆務; 次有遏羅訶地, 掌王之內事; 薛波勃, 掌四方兵馬. 其下皆有屬官, 分統其事. 兵有甲·矟·圓排·劍·弩·弓·箭. 戰兼乘象, 百人隨之. 其刑法: 重罪懸諸竿上, 射殺之; 次則繫獄, 新王立乃釋之; 輕罪則劓刖若髡, 或剪半鬢, 及繫牌於項, 以爲恥辱; 犯强

○ 『주서』 권50 파사국

파사국. 대월저의 별종이며 치소는 소리성(蘇利城)이며, 옛 조지국이다. 동쪽으로 장안과 1만 5,300리 떨어져 있다. 성의 방은 10여 리이고, 호수는 10여 만이다. 왕의 성은 파사저(波斯氏)이다. 금양상에 앉고, 금화관을 쓴다. 금포와 직성피를 입는데 모두 진주와 보물로 장식한다. 그 풍속에 의하면 남자는 머리카락을 자르고 백피모를 쓰며, 너울을 머리에 쓰는데 양쪽 옆에는 아래쪽이 트여 있다. 또한 두건을 쓰는데, 그 가장자리는 직물로 짜서 덧댄 것이다. 부녀자들은 큰 적삼을 입고 큰 피를 걸치며, 그 머리카락은 앞에서 땋아 뒤로 [몇 가닥으로 나누어] 늘어뜨리며 금은으로 만든 꽃으로 장식하고 오색 구슬을 못 뒷부분에 매단다.

왕은 그 나라 안에 별도로 소규모의 거처를 10여 곳 두는데, 마치 중국의 이궁과 같다. 매년 4월에 나가서 그곳에서 머물다가 10월이 되면 돌아온다. 왕은 즉위한 뒤에 여러 아들 가운데 현명한 자를 골라 비밀리에 그 이름을 기록하여 그것을 금고 안에 밀봉해두어 아들들과 대신들이 모두 그것을 알지 못하도록 한다. 왕이 죽으면 여러 사람들이 그 글을 꺼내어 보고, 그 봉함 안에 이름이 적힌 사람을 세워서 왕으로 삼으며, 다른 자식들은 각기 변방의 임무를 맡아서 나간다. 형제는 다시 서로 보지 않는다. 나라 사람들은 왕을 일컬어 예찬(瞖囋)이라고 부르고, 왕비를 방보솔이라고 하며, 왕의 여러 아들들을 살야라고 부른다. 대관으로 모호단은 국내의 옥송을 관장하고, 이홀한은 창 창고의 개폐를 관할하며, 지비발은 문서와 기타 사무를 관장한다. 그 다음에는 알라가지가 있는데 왕의 개인적 사무를 관장하고, 살파발은 사방의 병마를 책임진다. 그 아래에는 모두 속관들이 있어 그 사무를 나누어 통령한다. 무기로는 갑옷, 창, 둥근 방패, 칼, 쇠뇌, 활, 활촉 등이 있다. 전쟁은 모두 코끼리를 타고 하며 고끼리 한 마리에 100명이 수행한다. 그 형법을 보면 중죄를 범하면 그를 막대기 위에 걸어놓고 활을 쏘아 죽이고, 그 다음으로는 옥에 가두었다가 신왕이 즉위하면 풀어준다. 가

盜者, 繫之終身; 姦貴人妻者, 男子流, 婦人割其耳鼻. 賦稅, 則準地輸銀錢. 俗事火神·天神. 文字與胡書異. 多以姊妹爲妻妾, 自餘婚合, 亦不擇尊卑, 諸夷之中最爲醜穢矣. 百姓女年十歲以上有姿貌者, 王收養之, 有功勳人卽以分賜. 死者多棄屍於山, 一月著服. 城外有人別居, 唯知喪葬之事, 號爲不淨人, 若入城市, 搖鈴自別. 以六月爲歲首, 尤重七月七日·十二月一日. 其日, 人庶以上, 各相命召, 設會作樂, 以極歡娛. 又每年正月二十日, 各祭其先死者. 神龜中, 其國遣使上書貢物, 云:「大國天子, 天之所生, 願日出處常爲漢中天子. 波斯國王居和多千萬敬拜.」朝廷嘉納之. 自此每使朝獻.

벼운 죄는 코를 베거나 발을 자르거나 머리를 밀어버리는데, 혹은 수염의 반만 깎기도 하고, 목에 판대기를 걸어 놓아 치욕을 주기도 한다. 강도짓을 범한 사람은 평생 감금토록 하고, 귀족의 부인과 간통한 사람들은 남자의 경우 유배를 보내고, 여자는 그 귀와 코를 잘라버린다. 부세는 토지를 기준으로 은전을 납부한다.

민간에서는 화현신을 섬긴다. 혼인에 의한 결합은 존비를 가리지 않으니 여러 오랑캐 가운데서도 가장 추잡하고 더럽다. 평민 여자가 10살이 넘어서 용모가 아름다우면 왕이 거두어 기르다가 공훈이 있는 사람에게 나누어 하사한다. 사람이 죽으면 시체는 산에 버리는 경우가 많으며, 한 달 동안 상복을 입는다. 성 밖에 사람들이 별도로 거주하는데 오로지 장례 치루는 일만을 담당하며 깨끗하지 못한 사람이라고 여긴다. 만약 그들이 성시 안에 들어갈 경우에는 방울을 흔들어 스스로를 구별한다. 6월을 한 해의 처음으로 여기고 7월 7일, 12월 1일을 더욱 중시한다. 그날이 되면 서민 이상은 각각 서로 부르면서 모임을 열고 놀이를 하며 마음껏 즐긴다. 또한 매년 정월 20일이 되면 각자 먼저 사망한 사람들을 위해 제사를 올린다.

기후는 뜨거워 집마다 얼음을 보관한다. 토지는 대부분 사막이어서 물을 끌어서 관개한다. 오곡과 짐승은 중원과 거의 동일하나 벼와 기장, 차조만이 없다. 그 지방에서는 명마와 낙타가 나는데 부자들 중에는 수천 마리를 소유한 사람도 있다. 또한 백상, 사자, 타조알, 진주, 이주, 파리, 산호, 호박, 유리, 마노, 수정, 슬슬, 금, 은, 유석, 금강, 화제, 빈철, 동, 주석, 주사, 수은, 능, 금, 백첩, 모직, 구유, 탑등, 적장피, 그리고 훈육, 울금, 소합, 청목 등의 향료, 또한 호초, 필발, 석밀, 천년조, 향부자, 가리륵, 무식자, 염록, 자황 등이 나온다. 서위 폐제 2년(552)에 그 왕이 사신을 보내 방물을 바쳤다.[314]

---

314) 波斯國, 大月氏之別種, 治蘇利城, 古條支國也. 東去長安一萬五千三百里. 城方十餘里, 戶十餘萬. 王姓波斯氏. 坐金羊床, 戴金花冠, 衣錦袍·織成帔, 皆飾以珍珠寶物. 其俗: 丈夫剪髮, 戴白皮帽, 貫頭衫, 兩廂近下開之, 並有巾帔, 緣以織成; 婦女服大衫, 披大帔, 其髮前爲髻, 後被之, 飾以金銀華, 仍貫五色珠, 絡之於膊. 王於其國內別有小牙十餘所, 猶中國之離宮也, 每年四月出遊處之, 十月乃還. 王卽位以後, 擇諸子內賢者, 密書其名, 封之於庫, 諸子及大臣皆莫之知也. 王死, 乃衆共發書視之, 其封內有名者, 卽立以爲王, 餘子各出就邊任. 兄弟更不相見也. 國人號王曰翳嗢, 妃曰防步率, 王之諸子曰殺野. 大官有摸胡壇, 掌國內獄訟; 泥忽汗, 掌庫藏關禁; 地卑勃, 掌文書及衆務. 次有遏羅訶地, 掌王之內事; 薩波勃, 掌四方兵馬. 其下皆有屬官, 分統其事. 兵器有甲矟圓排劍弩弓箭. 戰竝乘象, 每象百人隨之. 其刑法: 重罪懸諸竿上, 射而殺之; 次則繫獄, 新王立乃釋之; 輕罪則劓·刖若髡, 或翦半鬚, 及繫排於項上, 以爲恥辱; 犯彊盜者, 禁之終身; 姦貴人妻者, 男子流, 婦人割其

파사국(波斯國) **155**

[윤용구]

耳鼻. 賦稅則准地輸銀錢. 俗事火祆神. 婚合亦不擇尊卑, 諸夷之中, 最爲醜穢矣. 民女年十歲以上有姿貌者, 王收養之, 有功勳人, 卽以分賜. 死者多棄屍於山, 一月治服. 城外有人別居, 唯知喪葬之事, 號爲不淨人. 若入城市, 搖鈴自別. 以六月爲歲首, 尤重七月七日·十二月一日. 其日, 民庶以上, 各相命召, 設會作樂, 以極歡娛. 又以每年正月二十日, 各祭其先死者. 氣候暑熱, 家自藏冰. 地多沙磧, 引水溉灌. 其五穀及禽獸等, 與中夏畧同, 唯無稻及黍秫. 土出名馬及馳, 富室至有數千頭者. 又出白象·師子·大鳥卵·珍珠·離珠·頗黎·珊瑚·琥珀·瑠璃·馬瑙·水晶·瑟瑟·金·銀·鍮石·金剛·火齊·鑌鐵·銅·錫·朱沙·水銀·綾·錦·白疊·氍·氀毻·毻·赤麞皮, 及薰六·鬱金·蘇合·青木等香, 胡椒·蓽撥·石蜜·千(牛)[年]棗·香附子·訶梨勒·無食子·鹽綠·雌黃等物. 魏廢帝二年, 其王遣使來獻方物.

백제(百濟)

개요

　현존하는 「양직공도(梁職貢圖)」는 북송(北宋) 희녕(熙寧) 10년(1077)에 장차율(張次律) 소장본을 모사하고 소송(蘇頌, 1020~1101)이 교정한 북경 중국역사박물관(中國歷史博物館, 전 남경박물원 소장)의 북송모본(北宋摹本)과 부흠보소장(傅欽甫所藏) 「직공도」, 최근에 그 존재가 알려진 장경모본(張庚摹本)이 있다. 이들 「직공도」는 주변 제국(諸國)의 조공사절의 용모와 해당 국가의 기원, 지리, 풍속 및 양과의 교섭이 기록된 제기(題記)가 함께 기록되어 있어 『양서』에 기록된 해당 국가들에 대한 기록과의 비교 연구 및 복식 연구 등에 중요한 자료가 되어주고 있다. 「양직공도」 백제국사신조의 경우 북송모본과 장경모본, 『공괴집』에 각각 모두 제기가 있으나, 백제의 지리와 관련한 기록은 찾아볼 수 없다.

　「양직공도」에 수록된 백제국기의 경우 북송모본의 내용이 가장 풍부하다. 특히 교섭과 관련한 기록의 경우 진(晉) 이래의 교섭 상황과 함께 이른바 요서진출과 관련한 기록이 전하여 많은 주목을 받기도 하였다. 장경모본 역시 소략하기는 하지만 백제의 역사와 교섭, 풍속의 순으로 기록되어 원문을 축약하기는 하였으나 기초적인 내용은 기록된 것으로 볼 수 있다. 한편, 『공괴집』의 경우 전체 글자는 28자에 불과하지만 그 내용은 북송모본에는 보이지 않는 기사로써 특히 천감(天監) 11년(512)의 조공기사는 『양서』에도 기록되지 않았다는 점에서 백제와 양의 교섭을 이해하는 데 중요한 시사점을 주는 기록이라고 할 수 있다.

「양직공도」 모본별 백제 사신 관련 정보

사신도			제기	
고덕겸모본	북송모본	염립본모본	북송모본	장경모본
○	○	○	○	○

한편, 「양직공도」의 사신도는 백제의 복식과 관련하여 주목된다. 백제의 복식에 대해서는 『양서』와 『남사』의 기록을 통해 일부 확인되는데,[315] 이에 따르면 백제인의 키가 크고 의복이 깨끗하며, 언어와 복장이 고구려와 같다고 하였다. 또한 모(帽)를 관(冠), 유(襦)를 복삼(複衫), 고(袴)를 곤(褌)이라고 하는 복식의 명칭에 대한 백제만의 특성을 함께 적시해 놓고 있다. 또한 『주서』·『북사』·『수서』·『구당서』 등에도 백제의 복식과 관련한 다양한 자료가 전하고 있다. 특히 이들 사서 가운데 『주서』·『북사』·『수서』에는 백제 관인의 복식과 관련한 기록이 전하고 있어 주목된다. 이에 따르면 6품(品) 나솔(奈率) 이상의 관원은 은화(銀花)로 관을 장식하는 한편, 7품(品) 장덕(將德) 이상은 자대(紫帶)를 두른다고 하였다. 이하 시덕(施德, 8품)은 조대(皂帶), 고덕(固德, 9품)은 적대(赤帶), 계덕(季德, 10품)은 청대(靑帶)를 둘렀으며, 대덕(對德, 11품)과 문독(文督, 12품) 황대(黃帶), 무독(武督, 13품)·좌군(佐軍, 14품)·진무(振武, 15품)·극오(剋虞, 16품)은 모두 백대(白帶)를 두른다고 하여 16관등의 관모와 관대에 대한 구체적 정보를 전하고 있다. 한편 『구당서』에서는 왕의 복식과 관인(官人) 및 서인(庶人)의 복식 규정에 대해 전하기도 한다. 「양직공도」는 이와 같은 문헌 사료에 더해 백제 복식을 이해한 데 보다 풍성한 자료를 제공해 주고 있다.

백제국의 도상은 현전하는 「양직공도」 모본에서 모두 전하고 있다. 각각의 사신도는 복식의 기본 구조는 유사하지만 대(帶)의 모양, 여밈의 방향, 관의 모양 등에서 약간씩 차이를 보이고 있다. 또한 북송모본의 경우 고덕겸모본·염립본모본의 사신에 비해 젊은이의 용모를 하고 있는 점이 특징이다. 다만, 이와 같은 차이가 서로 다른 시기 사신의 복식을 모사한 것으로 보기에는 무리가 있다(라선정, 2016). 여기서는 이와 같은 이해를 바탕으로 북송모본을

---

315) 『양서』 권54 백제; 『남사』 권79 백제. 원문은 참고자료를 참조

중심으로 각각의 사신도에 나타나고 있는 백제국사의 모습을 정리하고자 한다(이하는 이진민·남윤자·조우현, 2001; 이도학, 2008; 라선정, 2016 참고).

우선 북송모본에 나타난 백제국사의 모습을 살펴보겠다. 북송모본의 백제국사는 관모(冠帽) 부분의 그림이 훼손되어 정확한 형상을 알 수 없으나 관에 장식을 하였을 것으로 추정하기도 하지만(이도학, 2008) 관모가 위에서 아래로 둥글어지는 모양을 하고 있는 것으로 보아 직물 소재의 관모로 관에 관식(冠飾)을 고정할 만한 틀이 존재하는가에 대해서는 재고의 여지가 있는 것으로 보기도 한다(라선정, 2016). 관모에는 끈이 달려 있어 턱 밑에서 묶어 고정하였다.

상의의 형태에 대해서는 장유(長襦) 또는 복삼(複衫) 등으로 추정하고 있다. 유는 무릎보다 올라가는 짧은 형태의 상의를 말하며, 삼(衫)은 유(襦)보다 길이가 길고, 포(袍)는 발목 길이의 옷을 가리키는데 북송모본의 사신이 입고 있는 상의의 경우 무릎에서 발목 사이의 길이를 보이고 있다. 한편, 『양서』에 따르면 백제에서는 유를 복삼이라고 하였다는 점을 통해 볼 때 북송모본의 사신이 입고 있는 상의는 복삼으로 이르는 것이 타당할 듯하다. 상의의 깃과 수구(袖口), 도련에는 붉은 계열의 선 장식이 되어 있으며, 소매는 매우 넓은 편으로 손을 가릴 수 있을 정도로 긴 길이임을 알 수 있다. 대는 공수(拱手)로 인해 정확히 보이지 않으나 공수 아랫부분으로 길게 드리워진 청색의 끈이 대로 짐작된다.

이상 북송모본에 그려진 사신의 모습 가운데 상의 부분을 살펴보았다. 이와 비교하여 고덕겸모본과 염립본모본의 사신의 모습을 살펴보면 기본적인 상의의 형상은 크게 다르지 않음을 알 수 있다. 고덕겸모본의 경우 채색이 이루어지지 않은 백묘화(白描畵)이기 때문에 상의 장식의 색깔은 알 수 없다. 염립본모본의 사신의 경우 기본적인 복식의 형성은 북송모본과 유사하지만 어깨 부분에 장식을 별도로 하고 있는 점이 특징이다. 한편 고덕겸모본과 염립본모본에서는 북송모본에서는 보이지 않는 대의 모습을 정확히 확인할 수 있다. 염립본모본의 사신이 착용한 대의 경우 흰색으로 보인다. 『주서』 등의 기록을 따르면 청대는 계덕이 착용한 것이며, 백대는 무독~극오까지의 관등을 가진 자가 착용하였던 것이었다. 비록 양의 경우는 알 수 없으나 송이나 남제에 파견되었던 백제의 사신들이 대부분 장군호(將軍號)를 가진 후(侯)·태수(太守)급 이상이었음을 고려한다면(이도학, 2008) 양에 파견되었던 백제 사신의 관등을 사신도만을 가지고 판단하기에는 무리가 있다.

한편, 북송모본과 염립본모본 사신의 상의는 좌임(左衽)인 것에 비해 고덕겸모본의 사신이 입은 상의의 여밈의 형태가 다름을 알 수 있다. 대를 맨 형태와 길이 또한 다른 두 사신과 상이한 모습이다. 소매 아랫부분에 비슷한 길이로 늘어뜨린 두 줄의 대를 확인할 수 있다. 또한 동그랗게 매듭을 짓고 있는데, 특히 매듭 위로 한 개의 가로선이 확인되는 것으로 보아 가슴에서 두 번 돌려 동그란 매듭으로 마무리한 것으로 보인다.

염립본모본의 사신 역시 다른 두 사신도의 사신과 다른 부분이 보이는데, 가장 눈에 띠는 것은 두 가닥으로 늘어뜨린 이식(耳飾)이다. 무령왕릉에서 출토된 무령왕의 이식을 통해 볼 때 이 시기 백제의 남성들이 실제 이식을 사용했음을 보여주는 것이라고 할 수 있다.

이상 세 사신도에 보이는 백제사신의 복식 중 상의에 해당하는 부분에 대하여 살펴보았다. 상의 부분의 경우 세 사신도가 기본적인 복식의 형상은 비슷하지만 구체적인 장식 등의 부분에서 약간의 차이를 보임을 알 수 있었다. 이에 반해 하의 부분의 경우 큰 차이를 보이지 않는 것으로 보인다. 먼저 북송모본의 사신의 하의 부분을 보면 황색계열의 통이 넓은 고를 입고 있으며, 바지 밑단을 묶지 않고 착용하였다. 바지의 형태와 착용 방식은 고덕겸모본과 염립본모본의 사신 역시 동일한 것으로 보인다. 한편 신발은 화(靴)를 착용하고 있는 것을 세 사신도에서 모두 확인할 수 있다.

사신도

고덕겸모본	북송모본	염립본모본
百濟國	百濟國使	百濟國

백제(百濟)

제기

○ 북송모본

1. 원문 및 판독문

百濟國使」百濟舊來 316)夷馬韓之屬晉末駒
瑟 317)署有遼東樂浪亦有遼西晉」平 318)縣自晉
已 319)來常修蕃貢義熙中其 320)王 321)餘腆宋元
嘉中其 322)王餘毗齊永明」中其王餘太皆受中國
官爵梁初 323)以太爲 324)正 325)東將軍尋爲高句驪
所 326)破 327)普 328)」通二年其 329)王餘隆遣使奉
表云累 330)破 331)高麗所治城曰固麻謂邑 332)曰

---

316) 榎一雄「東」/ 윤용구, 趙燦鵬「來」
317) 윤용구「麗」/ 趙燦鵬, 이용현「▨」
318) 윤용구, 趙燦鵬「平」
319) 榎一雄, 윤용구「已」/ 이용현「巳」
320) 윤용구「其」
321) 윤용구, 趙燦鵬「王」
322) 윤용구, 趙燦鵬「其」
323) 윤용구, 趙燦鵬「初」
324) 이홍직「除」/ 趙燦鵬「爲」
325) 榎一雄「正」/ 윤용구, 趙燦鵬「征」
326) 윤용구, 趙燦鵬「所」
327) 윤용구, 趙燦鵬「破」
328) 윤용구, 趙燦鵬「普」
329) 榎一雄, 윤용구, 趙燦鵬「其」
330) 榎一雄「累□」/ 윤용구, 趙燦鵬「累」
331) 榎一雄, 윤용구, 趙燦鵬「破」
332) 榎一雄. 이홍직. 윤용구「邑」

333)檐曾334)於」中國335)郡336)縣有二十二檐337)曾338)分子弟宗族339)爲之旁小國有叛波卓多羅前羅」斯羅止迷340)麻連上己文下枕羅等附341)之」言342)語衣343)服344)畧同高麗行不張」拱拜不申足以帽345)爲冠襦日346)複347)衫348)袴349)日褌350)其言參351)諸夏亦秦韓之遺俗

2. 교감문

百濟國使. 百濟, 舊東352)夷馬韓之屬. 晉末駒麗353)略有遼東樂浪, 亦有遼西晉平縣. 自晉已來常修蕃貢. 義熙中, 其王354)餘腆, 宋元嘉中, 其王餘毗, 齊永明中, 其王餘太, 皆受中國官爵. 梁初355)以太爲征356)東將軍. 尋爲高句驪所破. 普通二年, 其357)王餘隆遣使奉表云, 累破高麗.

---

333) 榎一雄, 윤용구, 이용현「日」
334) 榎一雄, 윤용구, 趙燦鵬「曾」
335) 榎一雄, 윤용구「國」
336) 榎一雄, 윤용구「郡」
337) 榎一雄, 윤용구, 趙燦鵬「檐」
338) 榎一雄, 趙燦鵬「曾」/ 윤용구「魯」
339) 榎一雄, 윤용구「族」
340) 이홍직「逑」 또는 「迷」/ 榎一雄, 윤용구, 이용현「迷」
341) 榎一雄, 윤용구「附」
342) 榎一雄, 윤용구, 趙燦鵬「言」
343) 榎一雄, 윤용구, 趙燦鵬「衣」
344) 榎一雄, 윤용구, 趙燦鵬「服」
345) 榎一雄, 윤용구, 趙燦鵬「帽」
346) 榎一雄, 趙燦鵬「白」/ 윤용구「日」
347) 榎一雄, 윤용구, 趙燦鵬「複」/ 이용현「夏」(좌변은 알 수 없음)
348) 榎一雄「衫」/ 윤용구, 趙燦鵬「衫」
349) 榎一雄, 윤용구, 趙燦鵬「袴」/ 이용현「▨」
350) 榎一雄「褌」/ 윤용구, 趙燦鵬「褌」
351) 榎一雄, 윤용구「參」
352) 「東」: 판독문 「來」 장경모본·『공괴집』·『梁書』에 의거하여 교감
353) 「麗」: 판독문 「瑟」 『梁書』에 의거하여 교감
354) 「王」: 『양서』에 의거하여 「王」으로 교감
355) 「初」: 『양서』에 의거하여 「初」로 교감
356) 「征」: 『양서』·『南史』에 의거하여 교감
357) 「其」: 字形은 분명치 않으나 前·後에 보이는 표현의 특성상 「其」로 교감

所治城曰固麻. 謂邑曰檐魯358), 如359)中國郡縣. 有二十二檐魯360), 分子弟宗族爲之. 旁小國有叛波·卓·多羅·前羅·斯羅·止迷·麻連·上己文·下枕羅等附361)之. 言語衣服略同高麗. 行不張拱, 拜不申足. 以帽爲冠, 襦曰複衫, 袴曰褌. 其言參諸夏, 亦秦韓之遺俗.

2. 역주

백제국 사신. 백제(百濟)는 옛 동이로 마한의 무리이다. 진(晉) 말에 구려(駒麗)가 요동(遼東) 낙랑(樂浪)을 빼앗으니, [백제] 또한 요서(遼西) 진평현(晉平縣)을 차지362)하였다.363) 진 이래

---

358) 「魯」: 판독문 「曾」 『양서』에 의거하여 「魯」로 교감
359) 「如」: 판독문 「於」 『梁書』에 의거하여 「如」로 교감
360) 「魯」: 『양서』에 의거하여 「魯」로 교감
361) 「附」: 字形으로는 좌변의 「阝」가 분명하지 않고 우변의 「付」 역시 하단부만 보이고 있어 글자를 확정하기는 어렵다. 다만, 앞에서 '旁小國'의 명칭이 나열되고 있다는 점에서 이들 소국에 대한 백제의 인식을 반영하여 생각한다면 「附」로 교감
362) 진말에…차지하였다: 晉末駒麗畧~晉平縣에 이르는 문장에 대해서는 어떤 방식으로 끊어 읽느냐에 따라 고구려가 점령한 지역의 범위, 遼西 晉平縣을 점령한 주체가 달라진다. 현재까지 가장 많은 방식은 「晉末駒麗畧有遼東, 樂浪亦有遼西晉平縣」이라고 하여 「진말 句麗가 요동을 빼앗아 차지하자 樂浪 또한 遼西 晉平縣을 차지하였다」고 해석하고 이와 관련한 논의를 전개하였다. 그러나 이 기사가 기재된 跋文은 백제 사신 그림에 付記된 것이라는 점을 상기할 때 요서 진평현을 차지하는 주체를 樂浪으로 기록한 것은 아무래도 어색한 측면이 있다. 이러한 문제로 인해 이 기사의 끊어 읽기를 다시 시도한 경우도 있다. 이에 따르면 해당 기사는 「晉末駒麗畧有遼東樂浪 亦有遼西晉平縣」로 끊어 읽을 수 있다. 이렇게 될 경우 「晉 말에 駒麗가 遼東 樂浪을 빼앗으니, 또한 遼西 晉平縣을 차지하였다」고 해석될 수 있다. 다만, 여기서 다시 한 가지 문제가 되는 점은 요서 진평현을 차지한 주체가 명시되어 있지 않다는 점이다. 해당 기사만으로 볼 경우 고구려가 요서 진평현까지 차지한 것으로도 해석이 가능하다. 그러나 북송모본의 제기에 따르면 가장 첫 머리에 백제가 나온 이후 백제를 주어로 쓴 경우는 보이지 않는다(백제가 쓰여야 할 자리에는 대개 '其'로 대체하고 있기도 하다.). 또한 김세익은 문장 구조상 고구려에 대해서 계속 말하는 내용이라면 '亦'이 아닌 '又'를 썼을 것이라고 보기도 하였다. 물론 이 경우에도 문제가 없는 것은 아니나 낙랑을 주어로 보는 것과는 달리 『송서』, 『양서』 등에 기록된 백제의 요서 경략의 내용과 차이가 발생하지 않는다는 점, 문장구조상으로도 『송서』, 『양서』와 마찬가지로 고구려의 행위에 대한 대구의 형태를 이루게 된다는 점 등을 볼 때 전자의 경우보다 후자의 경우가 합리적이라고 생각한다. 따라서 여기서는 후자를 따라 끊어 읽기와 해석을 시도하였다 (김세익, 1967, 「중국 료서지방에 있었던 백제의 군에 대하여」, 『력사과학』 67년 1호; 국사편찬위원회 편, 1987, 『中國正史朝鮮傳 譯註 (1)』, 신시원; 이도학, 2008, 「梁職貢圖의 百濟 使臣圖와 題記」, 『百濟文化海外調査報告書 (VI)』, 국립공주박물관).
363) 백제의 요서 진출과 관련한 사료는 『송서』에 가장 먼저 전하고 있다. 이후 이와 관련하여서는 「양직공도」, 『양서』, 『남사』 등과 같은 중국 南朝系 사료에서만 나타나고 있다. 이로 인하여 백제의 요서 진출과 관련하여서는 아직까지 그 진위여부에 대해 많은 논란이 있어 왔다. 조선 후기 신경준에 의해 긍정론이 처음 제기한 이래 정인보, 정겸, 신채호, 김상기, 김철준, 김세익, 井上秀雄 등이 긍정론의 입장에서 논지를 전개해 왔다. 신채호는 백제의 요서 진출은 근초고왕 대의 일로서 이것이 북조계 사서에 전하지 않는 것은 북조계 사관들이 그것을 수치스럽게 생각했기 때문이라고 주장하였고, 이는 김세익에 의해 재주장 되기도 하였다.

로부터 항상 번공(蕃貢)을 닦았다. 의희(義熙) 연간(405~418)에는 그 왕 여전(餘腆)이, 송(宋) 원가(元嘉) 연간(424~453)에는 그 왕 여비(餘毗)가, 제(齊) 영명(永明) 연간(483~493)에는 그 왕 여태(餘太)가 모두 중국의 관작(官爵)을 받았다. 양 초에는 [여]태로서 정동장군(征東將軍)을 삼았다. 얼마 되지 않아 고구려(高句驪)에 격파되었다. 보통(普通) 2년(521)에 그 왕 여융(餘隆)이 사신을 보내 표문을 올려 이르기를, "여러 차례 고려(高麗)를 격파하였습니다"라고 하였다.

한편 백제의 요서 진출을 부정하는 견해도 적지 않다. 조선 후기 한진서가 중국과 백제의 지리적 위치를 볼 때 백제의 요서 領有는 불합리하다는 주장을 하면서 처음 제기되었으며, 이후 那珂通世, 池內宏, 이홍직, 천관우, 이기동, 유원재 등에 의해 견해가 보강되었다. 이들 연구에서는 당시 백제가 고구려와 대치하면서 바다를 건너 前燕·前秦이 장악한 요서 지방을 공격하고 군현을 설치할 만큼 국력이 강했다고 보기 힘들다는 점을 들어 백제의 요서 경략을 부정하고 있다. 이와 함께 백제 요서 진출과 관련한 기록이 남조 계통 사료에서만 보인다는 점 역시 부정론의 주요한 근거가 되고 있다. 대표적으로 유원재의 경우 남조계 사서의 백제의 요서 진출 기사는 對백제 고구려관이 뚜렷하지 않은 상태에서 5세기 후반 백제로부터 온 외교 자료 중 대방·낙랑에 대한 영유권 주장을 인정하는 한편, 당시 북위나 고구려와 적대 관계에 있던 남조에서 이미 요서 지방의 모용씨에게 귀속된 낙랑·대방군을 백제 세력으로 인식하고 고구려의 요동 영유에 대하여 백제의 요서 영유를 기록한 것이라고 보고 있다
1990년 대 이후에는 백제의 요서 진출 문제에 대해 사료를 부정하지 않고 이를 합리적으로 해석하려는 시도가 이루어지고 있다. 특히「양직공도」에 전하는 낙랑과 관련하여 낙랑, 대방군이 고구려에 의해 소멸되고, 이 두 군이 전연의 통제 하에 徙民될 때 함께 사민되었던 백제인들이 있었으며, 백제는 요서지방의 이들 세력과 연결하여 요동으로 진출한 고구려를 견제하는 한편 발해만 연안의 전진 무역기지로 이용하는 등 다양한 목적으로 이용하였다는 견해가 있다. 또한 근초고왕이 동진으로부터 받은 '領樂浪太守'호는 백제가 이 시기 요서에 교치된 낙랑군에 대한 관할권을 인정받은 것이며,「양직공도」의 낙랑이 요서 진평현을 차지하였다는 기사는 낙랑교군과의 관계를 남조의 사관들이 오해하여 기록한 것으로 보고 있다. 한편 고구려가 요동을 점령한 직후인 385년 요서 지역에서 반란을 일으킨 부여 유민 餘巖의 성과 백제 王姓이 동일하다는 점에 주목하였다. 즉, 여암을 남조의 사관들이 백제 장군으로 오인하여 백제 요서 진출설이 등장하게 되었다는 것이다. 최근에는 백제의 요서 진출 기사의 기술 배경을 설명하면서 백제의 필요성과 그에 따른 동진·남조에의 정보 제공이라는 측면에 집중한 견해도 제기되었다. 백제는 낙랑태수와 晉朝를 관칭한 군현을 표방하면서 군현 단위로 결집된 漢人 유이민 집단을 효과적으로 수용할 수 있게 되었다는 것이다. 동진·남조는 백제에서 보낸 한인계 관인과 표문을 통해 백제로 내투한 한인 집단의 유입 경위(百濟略有遼西)와 존재 양태에 대한 이해를 축적했을 것이라고 보고 있다.(兪元載, 1989,「百濟略有遼西」記事의 分析,『百濟硏究』20; 양기석, 1990,「백제의 대륙진출설의 허실」『역사산책』2, 1990년 10월호; 여호규, 2001,「백제의 요서진출설 재검토-4세기 후반 부여계 인물의 동향과 관련하여」『진단학보』91; 백길남, 2017,「百濟略有遼西」記事의 기술배경과 漢人 유이민 집단」『한국고대사연구』86).

치소성(所治城)을 이르러 고마(固麻)[364]라고 하였다. 읍(邑)을 이르러 말하기를 담로(檐魯)[365]라고 하는데, 중국의 군현(郡縣)과 같다. 22개의 담로가 있어 자제(子弟)·종족(宗族)을 나누어 그곳에 두었다.

---

364) 고마(固麻): 固麻는 熊津, 즉 지금의 공주이다. 웅진의 고유어인 '곰나루'를 한자어로 표현한 것이며, 『日本書紀』 雄略 21년조에서는 '久麻那利'라고 하였다. 그런데 『周書』 이후 중국 사서에서는 백제가 부여로 천도한 이후에도 여전히 고마성을 도읍으로 표기하고 있어 혼란을 야기하고 있다. 특히 國都를 '固麻城'이라고 하고 五方城 중 하나인 北方城을 熊津城으로 표현하고 있어 固麻와는 별개로 인식하고 있는 것이다. 한편 『隋書』에서는 사비성을 '其都曰居拔城'이라고 하였으며, 『北史』에서는 '其都曰居拔城 亦曰固麻城'이라고 하고 북방성을 웅진성이라고 함으로써 고마성이 웅진성이라는 명확한 인식이 없이 『周書』 이래의 기사를 답습하고 있다(李弘稙, 1971, 『韓國古代史의 硏究』, 新丘文化社).

365) 담로(檐魯): 담로와 관련한 기사는 「양직공도」와 『양서』 백제전에서 전한 것을 기초로 백제의 지방통치단위로 이해한 연구가 주를 이루었다. 담로와 관련한 연구에서 가장 문제가 되는 것은 담로제의 실시 시기 및 성격이라고 할 수 있다. 먼저 시기에 있어서는 근초고왕 대를 전후한 시기부터 담로제가 실시되었을 것이라는 설, 5세기~6세기 전반까지 담로제가 실시되었다는 설, 6세기 전반에만 담로제가 실시되었다는 설로 나뉜다. 성격과 관련하여서는 담로를 왕·후제와 동일한 것으로 볼 것인가 서로 별개의 제도로 볼 것인가의 문제로 나뉘고 있다.

먼저 근초고왕 대를 전후하여 담로제가 실시되었다는 견해는 노중국에 의한 연구가 대표적이다. 이는 근초고왕대의 영역 확대에 주목하여 『삼국사기』 백제본기 초기기사 및 『日本書紀』 仁德紀 41년조에 보이는 紀角宿禰를 백제에 파견하여 郡國의 경계를 나누었다는 기사를 353년의 일로 본 결과라고 할 수 있다. 한편 5세기~6세기 전반에 걸쳐 담로제가 실시되었다는 것은 앞서 언급한 인덕기의 기사를 2주갑 인하하여 473년의 일로 보고, 『송서』, 『남제서』 등의 백제전에 등장하는 왕·후를 담로에 파견된 지방관으로 파악한 결과이다. 마지막으로 6세기 전반에만 담로제가 실시되었다는 설은 『양서』 백제전의 기사는 무령왕 대의 상황을 전하는 것으로 5세기의 왕·후제와는 실체가 다른 것으로 파악한다. 그리고 무령왕 대에 실시된 임나지역 유망민의 백제 귀환, 유민의 강제 귀농 및 제방 수리 등 일원적 조세·역역체계의 확립은 지방통치조직의 정비를 도모한 증거로 볼 수 있으며, 이것이 이후 성왕 대의 방-군-성제가 시행되는 기반을 마련한 제도라고 보고 있다.

담로제의 정확한 실시 시기는 알 수 없으나, 담로가 전 시기 마한의 소국이 두어졌던 곳에 백제 지방제의 개편 과정에서 두어진 것이라면 이는 지방에 대한 간접지배에서 직접지배로 전환하는 과도적 단계에 이루어진 것이라고 할 수 있다. 이러한 점에서 볼 때 앞서 6세기 전반 실시설에서 보이는 무령왕 대의 조세·역역체계의 확립과 관련한 사료는 백제 전역에 대한 중앙의 통제가 가해지는 것을 전제로 한다는 점에서 담로제 실시의 하한은 될 수 있으나 그 시기에 단기적으로 시행된 것으로 보기에는 무리가 있다. 오히려 한성함락 이전 개로왕 대에 이루어지는 일련의 왕권 강화 정책과 왕·후에 대한 授爵 행위는 지방에 대한 통제력을 점차 강화해 나가고자 하는 것으로 볼 수 있다. 담로제는 간접지배와 직접지배의 과도적 단계로서 지방관이 파견되는 담로를 중심으로 주변 지역에 대한 통제력을 강화해 나가고자 한 백제 중앙의 의도가 강력하게 반영된 제도였다고 볼 수 있다(노중국, 1988, 『百濟政治史硏究』, 일조각; 노중국, 1991, 「漢城時代 百濟의 檐魯制 實施와 編制基準」, 『계명사학』 2 김영심, 1998, 『百濟 地方統治體制 硏究』, 서울대학교 박사학위논문, pp.84~110; 정동준, 2011, 「백제 담로제(檐魯制)의 역사적 위상에 대한 시론」, 『역사와 현실』 79).

방소국(旁小國)으로 반파(叛波)366)·탁(卓)367)·다라(多羅)368)·전라(前羅)369)·사라(斯羅)370)·지미(止迷)371)·마련(麻連)372)·상기문(上己文)373)·하침라(下枕羅)374) 등이 있는데, 그(백제)에

---

366) 반파(叛波): 『일본서기』 계체기에 보이는 백제와 반파국 사이의 호칭에서 가야는 스스로를 '加羅王'으로, 백제를 '扶余'라고 부르는 데 비하여 백제측에서는 상대를 '伴跛國'이라고 언급하고 있는 점에 주목하고 있다. 이와 더불어 「양직공도」에서 '叛波'라고 지칭되고 있는 것은 「양직공도」의 대상 시기인 520년대에 이에 대한 백제측에서 '大加耶'라는 이름 아래 가야지역을 통합하려는 고령 세력을 가야의 대군장으로 인정하지 않고 여러 소국 중 하나로만 간주하려는 태도를 보인 것으로 보기도 한다. 따라서 『일본서기』의 伴跛 혹은 「양직공도」의 叛波는 5세기 후반 이후 '대가야'를 표방하였을 것으로 추정되는 고령지방의 前주체세력의 하나였을 것으로 추정하는 견해가 있다(金泰植, 1993, 『加耶聯盟史』, 一潮閣, p.103).

367) 탁(卓): 『일본서기』에 보이는 卓淳으로 본다. 다만 탁순의 위치에 대해서는 다양한 견해가 있다. 경상북도 칠원으로 보는 견해(津田左右吉), 창원으로 보는 견해(今西龍, 김태식. 김정학, 이현혜), 대구로 이해하는 견해(鮎貝房之進, 백승옥)가 대표적이며, 밀양(김정학) 또는 의령(이희준)으로 비정하는 견해도 있다(李弘稙, 1971, 앞의 논문, p.415; 金泰植, 1993, 위의 책, p.188)

368) 다라(多羅): 陜川으로 보는 견해(천관우, 鮎貝房之進, 이병도, 김태식)가 있다. 즉 합천의 옛 지명인 大良·大耶와 일치한다는 것으로 신라가 영유한 후에도 善德王代 까지 대야성이 백제에 빈번히 빼앗긴 일이 있는 것을 통해 보았을 때 백제에 인접한 지역으로 본다는 것이다. 경북 진양의 班城으로 보는 견해(津田左右吉)도 있다(李弘稙, 1971, 앞의 논문, p.416; 金泰植, 1993, 위의 책, p.159).

369) 전라(前羅): 경상북도 경산으로 비정하거나, 安羅의 異稱으로 보아 경상남도 함안으로 비정하는 견해가 있다(李弘稙, 1971, 앞의 논문, pp.416~417; 金泰植, 1993, 위의 책, p.188; 이용현, 2007, 「梁職貢圖·百濟國使條의 '旁小國'」『가야제국과 동아시아』, 통천문화사, p.184; 赤羽目匡由, 2014, 「新出「梁職貢図」題記逸文の朝鮮關係記事二,三をめぐって」『梁職貢図と東部ユーラシア世界』勉誠出版p.464).

370) 사라(斯羅): 여기에 기록된 斯羅는 백제의 旁小國 가운데 하나로 기록되었다는 점에서 한반도 내에 존재하던 국가로 보아야 한다. 한반도 내에서 斯羅를 國名으로 했던 나라는 新羅가 유일하다는 점에서 여기의 斯羅는 新羅로 볼 수 있다. 『三國史記』 新羅本紀의 法興王8년 조에 전하는 梁에의 遣使기록과 『梁書』권2 武帝 普通2년 조에 전하는 백제와 신라의 동시 조공 기사를 통해 이 시기의 경험을 바탕으로 작성된 기록이라고 볼 수 있다. 다만, 이때 신라가 백제의 旁小國으로 기록된 것은 백제의 주장에 의한 것이며, 梁 역시 신라가 백제의 도움으로 교섭한 사실에 기반하여 백제의 주장을 받아들인 것일 뿐 실제 역사적 사실을 반영한 것으로 보기는 어렵다(金泰植, 1993, 위의 책, p.121).

371) 지미(止迷): 『新撰姓氏錄』 神別左京下 止美連조에 의거하여 나주 반남면 지역 인근의 영산강 지역 혹은 그 연장선상에 있는 서남해안으로 추정하는 견해가 있다(이용현, 2007, 위의 논문, p.184).

372) 마련(麻連): 『日本書紀』 繼體 6년(512)조의 백제 남방진출 과정에서 등장하는 牟婁가 시기와 상황 상에서 麻連에 가깝다고 보아 영산강과 관련이 깊은 지역에서 찾아야 한다는 견해가 있다(李弘稙, 1971, 앞의 논문, pp.417~418; 이용현, 2007, 위의 논문, p.184; 이용현, 2020, 「己汶·帶沙의 위치와 그 위상」『전북사학』, 59, pp.6~9).

373) 상기문(上己文): 『日本書紀』 繼體紀의 己汶 지역으로 추정한다. 今西龍은 己汶에 대해 『翰苑』 百濟傳의 基汶河를 섬진강으로 보고, 그에 따라 기문을 섬진강 유역의 남원으로 비정였다. 己文이 『翰苑』의 基汶河에 해당한다면, 이는 섬진강으로 볼 수 있고 백제가 왜에 주장한 己文·帶沙가 이 섬진강 중류·하류 지방이라면 하류의 대사(하동)에 대하여 상류지방으로서 上己文이라는 명칭이 자연히 생길 수 있다는 것이다. 이에 더하여 기문에는 上己文과 上·中·下己汶(吉田連家傳), 또는 上·下奇物(우륵 12곡)이 있다는 것으로 보아 그 지역이 매우 광범위하였다는 점에서 남원뿐 아니라 임실지역까지 포함하여 보아야 한다는 견해도 있다. 한편 이와는 달리『新撰姓氏錄』에 전하는 '三己汶'의 경우 任那의 동북쪽에 있으며, 신라와 相爭하고 있었다는 점에서 己汶은 낙동강 상·중류에서 찾아야 하며, 기문이 '고몽'이라고 읽히는 점을 통해 볼 때 금릉군 개령(現 경북 김천)으로 비정하

부용되었다.[375] 언어와 의복은 대략 고려와 같다. 걸을 때 팔짱을 끼지 않으며, 절함에는 다리를 펴지 않는다. 모(帽)로써 관(冠)으로 하였고, 유(襦)는 복삼(複衫)이라 이르고, 고(袴)는 곤(褌)이라 하였다. 그 나라 말은 중국말이 뒤섞여 있는데, 역시 진한(秦韓)의 유속(遺俗)이다.[376]

○ 장경모본

1. 교감문

百濟, 舊東夷馬韓之屬也. 自晉已來常修蕃貢. 義熙中, 有百濟王夫餘腆, 宋元嘉中, 有百濟王夫餘毗, 齊永明中, 有百濟王夫餘太, 皆受中國官爵. 梁初以爲征東將軍. 其言語衣服略與高麗等同, 其行不張拱, 拜不申足則異. 帽曰冠, 襦曰複衫, 袴曰褌. 普通二年奉表獻貢.

는 경우도 있다(千寬宇, 1991, 『加耶史研究』, 一潮閣, pp.42~43; 金泰植, 1993, 위의 책, p.122).

374) 하침라(下枕羅): 『輿地勝覽』 康津縣 山川條에 전하는 耽羅 聖子의 신라 입조 설화를 통해 康津의 옛 명칭인 耽津(돔나루)은 탐라와 왕래하는 나루에서 온 것으로 침미다례의 다례는 이 나루에서 전화된 것으로 본다. 이와 함께 『日本書紀』 神功紀 49년조에 보이는 南蠻忱彌多禮는 남방의 다른 인종이 사는 곳으로서 제주도를 말하는 것이라는 설이 있는데, 下枕羅 역시 '南'과 '下'가 자주 부합되는 개념으로 사용되는 것이라는 점에서 본다면 이는 제주도라기보다 '남단의 강진지방' 또는 섬진강 하구 지방이라는 뜻으로 생각하는 것이 자연스럽다고 설명하기도 한다. 한편 이와는 달리 제주도로 보는 견해(田中俊明, 이용현)가 있다. 이용현의 경우 上己文과 下枕羅의 경우 백제측에서 본 지리 항로 혹은 정치적 관계에 따라 상·하가 연칭되어 사용했을 가능성에 대해 주목하기도 하였다(李弘稙, 1971, 앞의 논문, p.418~419; 이용현, 2007, 위의 논문, p.185).

375) 그에 부용되었다: '附'는 『禮記』 王制에 의하면 '附庸'의 의미를 가진다. 즉, 부용국이란 천자에 직속하지 않고 대국에 附屬된 小國을 의미한다. 한편 小國의 경우 자립입조가 불가능한 나라들로 당시 梁의 '旁小國'에 대한 판단 기준은 '强大'國에 '이끌려 遣使한' 나라라고 할 수 있다. 이러한 기준에서 보면 百濟國使條의 방소국이란 백제국사에 달려 양에 견사한 나라를 말한다고 할 수 있다. 新羅(=斯羅)가 백제와 함께 梁에 입조한 것은 521년의 일로 이때 백제는 신라 등을 '旁小國'이라 주장하고 梁에 인정받은 것으로 보인다. 그러나 이때 신라 및 가야 4국(叛波 卓 多羅 前羅)에 대한 백제의 이른바 '附'는 매우 불안정한 것이었다. 이 시기 백제에 의한 신라의 동반입조는 신라를 포함한 9국이 백제의 '旁小國'임을 주장하기 위한 행위였으며, 부용국의 배열에 사라를 9국의 한 가운데 놓은 것 역시 의도적인 것이라고 보는 견해가 있다(이용현, 2007, 앞의 논문, pp.189~190).

376) 『三國志』 魏書30 韓, "辰韓在馬韓之東, 其耆老傳世, 自言古之亡人避秦役. 來適韓國, 馬韓割其東界地與之"라고 하는 기사와 『後漢書』 권85 韓, "辰韓, 耆老自言秦之亡人, 避苦役, 適韓國, 馬韓割東界地與之. 其名國爲邦, 弓爲弧, 賊爲寇, 行酒爲行觴, 相呼爲徒, 有似秦語, 故或名之爲秦韓." 등을 통해 '秦韓'의 유래를 알 수 있다.

2. 역주

백제는 옛 동이(東夷) 마한(馬韓)의 무리이다. 진(晉) 이래로부터 항상 번공(蕃貢)을 닦았다. 의희 연간(405~418)에는 백제왕 부여전(夫餘腆)이 있었고, 송 원가 연간(424~453)에는 백제왕 부여비(夫餘毗)가 있었으며, 제 영명 연간(483~493)에는 백제왕 부여태(夫餘太)가 있어 모두 중국의 관작을 받았다. 양 초에 정동장군으로 하였다. 그 언어와 의복은 대략 고려 등과 같았는데, 걸을 때는 팔짱을 끼지 않으며, 절함에는 다리를 펴지 않는 것이 곧 달랐다. 모(帽)를 관(冠)이라 하였고, 유(襦)를 복삼(複衫)이라 하였으며, 고(袴)를 곤(褌)이라 하였다. 보통 2년(521)에 표를 올리고 공물을 바쳤다.

참고자료

○ 『공괴집』 권75 백제국[377]

백제국은 진단(震旦)의[378] 땅에 있다. 모두 54국이 있으니, 백제는 그 하나이다. 천감 11년에 사신을 보내 조공하였다.[379]

○ 『송서』 권97 백제

백제국은 본래 고[구]려와 함께 요동의 동쪽 천여 리 밖에 있었다. 나중에 고구려가 요동을 경략하니 백제가 요서를 경략하였다. 백제가 다스린 곳을 진평군 진평현이라 한다. 의희 12년(416)에 백제왕 여영을 사지절·도독백제제군사·진동장군·백제왕으로 삼았다. 고조

---

[377] 본서에서는 『攻媿集』은 文淵閣 四庫全書本을 저본으로 하였다. 백제와 관련된 기록의 경우 사고전서본과 또 다른 두 판본인 四部叢刊本, 宋刻本의 내용에 차이를 보인다. 사부총간본과 송각본에는 백제국에 대해 "東夷三韓, 馬韓有五十四國, 百濟其一也. 天監十一年, 遣使朝貢."이라고 하여 사고전서본에는 보이지 않는 "東夷三韓, 馬韓有五十四國"의 내용이 수록되어 있다.

[378] 진단(震旦): '震壇'이라고도 표기한다. 震은 『周易』 說卦에 나오는 것으로 東方이라고 해석하며, 震方은 東方을 뜻한다. 인도에서 중국을 진단이라 별칭하기도 하였으나, 중국이나 우리나라에서는 우리나라의 별칭으로 쓰였다.

[379] "百濟國, 在震旦之地. 共有五十四國, 百濟其一也. 天監十一年, 遣使朝貢."

가 즉위하여 작호를 진동대장군으로 올려주었다. 소제(少帝) 경평(景平) 2년(424)에 [여]영이 장사(長史) 장위(張威)를 보내 궁궐로 와서 공물을 바쳤다. 원가 2년(425)에 태조가 조서를 내려 말하였다. "황제가 말한다. 사지절·도독백제제군사·진동대장군·백제왕은 대대로 충성하고 따르며 바다를 건너 정성을 다하였다. 멀리서 군사를 모아 통솔하고 선대의 업적을 잘 닦고 의를 사모함이 이미 드러났으며 그 마음도 또한 정성스러워서 작은 배로 검은 바다를 건너와 보물과 예물을 바쳤다. 그러므로 왕위를 잇게 하여 변방을 지키는 일을 맡기니 번(藩)이 되어 동쪽에서 따르며 맡은 바에 더욱 힘써서 앞의 업적을 실추시키지 않았다. [그래서] 이제 겸알자(兼謁者) 여구은자(閭丘恩子)와 겸부알자(兼副謁者) 정경자(丁敬子) 등을 보내 교지를 내리고 위로하니 짐의 뜻을 알리라" 그 후로 매년 사신을 보내 표를 올리고 방물(方物)을 바쳤다. [원가] 7년에 백제왕 여비가 다시 조공하므로 영의 작호를 주었다. [원가] 27년(450)에 [여]비가 글을 올리고 특산물을 바치며 사사로이 대사(臺使) 풍야부(馮野夫)를 서하태수(西河太守)로 가칭하고, 또한 표를 올려『역림(易林)』, 식점(式占), 요노(腰弩)를 구하니 태조가 모두 들어주었다. 비가 죽자 아들 경이 왕위를 이었다. …(중략)[380]

○『양서』권54 백제

백제는 그 선조가 동이로 삼한국 [중의 한 나라]이다. 하나는 마한이고, 또 하나는 진한이며, 또 다른 하나는 변한이다. 변한과 진한은 각각 12개 나라가 있고, 마한에는 54개의 나라가 있다. 큰 나라는 만여 가이고 작은 나라는 수천 가로서, 모두 10여 만 호이다. 백제는 곧 그중의 한 나라이다. 그 후 점차 강대해져서 여러 작은 나라를 병합하였다. 그 나라는 본래 [고]구려와 더불어 요동의 동쪽에 있었다. 진나라 때 [고]구려가 이미 요동을 침략하여 [그 땅을] 차지하자 백제 또한 요서와 진평 2군의 땅을 차지하고 스스로 백제군을 설치하였다.

---

380) "百濟國, 本與高驪俱在遼東之東千餘裏, 其後高驪略有遼東, 百濟略有遼西. 百濟所治, 謂之晉平郡晉平縣. 義熙十二年, 以百濟王餘映爲使持節, 都督百濟諸軍事, 鎭東將軍, 百濟王. 高祖踐阼, 進號鎭東大將軍. 少帝景平二年, 映遣長史張威詣闕貢獻. 元嘉二年, 太祖詔之曰 :「皇帝問使持節, 都督百濟諸軍事, 鎭東大將軍, 百濟王. 累葉忠順, 越海効誠, 遠王纂戎, 聿修先業, 慕義既彰, 厥懷赤款, 浮桴驪水, 獻琛執贄, 故嗣位方任, 以藩東服, 勉勗所莅, 無墜前蹤. 今遣兼謁者閭丘恩子, 兼副謁者丁敬子等宣旨慰勞稱朕意.」其後每歲遣使奉表, 獻方物. 七年, 百濟王餘毗復修貢職, 以映爵號授之. 二十七年, 毗上書獻方物, 私假臺使馮野夫西河太守, 表求易林, 式占, 腰弩, 太祖並與之. 毗死, 子慶代立. 世祖大明元年, 遣使求除授, 詔許. …(중략)"

진 태원(太元) 연간(376~396)에 [백제]왕 수(須, 근구수왕, 재위: 375~384)가, 의희 연간(405~418) 에는 여영(餘映, 전지왕, 재위: 405~412)이, 송 원가 연간(424~453)에는 여비(餘毗, 비유왕, 재위: 427~455)가 각각 사신을 파견하여 생구(生口)를 바쳤다. 여비가 죽고 그 아들인 경(慶, 개로왕, 재위: 455~475)이 왕위에 올랐다. 경이 죽자 아들인 모도(牟都, 문주왕, 재위: 475~477)가 왕위에 올랐다. [모]도가 죽자 그의 아들인 모태(牟太, 동성왕, 재위: 479~501)가 왕위에 올랐다. 제 영명 연간(483~493)에 태를 도독백제제군사(都督百濟諸軍事)·진동대장군(鎭東大將軍)·백제왕(百濟王)으로 삼았다. [양] 천감 원년(502)에는 [모]태를 정동장군으로 올려주었다. 얼마 후 고구려에게 격파되어 쇠약해진 지 여러 해에 남한(南韓) 땅으로 도읍을 옮겼다. [양] 보통 2년(521)에 왕 여융(餘隆, 무령왕, 재위: 462~523)이 비로소 다시 사신을 보내 표문을 올려 말하였다. "수차례 [고]구려를 격파하고 이제야 비로소 [양과] 통호를 하게 되었습니다. 그래서 백제는 다시 강한 나라가 되었습니다" 그 해(521)에 고조가 조서를 내려 다음과 같이 말하였다. "행도독백제제군사·진동대장군·백제왕 여융은 해외에서 [양의] 울타리를 지키며, 멀리서 조공의 직무를 닦아 이곳까지 진실한 정성이 도달하니 짐은 이를 가상히 여기는 바이다. 마땅히 예전의 법례에 따라 여기에 영예로운 명을 내리노니 사지절(使持節)·도독백제제군사(都督百濟諸軍事)·영동대장군(寧東大將軍)·백제왕(百濟王)을 허가하노라" [양 보통] 5년(524)에 융이 죽자 조서를 다시 내려 그의 아들인 명(明, 성왕, 재위: 523~554)을 지절(持節)·독백제제군사(督百濟諸軍事)·수동장군(綏東將軍)·백제왕(百濟王)으로 삼았다.

도성을 고마(固麻)라고 부른다. 읍을 담로(檐魯)라고 하는데, 이는 중국에서 군현이라 하는 것과 같은 말이다. 그 나라에는 22개의 담로가 있는데, 모두 [왕실의] 자제와 종족에게 나누어 차지하고 지키게 하였다. 그 나라 사람의 모습은 키가 크며, 의복은 정결하다. 그 나라 가까이에는 왜가 있어서 몸에 문신을 한 사람이 꽤 있다. 지금의 언어와 옷차림은 대략 고구려와 비슷하다. 걸을 때 두 팔을 벌리지 않는 것과 절을 할 때 한쪽 다리를 펴지 않는 것은 [고구려와] 다르다. 자를 관이라 하고, 저고리를 복삼이라 하며, 바지를 곤(褌)이라고 부른다. [그 나라의] 말은 중국의 말이 섞여 있는데, 이 또한 진(秦)과 한(韓)이 남긴 풍속 때문이라고 한다. [양] 중대통(中大通) 6년(534)과 대동(大同) 7년(541)에 [백제가] 여러 차례 사신을 보내 토산물을 바치고, 아울러 『열반경(涅槃經)』 등에 관한 불교 경전 및 해설서와 모시박사(毛詩

博士), 그리고 장인과 화가 등을 요청하자 [양 고조는] 조칙을 내려 모두 보내주었다. [양] 태청 3년(549)에 [양의] 수도가 도적에게 침범당한 것을 모르고 여전히 사신을 파견하여 토산물을 바쳤다. [사신들이 수도에] 이르러 도성과 궁궐이 황폐하고 훼손된 것을 보고 함께 통곡하며 눈물을 흘렸다. [이에] 후경(侯景)이 노하여 그들을 잡아 가두었는데, 후경의 난이 평정되고 나서야 비로소 귀국할 수 있었다.[381]

○ 『남사』 권79 백제

백제는 그 선조가 동이로 삼한국 [중의 한 나라]이다. 하나는 마한이고, 또 하나는 진한이며, 또 다른 하나는 변한이다. 변한과 진한은 각각 12개 나라가 있고, 마한에는 54개의 나라가 있다. 큰 나라는 만여 가이고 작은 나라는 수천 가로서, 모두 10여 만 호이다. 백제는 곧 그중의 한 나라이다. 그 후에 점차 강대해져서 [이웃의] 여러 작은 나라를 병합하였다. 그 나라는 본래 [고]구려와 더불어 요동의 동쪽 1,000여 리 밖에 있었다. 진나라 때에 [고]구려가 이미 요동을 침략하여 [그 땅을] 차지하자, 백제 또한 요서와 진평 2군의 땅을 차지하고 스스로 백제군을 설치하였다. [동]진 의희 12년(416)에 백제왕 [여]영을 사지절·도독백제제군사·진동장군·백제왕으로 삼았다. 송 무제가 즉위하여 [여영의] [장군]호를 진동대장군으로 올려주었다. [송] 소제 경평 2년(424)에 [여]영이 장사 장위를 [송의] 궁궐에 보내어 공물을 바쳤다. [송] 원가 2년(425)에 [송] 문제는 겸알자 여구은자와 겸부알자 정경자 등에게 [백제에 가서] 조서를 내리고 [백제왕의] 노고를 위로하도록 하였다. 그 후 [백제는] 매년 사신을

---

381) "百濟者, 其先東夷有三韓國, 一曰馬韓, 二曰辰韓, 三曰弁韓. 弁韓·辰韓各十二國, 馬韓有五十四國. 大國萬餘家, 小國數千家, 總十餘萬戶, 百濟卽其一也. 後漸强大, 兼諸小國. 其國本與句驪在遼東之東, 晉世句驪旣略有遼東, 百濟亦據有遼西晉平二郡地矣, 自置百濟郡. 晉太元中, 王須, 義熙中, 王餘映, 宋元嘉中, 王餘毗, 並遣獻生口. 餘毗死, 立子慶. 慶死, 子牟都立. 都死, 立子牟太. 齊永明中, 除太都督百濟諸軍事鎭東大將軍百濟王. 天監元年, 進太號征東將軍. 尋爲高句驪所破, 衰弱者累年, 遷居南韓地. 普通二年, 王餘隆始復遣使奉表, 「累破句驪, 今始與通好. 而百濟更爲强國.」其年, 高祖詔曰「行都督百濟諸軍事鎭東大將軍百濟王餘隆, 守藩海外, 遠脩貢職, 迺誠款到, 朕有嘉焉. 宜率舊章, 授玆榮命. 可使持節都督百濟諸軍事寧東大將軍百濟王.」五年, 隆死, 詔復以其子明爲持節都督百濟諸軍事·綏東將軍百濟王. 號所治城曰固麻. 謂邑曰檐魯, 如中國之言郡縣也. 其國有二十二檐魯, 皆以子弟宗族分據之. 其人形長, 衣服淨潔. 其國近倭, 頗有文身者. 今言語服章略與高驪同, 行不張拱, 拜不申足則異. 呼帽曰冠, 襦曰複衫, 袴曰褌. 其言參諸夏, 亦秦韓之遺俗云. 中大通六年·大同七年, 累遣使獻方物 幷請涅盤等經義·毛詩博士, 幷工匠·畫師等, 敕並給之. 太淸三年, 不知京師寇賊, 猶遣使貢獻, 旣至, 見城闕荒毀, 並號慟涕泣. 侯景怒, 囚執之, 及景平, 方得還國."

보내 토산물을 바쳤다. [송 원가] 7년(430)에 백제왕 여비가 다시 조공을 하자, [여]영의 작호를 [여비에게] 수여하였다. [송 원가] 27년(450)에 [여]비가 국서를 올리고 토산물을 바치며, 사사로이 임명한 대사 풍야부를 서하태수로 [추인해] 주고, 표문을 올려 역림과 식점 및 요노를 요청하자, [송] 문제는 모두 수여하였다.

　　[여]비가 죽고 그 아들 [여]경이 대를 이어 즉위하였다. [송] 효무제 대명 원년(457)에 [여경이] 사신을 보내 벼슬을 내려줄 것을 요구하자, [효무제가] 조서를 내려 이를 허락하였다. [송 효무제 대명] 2년(458)에 [여]경이 [사신을] 보내 표문을 올려 말하기를, "행관군장군·우현왕 여기 등 11명은 충성스럽고 부지런하니 모두 영예롭게 벼슬을 높여줄 것을 청합니다"라고 하였다. 이에 [효무제는] 조서를 내려 모두 대우를 높여 승진하도록 하였다. [송] 명제 태시 7년(471)에 또 사신을 보내 [송에] 조공하였다. [여]경이 죽고 그 아들 모도가 즉위하였다. [모]도가 죽자 그 아들 모대가 즉위하였다. [남]제 영명 연간(483~493)에 [모]대를 도독백제제군사·진동대장군·백제왕으로 삼았다. 양 천감 원년(502)에 [모]대의 [장군]호를 정동장군으로 올려주었다. 얼마 후 [백제는] 고구려에게 격파되어 쇠약해진 지 여러 해에 남한 땅으로 도읍을 옮겼다. [양] 보통 2년(521)에 왕 여융이 비로소 다시 사신을 보내 표문을 올려 말하였다. "수차례 고[구]려를 격파하고 이제야 비로소 [양과] 통호를 하게 되었습니다. 백제는 다시 강한 나라가 되었습니다" 그해에 양 무제는 조서를 내려 [여]융을 사지절·도독백제제군사·영동대장군·백제왕으로 삼았다.

　　[양 보통] 5년(524)에 [여]융이 죽자, 조서를 다시 내려 그 아들 명을 지절·독백제제군사·수동장군·백제왕으로 삼았다.

　　[백제는] 도성을 고마라고 부르고, 읍을 담로라고 하는데, 이는 중국에서 군현이라 하는 것과 같은 말이다. 그 나라에는 22개의 담로가 있는데, 모두 [왕실의] 자제와 종족에게 나누어 차지하고 [지키게] 하였다. 그 나라 사람의 모습은 키가 크며, 의복은 정결하다. 그 나라 가까이에는 왜가 있어서 몸에 문신을 한 사람이 꽤 있다. 언어와 옷차림은 대략 고[구]려와 같다. 모자를 관(冠)이라 하고, 저고리를 복삼(複衫)이라 하며, 바지를 곤(褌)이라 부른다. 그 [나라

의] 말에는 중국말이 섞여 있는데, 이 또한 진(秦)과 한(韓)이 남긴 풍속 때문이라고 한다.382)

[장미애]

---

382) "百濟者, 其先東夷有三韓國：一曰馬韓, 二曰辰韓, 三曰弁韓. 弁韓, 辰韓各十二國, 馬韓有五十四國. 大國萬餘家, 小國數千家, 總十餘萬戶, 百濟即其一也. 後漸強大, 兼諸小國. 其國本與句麗俱在遼東之東千餘裏, 晉世句麗既略有遼東, 百濟亦據有遼西, 晉平二郡地矣, 自置百濟郡. 晉義熙十二年, 以百濟王餘映為使持節, 都督百濟諸軍事, 鎮東將軍, 百濟王. 宋武帝踐阼, 進號鎮東大將軍. 少帝景平二年, 映遣長史張威詣闕貢獻. 元嘉二年, 文帝詔兼謁者閭丘恩子, 兼副謁者丁敬子等往宣旨慰勞, 其後每歲遣使奉獻方物. 七年, 百濟王餘毗復修貢職, 以映爵號授之. 二十七年, 毗上書獻方物, 私假台使馮野夫西河太守, 求求易林, 式占, 腰弩, 文帝並與之. 毗死, 子慶代立. 孝武大明元年, 遣使求除授, 詔許之. 二年, 慶遣上表, 言行冠軍將軍, 右賢干餘紀十一人忠勤, 並求顯進. 於是詔並加優進. 明帝泰始七年, 又遣使貢獻. 慶死, 立子牟都. 都死, 立子牟大. 齊永明中, 除大都督百濟諸軍事, 鎮東大將軍, 百濟王. 梁天監元年, 進大號征東將軍. 尋為高句麗所破, 衰弱累年, 遷居南韓地. 普通二年, 王餘隆始復遣使奉表, 稱累破高麗, 今始與通好, 百濟更為強國. 其年, 梁武帝詔隆為使持節, 都督百濟諸軍事, 甯東大將軍, 百濟王. 五年, 隆死, 詔復以其子明為持節, 督百濟諸軍事, 綏東將軍, 百濟王. 號所都城曰固麻, 謂邑曰簷魯, 如中國之言郡縣也. 其國土有二十二簷魯, 皆以子弟宗族分據之. 其人形長, 衣服潔淨. 其國近倭, 頗有文身者. 言語服章略與高麗同, 呼帽曰冠, 襦曰複衫, 褲曰褌. 其言參諸夏, 亦秦, 韓之遺俗雲."

구자(龜茲)

개요

구자국(龜茲國)은 신장웨이우얼자치구(新疆維吾爾自治區) 쿠처현(庫車縣)에 해당하는 지역에 존재했다고 알려져 있다. 하지만 쿠처현이 현대에 비정된 지역이라는 점에서 실제 구자국이 존재했던 범위는 오늘날 쿠처현 밖의 지역까지도 포함되었을 것이다. 이처럼 넓은 범위에 걸쳐 존재했던 구자국은 전한(前漢)시기 세력이 약해졌고, 이에 한(漢)과 우호적인 관계를 유지하고자 하였다.

「양직공도」 제기에는 구자국이 한과 어떻게 관계를 맺게 되었는지와 위진(魏晉)을 거쳐 양(梁)에 이르기까지의 관계에 대한 내용을 기록하고 있다. 한과의 관계는 『한서』에 자세하게 기록되어 있고, 위진을 거쳐 양에 이르기까지의 관계는 『양서』에 그 내용이 기록되어 있다. 「양직공도」의 제기는 『한서』와 『양서』의 내용을 통해 구자국이 어떻게 관계를 맺고 지속하고 있었는지를 보여주는 자료로 이해할 수 있을 것이다.

「양직공도」 모본별 구자 사신 관련 정보

사신도			제기	
고덕겸모본	북송모본	염립본모본	북송모본	장경모본
○	○	○	○	○

「양직공도」의 사신도에는 각국 사신들의 모습을 그림으로 그려놓았다. 문헌을 통해 각국의 상황을 이해할 수 있지만 문화 풍속을 재현하는 것은 쉽지 않다. 사신도는 문화 풍속 중 각국 사신의 복식을 이해할 수 있다는 점에서 중요한 의미를 갖는다.

「양직공도」에 나타난 사신도 살펴보면 북송모본과 염립본모본에는 채색이 되어 있다. 하지만 고덕겸모본은 검은색 선으로 스케치만 하고 채색을 하지 않았다. 다음으로 3종의 「양직공도」를 얼굴, 복식, 장식, 기물을 토대로 검토해보고자 한다.

얼굴은 크게 머리-얼굴-수염으로 나눌 수 있다. 먼저 머리 부분부터 살펴보면 북송모본은 머리가 가지런히 정리되어 있지만,[383] 염립본모본과 고덕겸모본은 곱슬머리로 되어있다. 얼굴 부분은 모두 진한 눈썹을 가지고 있으며 코가 크게 그려져 있다. 또 채색이 되어 있는 북송모본과 염립본모본에는 수염이 그려져 있다.

복식을 살펴보면 채색이 되어 있는 북송모본과 염립본모본은 채도의 차이가 있다. 북송모본은 흰색 바탕에 끝단이 붉은색으로 되어있다. 옷의 형태는 무릎 아래까지 내려오는 긴 상의에 여유가 있는 통소매(筒袖) 형태인 카프탄(Caftan/ Kaftan)을 착용하고 있으며, 검은색 끈 형태로 된 벨트를 착용하고 있다. 반면 염립본모본은 검은색 바탕에 끝단이 붉은색으로 되어있다. 게다가 가운데 청록-하늘-청록의 삼색으로 줄무늬가 표현되어 있으며, 삼색 중 하나인 청록색 끈 형태로 된 벨트를 착용하고 있다. 채도의 차이로 보기에는 기본 바탕색이 북송모본은 흰색인데 반해 염립본모본은 검은색이고, 가운데 줄무늬가 염립본모본에만 있다는 사실에서 시간의 흐름에 따라 변화된 복색이 반영되어 채색된 것으로 생각된다. 고덕겸모본은 채색이 되어 있지 않아 정확한 복색의 색상을 알 수 없지만, 북송모본과 염립본모본과 다르게 소매 부분에 줄무늬가 있어 주목된다.

장식을 살펴보면 허리띠와 신발이 주목된다. 허리띠는 앞서 언급한 바와 같이 끈 형태의 벨트로 되어있다. 그런데 염립본모본을 보면 벨트 중간 중간에 보석이 박혀있는 듯한 형상이다. 비록 「양직공도」에서는 끈 형태로 표현되었지만, 실제로는 보석이 박혀있는 벨트였을 가능성이 높다. 벨트를 두 번 허리에 둘렀으며, 오른쪽 아래로 벨트의 남은 부분을 위치시켰

---

383) 염립본모본과 고덕겸모본을 보면 머리에 아무것도 쓰고 있지 않아 북송모본 머리 부분의 검은색은 머리카락으로 볼 수 있다. 하지만 머리 윗부분에 붉은색 원이 보인다. 그래서 머리에 전체적으로 두건을 쓰고 있는 것인지, 붉은색 원 부분만 머리 위에 올려놓은 것인지 살펴봐야 한다. 하지만 북송모본의 판본이 선명하지 않아 단언하기 어려운 상황이다. 그럼에도 불구하고 머리카락이라고 본 이유는 염립본모본과 고덕겸모본에 두건을 쓰고 있지 않음이 명확하게 표현되었기 때문에 북송모본도 머리 전체에 두건을 둘렀다고 보기 어렵다고 판단했다. 그 결과 '머리 부분이 가지런히 정돈되었다'라고 표현하였다.

다. 신발은 3종의 「양직공도」 모두 전반적인 모양이 비슷하다. 다만 채색되어 있는 북송모본과 염립본모본에는 신발 색의 차이가 있다. 북송모본은 붉은색으로 되어있지만, 염립본모본에서는 검은색으로 되어있다. 이로 인해 신발의 재질이 가죽인지 비단인지 명확하게 파악하기 어렵다.

   기물을 살펴보면 귀걸이가 주목된다. 북송모본은 판본의 훼손으로 인해 귀가 잘 보이지 않는다. 그래서 귀걸이를 했는지 알 수 없다. 염립본모본은 귀에 링 귀걸이가 그려져 있다. 고덕겸모본에는 귀걸이는 보이지 않지만 귀가 길게 늘어져 있는 것으로 보아 귀걸이를 걸고 있던 모습을 늘어진 귀로 보여주는 것이 아닐까 생각된다. 하지만 귀걸이를 걸었던 부분이 표현되어 있지 않아 단정할 수는 없다.

사신도

고덕겸모본	북송모본	염립본모본
龜茲國	龜茲國使	龜茲國

제기

○ 북송모본

1. 원문 및 판독문

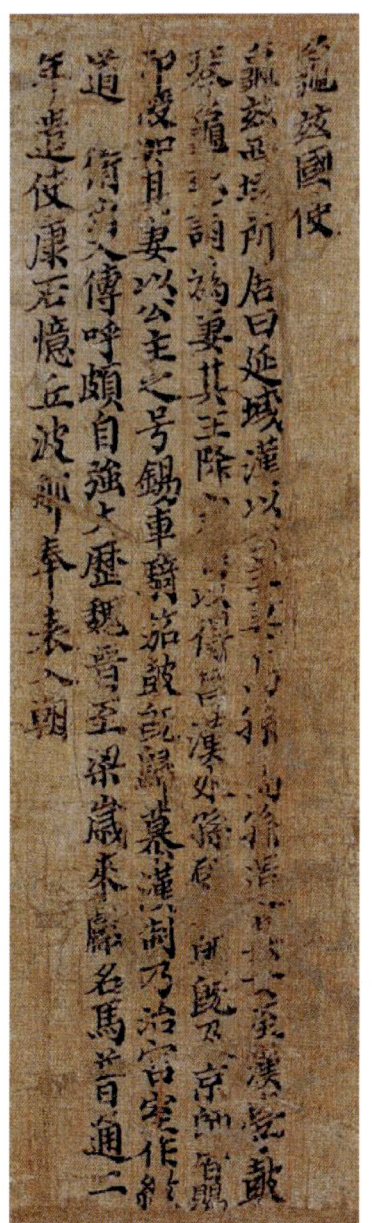

龜茲國使▨龜茲西▨所居曰延域漢以▨▨▨▨▨384)▨
▨遣其▨至漢學鼓▨琴龜▨▨385)爲妻其王降▨▨以得▨
漢外孫▨▨▨朝既及京師皆賜▨印綬加其妻以公主之号錫車
騎茄鼓既歸幕漢制乃治宮室作▨386)▨道▨衛▨入傳呼頗
自强大歷魏晋至梁歲来獻名馬普通二▨年遣使康石憶丘波
邢奉表入朝

2. 교감문

龜茲國使. 龜茲, 西域387) 所居日延城.388) 漢以公389)主

---

384) 余太山, 澤本·植田 모두 「孫」으로 판독. 좌변은 「子」로 판독되지만, 우변은 남아있는 자획만으로는 판독이 어렵기에 미상자로 판독

385) 余太山, 澤本·植田 모두 「請」으로 판독했다. 하지만 좌변은 「言」로 판독되지만, 우변은 남아있는 자획만으로는 판독이 어렵기에 미상자로 판독

386) 余太山, 澤本·植田 모두 「紋」으로 판독했다. 하지만 좌변은 「糸」로 판독되며, 우변은 「攵」로 판독된다. 하지만 중간 부분이 박락되어 어떤 글자인지 명확하지 않아 미상자로 판독

387) 「域」: 원문에는 우변인 「土」만 보임. 장경모본·『공괴집』·『양서』에 의거하여 「域」으로 추독

388) 「城」: 판독문 「域」. 장경모본·『공괴집』·『양서』·『한서』에 의거하여 「城」으로 교감

389) 「公」: 판독문 「▨」. 장경모본·『공괴집』·『양서』·『한서』에 의거하여 「公」으로 교감

妻烏[390]孫,[391] 烏[392]孫[393]遣其女至漢學鼓琴. 龜茲[394]請[395]爲妻, 其王絳[396]賓,[397] 自[398]以得爲[399]漢外孫, 願[400]入[401]朝. 既及京師, 皆賜印綬, 加其妻以公主之号, 賜[402]車騎茄[403]鼓. 既歸, 幕[404]漢制, 乃治宮室, 作緻[405]道▨[406]衛, 出[407]入傳呼, 頗自強大. 歷魏晋至梁, 歲來獻名馬. 普通二年, 遣使康石憶·丘波那, 奉表入朝.

3. 역주

구자국 사신. 구자[408]가 서역(西域)에서 거주한 곳을 연성(延城)[409]이라 불렀다. 한이 공주

390) 「烏」: 판독문 「▨」. 장경모본·『공괴집』·『양서』·『한서』에 의거하여 「烏」로 교감
391) 「孫」: 판독문에는 「子」만 보임. 장경모본·『공괴집』·『양서』·『한서』에 의거하여 「孫」으로 교감
392) 「烏」: 판독문 「▨」. 장경모본·『공괴집』·『양서』·『한서』에 의거하여 「烏」로 교감
393) 「孫」: 판독문 「▨」. 장경모본·『공괴집』·『양서』·『한서』에 의거하여 「孫」으로 교감
394) 「茲」: 판독문 「▨」. 장경모본·『공괴집』·『양서』·『한서』에 의거하여 「茲」로 교감
395) 「請」: 판독문에는 우변인 「言」만 보임. 장경모본에는 「靖」으로 되어 있다. 아내를 청한다는 의미로 의미로 보이기에 이에 의거하여 「請」로 교감
396) 「絳」: 판독문 「降」. 장경모본·『한서』에 의거하여 「絳」으로 교감
397) 「賓」: 판독문 「▨」. 장경모본·『한서』에 의거하여 「賓」으로 교감
398) 「自」: 판독문 「▨」. 장경모본·『한서』에 의거하여 「自」로 교감
399) 「爲」: 판독문 「▨」. 趙燦鵬 「昌」. 장경모본·『한서』에 의거하여 「爲」로 교감
400) 「願」: 판독문 「▨」. 장경모본·『한서』에 의거하여 「願」으로 교감
401) 「入」: 판독문 「▨」. 장경모본·『한서』에 의거하여 「入」으로 교감
402) 「賜」: 판독문 「錫」. 趙燦鵬 「錫」. 장경모본에 의거하여 「賜」로 교감
403) 「茄」: 판독문 「茄」. 趙燦鵬 「笳」.
404) 「幕」: 판독문 「幕」. 趙燦鵬 「慕」.
405) 「緻」: 판독문에는 우변인 「糸」와 좌변인 「攵」만 보일 뿐 가운데 부분은 박락됨. 趙燦鵬 「▨」. 글자 자형으로 판단해 「緻」로 교감
406) 「▨」: 판독문 「▨」. 판본에 의하면 글자 자획이 전혀 보이지 않아 빈칸으로 보인다. 하지만 북송모본을 검토하면 빈 공백이 전혀 보이지 않기에 이 부분만 공백으로 보는 것은 무리가 있다. 글자 자획이 전혀 남아있지 않아도 전체 판본의 성격에 의거하면 미상자로 처리하는 것이 타당하다.
407) 「出」: 판독문 「▨」. 장경모본·『한서』에 의거하여 「出」로 교감
408) 구자: 구자의 위치는 현재 신장웨이우얼자치구 쿠처현에 해당한다. 그러나 실제 구자국의 범위는 오늘날의 쿠처현 밖의 지역도 포함되었다. 전한시기의 구자국은 세력이 약해 한과 우호적인 관계를 유지하고자 하였다. 대표적으로 구자왕 강빈은 한의 공주와 오손왕 사이에서 태어난 딸과 혼인하기도 하였다. 구자국은 후한(後漢)시기에 들어서 강대한 세력으로 성장하였다.
409) 연성(延城): 현재 신장웨이우얼자치구 쿠처현 동쪽 교외에 위치한 피랑고성(皮郎古城)으로 비정하고 있다. 『책부원귀(冊府元龜)』 권958에는 '거연성(居延城)'으로 표기되어 있다. 여기서 이야기하는 거연(居延)은 간

를 오손(烏孫)에 시집보냈고, 오손은 그 딸을 보내 한에 이르러 고금(鼓琴)을 배우게 하였다. 구자가 청하여 아내로 삼자, [구자]왕 강빈(絳賓)[410]은 스스로 한의 외손(外孫)이라고 여겨 입조(入朝)하기를 원했다. 이윽고 경사(京師, 한의 수도)에 이르니 모두 인수(印綬)를 주었으며, 그 아내에게 공주(公主)의 호를 더하였고, 거기(車騎)·가고(茄鼓)도 주었다. 이윽고 돌아가 한의 제도를 흠모하여 궁실(宮室)을 짓고, 도로를 ▨ 만들었으며, [왕이] 출입할 때는 소리를 쳐 알리는[411] 등 매우 강대해졌다. 위진을 거쳐 양에 이르기까지 매년 명마(名馬)를 보냈다. 보통(普通) 2년(521)에 사신 강석억(康石憶)·구파나(丘波那)를 보내 표(表)를 올리고 입조하였다.

○ 장경모본

1. 교감문

龜茲國, 西域之舊世所居曰延城. 漢時以公主妻烏孫主, 遣所產女至漢學鼓琴. 龜茲靖之妻, 龜茲王絳賓自以爲漢外孫, 願與俱入朝覲. 元康元年, 來朝. 王及夫人皆賜印綬, 號曰公主, 賜以車騎旗鼓. 一年數來朝樂漢制度, 歸其國. 治宮室, 出入傳呼. 撞鐘擊鼓, 如漢家儀成帝哀帝. 時往來尤數. 光武中, 魏初, 晉大康中, 與中國不通. 普通二年, 龜茲王尼瑞遣使奉表貢獻.

2. 역주

구자국은 서역에서 오래전부터 살았으며, 그곳을 연성이라 불렀다. 한대에 공주를 오손주(烏孫主)에게 시집을 보냈고, 낳은 딸을 보내 한에 가서 고금을 배우게 하였다. 구자가 그를 꾀하여 아내로 삼으니 구자왕 강빈이 스스로를 한의 외손이라고 여겨 함께 들어가 조근(朝覲)하기를 원하였다. 원강(元康) 원년(元年, 기원전 65)에 내조(來朝)하였다. 왕과 부인에게 모두

쑤성(甘肅省) 북부의 에티나 하천 유역의 거연과 표기는 같지만 같은 지역은 아니다.

410) 강(絳): 원문에는 降으로 되어 있다. 하지만 장경모본과 『한서』에는 絳으로 되어 있다. 이는 좌변만 다른 것으로 보아 잘못 기입된 것으로 보인다. 앞서 서역을 서성(西城)으로 기록한 것과 비슷한 오류가 아닐까 생각된다.

411) 소리쳐 알리는(傳呼): 傳呼는 소리쳐 부른다는 의미이다. 과거에는 국왕이 행차할 때 외쳐서 비키게 하였다고 하는데 이를 뜻하는 것으로 생각된다(『唐六典』 第1 尙書都省, "天子所服五時衣賜尙書令·僕射. 其三公·列卿·將軍·大夫·五營校尉行複道中, 遇尙書令·僕射·左, 右丞·郎, 皆迴車預避. 衛士傳呼, 不得紆臺官, 臺官過, 乃得去. 每朝會, 尙書令·御史中丞·司隸校尉各獨座, 故京師號曰三獨座.").

인수를 주었으며, [부인에게] 공주의 호를 주었고, 거기와 기고(旗鼓)도 주었다. 1년간 수차례 내조하여 한의 제도를 즐기다 그 나라로 돌아갔다. 궁실을 짓고 출입할 때는 소리쳐 [그 상황을] 전하였다. 종을 치고 북을 치는 것이 마치 한의 성제(成帝, 재위: 기원전 33년~기원전 7년)와 애제(哀帝, 재위: 기원전 7년~기원전 1년) 법식과 같았다. 이때 왕래가 더욱 잦았다. 광무(光武) 연간(25~57)과 위초(魏初), 진(晉) 태강(太康) 연간(280~289)에는 중국과 통교하지 않았다.[412] 보통 2년(521)에 구자왕 니서(尼瑞)가 사신을 보내 표를 바치고 공헌하였다.

참고자료

○ 『공괴집』 권75 구자국

구자국은 서역의 오래된 나라이다. 진(晉)의 도강(渡江)한 이래로 [서로] 통하지 않았다. 천감(天監) 원년(502)에 사신을 보내 조공하였다.[413]

○ 『한서』 권96하 구자국

구자국의 도읍은 연성(延城)이고, 장안에서 7,480리 떨어져 있다. 호는 6,970이고, 인구는 8만 1,317명, 병사(勝兵)는 2만 1,076명이다. 대도위승(大都尉丞)·보국후(輔國侯)·안국후(安國侯)·격호후(擊胡侯)·각호도위(卻胡都尉)·격거사도위(擊車師都尉)·좌우장(左右將)·좌우도위(左右都尉)·좌우기군(左右騎君)·좌우역보군(左右力輔君) 등 각각 1명, 동서남북 부(部)의 천장(千長)이 각각 2명, 각호군(卻胡君)은 3명, 역장(譯長)은 4명이다. 남쪽으로는 정절(精絶), 동남쪽으로는 차말(且末), 서남쪽으로는 우미(扞彌), 북쪽으로는 오손(烏孫), 서쪽으로는 고묵(姑墨)과 접해있다. 주조와 야금에 능해 납(鉛)을 생산할 수 있다. 동쪽으로 350리 가면 도호의 치

---

412) 진태강…통교하지 않았다: 西晉은 고관의 탐욕과 왕의 위세가 약한 것을 틈타 세력이 약화되어 있었다. 그 결과 후에 팔왕의 난과 영가의 난이 일어날 정도로 정세가 좋지 않았다. 이러한 시기였기에 주변국과의 관계는 원활하게 이루어질 수 없었다. 이 시기 중국과 통교하지 않았다는 것은 당시 중국의 내부 상황을 염두에 두고 이해해야 할 것이다.

413) "龜玆國, 西域之舊國. 自晉渡江, 不通. 天監元年, 遣使朝貢."

소인 오루성(烏壘城)에 도달한다.[414]

○ 『양서』 권54 구자국

구자는 서역의 오래된 나라이다. 후한(後漢) 광무제(光武帝) 때 왕의 이름은 홍(弘)이었는데, 사거(莎車)의 왕 현(賢)에게 죽임을 당하고 멸족을 당하였다. 현이 그 아들 즉라(則羅)를 구자 왕으로 삼았다. 국인(國人)이 다시 즉라를 죽였다. 흉노(匈奴)가 구자의 귀인(貴人) 신독(身毒)을 왕으로 삼았는데, 이로 인해 흉노에 속하게 되었다. 그러나 구자는 한대에는 내내 대국(大國)이었고, 도읍한 곳을 연성(延城)이라 불렀다. 조위의 문제가 즉위한지 얼마지 않아 [구자국에서] 사자를 보내 공헌하였다. 진(晉) 태강 연간(太康, 280~289)에 [왕의] 아들을 보내 입시(入侍)하게 하였다. 태원(太元) 7년(382)에 전진의 군주 부견(符堅)이 장수 여광(呂光)을 보내 서역을 쳤다. [여광의 군대가] 구자에 이르자, 구자왕 백순(帛純)이 보화를 싣고 성을 나가 도망 갔고, 여광이 그 성에 들어갔다. 성은 3겹으로 구성되어 있었는데, 외성은 장안성(長安城)과 [크기가] 같았다. [성 안의] 가옥들은 웅장하고 아름다웠는데, 주옥같은 아름다운 돌(琅)과 금옥(金玉)으로 꾸몄다. 여광은 백순의 아우 진(震)을 세워 왕으로 삼고 귀환하였으며, 이로부터 중국과 [왕래가] 끊어져 통하지 않았다. 보통(普通) 2년(521)에 그 왕 니서마주나승(尼瑞摩珠那勝)이 사자를 보내 표를 받들어 공헌하였다.[415]

[오택현]

---

414) "龜茲國, 王治延城, 去長安七千四百八十里. 戶六千九百七十, 口八萬一千三百一十七, 勝兵二萬一千七十六人. 大都尉丞·輔國侯·安國侯·擊胡侯·卻胡都尉·擊車師都尉·左右將·左右都尉·左右騎君·左右力輔君各一人, 東西南北部千長各二人, 卻胡君三人, 譯長四人. 南與精絕, 東南與且末, 西南與扞彌, 北與烏孫, 西與姑墨接. 能鑄冶, 有鉛. 東至都護治所烏壘城三百五十里."

415) "龜茲者, 西域之舊國也. 後漢光武時, 其王名弘, 爲莎車王賢所殺, 滅其族. 賢使其子則羅爲龜茲王, 國人又殺則羅. 匈奴立龜茲貴人身毒爲王, 由是屬匈奴. 然龜茲在漢世常爲大國, 所都曰延城. 魏文帝初卽位, 遣使貢獻. 晉太康中, 遣子入侍. 太元七年, 秦主符堅遣將呂光伐西域. 至龜茲, 龜茲王帛純載寶出奔, 光入其城. 城有三重, 外城與長安城等, 室屋壯麗, 飾以琅玕金玉. 光立帛純弟震爲王而歸, 自此與中國絶不通. 普通二年, 王尼瑞摩珠那勝遣使奉表貢獻."

왜국(倭國)

개요

왜(倭)는 7세기 말에서 8세기 초 일본(日本)이란 국호가 성립하기 이전에 중국인이 일본 열도의 종족 및 그들의 국가를 부른 호칭이다. '왜'라는 용어는 『산해경(山海經)』해내북경(海內北經)의 "개국(蓋國)은 거연(鉅燕)의 남쪽, 왜(倭)의 북쪽에 있다"고 하는 내용에서 처음으로 보인다. 『한서』지리지에서는 "낙랑(樂浪)의 바다 가운데 왜인(倭人)이 있다"고 했고, 『삼국지(三國志)』에서는 "대방(帶方)의 동남쪽 대해(大海) 가운데에 있다"고 했다. 「양직공도」의 왜국 위치 정보는 『삼국지』의 내용을 전재한 것이다.

현전하는 「양직공도」의 모본 모두에서 왜국 관련 사신도와 제기를 확인할 수 있다. 고덕겸모본, 북송모본, 염립본모본에 사신도가 남아있으며, 북송모본, 장경모본, 부흠보소장본에 제기가 불완전한 형태로 남아있다.

「양직공도」 모본별 왜국 사신 관련 정보

사신도			제기	
고덕겸모본	북송모본	염립본모본	북송모본	장경모본
○	○	○	○	○

북송모본의 제기는 후반부가 결실되었다. 중간에 공백을 두고 제기가 이어지지만 이 부분은 탕창국사(宕昌國使) 제기가 사신도가 누락된 상태로 왜국사 제기 뒤에 이어 붙여진 것이다. 북송모본에서 판독 및 추독 가능한 글자는 모두 78자이며(윤용구, 2012, p.150), 왜국의 지

리 정보와 풍속 등이 주요 내용인데, 대체로 『삼국지』 위서 동이전의 내용과 유사하다. 2011년 보고된 장경모본은 총 126자인데 왜국의 위치 관련 내용인 전반부가 북송모본과 중복되고, 이어지는 풍속 관련 내용은 북송모본에 누락된 후반부의 내용을 기재한 것으로 추정된다. 또한 풍속 외에도 남제 건원 연간에 왜국이 '표를 올리고 공헌하였다(奉表貢獻)'는 기존 사료에서 확인할 수 없었던 내용을 기재하여 주목을 받았다. 이 때문에 장경모본의 전반부 내용이 북송모본의 후반부 내용과 중복되면서 그에 이어지는 내용을 기재했다고 보아 두 모본의 내용을 합쳐 완전한 왜국사 제기를 복원하려는 시도도 있었다(氣賀澤保規, 2012, pp.276~277).

부흠보소장본에 전하는 양무제가 왜왕 무를 승진시켜 정동대장군으로 삼았다는 내용 또한 앞의 두 모본에 없는 내용인데, 북송모본-장경모본-부흠보소장본의 순으로 제기의 내용을 이어 붙이면 왜국의 지리 정보와 중원 왕조와의 교섭 기사로 구성된 완전한 형태의 왜국사 제기가 만들어진다. 이렇게 복원된 내용은 왜인의 복식을 제외하고는 『양서』 제이전에 입전된 왜전과 유사하나 좀 더 소략하고 왜국왕이 받은 제군사호 관련 기록이 누락되어 있다.

왜국 사신의 도상은 사신도상을 전하는 모든 모본에 그려져 있는데, 착용하고 있는 복식과 사신의 포즈(pose) 등이 대체로 비슷하다. 우에다 마사아키(上田正昭)는 사신의 복식을 백제 사신의 잘 갖춘 착장 모습과 비교하고 그것이 고훈(古墳)시대의 하니와(埴輪) 인형상보다도 허술한 것을 근거로 이 사신도는 실제로 양에 방문한 사신을 보고 그린 것이 아니라, 『삼국지』 등의 기록을 토대로 왜국 사신의 모습을 상상하여 그린 것이라고 하였다(上田正昭, 1964). 사카모토 요시타네(坂元義種)는 사신도에 묘사된 왜국 사신의 맨발이 『삼국지』의 '도선(徒跣)'을 토대로 묘사된 것으로 보아 우에다의 이해를 부연하였으며(坂元義種, 1988, pp.31~33), 스가모토 마사토시(杉本正年)는 사신도의 묘사를 당시 왜국에 대한 중국인의 인식이 반영되어 변변찮게 그려졌으므로 신용할 수 없다고 하였다(杉本正年, 1979, p.79). 반면에 『삼국지』의 간략한 정보만으로 사신도의 정치한 묘사가 가능했을 것인가라는 의문을 제기하는 견해도 있다(王勇, 2001, pp.2~3). 이러한 이해는 유송(劉宋) 이후 왜국 사신이 중원 왕조에 파견된 일이 없었다는 것을 전제로 한 것이다. 그런데 남제 건원 연간에 왜국의 사신이 '표를 올리고 공헌하였다(奉表貢獻)'는 장경모본의 내용 때문에 이상의 이해는 재검토가 필요하게 되었다.

　사신도에 묘사된 왜국 사신은 머리에 두건을 썼는데, 세 모본에서 묘사하고 있는 형태는 조금씩 다르다. 고덕겸모본은 매듭 방식이 나머지 두 모본과 차이를 보이고, 북송모본과 염립본모본은 대체로 유사한 형태이지만 북송모본은 두건의 색이 백색 계통 하나로 통일된 반면 염립본모본은 백색 바탕의 두건을 청색과 황색선으로 장식한 점이 다르다. 염립본모본의 사신은 고리 모양의 귀걸이를 하고 있지만 다른 두 모본에서는 이러한 모습을 확인할 수 없다. 사신의 자세는 가슴 부분까지 두 손을 올려 맨손으로 맞잡고 있는데, 고구려, 백제, 신라의 사신이 모두 소매에 손을 넣고 허리 부분까지 내린 공수(拱手) 자세를 취하고 있는 것과 비교된다. 세 모본 모두 손목에는 토시를 두르고, 발목에는 각반을 차고 있는 것으로 그렸으며, 신을 신지 않은 맨발이다.

　상반신과 하반신에 각각 한 장의 긴 천을 둘러 묶음으로써 의복을 대신하였으며, 허리에 또 하나의 천을 둘러 하의 역할을 하는 천을 고정하였다. 이러한 형태는 세 모본 모두 비슷하나, 북송모본이 상의를 갈색 하의를 백색 계통으로 묘사한 반면 염립본모본은 상·하의의 색은 모두 백색 계통으로 같으나 허리를 고정한 천을 붉은 색으로 그렸다. 또한 염립본모본에만 유일하게 상하의에 문양이 그려진 모습을 확인할 수 있는데 청색 원형을 붉은 계통의 기하무늬로 두른 문양을 장식하였다(이상의 복식 묘사는 氣賀澤保規, 2012; 안현주, 2020 참고).

　사신도에 묘사된 왜국 사신의 모습은 제기의 "가로로 된 포백(布帛)은 꿰매지 않고 다만 묶어서 서로 잇는다"라는 기록과 유사한데, 이 내용은 『삼국지』를 전재한 것이다. 사신도에 묘사된 것처럼 횡폭(橫幅)의 천을 이용하여 몸을 가린 복장을 야요이(彌生) 시대 일본인의 복장으로 파악하는 견해도 있다(안현주, 2020, pp.82~83).

사신도

왜국(倭國)

제기

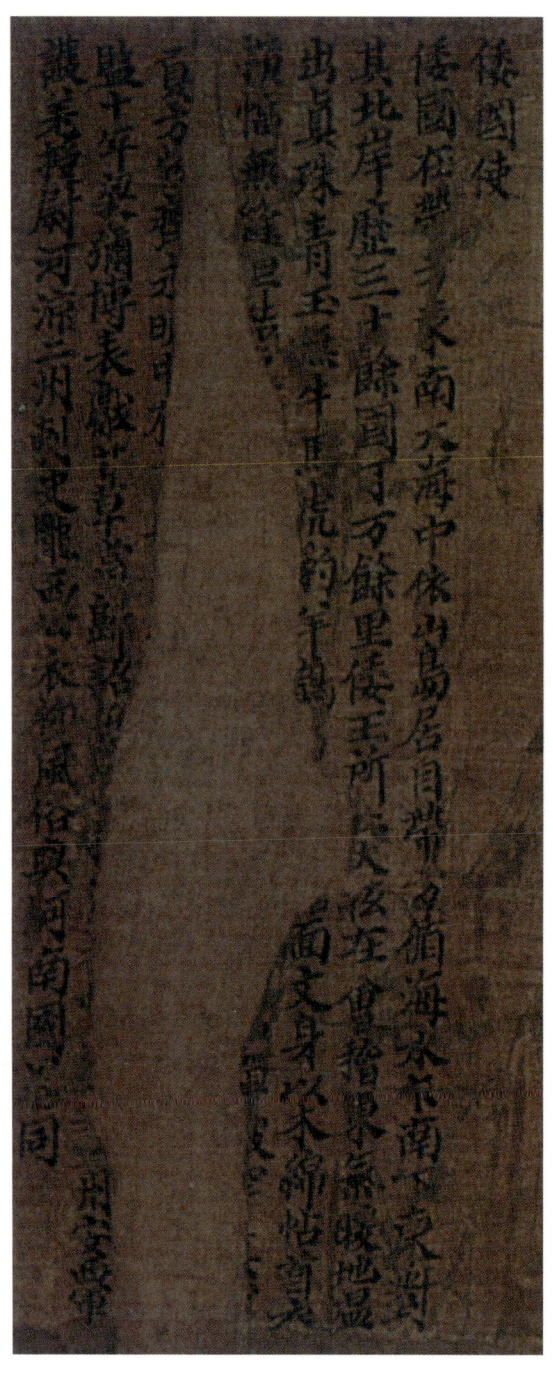

○ 북송모본

1. 원문 및 판독문

倭國使」倭國在帶方東南大海中依山島居 自帶方循海水乍南下416)東對」其北岸歷417)三十餘國可418)万餘里倭王所▨大▨419)在會稽東氣暖地溫」出眞420)珠靑玉無牛馬虎豹羊鵲▨▨▨421)面文身以木綿帖首422)衣」橫幅無縫但423)結424)▨425)…(결락)▨單被426)穿▨▨▨427)…(결락)

---

416) 榎一雄, 澤本·植田「下」/ 윤용구, 趙燦鵬「乍」
417) 榎一雄, 澤本·植田「歷」/ 윤용구「歷」
418) 榎一雄, 澤本·植田「丁」/ 윤용구「可」
419) 榎一雄, 澤本·植田「止大[扌+玄]」(擅의 속자)/ 윤용구「▨大▨」
420) 榎一雄, 澤本·植田, 趙燦鵬「眞」/ 윤용구「珍」
421) 榎一雄, 澤本·植田「▨▨▨▨▨」
422) 榎一雄, 澤本·植田「首」/ 윤용구「葛」
423) 榎一雄, 윤용구, 澤本·植田, 坂元義種「但」
424) 榎一雄, 윤용구, 澤本·植田, 坂元義種「結」
425) 榎一雄, 윤용구, 澤本·植田「▨」, 坂元義種「束」
426) 榎一雄, 澤本·植田「▨▨▨」/ 윤용구「單被」/ 坂元義種「如單被」
427) 榎一雄, 澤本·植田「▨▨▨」/ 윤용구「穿▨▨」/ 坂元義種「穿其中」

2. 교감문

倭國使. 倭國在帶方東南大海中. 依山島居. 自帶方循海水, 乍南乍東,[428] 對其北岸歷三十餘國, 可[429]萬餘里. 倭王所居[430], 大抵[431]在會稽東.[432] 氣暖地溫, 出眞珠靑玉, 無牛馬虎豹羊鵲.[433] 男子皆黥[434]面文身. 以木綿帖首衣. 橫幅無縫, 但結束[435] …(결락) 如單被, 穿其中[436] …(결락)

3. 역주

왜국 사신. 왜국은 대방의 동남쪽 큰 바다 가운데에 있다. 산이 많은 섬에 의거하여 산다. 대방으로부터 해안을 따라 물[길]로 [가는데][437] 때로는 남쪽으로 때로는 동쪽으로 그 북쪽 해안을 대하며 30여 국을[438] 지나는 것이 대략 만 여리이다.[439] 왜왕이 사는 곳은 대체로

---

428) 「乍南乍東」: 판독문 「乍南下東」 『양서』・『책부원구』에는 「乍東乍南」 『삼국지』・『북사』・『통지』・『문헌통고』에는 「乍南乍東」. 이에 의거하여 「下東」을 「乍東」으로 교감

429) 「可」: 「丁」으로도 판독할 수 있지만, 문맥상 「可」로 추독하고 교감

430) 「居」: 판독문 「▨」 『양서』의 「倭王所居」에 의거하여 「居」로 교감

431) 「大抵」: 판독문 「大▨」 『양서』에는 「大抵」. 문맥상 「大抵」로 교감

432) 「大抵在會稽東」: 『양서』에 이와 유사한 구절은 「大抵在會稽之東」 『삼국지』에는 「當在會稽・東冶之東」 『진서』에는 「當會稽東冶之東」 『수서』에는 「在會稽之東」

433) 「無牛馬虎豹羊鵲」: 『양서』에는 비슷한 구절이 없다. 『삼국지』에는 「其地無牛馬虎豹羊鵲」 『진서』에는 「土無牛馬」

434) 「男子皆黥」: 판독문 「▨▨▨▨」 『삼국지』에는 「男子無大小皆黥面文身」. 장경모본에는 「男子皆黥」. 따라서 판독이 불가능한 글자를 4자로 보고 「男子皆黥」으로 교감

435) 「但結束」: 판독문 「但結▨」 『양서』에 이와 유사한 구절은 「男女皆露紒. 富貴者以錦繡雜采爲帽, 似中國胡公頭」 『삼국지』에는 「男子皆露紒, 以木綿招頭. 其衣橫幅, 但結束相連, 略無縫」. 장경모본 또한 「以木棉帖頭衣, 橫幅無縫, 但結束相連」인 것을 보면 양직공도의 해당 문장은 『삼국지』의 문장을 기본으로 옮겨 적었을 것으로 생각된다. 따라서 「但結束」으로 교감. 『진서』에는 「其男子衣以橫幅, 但結束相連, 略無縫綴」

436) 「如單被, 穿其中」: 판독문 「▨單被穿▨▨」 『양서』에는 비슷한 구절이 없다. 『삼국지』에는 「婦人被髮屈紒, 作衣如單被, 穿其中央, 貫頭衣之」. 장경모본 또한 「婦人只被髮, 衣如單被, 穿其中, 貫頭衣之」인 것을 보면 양직공도의 해당 문장은 『삼국지』의 문장을 기본으로 옮겨적었을 것으로 생각된다. 따라서 「如單被, 穿其中」으로 교감. 『진서』에는 「婦人衣如單被, 穿其中央以貫頭, 而皆被髮徒跣」

437) 대방으로부터…[가는데]: 『양서』와 『삼국지』에는 「水」 뒤에 「行」이 있다. 판독대로 해석하면 동사를 찾을 수 없는 문제점이 있다.

438) 30여 국: 『삼국지』에 使譯이 통하는 나라가 30국이라고 했다.

439) 만 여리: 『삼국지』에는 郡에서 여왕국(邪馬臺國)에 이르는 거리를 1만 2천 리라고 했다. 『양서』에도 왜가 대방으로부터 1만 2천여 리 떨어져 있다고 되어 있다.

회계의 동쪽에 있다. 날씨는 따스하고 땅은 온난하며, 진주(眞珠)와 청옥(靑玉)이 나는데 소와 말, 호랑이, 표범, 양, 까치는 없다. 남자는 모두 얼굴과 몸에 글자를 새긴다. 목화를 머리에 [쓰는] 의복에 붙인다.440) 가로로 된 포백(布帛)은 꿰매지 않고, 다만 묶어서 …(결락) 홑겹 옷과 같은데, 그 가운데를 뚫어 …(결락)

○ 장경모본

1. 교감문

倭國. 在東南大海中. 依山島爲居. 地氣溫煖, 出珍珠靑玉, 無牛馬虎豹羊鵲. 男子皆黥面文身. 以木棉帖頭衣. 橫幅無縫, 但結束相連. 好沈水捕魚蛤.441) 婦人只被髮. 衣如單被, 穿其中, 貫頭衣之. 男女徒跣, 好以丹塗身.442) 種稻禾麻苧, 蠶桑, 出袖布縑錦.443) 兵用矛盾木弓, 箭用骨爲鏃.444) 其食以手, 器用籩豆.445) 死有棺無槨.446) 齊建元中, 奉表貢獻.

2. 역주

왜국. 동남쪽 큰 바다 가운데에 있다. 산이 많은 섬에 의거하여 산다. 땅의 기운은 온난하며, 진주(珍珠)와 청옥(靑玉)이 나는데 소와 말, 호랑이, 표범, 양, 까치는 없다. 남자는 모두 얼

---

440) 목화를…붙인다: 『삼국지』의 「招頭」는 「머리를 묶는다」로 해석한다.
441) 「好沈水捕魚蛤」: 『양서』에는 비슷한 구절이 없다. 『삼국지』에는 「今倭水人好沈沒捕魚蛤」 『진서』에는 「今倭人好沈沒取魚, 亦文身以厭水禽」 『수서』에는 「沒水捕魚」
442) 「好以丹塗身」: 『양서』에는 비슷한 구절이 없다. 『삼국지』에는 「倭地溫暖, 冬夏食生菜, 皆徒跣.」 「以朱丹塗其身體, 如中國用粉也」 『진서』에는 「而皆被髮徒跣」
443) 「種稻禾麻苧, 蠶桑, 出袖布縑錦」: 『양서』에 이와 유사한 구절은 「民種禾稻紵麻, 蠶桑織績」 『삼국지』에는 「種禾稻·紵麻·蠶桑·緝績, 出細紵·縑綿」 양직공도의 문장이 『삼국지』와 더 비슷하다. 『진서』는 「俗種禾稻紵麻, 而蠶桑織績」 『진서』의 문장은 『양서』와 거의 같다.
444) 「兵用矛盾木弓, 箭用骨爲鏃」: 『양서』에는 비슷한 구절이 없다. 『삼국지』에는 「兵用矛楯木弓. 木弓短下長上, 竹箭或鐵鏃或骨鏃, 所有無與儋耳 朱崖同」 『진시』에는 「有刀楯弓箭, 以鐵爲鏃」. 다만 『양서』에는 「物産略與儋耳·朱崖同」란 구절이 있어 『삼국지』를 축약했음을 알 수 있다.
445) 「其食以手, 器用籩豆」: 『양서』에 이와 유사한 구절은 「食飲用籩豆」 『삼국지』에는 「食飲用籩豆, 手食」 『진서』에는 「食飲用俎豆」 『수서』에는 「俗無盤俎, 藉以檞葉, 食用手餔之」 『양서』와 『진서』에는 보이지 않는 「手」가 『수서』에 보이는 점이 흥미롭다.
446) 「死有棺無槨」: 『양서』에 이와 유사한 구절은 「其死, 有棺無槨, 封土作冢」 『삼국지』에도 「其死, 有棺無槨, 封土作冢」으로 동일하다. 오히려 『진서』에 「死有棺無槨, 封土爲冢」으로 되어 있어 양직공도와 동일한 문장임을 확인할 수 있다.

굴과 몸에 글자를 새긴다. 목화를 머리에 붙여 입는다. 가로로 된 포백(布帛)은 꿰매지 않고, 다만 묶어서 서로 잇는다. 물에 가라앉아 물고기와 조개를 잡는 것을 좋아한다. 부인은 다만 머리를 풀어 헤친다. 옷은 홑겹 옷과 같은데, 그 가운데를 뚫어 머리를 관통시켜 입는다. 남녀가 맨발이고, 붉은 것(안료)을 몸에 바르기를 좋아한다. 벼(禾稻),[447] 삼과 모시풀을 재배하고, 누에를 치고 뽕나무를 가꾸며, 수포(袖布)[448]와 고운 비단이 난다. 병기는 창과 방패, 나무 활을 쓰고, 화살은 뼈를 써서 촉을 만든다. 먹을 때에는 손을 쓰고 그릇은 대나무와 나무 그릇(籩豆)을 쓴다. 죽으면 관은 쓰지만 곽은 쓰지 않는다. [남]제 건원 연간(479~482)에 표를 올리고 공물을 바쳤다.[449]

---

447) 벼(禾稻): 낱알이 긴 종자[長粒種] 계통의 줄기가 긴 벼(동북아역사재단 편, 2009, 『三國志·晉書 外國傳 譯註』, 동북아역사재단, p.88).

448) 수포(袖布): 「袖布」로는 문맥이 통하지 않는다. 『삼국지』에는 「細紵」 「細布」의 誤記로 생각된다.

449) 제나라…바쳤다: 장경모본에만 있는 내용이다. 479년 남제가 왜왕 武에게 사지절 도독 왜·신라·임나·加羅·진한·모한육국제군사 안동대장군에서 진동대장군을 제수한 기사가 『남제서』에 보이고, 『양서』에서도 건원 연간의 일로 기록되어 있다. 또한 『양서』에 502년 양무제가 즉위하자 왜왕 武를 정동대장군으로 승진시킨 기사가 있다. 하지만 이들은 모두 남제의 소도성과 양의 무제가 신왕조를 성립시킨 이후 일방적으로 책봉호를 내린 경우에 해당하므로(김종완, 1995, 『中國南北朝史硏究: 朝貢·交聘關係를 중심으로-』, 일조각, pp.117~118), 왜의 사신이 파견된 것으로 보기 어렵다고 한다(坂元義種, 1988, 「梁職貢圖의 倭国使臣圖에 대하여」, 『古代의 探究』, 學生社, pp.30~31). 이러한 관점에서 양직공도에 그려진 왜국 사신의 모습은 실제로 파견된 인물을 그린 것이 아니라 『삼국지』 등의 기록에 의거해 상상된 것으로 파악하는 견해가(上田正昭, 1964) 정설로 받아들여졌다(坂元義種, 1988, 위의 책, pp.31~33).
그런데 장경모본에서 건원 연간에 왜가 남제에 사신을 파견한 기록이 확인됨으로써 이 기록의 사실성을 인정할 수 있다면 이상의 견해는 재고를 필요로 하게 되었다. 河内春人은 양직공도의 제기가 『삼국지』 위서 왜인전과 다른 사료를 합성해서 만들어진 것으로 파악한 후, 장경모본의 사신 파견 기사를 사실로 인정하였다. 그에 따르면 왜왕 武가 남제로부터 책봉을 받은 정황은 다음의 두 가지 경우로 상정될 수 있다. 하나는 479년에 武가 사신을 파견해서 그 때 임명받는 경우다. 다른 하나는 남제가 건국 직후에 왕조 개창을 축하며 일제히 進號를 실시하였고 그 뒤에 왜의 사신이 남제에 도착한 경우이다. 그는 이 중 어떤 경우라도 왜왕 武가 남제에 한 번 사신을 파견한 일을 확인할 수 있다고 보고, 이것이 왜의 오왕이 마지막으로 파견한 對중국 사신이라고 하였다(河内春人, 2018, 『倭の五王-王位繼承と五世紀の東アジア-』, 中公新書, pp.212~215).
이러한 견해를 따를 수 있다면 이 기록은 479년 가라국의 對남제 사신 파견 정황을 새롭게 이해하는 주장의 근거가 될 수 있다. 그간 479년 가라국의 對남제 사신 파견은 백제의 인도, 또는 가라국의 독자적 입공으로 파악되어 왔다. 가라국의 독자 입공을 주장하는 가장 중요한 근거는 479년에 백제가 남제에 사신을 파견하지 않았던 사실이다(백제의 對남제 사신 파견은 480년 3월이 처음임). 그런데 만약 河内春人이 상정한 전자의 경우가 사실이라면 왜가 479년에 남제에 사신을 파견한 것이고, 그렇다면 왜와 가라국 사신의 동반 입공, 즉 왜의 가라국 사신 인도를 상정할 수도 있다(위가야, 2021, 「영역 인식의 交錯지대로서의 전북 동부지역 이해를 위한 小論」, 『백제학보』 38, pp.45~46). 가라국왕이 받은 보국장군호가 백제와 왜에서는 신하가 받았던 장군호였던 것 또한 가라국의 독자 입공보다는 주변국의 중개를 통한 입공이었을 가능성을 상정케 하는 상황일 수 있다. 현재로서는 새로운 자료가 나오기 전까지 가라국의 對남제 사신 파견

참고자료

○ 『공괴집』 권75 왜국

왜국. [송] 무제가 그 왕 무(武)를 진호하여 정동대장군(征東大將軍)으로 삼았다.[450]

○ 『삼국지』 권30 왜인

　왜인(倭人)은 대방(帶方) 동남쪽의 대해(大海) 중에 살고 있는데, 산이 많은 섬에 의지하여 국읍(國邑)을 이루었다. 옛적에는 100여 나라(國)였는데, 한나라 때 조정에 알현하는 나라가 있었고, 지금은 사역(使譯)이 통하는 곳이 30개 나라이다.

　[대방]군에서 왜(倭)에 이르기까지 해안을 따라 수로로 가는데, 한국(韓國)을 지나 때로는 남쪽으로 때로는 동쪽으로 [나아가면] 그 북안(北岸)인 구야한국(狗邪韓國)에 도착하는데, [거리가] 7,000여 리(里)이다. 처음으로 바다 하나를 건너, 1,000여 리를 가면 대마국(對馬國)에 도착한다. 그 대관(大官)은 비구(卑狗)라 부르고, 그 부[관](副官)은 비노모리(卑奴母離)라 부른다. 사는 곳은 외딴 섬인데 사방이 400여 리 정도이고, 토지는 산이 험하고 깊게 우거진 수풀이 많으며, 도로는 날짐승과 들짐승이 다니는 길과 같다. 1,000여 호가 있으나, 기름진 농지가 없어서 바다에서 나는 것을 먹으며 생활하면서, 배를 타고 남쪽과 북쪽으로 가서 식량을 사들인다. 또 남쪽으로 바다 하나를 건너 1,000여 리를 가는데, [이 바다의] 이름은 넓고 큰 바다(瀚海)라고 하고 일대국(一大國)에 이른다. [대]관(大官)은 또한 비구(卑狗)라 부르고, 부[관](副官)도 비노모리(卑奴母離)라 부른다. 사방은 300리 정도이고, 대나무와 잡목이 우거진 숲이 많으며, 3,000 정도의 가(家)가 있다. 약간의 전지(田地)가 있지만, 농사를 지어도 여전히 먹기에 부족하므로, 역시 남쪽과 북쪽으로 가서 식량을 사들인다. 또 바다 하나를 건너서 1,000여 리를 가면 말로국(末盧國)에 이른다. 4,000여 호가 있는데, 산과 바다 가까이에 살고, 초목이 무성하여 길을 갈 때 앞에 가는 사람을 볼 수 없다. 물고기와 전복잡기를 좋아하

　　　은 독자 입공 또는 백제를 통한 입공으로 이해한 기존 견해에 더해 왜와의 동반 입공 가능성도 염두에 두고 연구를 진행할 필요가 있다고 여겨진다.
450) "倭國. 武帝進其王武爲征東大將軍."

여 물이 깊고 얕은 것을 가리지 않고 모두 물속에 가라앉아서 그것들을 잡는다. 동남쪽으로 육로 500리를 가면 이도국(伊都國)에 도착한다. [대]관(大官)은 이지(爾支)라 부르고, 부[관](副官)은 설모고(泄謨觚) 또는 병거고(柄渠觚)라 부른다. 1,000여 호가 있는데, 대대로 왕이 있었지만 모두 여왕국(女王國)에 통속되어 있어서, 군사(郡使)가 왕래하며 항상 주재(駐在)하는 곳이다. 동남쪽으로 노국(奴國)에 이르는 [거리는] 100리이다. [대]관(大官)은 시마고(兕馬觚)라 부르고, 부[관](副官)은 비노모리라 부른다. 2만여 호가 있다. 동쪽으로 가면 불미국(不彌國)에 이르는데, [거리는] 100리이다. [대]관(大官)은 다모(多模)라 부르고, 부[관](副官)은 비노모리(卑奴母離)라 부른다. 1,000여 가(家)가 있다. 남쪽으로 가면 투마국(投馬國)에 이르는데, 수로로 20일을 간다. [대]관(大官)은 미미(彌彌)라 부르고, 부[관](副官)은 미미나리(彌彌那利)라 부른다. 5만여 호 정도이다. 남쪽으로 가면 야마일국(邪馬壹國)에 이르는데, 여왕(女王)이 도읍(都邑)한 곳이다. 수로로 10일, 육로로 1개월을 간다. [대]관(大官)으로 이지마(伊支馬)가 있고, 그 다음은 미마승(彌馬升)이라 부르며, 그 다음은 미마획지(彌馬獲支)라 부르고, 그 다음은 노가제(奴佳鞮)라 부른다. 7만여 호 정도가 있다. 여왕국(女王國)의 이북부터는 그 호구의 숫자(戶數)와 여정 및 거리(道里)를 대략이라도 기재할 수 있지만, 그 나머지 주변의 나라는 멀고 외진 곳에 있어서 상세한 사정을 알 수 없다. 다음으로 사마국(斯馬國)이 있고, 다음으로 이백지국(已百支國)이 있으며, 다음으로 이사국(伊邪國)이 있고, 다음으로 도지국(都支國)이 있으며, 다음으로 미노국(彌奴國)이 있고, 다음으로 호고도국(好古都國)이 있으며, 다음으로 불호국(不呼國)이 있고, 다음으로 저노국(姐奴國)이 있으며, 다음으로 대소국(對蘇國)이 있고, 다음으로 소노국(蘇奴國) 있으며, 다음으로 호읍국(呼邑國)이 있고, 다음으로 화노소노국(華奴蘇奴國)이 있으며, 다음으로 귀국(鬼國)이 있고, 다음으로 위오국(爲吾國)이 있으며, 다음으로 귀노국(鬼奴國)이 있고, 다음으로 야마국(邪馬國)이 있으며, 다음으로 궁신국(躬臣國)이 있고, 다음으로 파리국(巴利國)이 있으며, 다음으로 지유국(支惟國)이 있고, 다음으로 오노국(烏奴國)이 있으며, 다음으로 노국(奴國)이 있는데, 이것이 여왕의 경계(境界)를 다 [열거한] 것이다. 그 남쪽에는 구노국(狗奴國)이 있는데, 남자가 왕이 되었고, 그 관(官)에는 구고지비구(狗古智卑狗)가 있으며, 여왕[국]에 속하지 않았다. 군(郡)에서 여왕국에 이르는 [거리는] 1만 2,000여 리이다.

남자는 어른과 아이를 가리지 않고 모두 얼굴과 몸에 글자를 새긴다. 옛적부터 그 사신들이 중국에 이르렀는데, 모두 스스로 대부(大夫)라고 칭하였다. 하후소강(夏后少康)의 아들이 회계(會稽)에 봉해지자, 머리카락을 자르고 몸에 글자를 새겨 교룡(蛟龍)이 해를 피하였다. 지금 왜(倭)의 수인(水人)은 [물속에] 가라앉아 물고기와 조개잡기를 좋아하는데, 문신은 원래는 큰 물고기와 물속 짐승을 피하려는 것이었다. 후에 점차 장식이 되었다. 여러 나라들의 문신이 각각 달라 혹은 왼쪽 혹은 오른쪽이거나 혹은 크고 혹은 작은데 [신분의] 높고 낮음에 따라서 차이가 있었다. 그 여정 및 거리를 헤아려 보면 마땅히 회계(會稽) 동야(東冶)의 동쪽에 있어야 한다. 그 풍속은 음란(淫亂)하지 않다. 남자는 모두 관을 쓰지 않고 머리를 드러내는데 목면(木綿)으로 머리를 묶는다. 그 옷은 모두 가로의 폭이 넓은 천(橫幅)을 다만 묶어서 서로 이었으며, 실로 꿰매는 경우는 거의 없다. 부인은 머리카락을 풀어헤치거나 말아서 뒤로 묶었다. 만든 옷은 얇은 이불(單被)과 같은데, 그 가운데를 뚫고 [그곳으로] 머리를 넣어 입는다. 벼와 모시풀을 재배하고, 양잠과 길쌈을 하며, 세모시와 좋은 비단이 난다.

　그 땅에는 소, 말, 호랑이, 표범, 양, 까치가 없다. 병장기로는 창, 방패, 목궁(木弓)을 사용한다. 목궁은 아랫부분을 짧게 하고 윗부분을 길게 한다. 대나무 화살은 어떤 것은 철로 된 화살촉이고 어떤 것은 뼈로 된 화살촉이다. 있거나 없는 것이 담이(儋耳) 및 주애(朱崖)와 같다. 왜의 땅은 온난하여, 겨울에도 여름에도 생채(生菜)를 먹고 모두 맨발로 다닌다. 옥실(屋室)이 있는데, 부모형제가 누워 쉬는 곳이 서로 다르다. 붉은색 안료를 몸에 바르는데, 중국에서 분(粉)을 사용하는 것과 같다. 먹고 마실 때는 변두(籩豆)를 사용하는데, 손으로 먹는다. 죽으면 관(棺)은 쓰지만 곽(槨)은 쓰지 않고, 흙을 쌓아 무덤(冢)을 만든다. 막 죽었을 때는 10여 일 동안 매장하지 않는데 이때는 고기를 먹지 않고, 상주(喪主)는 곡읍(哭泣)하지만 다른 사람들은 와서 노래하고 춤추면서 술을 마신다. 장사(葬事)가 끝나면 온 가족이 물속으로 들어가서 목욕하는데, 연목(練沐)과 같다. 그 사행(使行)함에 바다를 건너 중국에 올 때는 항상 한 사람에게 머리를 빗지 못하게 하고, 서캐와 이를 없애지 못하게 하며, 의복은 때가 묻어서 더럽게 하고, 고기를 먹지 못하게 하며, 부인을 가까이 하지 못하게 하여, 마치 초상을 치르는 사람[喪人]과 같았는데, 그를 이름 붙여 지최(持衰)라고 했다. 만약 사행길에 좋은 일이 있을 징조가 생기면 모두 그에게 생구(生口)와 재물을 주고, 만약 질병이 있고 폭풍의 재해를 만나면 곧바로 그를 죽이려고 하면서, 그 지최(持衰)가 삼가지 않았다고 한다. 진주(眞珠)와 청옥(靑玉)이 난다. 그 산에는 단(丹)이 있고, 그 나무로는 매화나무(枏), 노송나무(杼), 녹나무(豫樟), 모과나무(楺), 상수리나무(櫪), 감귤나무(投), 떡갈나무(橿), 박태기나무(烏號), 단풍나무(楓香)가 있다. 그 대나무로는 조릿대(篠)와 해장죽(簳), 도지(桃支)가 있다. 생강(薑), 귤(橘), 산초(椒), 양하(蘘荷)가 있지만, 이것들을 맛내기에 쓸 줄은 모른다. 원숭이(獼猴)와 검은 꿩(黑雉)이 있다.

그 풍속에 일을 거행하거나 오고 갈 때, 말하거나 해야 하는 것이 있으면 번번이 뼈를 불에 태워서 점쳐서 길흉(吉凶)을 묻고, 우선 점친 것을 알리는데, 그 말은 귀신을 부리는 법과 같아서 [뼈가] 불에 타서 갈라진 것을 보고 조짐을 점친다. 그들은 회동(會同)할 때 좌석 차례에 아버지와 아들, 남자와 여자의 구별이 없다. 사람들의 성질이 술을 즐긴다<『위략(魏略)』에서 말했다. "그 풍속은 정세(正歲)와 네 계절을 모르고, 단지 봄에 밭을 갈고 가을에 추수하는 것을 헤아려 한 해로 삼는다">.

대인(大人)을 만나면 존경의 뜻을 보임에 단지 손뼉을 쳐서 무릎을 꿇고 절하는 것에 상당하게 한다. 그 사람들은 장수하는데(壽考), 어떤 사람은 100년을 살고, 어떤 사람은 80 내지 90년을 산다. 그 풍속은 나라의 대인(大人)은 모두 4 내지 5명을 부인으로 삼고, 하호(下戶)도 어떤 사람은 2 내지 3명을 부인으로 삼았다. 부인은 음란하지 않고, 투기하지 않는다. 도적질하지 않아서 소송으로 다투는 일(爭訟)이 적다. 법을 어기면 [죄가] 가벼운 자는 그 처와 자식을 적몰(籍沒)하고, 무거운 자는 그 문호(門戶)를 멸한다. 종족(宗族)의 존비(尊卑)에 미쳐서는 각각 등급이 있어서 서로 신복(臣服)할 만하다. 세금(租賦)을 거둔다. 저각(邸閣)이 있는데, 나라마다 시장이 있어서 있고 없는 것을 서로 교역한다. [왕은] 대왜(大倭)를 시켜서 그것을 감독하도록 한다. 여왕국으로부터 이북에는 특별히 일대솔(一大率)을 두어 여러 나라를 단속하고 살피도록 하였으므로 여러 나라는 그를 두려워하면서 꺼렸다. [일대솔은] 항상 이도국(伊都國)에서 다스렸는데, 나라 안에 자사(刺史)가 있는 것과 같다. 왕이 사신을 보내 경도(京都), 대방군에 이르게 하고, 여러 한국(韓國) 및 군이 왜국(倭國)에 사신을 보낼 때 모두 나루터에 와서 드러난 것을 점검하고, 전달해서 보낸 문서와 하사하여 보내준 물건이 여왕에게 이르게 하는 데 실수나 착오가 없었다. 하호(下戶)가 대인(大人)과 도로에서 서로 마주치면 공손히 뒷걸음질 쳐서 풀숲으로 들어간다. 말을 전달하거나 일을 설명할 때는 어떤 사람은 몸을 웅크리고 어떤 사람은 무릎을 꿇으며, 양손은 땅에 대는데, 공경을 나타내는 것이다. 응답할 때는 소리 내어 '희(噫)'라고 하는데, 비교하자면 '예(然諾)'라고 하는 것과 같다.

그 나라는 본래 남자를 왕으로 삼았는데, 70 내지 80년이 지나자 왜국이 어지러워져서 서로 공벌(攻伐)한 지 여러 해가 되었다. 이에 모두 함께 한 여자를 세워 왕으로 삼았는데, 이름은 비미호(卑彌呼)라고 한다. [그녀는] 귀도(鬼道)를 섬겨서 무리를 미혹할 수 있었는데, 나이가 이미 많았음에도 지아비가 없고, 남동생이 있어서 나라를 다스리는 것을 보좌하였다. 왕이 되고부터 [그녀를] 본 자가 적었다. [그녀는] 여자 종[婢] 1,000명으로써 자신을 모시도록 하였으며, 오직 남자 1명이 있어서 [그가] 음식을 올리거나 말을 전달하러 출입하였다. 궁실(宮室)과 누관(樓觀)에 거처하였는데, 성책(城柵)을 엄중하게 설치하고 항상 병기(兵器)를 지닌 사람이 있어서 [그녀를] 지켰다.

여왕국의 동쪽으로 바다 1,000여 리를 건너면 다시 나라가 있는데 모두 왜종(倭種)이다. 또 주유국(侏儒國)이 그 남쪽에 있는데 사람들의 키가 3 내지 4척(尺)이다. 여왕[국](女王國)에서 4,000여 리 떨어져 있다. 또 나국(裸國)과 흑치국(黑齒國)이 다시 그 동남쪽에 있는데, 배를 타고 1년을 가면 이를 수 있다. 왜의 땅을 헤아려 보면 아득히 멀리 바다 가운데의 섬 위에 있는데, 어떤 곳은 떨어져 있지만 어떤 곳은 이어져 있으며 구불구불하게 얽히고설킨 것이 5,000여 리 정도이다.

경초(景初) 2년(238) 6월에 왜의 여왕이 대부(大夫) 난승미(難升米) 등을 보내 [대방]군에 이르게 하여 천자(天子)에게 나아가서 조헌(朝獻)하기를 요청하였다. 태수(太守) 유하(劉夏)가 [관]리(官吏)를 보내 전송(傳送)하여 경도(京都)에 이르게 하였다. 그해(239) 12월에 조서(詔書)를 내려서 왜의 여왕에게 답하여 말하였다. "친위왜왕(親魏倭王) 비미호(卑彌呼)에게 제조(制詔)한다. 대방태수 유하가 사인(使人)을 보내 너의 대부 난승미와 차사(次使) 도시우리(都市牛利)를 호송하고 네가 바친 남자 생구(生口) 4인, 여자 생구 6인, 반포(斑布) 2필(匹) 2장(丈)을 받들어서 [경도에] 도달했다. 네가 있는 곳은 대단히 먼데 이처럼 사인을 파견하여 공헌(貢獻)하였으니, 이는 너의 충성(忠誠)과 효심(孝心)인지라 나는 너를 매우 어여쁘게 여긴다. 이제 너를 친위왜왕으로 삼고, 내려줄 금인자수(金印紫綬)는 장봉(裝封)하여 대방태수에게 보내어 너에게 내려주게 하겠다. 너희 나라 사람(種人)들을 편안하게 어루만져 달래고 효순(孝順)하는 데 힘쓰도록 하라. …(중략) 정시(正始) 원년(240)에 태수 궁준(弓遵)이 건충교위(建忠校尉) 제준(梯儁) 등을 보내 조서(詔書)와 인수(印綬)를 받들고 왜국에 이르게 하였다. 왜왕에게 벼슬을 주고 아울러 조서(詔書)를 가져와서 금(金), 비단(帛), 비단으로 짠 융단(錦罽), 칼(刀), 거울(鏡), 채물(采物)을 내려주니, 왜왕이 이에 사신을 보내 은조(恩詔)에 감사하는 응답으로 표문(表文)을 올렸다. 그 4년(243)에도 왜왕이 다시 사신으로 대부(大夫) 이성기(伊聲耆)와 액사구(掖邪狗) 등 8인을 보내 생구(生口), 왜금(倭錦), 강청겸(絳靑縑), 면의(緜衣), 백포(帛布), 단목(丹木), 부(犴), 단궁시(短弓矢)를 헌상했다. 액사구 등은 솔선중랑장(率先中郎長)의 인수(印綬)를 똑같이 내려받았다. 그 6년(245)에 조서로써 왜의 난승미에게 황당(黃幢)을 내려주었는데, 군을 통해서 수여하였다. 그 8년(247)에 태수 왕기(王頎)가 관부(官府)에 도착하였다. 왜의 여왕 비미호는 구노국(狗奴國)의 남자 왕(男王)인 비미궁호(卑彌弓呼)와 본디 불화(不和)하였는데, 왜재사(倭載斯)와 오월(烏越) 등을 보내 군(郡)에 나아가 서로 공격한 상황을 말하게 하였다. [왕기가] 새조연사(塞曹掾史) 장정(張政) 등을 보내는데, 이로 인하여 조서(詔書)와 황당(黃幢)을 지니게 하여 난승미(難升米)에게 벼슬을 주고 격문(檄文)을 만들어서 타이르게 하였다. 비미호가 죽자 무덤을 크게 만들었는데, 지름이 100여 보(步)였고 순장(殉葬)된 자는 노비(奴婢) 100여 명이었다. 새롭게 남자 왕을 세웠으나 국중(國中)의 사람들이 불복(不服)하여 다시 서로 주살(誅殺)하니, 당시 죽은 사람이 1,000여 인이었다. 다시 비미호의 종녀(宗女)인 일여(壹與)를 [왕으로] 세웠는데, 나이 13세에 왕이 되었지만 국중(國中)이 드디어 안정되었다. [장]정(張政) 등이 격문을 써서 일여를 타이르니, 일여가 왜의 대부 솔선중랑장 액사구 등 20인을 보내 [장]정 등을 돌려 보내고, 이로 인하여 [액사구 등이] 대(臺)로 나아가 남녀 생구(生口) 30인을 헌상(獻上)하고 백주(白珠) 5,000, 공청대구주(孔靑大句珠) 2매(枚), 이문잡금(異文雜錦) 20필을 바쳤다.[451)]

---

451) "倭人在帶方東南大海之中, 依山島爲國邑. 舊百餘國, 漢時有朝見者, 今使譯所通三十國. 從郡至倭, 循海岸水行, 歷韓國, 乍南乍東, 到其北岸狗邪韓國, 七千餘里. 始度一海, 千餘里至對馬國. 其大官曰卑狗, 副曰卑奴母離. 所居絶島, 方可四百餘里, 土地山險, 多深林, 道路如禽鹿徑. 有千餘戶, 無良田, 食海物自活, 乖船南北市糴. 又南渡一海千餘里, 名曰瀚海, 至一大國. 官亦曰卑狗, 副曰卑奴母離. 方可三百里, 多竹木叢林, 有三千許家. 差有田地, 耕田猶不足食, 亦南北市糴. 又渡一海, 千餘里至末盧國. 有四千餘戶, 濱山海居, 草木茂盛, 行

不見前人. 好捕魚鰒, 水無深淺, 皆沈沒取之. 東南陸行五百里, 到伊都國. 官曰爾支, 副曰泄謨觚·柄渠觚. 有千餘戶, 世有王, 皆統屬女王國, 郡使往來常所駐. 東南至奴國百里. 官曰兕馬觚, 副曰卑奴母離. 有二萬餘戶. 東行至不彌國百里, 官曰多模, 副曰卑奴母離. 有千餘家. 南至投馬國, 水行二十日. 官曰彌彌, 副曰彌彌那利. 可五萬餘戶. 南至邪馬壹國, 女王之所都. 水行十日, 陸行一月. 官有伊支馬, 次曰彌馬升, 次曰彌馬獲支, 次曰奴佳鞮. 可七萬餘戶. 自女王國以北, 其戶數道里可得略載, 其餘旁國遠絶, 不可得詳. 次有斯馬國, 次有已百支國, 次有伊邪國, 次有都支國, 次有彌奴國, 次有好古都國, 次有不呼國, 次有姐奴國, 次有對蘇國, 次有蘇奴國, 次有呼邑國, 次有華奴蘇奴國, 次有鬼國, 次有爲吾國, 次有鬼奴國, 次有邪馬國, 次有躬臣國, 次有巴利國, 次有支惟國, 次有烏奴國, 次有奴國, 此女王境界所盡. 其南有狗奴國, 男子爲王, 其官有狗古智卑狗, 不屬女王. 自郡至女王國萬二千餘里.

男子無大小皆黥面文身. 自古以來, 其使詣中國, 皆自稱大夫. 夏后少康之子封於會稽, 斷髮文身以避蛟龍之害. 今倭水人好沈沒捕魚蛤, 文身亦以厭大魚水禽. 後稍以爲飾. 諸國文身各異, 或左或右, 或大或小, 尊卑有差. 計其道里, 當在會稽·東冶之東. 其風俗不淫. 男子皆露紒, 以木綿招頭. 其衣橫幅, 但結束相連, 略無縫. 婦人被髮屈紒. 作衣如單被, 穿其中央, 貫頭衣之. 種禾稻·紵麻, 蠶桑·緝績, 出細紵·縑綿. 其地無牛馬虎豹羊鵲. 兵用矛·楯·木弓. 木弓短下長上. 竹箭或鐵鏃或骨鏃. 所有無與儋耳·朱崖同. 倭地溫暖, 冬夏食生菜, 皆徒跣. 有屋室, 父母兄弟臥息異處. 以朱丹塗其身體, 如中國用粉也. 食飮用籩豆, 手食. 其死, 有棺無槨, 封土作冢. 始死停喪十餘日, 當時不食肉, 喪主哭泣, 他人就歌舞飮酒. 已葬, 擧家詣水中澡浴, 以如練沐. 其行來渡海詣中國, 恆使一人, 不梳頭, 不去蟣蝨, 衣服垢汚, 不食肉, 不近婦人, 如喪人, 名之爲持衰. 若行者吉善, 共顧其生口財物, 若有疾病, 遭暴害, 便欲殺之, 謂其持衰不謹. 出眞珠·靑玉. 其山有丹, 其木有柟·杼·豫樟·楺·櫪·投·橿·烏號·楓香. 其竹篠·簳·桃支. 有薑·橘·椒·蘘荷, 不知以爲滋味. 有獼猴·黑雉. 其俗擧事行來, 有所云爲, 輒灼骨而卜, 以占吉凶, 先告所卜, 其辭如令龜法, 視火坼占兆. 其會同坐起, 父子男女無別. 人性嗜酒＜魏略曰, 其俗不知正歲四節, 但計春耕秋收爲年紀.＞.

見大人所敬, 但搏手以當跪拜. 其人壽考, 或百年, 或八九十年. 其俗, 國大人皆四五婦, 下戶或二三婦. 婦人不淫, 不妒忌. 不盜竊, 少諍訟. 其犯法, 輕者沒其妻子, 重者滅其門戶. 及宗族尊卑, 各有差序, 足相臣服. 收租賦. 有邸閣, 國國有市, 交易有無. 使大倭監之. 自女王國以北, 特置一大率, 檢察諸國, 諸國畏憚之. 常治伊都國, 於國中有如刺史. 王遣使詣京都·帶方郡, 諸韓國及郡使倭國, 皆臨津搜露, 傳送文書賜遺之物詣女王, 不得差錯. 下戶與大人相逢道路, 逡巡入草. 傳辭說事, 或蹲或跪, 兩手據地, 爲之恭敬. 對應聲曰噫, 比如然諾.

其國本亦以男子爲王, 住七八十年, 倭國亂, 相攻伐歷年, 乃共立一女子爲王, 名曰卑彌呼. 事鬼道, 能惑衆, 年已長大, 無夫婿, 有男弟佐治國. 自爲王以來, 少有見者. 以婢千人自侍, 唯有男子一人給飮食, 傳辭出入. 居處宮室樓觀, 城柵嚴設, 常有人持兵守衛.

女王國東渡海千餘里, 復有國, 皆倭種. 又有侏儒國在其南, 人長三四尺. 去女王四千餘里. 又有裸國·黑齒國復在其東南, 船行一年可至. 參問倭地, 絶在海中洲島之上, 或絶或連, 周旋可五千餘里.

景初二年六月, 倭女王遣大夫難升米等詣郡, 求詣天子朝獻. 太守劉夏遣吏將送詣京都. 其年十二月, 詔書報倭女王曰. 制詔親魏倭王卑彌呼. 帶方太守劉夏遣使送汝大夫難升米·次使都市牛利奉汝所獻男生口四人·女生口六人·班布二匹二丈, 以到. 汝所在踰遠, 乃遣使貢獻, 是汝之忠孝, 我甚哀汝. 今以汝爲親魏倭王, 假金印紫綬, 裝封付帶方太守假授汝. 其綬撫種人, 勉爲孝順. …(중략) 正始元年, 太守弓遵遣建中校尉梯儁等奉詔書印綬詣倭國. 拜假倭王, 幷齎詔賜金·帛·錦罽·刀·鏡·采物, 倭王因使上表答謝恩詔. 其四年, 倭王復遣使大夫伊聲者·掖邪狗等八人, 上獻生口·倭錦·絳靑縑·綿衣·帛布·丹木·??·短弓矢. 掖邪狗等壹拜率善中郞將印綬. 其六年, 詔賜倭難升米黃幢, 付郡假授. 其八年, 太守王頎到官. 倭女王卑彌呼與狗奴國男王卑彌弓呼素不和, 遣倭載斯·烏越等詣郡說相攻擊狀. 遣塞曹掾史張政等因齎詔書, 黃幢, 拜假難升米爲檄告喩之. 卑彌呼以死, 大作冢, 徑百餘步, 狗葬者奴婢百餘人. 更立男王, 國中不服, 更相誅殺, 當時殺千餘人. 復立卑彌呼宗女壹與, 年十三爲王, 國中遂定. 政等以檄告喩壹與, 壹與遣倭大夫率善中郞將掖邪狗等二十人送政等還, 因詣臺, 獻上男女生口三十人, 貢白珠五千, 孔靑大句珠二枚, 異文雜錦二十匹."

○『양서』권54 왜국

왜(倭)는 스스로 태백(太伯)의 후예라고 말한다. 풍속에 모두 문신을 한다. 대방(帶方)에서 1만 2,000 여리 떨어져 있는데, 대체로 회계(會稽)의 동쪽에 있어 서로 떨어진 것이 아주 멀다. 대방으로부터 왜에 이르기까지 바다를 따라 수로로 가는데, 한국(韓國)을 지나 때로는 동쪽으로 때로는 남쪽으로 [나아가길] 7,000여 리에 처음으로 바다 하나를 건넌다. 바다의 너비는 천여 리이고 넓고 큰 바다(瀚海)라고 하며 일지국(一支國)에 이른다. 다시 바다 하나 천여 리를 건너면 이름을 미로국(末盧國)이라고 한다. 다시 동남쪽 육로로 500리를 가면 이도국(伊都國)에 이른다. 다시 동남쪽으로 백리를 가면 노국(奴國)에 이른다. 다시 동쪽으로 백리를 가면 불미국(不彌國)에 이른다. 다시 남쪽으로 수로로 20일을 가면 투마국(投馬國)에 이른다. 다시 남쪽으로 수로로 10일, 육로로 1달을 가면 야마대국(邪馬臺國)에 이르는데 바로 왜왕(倭王)이 사는 곳이다. 그 관(官)에 이지마(伊支馬)가 있고 그 다음은 미마획지(彌馬獲支)라 하고 그 다음은 노왕제(奴往鞮)라 한다. 백성들은 벼(禾稻), 삼과 모시풀을 재배하고 누에를 치고 뽕나무를 가꾸어 옷감을 만들고 실을 잣는다. 생강, 계수나무, 귤, 산초, 차조기가 있다. 검은 꿩, 진주(眞珠), 청옥(靑玉)이 난다. 소처럼 생긴 짐승이 있는데 산쥐라고 한다. 또한 큰 뱀이 있어 이 짐승을 삼킨다. 뱀의 껍질이 견고하여 자를 수 없고, 그 위에 구멍이 있어 때로는 열리고 때로는 닫히며 간간이 빛이 나는데, 이곳을 쏘아 맞히면 뱀이 바로 죽는다. 물산은 대체로 담이(儋耳)·주애(朱崖)와 같다. 땅이 온난하고 풍속이 음란하지 않다. 남녀가 모두 상투를 드러낸다. 부귀한 자들은 수놓은 비단과 여러 가지 색의 비단으로 모자를 만드는데 중국의 호공두(胡公頭)와 비슷하다. 먹고 마실 때에는 대나무 그릇과 나무 그릇(籩豆)을 쓴다. 사람이 죽으면 관은 있지만 곽은 없으며 흙을 쌓아 무덤을 만든다. 사람들의 성품이 모두 술을 즐긴다. 백성들이 하(夏)나라의 정월(正歲: 음력 1월)을 알지 못하는데, 장수하는 사람이 많아 80~90세에 이르는 일이 많고 때로는 100세에 이른다. 그 백성들에 여자가 많고 남자가 적어서 귀한 자들은 4~5명의 처를 두기에 이르며, 천한 자도 오히려 2~3명의 처를 둔다. 부인은 음란하거나 질투하지 않는다. 물건을 훔치지 않아 송사를 다투는 일이 적다. 만약 법을 어기면 가벼운 자는 그 처자를 적몰시키고, 무거우면 그 종족을 멸한다.

한나라 영제(靈帝) 광화(光和) 연간(178~183)에 왜국이 어지러워져 서로 공격하여 정벌한 것이 여러 해를 지났고, 마침내 비미호(卑彌呼)라는 한 여자를 함께 세워 왕으로 삼았다. 미호(彌呼)는 남편이 없었는데, 귀도(鬼道)로 많은 사람을 미혹할 수 있었으므로 국인(國人)이 그를 [왕으로] 세웠다. 남동생이 있어 나라를 다스리는 것을 도왔다. 왕이 되고부터는 [비미호를] 본 자가 적었는데, 여종 1,000명으로써 따로 시중 들게 하고 오직 한 남자로 하여금 출입하며 교령(敎令)을 전달하게 하였다. 거처하는 궁실에는 항상 병사가 있어 지켰다. 위(魏)나라 경초(景初) 3년(239)에 공손연(公孫淵)이 주살된 후 비미호가 처음으로 사신을 보내 조공하였는데, 위는 [비미호를] 친왜왕(親倭王)으로 삼고 금인(金印)과 자수(紫綬)를 주었다. 정시(正始) 연간(240~249)에 비미호가 죽고 다시 남자왕을 세웠는데 국중(國中)이 복종하지 않아 다시 서로 주살(誅殺)하니 비미호의 종녀(宗女)인 일여(臺與)를 다시 세워 왕으로 삼았다. 그 후 다시 남자왕을 세웠는데, 모두 중국의 작명(爵命)을 받았다. 진(晉)나라 안제(安帝) 때(397~418), 왜왕(倭王) 찬(贊)이 있었다. 찬이 죽자 아우 미(彌)를 세웠다. 미가 죽자 아들 제(濟)를 세웠다. 제가 죽자 아들 흥(興)을 세웠다. 흥이 죽자 아우 무(武)를 세웠다. 제(齊)나라 건원(建元) 연간(479~482)에, 무에게 지절(持節)·독왜·신라·임나·가라·진한·모한·육국제군사督倭·新羅·任那·伽羅·秦韓·慕韓·六國諸軍事)·진동대장군(鎭東大將軍)을 제수하였다. 고조(高祖)가 즉위하자 무의 호를 정동대장군(征東大將軍)으로 올렸다.[452]

[위가야]

---

452) "倭者, 自云太伯之後. 俗皆文身. 去帶方萬二千餘里, 大抵在會稽之東, 相去絕遠. 從帶方至倭, 循海水行, 歷韓國, 乍東乍南, 七千餘里始度一海. 海闊千餘里, 名瀚海, 至一支國. 又度一海千餘里, 名未盧國. 又東南陸行五百里, 至伊都國. 又東南行百里, 至奴國. 又東行百里, 至不彌國. 又南水行二十日, 至投馬國. 又南水行十日, 陸行一月日, 至邪馬臺國, 即倭王所居. 其官有伊支馬, 次曰彌馬獲支, 次曰奴往鞮. 民種禾稻紵麻, 蠶桑織績. 有薑·桂·橘·椒·蘇. 出黑雉·真珠·青玉. 有獸如牛, 名山鼠. 又有大蛇吞此獸. 蛇皮堅, 不可斫, 其上有孔, 乍開乍閉, 時或有光, 射之中, 蛇則死矣. 物産略與儋耳·朱崖同. 地溫暖, 風俗不淫. 男女皆露紒. 富貴者以錦繡雜采爲帽, 似中國胡公頭. 食飲用籩豆. 其死, 有棺無槨, 封土作冢. 人性皆嗜酒, 俗不知正歲, 多壽考, 多至八九十, 或至百歲. 其俗女多男少, 貴者至四五妻, 賤者猶兩三妻. 婦人無姪妒. 無盜竊, 少諍訟. 若犯法, 輕者沒其妻子, 重則滅其宗族.
漢靈帝光和中, 倭國亂, 相攻伐歷年, 乃共立一女子卑彌呼爲王. 彌呼無夫婿, 挾鬼道, 能惑衆, 故國人立之. 有男弟佐治國. 自爲王, 少有見者, 以婢千人自侍, 唯使一男子出入傳教令. 所處宮室, 常有兵守衛. 至魏景初三年, 公孫淵誅後, 卑彌呼始遣使朝貢, 魏以爲親魏王, 假金印紫綬. 正始中, 卑彌呼死, 更立男王, 國中不服, 更相誅殺, 復立卑彌呼宗女臺與爲王. 其後復立男王, 並受中國爵命. 晉安帝時, 有倭王贊. 贊死, 立弟彌. 彌死, 立子濟. 濟死, 立子興. 興死, 立弟武. 齊建元中, 除武持節·督倭新羅任那伽羅秦韓慕韓六國諸軍事·鎭東大將軍. 高祖即位, 進武號征東大將軍."

고구려(高句驪)

개요

　현전하는 「양직공도」의 모본 중 고구려는 고덕겸모본, 염립본모본, 장경모본에만 확인된다. 고덕겸모본과 염립본모본은 사신도, 장경모본은 제기(題記)만 보인다. 북송모본에는 고구려가 없다. 다른 모본에 고구려가 존재한다는 점을 염두에 두면, 본래 「양직공도」는 물론 북송모본에도 고구려가 있었을 것으로 여겨진다(李成市, 2014, pp.433~434). 실제로 청대(淸代)의 북송모본에는 고구려, 신라가 포함되었고, 선통제(宣統帝)가 출궁하면서 외부로 유출되어 소실되었다고 한다(윤용구, 2019, p.70).

「양직공도」 모본별 고구려 사신 관련 정보

사신도			제기	
고덕겸모본	북송모본	염립본모본	북송모본	장경모본
○	없음	○	없음	○

　고구려 사신의 모습은 고덕겸모본과 염립본모본에서 확인할 수 있다. 그런데 두 모본에 묘사된 고구려 사신의 복식은 유사하면서도 다르다.[453] 두 모본은 상의는 장유(長襦)의 깃, 소매, 단에 선(襈)을 두르고 허리에 포대(布帶)를 착용하였으며, 하의는 통이 넓은 고(袴)를 입

---

453) 「양직공도」 모본의 고구려 사신 복식의 분석은 이진민·남윤자·조우현, 2001, 「『염립본모본』와 「번객입조도」에 묘사된 삼국사신의 복식 연구」, 『복식』 51-3 및 안현주, 2020, 『唐代《王會圖》의 使臣服飾 硏究』, 성균관대학교 박사학위논문을 참고하였다.

었다. 포대는 장경모본과 『한원(翰苑)』 인용 「양원제직공도(梁元帝職貢圖)」의 '허리에 은띠를 맸다(腰有銀帶)'는 구절과 통한다. 아울러 두 모본의 고구려 사신은 모두 소매에 손을 넣은 모습을 하고 있다.

반면 차이점도 확인된다. 두 모본의 고구려 사신은 모두 조우관(鳥羽冠)을 착용하였는데, 관에는 깃털 두 개가 꽂혀 있고 끈을 턱에 내려 고정하였다. 이는 장경모본의 '깃털을 책(幘) 위에 더하였다(羽加之幘上)'라는 구절과 통한다. '홍금(紅錦)을 입었다(男子衣紅錦)'라는 『한원』 인용 「양원제직공도」의 구절은 채색된 염립본모본과 일치한다. 백묘(白描)로 그려진 고덕겸모본의 고구려 사신은 홍금을 입었는지 알 수 없다. 『한원』 인용 「양원제직공도」의 '귀를 뚫고 금고리를 한다(穿耳以金鐶)'는 구절과 상의의 문양, 하의의 끝단은 염립본모본에서만 확인된다. 또한 신발의 앞부분이 고덕겸모본은 올라간 반면, 염립본모본은 올라가지 않은 차이가 보인다. 아울러 두 모본의 고구려 사신은 수염이 다르게 묘사되었고, 고덕겸모본은 상체를 뒤로 젖힌 모습을 하고 있다.

이처럼 고덕겸모본과 염립본모본에 묘사된 고구려 사신은 공통점과 차이점 모두 존재한다. 이는 두 모본이 제작 단계가 다른 「양직공도」의 모사본이거나(王素, 1992, pp.73~74; 정동준, 2022, pp.175~177), 모사자의 화풍에 따른 개변이 있었기 때문일 수도 있다(나용재, 2021, pp.37~38). 다만 두 모본의 고구려 사신은 장경모본, 『한원』 인용 「양원제직공도」의 기사와 일치하는 부분이 있다는 점에서 실제 양을 방문한 고구려 사신을 묘사한 것으로 이해되기도 한다(李成市, 1988, pp.18~19).

한편 「양직공도」 고구려의 제기는 북송모본에는 없고, 장경모본과 『한원』 인용 「양원제직공도」에서 확인할 수 있다. 제기가 있는 모본 중 장경모본의 분량이 가장 많다. 장경모본의 분량은 북송모본에 기록된 다른 세력의 제기 분량보다 적은데, 이를 고려하면 장경모본의 고구려 제기는 본래의 문장보다 상당 부분 축약되었다고 추정된다.

장경모본의 고구려 제기는 기원-교섭-성격-의복-서적-교섭의 순서로 구성되었다. 의복과 서적을 제외한 주제는 『삼국지』 등 전대(前代)의 사서에서 확인할 수 있는 내용이다. 그러나 의복에 관한 내용은 『한원』 인용 「양원제직공도」의 것과 상당히 유사하다. 때문에 장경모본 고구려 제기의 신뢰도를 높게 보기도 한다(趙燦鵬, 2023, p.30). 그렇다면 본래의 「양직공도」

는 물론 북송모본의 고구려 제기에는 『양서』 고구려전과 다른 내용이 기록되었을 가능성이 높다. 실제로 『양서』 고구려전은 『삼국지』 등의 전대 사서를 주요 원전으로 활용하였는데, 그 인용 방식 및 내용으로 보아 배자야(裵子野)의 「방국사도(方國使圖)」와 같은 자료에 의거한 것으로 추정되기도 한다(李成市, 2014, pp.448~449). 한편 장경모본의 서적 기사는 어디에서도 보이지 않는다. 『남제서』 고구려전과 『주서』 고구려전에 고구려인이 오경(五經) 등의 서적을 읽을 수 있다는 기사가 있어 참고된다. 이처럼 장경모본 고구려 제기의 의복, 서적 기사는 전대의 사서에 보이지 않는 것으로, 양대(梁代)의 상황이라 할 수 있다(윤용구, 2019, p.70).

그렇다면 장경모본 고구려 제기에 당시의 상황을 전하는 기사가 왜 의복, 서적에 한정되었을까. 「양직공도」가 만들어진 520~530년 무렵 고구려와 양의 교섭 빈도는 증가하였다. 그럼에도 양국이 서로에게 제공·획득할 수 있었던 정보는 제한적이었고, 이는 「양직공도」 고구려 제기가 전대의 사서를 상당 부분 원전으로 활용할 수밖에 없는 요인이 되었다고 이해되기도 한다(이규호, 2021, pp.22~24). 다만 『한원』 인용 「양원제직공도」, 장경모본의 고구려 제기는 모두 「양직공도」의 것을 축약한 형태로 추정된다는 점은 유의해야 할 것이다.

사신도

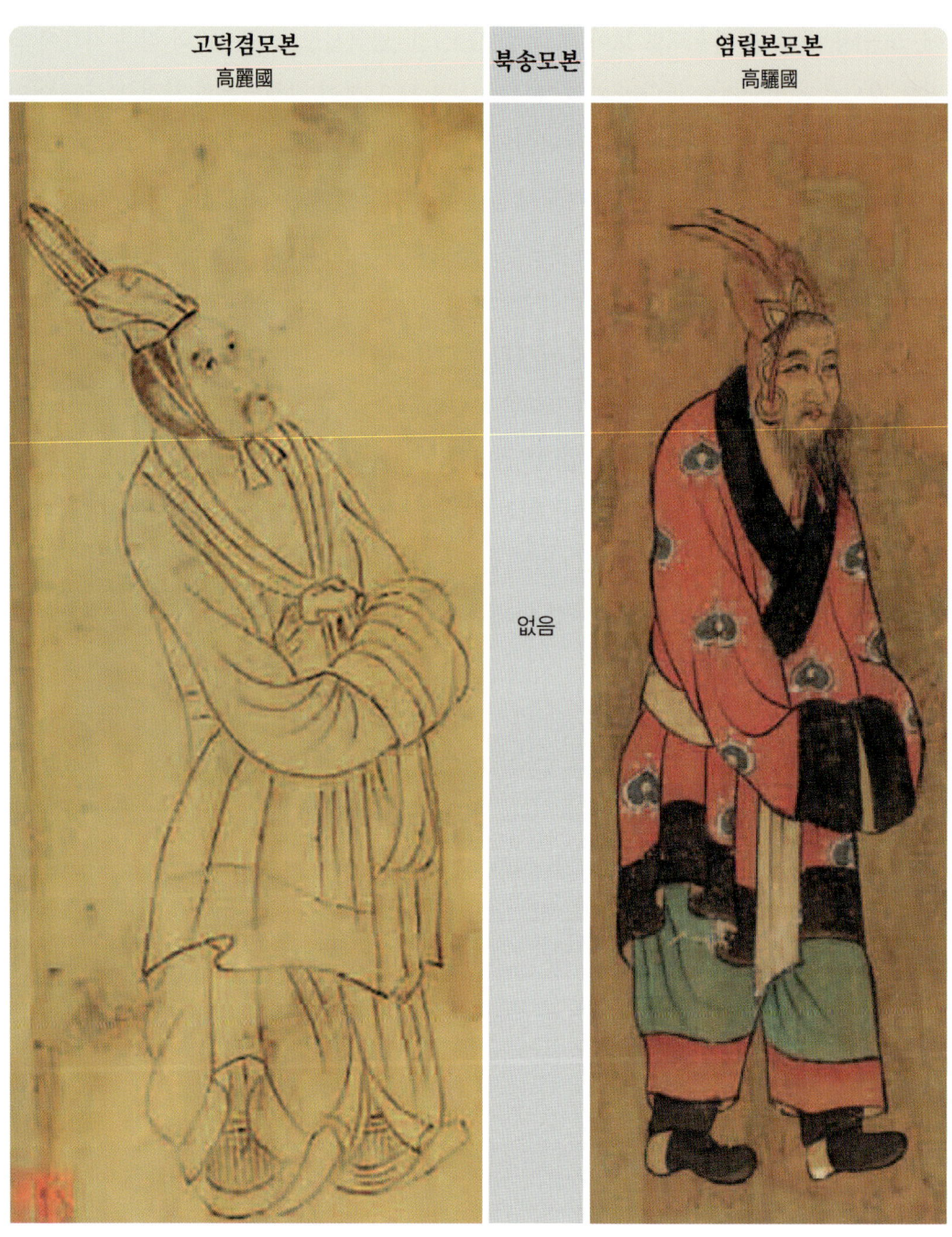

제기

○ **북송모본**

없음

○ **장경모본**

1. 교감문

高句驪晉東夷夫餘之別種也. 漢世居玄菟之高驪縣, 故以號焉. 光武初, 高句驪王遣使朝貢, 則始稱王. 其俗, 人性凶急惡, 而潔淨自善. 婦人衣白, 而男子衣袴錦. 飾以金銀. 貴者冠幘而無後,[454] 以金銀爲鹿耳, 羽加之幘上. 賤者冠折風, 其形如古之弁. 穿耳以金環. 上衣曰衫, 下衣曰長袴. 腰有銀帶. 頗習書, 其使至中國則多求經史. 建武中, 奉表貢獻.

2. 역주

고구려(高句驪)[455]는 진대(晉代) 동이 부여의 별종이다.[456] 한대(漢代)에 현도(玄菟)의 고려현(高驪縣)에 거하였으므로[457] 이름으로 하였다. 광무[제](光武[帝]) 초(25~57)에 고구려왕이

---

454) 「後」: 장경모본 「復」, 『양서』에 의거하여 「後」로 교감

455) 고구려: 고구려의 표기는 장경모본에서 高句驪, 句驪, 高驪로, 『양서』에서는 본기(本紀)의 경우 高麗로, 권54 고구려전은 高句驪, 句驪, 高驪, 高麗로 다르게 표기하였다. 이처럼 동일한 문헌에서 고구려가 다양하게 표현된 이유는 각 문장의 원전(原典)이 달랐기 때문으로 추정된다. 다만 여기에서는 편의상 고구려로 통일하여 서술하였다.

456) 고구려는…별종이다: 『삼국지』 권30 고구려전에는 '東夷舊語以爲夫餘別種'이라고만 되어 있어 장경모본과 달리 '晉代'라는 구절이 보이지 않는다. '晉代'라는 구절은 「양직공도」의 원전 중 하나로 추정되는 배자야(裴子野)의 방국사도에서 비롯된 것이거나, 남조계 사료인 「양직공도」가 진의 정통성을 강화하기 위하여 보입하였을 가능성이 상정된다. 한편 진고구려솔선인(晉高句麗率善印)과 고국원왕 시기 동진에 사신을 파견한 기록을 근거로 '晉代'라는 구절은 고구려와 동진의 교섭에서 전해진 정보에 기인하였다고 본 견해도 있다 (이규호, 2021, 「양(梁)에 전해진 고구려 정보와 『양직공도(梁職貢圖)』 장경모본(張庚模本)」, 『해양유산』 3, p.11).

457) 한대에…거하였으므로: 『한서』 권28하에는 '玄菟郡, 武帝元封四年開. 高句驪, 莽曰下句驪. …(중략) 縣三, 高句驪, 遼山, 遼水所出, 西南至遼隊入大遼水. 又有南蘇水, 西北經塞外.'이라 하여 한 무제 원봉(元封) 4년(기원전 107)에 고구려현이 설치되었음이 확인된다.

사신을 보내 조공하니 비로소 왕을 칭하였다.⁴⁵⁸⁾ 그 풍속은 인성이 흉악하며 성질은 급하여 나쁘고, 결정(潔淨)함을 좋아한다.⁴⁵⁹⁾ 부인은 흰옷을, 남자는 결금(絜錦)을 입는다. 금은으로 장식한다. 신분이 높은 자는 책(幘)을 쓰는데 뒤로 늘어뜨리는 부분이 없고, 금은으로 사슴의 귀 모양(鹿耳)을 만들었으며, 깃털을 책의 윗부분에 더하였다. 신분이 낮은 자는 절풍(折風)을 쓰는데 그 형태는 옛 고깔(弁)과 같다. 귀를 뚫어 금고리(金環)를 착용하였다. 상의는 표(表), 하의는 장고(長袴)라고 일컬었다. 허리에는 은띠(銀帶)를 맸다. 자못 글을 익혀 그 사신이 중국(中國)에 이르면 경서(經書)와 사서(史書)를 구함이 많았다.⁴⁶⁰⁾ 건무(建武) 연간(494~498)에 표를 올리고 공물을 바쳤다.⁴⁶¹⁾

---

458) 광무 초에…칭하였다: 고구려가 후한 光武帝 시기에 사신을 파견하고 왕을 칭한 기록이 『삼국지』, 『양서』에 보인다. 관련 사료는 다음과 같다(『양서』 권54 고구려, "當此時爲侯國, 漢光武帝八年, 高句麗王遣使朝貢, 始見稱王;『삼국지』 권30 고구려, 光武八年, 高句驪王遣使朝貢, 始稱王.")

459) 潔淨함을 좋아한다: 『삼국지』 권30 고구려전의 "絜淸自喜"에 대해 『맹자』 萬章上 "歸潔其身而已矣"의 구절 등을 근거로 위생상의 청결함을 뜻하기보다는 기풍 혹은 성품에 대한 수사적 표현임을 지적한 견해가 있다(조우연, 2019, 「『三國史記』 高句麗本紀에 보이는 修辭的 표현과 사료 구성」, 『韓國古代史探究』 32, pp.372~373). 장경모본의 "人性凶急惡 而潔淨自善"은 『삼국지』 고구려전에서 비롯된 문장으로 추정되는데, '而'를 역접으로 이해한다면 '潔淨'을 기풍 혹은 성품에 대한 수사적 표현으로 볼 수도 있다.

460) 자못 글을…많았다: 장경모본에서만 확인되는 내용이다. 다만 『남제서』 권58 고구려전 "知讀五經", 『주서』 권49 고구려전 "書籍有五經·三史·三國志·晉陽秋."이라는 구절이 있어 참고된다.

461) 건무 연간…바쳤다: 건무는 후한 광무제(25~56), 서진 혜제(惠帝, 304), 동진 원제(元帝, 317~318) 남제 명제(明帝, 494~498) 때의 연호이다. 그중에서 후한 광무제, 남제 명제 때 고구려와의 교섭 기사가 확인된다. 『삼국지』, 『후한서』, 『양서』 고구려전에는 후한 광무 8년의 사신 파견 이후 각국과의 교섭 기사가 등장한다. 이러한 경향을 고려하여 해당 내용은 앞선 "光武初, 高句驪王遣使朝貢, 胢始稱王"이 필사 및 전래 과정에서 오사(誤寫)된 것일 가능성이 높다고 보기도 한다(이규호, 2021, 위의 논문, p.15). 또한 『남제서』 고구려전, 『책부원귀』 권968 외신부13, 『삼국사기』 고구려본기7 문자왕 5년 기사에 남제 건무 3년(496)에 고구려와 남제가 교섭하였음을 근거로 장경모본 고구려제기의 건무 연간은 남제 때의 일로 보는 견해도 제기되었다(趙燦鵬, 2023, 『南朝梁元帝職貢圖題記釋文校證』, 社會科學文獻出版社, pp.51~52). 장경모본의 각국 조공 기사는 시간 순서대로 진행된다. 앞서 광무제 초에 고구려가 사신을 파견한 기사가 있었는데, 건무를 광무제 때의 연호로 본다면 장경모본의 서술 경향과 배치된다. 또한 장경모본 구자(龜茲) 제기에서는 광무제 시기를 '光武中'이라 하였는데, 장경모본에서는 광무제 때의 일을 연호로 표기되지 않았음을 알 수 있다. 따라서 장경모본 고구려 제기의 건무 연간은 남제 때의 일로 봄이 타당할 것이다.

참고자료

○ 『한원』 권30 고려

「양원제직공도」에 이르길, "고려의 부인은 흰옷을 입고, 남자는 붉은 비단옷을 입으며 금은으로 장식한다. 신분이 높은 자는 책(幘)을 쓰는데 뒤로 늘어뜨리는 부분이 없고, 금은으로 사슴의 귀 모양을 만들어 책의 윗부분에 더한다. 신분이 낮은 자는 절풍(折風)을 쓴다. 귀를 뚫어 금고리를 착용하였다. 상의는 백삼(白衫), 하의는 장고(長袴)라고 한다. 허리에는 은띠를 맸다. 왼쪽에는 숫돌을 차며 오른쪽에는 오자도(五子刀)를 차고 발에는 두예탑(豆禮鞜)을 신는다"라고 하였다.[462]

○ 『양서』 권54 고구려

고구려는 그 선조가 동명으로부터 나왔다. 동명은 본래 북이 고리왕의 아들이다. [고]리왕이 출행하고 그 시아(侍兒)가 후에 임신하자, [고]리왕이 돌아와 시아를 죽이려 하였다. 시아가 말하길 "이전에 하늘에 큰 알과 같은 기운이 있는 것을 봤는데, [그것이] 저에게 내려와 이로 인하여 임신하였습니다"라고 하였다. 왕은 시아를 가두었고, 이후 마침내 아들을 낳았다. 왕은 그 아이를 돼지우리에 버렸는데, 돼지가 입김을 불어주어 죽지 않았다. 왕이 신이하게 여겨 이에 거두어 기르는 것을 허락하였다. 장성하여 활을 잘 쏘자 왕이 그 용맹함을 경계하여 다시 죽이려 하였다. 동명이 이에 달아나 남쪽으로 가 엄체수에 이르렀는데, 활로 물을 치자 물고기와 자라가 모두 떠올라 다리를 이루었다. 동명은 그에 올라 물을 건널 수 있었고, 부여에 이르러 왕이 되었다. 그 후에 분파(支別)가 구려 종족이 되었다. 그 나라는 한의 현도군 [지역에] 있다. 요동의 동쪽에 위치하며, 요동[군]에서 1,000리 떨어져 있다. 한·위대에 남쪽은 조선·예맥, 동쪽은 옥저, 북쪽은 부여와 접하였다. 한 무제 원봉 4년(기원전 107)에 조선을 멸하고 현도군을 설치하였는데, 고구려를 현으로 삼아 그에 속하게 하였다.

구려의 땅은 사방 2,000여 리이며, 그중에 요산이 있는데 요수가 나오는 곳이다. 그 왕은

---

[462] "梁元帝職貢圖云, 高驪婦人衣白, 而男子衣紅錦, 飾以金銀. 貴者冠幘, 而[無]後以金銀爲鹿耳, 加之幘上. 賤者冠折風. 穿耳以金鐶. 上衣白衫, 下白長袴, 腰有銀帶. 左佩礪, 而右佩五子刀, 足履豆禮鞜."

환도의 아래에 도읍하였다. 큰 산과 깊은 골짜기가 많고 들판과 못이 없어 백성은 산과 골짜기에 의지해 거주하며 산골짜기의 물을 마신다. 비록 정착하여 생활하더라도(土著) 기름진 밭이 없으므로 절약하여 먹는 풍속이 있다. 궁실의 치장을 좋아한다. [고구려왕이] 사는 곳의 왼쪽에 큰 집을 세우고 귀신에게 제사 지내며 영성·사직에도 제사 지낸다. [고구려인의] 성정은 흉악하고 포악하여 노략질을 좋아한다. 그 관(官)으로 상가·대로·패자·고추가·주부·우태·사자·조의선인이 있는데, 높고 낮음에 각기 등급이 있다. 언어 및 제반(諸事)은 부여와 같은 점이 많지만, 그 성정과 기질·의복은 다른 점이 있다. 본래 5족이 있었는데, 소노부, 절노부, 순노부, 관노부, 계루부이다. 본래 소노부가 왕이 되었는데 미약해져 계루부에서 그를 대신하였다. 한대에 의책·조복·고취를 하사하였는데, 항상 현도군으로 나아가 그것을 받았다. 이후 차츰 교만해져 다시 [현도]군에 나아가지 않았고, 단지 동쪽 경계에 작은 성을 쌓아 받아 갔으니 지금까지 여전히 이 성을 부르길 책구루라고 한다. 구루는 구려의 말로 성을 가리킨다. 그 관(官)을 둘 때, 대로를 두면 패자를 두지 않고, 패자를 두면 대로를 두지 않는다. 그 풍속은 노래하고 춤추는 것을 즐거워하여 나라 안 읍락의 남녀가 매일 밤 무리를 지어 노래하며 논다. 그 나라 사람은 깨끗하고 정결한 것을 좋아하며, 발효 음식(藏釀)을 잘 만든다. 무릎 꿇고 절할 때(跪拜) 한쪽 다리를 펴며, 걸음은 모두 빠르다. 10월에 하늘에 제사를 지내는 큰 모임(大會)을 여는데, 동명이라 부른다. 그 공회의 의복은 모두 수놓은 비단옷인데, 금은으로 스스로 장식한다. 대가·주부가 머리에 쓰는 것은 책과 비슷한데 뒤로 늘어뜨리는 부분이 없고, 그 소가는 절풍을 착용하는데 형태가 고깔과 같다. 그 나라에는 감옥(牢獄)이 없고 죄지은 자가 있으면 제가가 모여 의논하여 그를 죽이고 처자를 적몰하여 노비로 삼았다. 그 풍속은 음란함을 좋아하여 남녀가 서로 야합하고 유혹함이 많다. 결혼하면 곧 수의를 만든다. 그 죽은 자의 장례에 곽은 있지만 관은 없다. 후한 장례를 좋아하여 금은·재화를 장례에 다 사용한다. 돌을 쌓아 부덤을 만들며, 소나무와 잣나무를 줄지어 나란히 심는다. 형이 죽으면 형수를 아내로 삼는다. 그 나라의 말은 모두 작아 산을 오르기에 편리하다. 그 나라 사람은 기력을 숭상하여 활·화살·칼·창을 잘 다룬다. 갑옷(鎧甲)이 있으며, 전투에 익숙하여 옥저·동예가 모두 복속되었다.

왕망(재위: 9~23) 초에 고려의 병사를 징발하여 호(胡)를 정벌하게 하였으나 가려 하지 않자

억지로 보내니 모두 도망하여 변경(塞)을 나가 도적이 되었다. 주·군이 구려후 추에게 잘못을 돌리자 엄우가 유인하여 추를 참하였다. 왕망이 크게 기뻐하고 이름을 고쳐 고구려를 하구려라 하니 이때부터 후가 되었다. 광무 8년(32)에 고구려왕이 사신을 보내 조공하니 비로소 왕을 칭하였다. 상제(재위: 106)·안제(재위: 106~125) 연간, 그 왕의 이름은 궁이었는데, 자주 요동을 침공하자 현도태수 채풍이 토벌하였으나 막을 수 없었다. 궁이 죽고 아들 백고가 즉위하였다. 순제(재위 : 125~144)·환제(재위: 146~167) 연간에 여러 차례 요동을 침공하고 약탈하였다. 영제 건녕 2년(169)에 현도태수 경림이 고구려를 토벌하여 노(虜) 수백 급을 참수하니 백고가 이에 항복하여 요동에 속하였다. 공손도가 해동에서 웅거하자 백고가 공손도와 우호를 통하였다. 백고가 죽자 아들 이이모가 즉위하였다. 이이모가 백고의 시기부터 이미 여러 차례 요동을 침공하였는데 또 도망한 호(亡胡) 500여 호를 받아들였다. 건안 연간(196~220)에 공손강이 군사를 보내 고구려를 공격하여 그 나라를 격파하고 읍락을 불살랐다. 항복한 호(胡) 또한 이이모를 배반하니 이이모가 다시 새로운 나라를 세웠다. 그 후에 이이모가 다시 현도[군]을 공격하자 현도[군]와 요동[군]이 힘을 합쳐 공격하여 크게 격파하였다.

 이이모가 죽고 아들 위궁이 즉위하였다. 위궁은 용력이 있고 말타기(鞍馬)에 능숙하며 사냥을 잘하였다. 위 경초 2년(238)에 태부 사마선왕(=사마의)을 보내 군대를 거느리고 공손연을 토벌하게 하니 위궁이 주부·대가를 보내 병사 천 명을 거느리고 [위의] 군대를 도왔다. 정시 3년(242)에 위궁이 서안평을 침범하였다. [정시] 5년(244)에 유주자사 관구검이 [군사] 만 명을 거느리고 현도[군]에서 나와 위궁을 토벌하니 위궁이 보기 이만 명을 거느리고 [관구검의] 군대에 맞서 비류에서 크게 싸웠다. 위궁이 패하여 달아났는데, [관구]검이 추격하여 산고개(峴)에 이르자 험난한 산길을 헤치고(懸車束馬) 환도산을 올라 그 도읍한 곳을 함락시키고 노(虜) 만여 급을 참하니 위궁이 홀로 처자식을 이끌고 멀리 달아났다. [정시] 6년(245)에 [관구]검이 재차 그(고구려)를 토벌하자 위궁이 빠르게 제가(諸加)를 거느리고 옥저로 달아났다. [관구]검이 장군 왕기를 보내 위궁을 추격하여 옥저 1,000여 리를 넘었다. 숙신의 남쪽 경계에 도달하여 돌에 글자를 새겨 공적을 기록하였다. 또 환도산에 이르러 불내성이라 새기고 돌아왔다. 그 후에 중국과 다시 교통하였다.

 [서]진 영가의 난 시기에 선비 모용외가 창려의 대극성에 웅거하니 원제가 [모용외에게]

평주자사를 제수하였다. 구려왕 을불리가 누차 요동을 침범하였으나, [모용]외는 제어하지 못하였다. [을]불리가 죽고 아들 쇠가 이어 즉위하였다. 강제 건원 원년(343)에 모용외의 아들 [모용]황이 병사를 거느리고 고구려를 치자 쇠가 더불어 싸웠으나 크게 패하고 홀로 말을 타고 달아났다. [모용]황이 승세를 타고 추격하여 환도에 이르러 그 궁실을 불사르고 남자 5만여 구를 탈취하여 돌아갔다. 효무[제] 태원 10년(385)에 구려가 요동[군]·현도군을 공격하자 후연의 모용수가 동생 [모용]농을 보내 구려를 치게 하여 2군을 수복하였다. [모용]수가 죽고 아들 [모용]보가 즉위하였다. 구려왕 안을 평주목으로 삼고 요동·대방 2국왕에 봉하였다. 안이 처음으로 장사·사마·참군의 관(官)을 설치하였다. 후에 [고구려가] 요동군을 경략하여 차지하였다. 후손 고련에 이르러 진 안제 의희 연간(405~418)에 처음으로 표를 올리고 공물을 바쳤다. 송·제를 거치며 모두 작위를 제수 받았으며 나이 백여 세에 죽었다. 아들 [고]운은 제 융창 연간(494)에 사지절·산기상시·도독영평이주·정동대장군·낙랑공에 책봉되었다. [양] 고조(재위: 502~549)가 즉위하자 운을 거기대장군으로 진호하였다. 천감 7년(508)에 조서를 내려 말하길 "고려왕 낙랑군공 [고]운은 충성과 정성이 뚜렷하고 공물과 사신의 왕래가 계속 이어졌으니 마땅히 벼슬을 높여 조정의 법도를 널리 펴고자 한다. 무동대장군·개부의동삼사로 임명하고 지절·상시·도독·왕은 모두 전과 같게 한다"라고 하였다. [천감] 11년(512)과 [천감] 15년(516)에 거듭 사신을 보내 공물을 바쳤다. [천감] 17년(518)에 [고]운이 죽고 아들 [고]안이 즉위하였다. 보통 원년(520)에 조서를 내려 안이 봉작을 잇도록 하여 지절·도독영평이주제군사·영동장군으로 삼았다. [보통] 7년(526)에 [고]안이 죽고 아들 [고]연이 즉위하여 사신을 보내 공물을 바치니 조서를 내려 연이 봉작을 잇게 하였다. 중대통 4년(532), [중대통] 6년(534), 대동 원년(535), [대동] 7년(541)에 거듭 표를 올리고 방물을 바쳤다. 태청 2년(548)에 [고]연이 죽자 조서를 내려 그 아들이 [고]연의 작위를 잇도록 하였다.[463]

---

463) "高句驪者, 其先出自東明. 東明本北夷櫜離王之子. 離王出行, 其侍兒於後任娠, 離王還, 欲殺之. 侍兒日, 前見天上有氣如大雞子, 來降我, 因以有娠. 王囚之, 後遂生男. 王置之豕牢, 豕以口氣噓之, 不死, 王以爲神, 乃聽收養. 長而善射, 王忌其猛, 復欲殺之, 東明乃奔走, 南至淹滯水, 以弓擊水, 魚鱉皆浮爲橋, 東明乘之得渡, 至夫餘而王焉. 其後支別爲句驪種也. 其國, 漢之玄菟郡也. 在遼東之東, 去遼東千里. 漢·魏世, 南與朝鮮·穢貊, 東與沃沮, 北與夫餘接. 漢武帝元封四年, 滅朝鮮, 置玄菟郡, 以高句驪爲縣以屬之. 句驪地方可二千里, 中有遼山, 遼水所出. 其王都於丸都之下, 多大山深谷, 無原澤, 百姓依之以居, 食澗水. 雖土著, 無良田, 故其俗節食. 好治宮室. 於所居之左立大屋, 祭鬼神, 又祠零星·社稷. 人性凶急, 喜寇抄. 其官, 有相加·對盧·沛者·古鄒加·主

○ 『남사』 권79 고구려

고구려는 요동의 동쪽 1,000리에 있는데, 그 선조가 나온 바는 기록이 『북사』에 상세하다. 땅은 사방 2,000여리이며, 그중에 요산이 있는데 요수가 나오는 곳이다. 한·위대에 남쪽은 조선·예맥, 동쪽은 옥저, 북쪽은 부여와 접하였다. 그 왕은 환도의 아래에 도읍하였으며, 땅은 큰 산과 깊은 골짜기가 많고 들판과 못이 없어 백성은 산과 골짜기에 의지하여 거주하며 산골짜기의 물을 마신다. 비록 정착하여 생활하더라도(土著) 기름진 밭이 없으므로 절약하여 먹는 풍속이 있으며, 궁실의 치장을 좋아한다. [고구려왕이] 사는 곳의 왼쪽에 큰 집을 세우고 귀신에게 제사 지내며 영성·사직에도 제사 지낸다. [고구려인의] 성정은 흉악하고 포악하여 노략질을 좋아한다. 관(官)으로 상가·대로·패자·고추가·주부·우태·사자·조의·선인이 있는데, 높고 낮음에 각기 등급이 있다. 언어 및 제반(諸事)은 부여와 같은 점이 많지만, 그 성

簿·優台·使者·皁衣先人, 尊卑各有等級. 言語諸事, 多與夫餘同, 其性氣·衣服有異. 本有五族, 有消奴部, 絶奴部, 順奴部, 灌奴部, 桂婁部. 本消奴部爲王, 微弱, 桂婁部代之. 漢時賜衣幘·朝服·鼓吹, 常從玄菟郡受之. 後稍驕, 不復詣郡, 但於東界築小城以受之, 至今猶名此城爲幘溝婁. 溝婁者, 句驪名城也. 其置官, 有對盧則不置沛者, 有沛者則不置對盧. 其俗喜歌儛, 國中邑落男女, 每夜羣聚歌戲. 其人潔淸自喜, 善藏釀. 跪拜申一脚, 行步皆走. 以十月祭天大會, 名曰東明. 其公會衣服, 皆錦繡金銀以自飾. 大加·主簿頭所著似幘而無後, 其小加著折風, 形如弁. 其國無牢獄, 有罪者, 則會諸加評議殺之, 沒入妻子. 其俗好淫, 男女多相奔誘. 已嫁娶, 便稍作送終之衣. 其死葬, 有椁無棺. 好厚葬, 金銀財幣盡於送死. 積石爲封, 列植松栢. 兄死妻嫂. 其馬皆小, 便登山. 國人尚氣力, 便弓矢刀矛. 有鎧甲, 習戰鬪. 沃沮·東穢皆屬焉. 王莽初, 發高驪兵以伐胡, 不欲行, 强迫遣之, 皆亡出塞爲寇盜. 州郡歸咎於句驪侯騊, 嚴尤誘而斬之, 王莽大悅, 更名高句驪爲下句驪, 當此時爲侯矣. 光武八年, 高句驪王遣使朝貢, 始稱王. 至殤·安之間, 其王名宮, 數寇遼東, 玄菟太守蔡風討之不能禁. 宮死, 子伯固立. 順·和之間, 復數犯遼東寇抄, 靈帝建寧二年, 玄菟太守耿臨討之, 斬首虜數百級, 伯固乃降屬遼東. 公孫度之雄海東也, 伯固與之通好. 伯固死, 子伊夷摸立. 伊夷摸自伯固時已數寇遼東, 又受亡胡五百餘戶. 建安中, 公孫康出軍擊之, 破其國, 焚燒邑落, 降胡亦叛伊夷摸, 伊夷摸更作新國. 其後伊夷摸復擊玄菟, 玄菟與遼東合擊, 大破之. 伊夷摸死, 子位宮立. 位宮有勇力, 便鞍馬, 善射獵. 魏景初二年, 遣太傅司馬宣王率衆討公孫淵, 位宮遣主簿·大加將兵千人助軍. 正始三年, 位宮寇西安平, 五年, 幽州刺史毌丘儉將萬人出玄菟討位宮, 位宮將步騎二萬人逆軍, 大戰於沸流. 位宮敗走, 儉軍追至峴, 懸車束馬, 登丸都山, 屠其所都, 斬首虜萬餘級, 位宮單將妻息遠竄. 六年, 儉復討之, 位宮輕將諸加奔沃沮, 儉使將軍王頎追之, 絶沃沮千餘里. 到肅愼南界, 刻石紀功 又到丸都山, 銘不耐城而還. 其後, 復通中夏. 晉永嘉亂, 鮮卑慕容廆據昌黎大棘城, 元帝授平州刺史. 句驪王乙弗利頻寇遼東, 廆不能制. 弗利死, 子釗代立, 康帝建元元年, 慕容廆子晃率兵伐之, 釗與戰, 大敗, 單馬奔走. 晃乘勝追至丸都, 焚其宮室, 掠男子五萬餘口以歸. 孝武太元十年, 句驪攻遼東·玄菟郡, 後燕慕容垂遣弟農伐句驪, 復二郡. 垂死, 子寶立, 以句驪王安爲平州牧, 封遼東·帶方二國王. 安始置長史·司馬·參軍官. 後略有遼東郡. 至孫高璉, 晉安帝義熙中, 始奉表通貢職, 歷宋·齊並授爵位, 年百餘歲死. 子雲, 齊隆昌中, 以爲使持節·散騎常侍·都督營平二州·征東大將軍·樂浪公. 高祖即位, 進雲車騎大將軍. 天監七年, 詔曰, 高驪王樂浪郡公雲, 乃誠款著, 貢驛相尋, 宜隆秩命, 式弘朝典. 可撫東大將軍·開府儀同三司, 持節·常侍·都督·王並如故. 十一年, 十五年, 累遣使貢獻. 十七年, 雲死, 子安立. 普通元年, 詔安纂襲封爵, 持節·督營平二州諸軍事·寧東將軍. 七年, 安卒, 子延立, 遣使貢獻. 詔以延襲爵. 中大通四年, 六年, 大同元年, 七年, 累奉表獻方物. 太淸二年, 延卒, 詔以其子襲延爵位."

정과 기질·의복은 다른 점이 있다. 본래 5족이 있었는데, 소노부, 절노부, 순노부, 관노부, 계루부이다. 본래 소노부가 왕이 되었는데 미약해져 계루부에서 그를 대신하였다. 그 관을 둘 때, 대로를 두면 패자를 두지 않고, 패자를 두면 대로를 두지 않는다. 그 풍속은 노래하고 춤추는 것을 즐거워하여 나라 안 읍락의 남녀가 매일 밤 무리를 지어 노래하며 논다. 그 나라 사람은 깨끗하고 정결한 것을 좋아하며, 발효 음식(藏釀)을 잘 만들고, 무릎 꿇고 절할 때(跪拜) 한쪽 다리를 펴며, 걸음은 모두 빠르다. 10월에 하늘에 제사를 지내는 큰 모임(大會)을 연다. 그 공회의 의복은 모두 수놓은 비단옷인데, 금은으로 스스로 장식한다. 대가·주부가 머리에 쓰는 것은 책과 비슷한데 뒤로 늘어뜨리는 부분이 없고, 그 소가는 절풍을 착용하는데 형태가 고깔과 같다. 그 나라에는 감옥(牢獄)이 없고 죄지은 자가 있으면 제가가 모여 의논하여 [죄가] 무거운 자는 죽이고 처자를 적몰하여 노비로 삼았다. 그 풍속은 음란함을 좋아하여 남녀가 서로 야합하고 유혹함이 많다. 결혼하면 곧 수의를 만든다. 그 죽은 자의 장례에 곽은 있지만 관은 없다. 후한 장례를 좋아하여 금은·재화를 장례에 다 사용한다. 돌을 쌓아 무덤을 만들며, 소나무와 잣나무를 줄지어 나란히 심는다. 형이 죽으면 형수를 아내로 삼는다. 그 나라의 말은 모두 작아 산을 오르기에 편리하다. 그 나라 사람은 기력을 숭상하여 활·화살·칼·창을 잘 다룬다. 갑옷(鎧甲)이 있으며, 전투에 익숙하여 옥저·동예가 모두 복속되었다.

　진 안제 의희 9년(413)에 고려왕 고련이 장사 고익을 보내 표를 올리고 자백마를 바치니 진이 [고]련을 사지절·도독영주제군사·정동장군·고려왕·낙랑공으로 삼았다. 송 무제가 즉위하자 [고]련에게 정동대장군을 더하고 다른 관은 전과 같이 하였다. [영초] 3년(422)에 [고]련에게 산기상시와 독평주제군사를 더하였다. 소제 경평 2년(424)에 [고]련이 장사 마루 등을 보내 와서 방물을 바치니 알자 주소백·왕소자 등을 보내 위무하였다.

　원가 15년(438)에 풍홍이 [북]위에게 공격받고 패하여 고려 북풍성으로 달아나 [송에] 표를 올려 맞아들여줄 것을 요청하였다. 분제는 왕백구·조차흥을 보내 그를 맞이하게 하고 아울러 고려에게 물자를 보내도록 하였다. [고]련은 [풍]홍을 남쪽으로 보내려 하지 않아 이에 장수 손수·고구 등을 보내어 그를 습격하여 살해하였다. [왕]백구 등은 7,000여 인을 거느리고 [손]를 생포하고 [고]구 등 2인을 죽였다. [고]련은 [왕]백구 등이 멋대로 [고구려 장수를] 죽였으므로 사자를 보내 그들을 잡아 [송에] 보내왔다. 황제는 먼 나라의 뜻을 거스르려

하지 않았으므로 [왕]백구 등은 하옥되었다가 풀려났다.

[고]련은 매해 사신을 보냈다. [원가] 16년(439)에 문제는 [북]위를 침공하고자 [고]련에게 조서를 내려 말을 보내게 하니 [고려이] 800필을 바쳤다.

효무 효건 2년(455)에 [고]련이 장사 동등을 보내 표를 올려 국상 2주기를 위로하고 아울러 방물을 바쳤다. 대명 2년(458)에 재차 숙신씨의 호시와 석노를 바쳤다. [대명] 7년(463)에 조서를 내려 [고]련을 거기대장군·개부의동삼사로 올리고 나머지 관은 전과 같게 하였다. 명제 태시(465~471)·후폐제 원휘(472~477) 연간에 공물을 바치는 것이 끊이지 않았고, 제로 넘어가서도 모두 [고련에게] 작위를 내렸으며, [고련은] 100여 세에 죽었다. 아들 [고]운이 즉위하자 제 융창 연간(494)에 [고운을] 사지절·산기상시·도독영평이주·정동대장군·낙랑공으로 삼았다.

양 무제가 즉위하자 [고]운을 거기대장군으로 올렸다. 천감 7년(508)에 조서를 내려 [고운을] 무동대장군·개부의동삼사로 삼고 지절·상시·도독·왕은 이전과 같게 하였다. [천감] 11년(512)·15년(516)에 누차 사신을 보내 공물을 바쳤다. [천감] 17년(518)에 [고]운이 죽고 아들 안이 즉위하였다. 보통 원년(520)에 조서를 내려 [고]안이 봉작을 잇도록 하고 지절·독영평이주제군사·영동장군으로 삼았다. [보통] 7년(526) [고]안이 죽고 아들 [고]연이 즉위하여 사신을 보내 공물을 바쳤다. 조서를 내려 [고]연이 봉작을 잇도록 하였다. 중대통 4년(532)·6년(534)·대동 원년(535)·7년(541)에 누차 표를 올리고 방물을 바쳤다. 태청 2년 2년(548)에 [고]연이 죽자 조서를 내려 그 아들 [고]성이 연의 작위를 잇도록 하였다.464)

[전상우]

---

464) "高句麗, 在遼東之東千里, 其先所出, 事詳北史. 地方可二千里, 中有遼山, 遼水所出. 漢·魏世, 南與朝鮮獩貊·東與沃沮·北與夫餘接. 其王都於九都山下, 地多大山深谷, 無原澤, 百姓依之以居, 食澗水. 雖土著, 無良田, 故其俗節食, 好修宮室. 於所居之左立大屋, 祭鬼神, 又祠零星·社稷. 人性凶急, 喜寇鈔. 其官有相加·對盧·沛者·古鄒加·主簿·優台·使者·帛衣·先人, 尊卑各有等級. 言語諸事, 多與夫餘同, 其性氣衣服有異. 本有五族, 有消奴部·絶奴部·愼奴部·灌奴部·桂婁部. 本消奴部爲王, 微弱, 桂婁部代之. 其置官, 有對盧則不置沛者, 有沛者則不置對盧. 俗喜歌儛, 國中邑落, 男女每夜羣聚歌戲. 其人潔淨自喜, 善藏釀, 跪拜申一脚, 行步皆走. 以十月祭天大會. 其公會衣服皆錦繡金銀以自飾. 大加·主簿頭所著似幘而無後, 其小加著折風, 形如弁. 其國無牢獄, 有罪者則會諸加評議, 重者便殺之, 沒入其妻子. 其俗好淫, 男女多相奔誘. 已嫁娶便稍作送終之衣. 其死葬, 有椁無棺. 好厚葬, 金銀財幣盡於送死. 積石爲封, 列植松柏. 兄死妻嫂. 其馬皆小, 便登山. 國人尙氣力, 便弓矢刀

고구려(高句驪) 213

矛, 有鎧甲, 習戰鬭, 沃沮·東濊皆屬焉. 晉安帝義熙九年, 高麗王高璉遣長史高翼奉表, 獻赭白馬, 晉以璉爲使持節·都督營州諸軍事·征東將軍·高麗王·樂浪公. 宋武帝踐阼, 加璉征東大將軍, 餘官並如故. 三年, 加璉散騎常侍, 增督平州諸軍事. 少帝景平二年, 璉遣長史馬婁等來獻方物, 遣謁者朱邵伯·王邵子等慰勞之. 元嘉十五年, 馮弘爲魏所攻, 敗奔高麗北豐城, 表求迎接. 文帝遣使王白駒·趙次興迎之, 幷令高麗資遣 璉不欲弘南, 乃遣將孫漱·高仇等襲殺之. 白駒等率所領七千餘人生禽漱, 殺仇等二人. 璉以白駒等專殺, 遣使執送之. 上以遠國不欲違其意, 白駒等下獄見原. 璉每歲遣使. 十六年, 文帝欲侵魏, 詔璉送馬, 獻八百匹. 孝武孝建二年, 璉遣長史董騰奉表, 慰國哀再周, 並獻方物. 大明二年, 又獻肅愼氏楛矢石砮. 七年, 詔進璉爲車騎大將軍·開府儀同三司, 餘官並如故. 明帝泰始·後廢帝元徽中, 貢獻不絶, 歷齊並授爵位, 百餘歲死. 子雲立, 齊隆昌中, 以爲使持節·散騎常侍·都督營平二州·征東大將軍·樂浪公. 梁武帝卽位, 進雲車騎大將軍. 天監七年, 詔爲撫東大將軍·開府儀同三司, 持節·常侍·都督·王並如故. 十一年·十五年, 累遣使貢獻. 十七年, 雲死, 子安立. 普通元年, 詔安纂襲封爵, 持節·督營平二州諸軍事·寧東將軍. 七年, 安卒, 子延立. 遣使貢獻. 詔以延襲爵. 中大通四年·六年·大同元年·七年, 累奉表獻方物. 太淸二年, 延卒, 詔其子成襲延爵位."

우전국(于闐國)

개요

우전국은 중앙아시아 타림분지 내의 타클라마칸(Taklamakan) 사막 남서쪽에 있던 고대 불교 국가이다. '우전(于闐)'은 티베트어로 '옥(玉)이 나는 곳'이란 뜻을 음차한 'U-then'의 한자식 표현이다.[465] 우전국 두 강의 옥 산출과 관련이 있다. 1900년 영국의 고고학자인 아우렐 스타인(Mark Aurel Stein)이 도착하였을 때도 주민들은 강바닥에서 옥을 캐내고 있었다고[466] 하며, 현재도 중국 최대의 옥 생산지이다.

우전은 사료에서 우전(于窴), 오전(烏纏), 우순(于循), 우전(于殿), 굴단(屈丹), 환나(喚那), 활단(豁旦)이라는 명칭으로도 등장하며, 몽골제국 시대에는 알단(斡端), 홀탄(忽炭) 등으로 표기되기도 하였다.[467] 2~3세기의 카로슈티(Kharosthī-) 문서와 당(唐)대 현장 법사의 『대당서역기(大唐西域記)』에는 쿠스타나카(Kustanaka, 瞿薩旦那)란 인도식 이름으로 등장한다. 그 지역 언어는 호탄(Khotan)에 가깝다. 해당 지역은 현재 중국 신장웨이우얼자치구에 속해 있으며, 이 지역 내에 있는 허톈(和田)이란 이름이 여기서 유래한 것으로 보인다.

특히 허톈 지역은 우전의 서쪽 군사 요충지였다. 한대에 타림분지 남쪽의 융로(戎盧), 간미(扞彌), 거륵(渠勒), 피산(皮山) 등 5국을 병합하고, 서쪽의 사차(莎車, 오늘날의 야르칸드)에게 지

---

465) 7세기 중국의 현장법사가 인도로 순례를 떠나며 우전국을 방문하였는데, 우전국의 지역토산물로 양탄자, 가는 모직물과 함께 백옥(白玉), 예옥(鷖玉) 등을 적어둔 것이 참조된다(『大唐西域記』卷12 瞿薩旦那國, "瞿薩旦那國 … 出氍㲪細氈工紡績絁紬 又產白玉鷖玉").
466) 발레리 한센 저·류형식 역, 2015, 『실크로드-7개의 도시』, 소와당, p.353.
467) 동북아역사넷, 『新唐書』卷221 서역, 于闐의 지리적 위치와 토산물 습속, 각주1 참조.

배당하다가 사차왕 현(賢)을 죽이고 서북지역의 13개 소국을 복종시켰다.[468] 동쪽으로는 누란(樓蘭), 북쪽은 Aksu와 맞닿아,[469] 동서양을 잇는 교통의 중심지(실크로드)로 활약하였다.

이러한 지리적 위치로 인하여 자연히 다양한 종족이 모여들기도 하였다. 이곳에서는 호탄어뿐만 아니라 중국어(한문), 티베트어, 유대-페르시아어, 산스크리트어와 카로슈티 문자,[470] 브라흐미 문자,[471] 히브리 문자 등 여러 언어로 쓴 옛 문서들이 발견되었다. 그중 호탄어와 중국어, 호탄어와 산스크리트어를 병기한 문서의 내용은 시장 거래와 관련이 있어 국제 무역이 활발하던 지역 특색을 잘 보여준다.[472]

우전국은 한대부터 중국과 관계가 깊었다.[473] 3세기 무렵에 만든 이 지역 동전은 한 면이 카로슈티 문자, 다른 면은 한자이다. 970년 호탄의 왕이 돈황 통치자에게 보낸 칙서에는 한자 '칙(勅)'이 보인다. 또한 해당 문서를 통해 두 사람이 삼촌과 조카 사이라는 것을 알 수 있어 두 집단의 밀접한 관계를 엿볼 수 있다. 당시 호탄 지역의 지배층이 호탄어를 사용하면서도 중국식 이름과 관직명을 함께 사용한 기록도 확인된다. 『위서』, 『수서』, 『주서』, 『북사』 등에는 다른 서역 국가 사람들은 눈이 깊고 코가 높으나, 오로지 우전 사람들의 외모만은 호인(胡人)을 닮지 않고 중원(華夏)사람과 매우 비슷하다는 기록이 있어 중국 왕조의 친연성을 짐작해볼 수 있다.[474]

중국 왕조와 관련하여 우전은 불교와도 인연이 깊다. 『출삼장기집(出三藏記集)』에는[475] 3

---

468) 『후한서』 권118 우전국·사차국 참조. 『양서』 권54 우전국에도 비슷한 내용이 있으나, 俞林, 廣德 등의 인명 및 지역명이 조금 다르게 나타난다. 내용도 『후한서』 문장이 생략되어, 우전국이 타국의 지배를 받았다는 사건 자체는 크게 다르지 않으나 그 주체가 바뀌는 등 약간의 차이로 전혀 다른 이야기가 전해지고 있다. 관련 사건에 대해서는 참고자료의 『후한서』와 『양서』를 참조
469) 정수일, 2013, 『실크로드 사전』, 창비, '호탄'
470) 고대 남아시아 서북부 및 중앙아시아에서 사용된 문자
471) 모든 인도계 문자의 바탕이 된 문자로 기원전 3세기부터 기원후 4세기까지 고대 인도 전역에서 사용되었던 인도 최초의 표음문자이다. 남아시아에 영향을 끼쳤다(연규동, 2023, 『세계의 문자사전』, 따비).
472) 발레리 한센 저·류형식 역, 2015, 앞의 책 참조.
473) 『한서』 권96 우전국, "王治西城 去長安九千六百七十里 戶三千三百 口萬九千三百 勝兵二千四百人 輔國侯 左右將左右騎君東西城長譯長各一人 東北至都護治所三千九百四十七里 南與婼羌接 北與姑墨接."
474) 『위서』 권102 우전국, "自高昌以西諸國人等 深目高鼻 唯此一國 貌不甚胡 頗類華夏."
475) 『출삼장기집(出三藏記集)』: 중국에서 역출된 삼장(三藏: 經, 律, 論)에 관한 현존 최고의 경록으로 6세기 초 梁의 僧祐 편찬하였다. 총 15권. 현존하는 한문불경목록 중 가장 오래된 것으로 알려져 있다.

세기 중반 위의 주사행(朱士行)이 주요 불경의 산스크리트어 원본을 찾아 우전국으로 갔다는 기록이 있다.[476] 이처럼 이른 시기부터 1006년 이슬람 왕국에 점령당하기 전까지 우전은 불교 경전 연구와 번역에서도 주요 중심지로 기능하였다.

우전은 「양직공도」 모본 세 곳에서 확인된다.

「양직공도」 모본별 우전국 사신 관련 정보

사신도			제기	
고덕겸모본	북송모본	염립본모본	북송모본	장경모본
○	없음	○	없음	○

사신의 도상은 고덕겸모본과 염립본모본을 통해 알 수 있다. 고덕겸모본은 채색 그림이고, 염립본모본은 수묵화라는 차이가 있으나, 전반적인 묘사는 비슷한 것 같다. 일단 얼굴 부분을 보면, 두터운 눈썹에 매부리코, 수염을 표현하였다. 다만 염립본모본 속 사신은 환형(環形) 귀걸이를 착용한 반면에 고덕겸모본은 귀걸이를 착용하지 않았다. 머리에는 터번 같은 걸 쓰고 있는데, 고덕겸모본의 경우 천으로 끈을 드리운 형태가 눈에 띈다. 정보의 부족으로 어느 쪽이 더 실제에 가까운지 알기 어렵다.

다만 복식이 무릎 아래까지 오는 로브풍의 카프탄(Caftan/Kaftan)을 착용하고, 허리에 끈을 둘러 옷의 모양을 잡은 점이나, 옷감에 무늬가 들어가고 손목과 상의 하단에 다른 무늬 혹은 색상을 덧댄 점, 목에 주름이 많은 긴 신발을 신은 점 등 겹치는 부분이 많아 같은 형태의 복식을 묘사하고 있는 것으로 보인다. 카프탄은 우전의 근접 국가의 사신도에서도 확인할 수 있는데, 특히 활국의 영향을 받은 국가들(주고가국·가발단국·호밀단국·하남국)에서 보인다(河上麻由子, 2015, p.16). 신발은 북위와 당(唐)대 호인을 그린 벽화에서 찾아볼 수 있다는 점이 흥미롭다(안현주, 2020, pp.123~124). 이를 보면, 환형 귀걸이의 착용유무 등과 같은 차이점은 화가의 성향 차에서 기인하였을 가능성도 있을 것 같다. 고덕겸모본의 경우 사신 중 귀걸

---

[476] 『출삼장기집』 권7 「放光經記」 제3, "惟昔大魏潁川朱士行 以甘露五年 出家學道 爲沙門 出塞西至于闐國 寫得正品梵書 胡本九十章 六十萬餘言 以太康三年 遣弟子弗如檀晉 字法饒 送經胡本 至洛陽."

이를 착용하고 있는 자가 애초에 보이지 않기 때문이다. 한편, 손에 든 병은 제기를 근거로 유리병(河上麻由子, 2015, pp.8~9), 또는 동기(銅器)로 추정하는 견해가 있다(안현주, 2020, p.124).

제기는 장경모본에서만 확인된다. 우전의 특산품인 옥과 관련한 내용, 구리를 잘 다룬다는 점, 주요 작물, 의복, 왕의 거처 등의 묘사를 간략하게 다루었는데, 대부분 『양서』의 내용과 비슷하다. 덧붙여 위 문제 때 명마를 조공한 기록과 양 무제 천감(天監) 연간(502~519)에 직조한 카펫, 파라등장(婆羅等障), 유리병을 각각 조공하였다고 언급하고 있다.

사신도

고덕겸모본 于闐	북송모본	염립본모본 于闐國
	없음	

우전국(于闐國)

제기

○ **북송모본**

없음

○ **장경모본**

1. 교감문

于闐 漢西域之舊國也. 其國水有二源, 一出葱[477)]嶺, 一出于闐. 地多水潦沙石, 氣溫, 有稻麥, 多葡萄. 有水出玉, 名曰玉河. 國人喜鑄銅器. 王居室, 加以朱画. 王冠金幘, 婦女皆辮髮裘袴. 魏文帝時, 獻名馬. 天監九年, 獻織成氍毹. 十三年, 又獻婆羅等障. 十八年, 又獻琉璃罌.

2. 역주

우전은 한대 서역의 옛 국가이다. 그 나라의 강(水)은 두 곳의 발원지가 있어,[478)] 한 곳은 총령(葱嶺)[479)]에서 나오고, 하나는 우전(于闐)에서 나온다.[480)] 그 땅은 웅덩이(水潦)와[481)] 사

---

477) 「葱」: 澤本·植田「苍」/ 윤용구「葱」
478) 『魏書』卷102 于闐國에는 성의 동쪽 20리에 북쪽으로 흐르는 큰 강의 이름을 樹枝水라고 부르고, 이 강이 '黃河'이며 일명 計式水라고 부르기도 한다고 하였다. 또 성의 서쪽 55리에 또 다른 큰 강이 있어 達利水라고 부르고 수지수와 합류하여 북쪽으로 흘러간다고 하였다("城東二十里有大水北流 號樹枝水 卽黃河也 一名計式水 城西五十五里亦有大水 名達利水 與樹枝水會 俱北流"). 『周書』卷50 宇闐國에도 비슷한 내용이 있다. 강의 위치(달리수)와 마지막에 두 강이 함께 計戍에 합류한다는 언급이 조금 다르다("城東二十里有大水北流 號樹枝水 卽黃河也 城西十五里亦有大水 名達利水 與樹枝俱北流 同會於計戍"). 옥하라고 불리는 유룽카쉬(동)와 카라카쉬(서)가 참고된다. 한편 역시 『위서』 우전국에 '우전성 동쪽 30리에 首拔河가 있어 玉石이 나온다(于闐城東三十里有首拔河 中出玉石)'고 언급하고 있다. 首拔河와 樹枝水는 동일한 강을 지칭하는 것으로 보인다(『주서』 宋本·南本·北本·汲本에는 '枝'가 모두 '拔'로 표기되어 있고, 局本에는 '板'으로 誤記하였다.).
479) 총령(葱嶺): 파미르(Pamir) 고원 지역을 두루 일컫는다.
480) 그 나라의 강은…우전에서 나온다: 우전의 강을 설명하는데, 우전에서 나온다는 표현은 어색하다. 『漢書』 西域傳 초두에 "其河有兩 一出葱嶺山 一出于闐"이라는 글귀가 있는데, 이를 참고한 문장이 아닐까 싶다. 다만 『한서』의 해당 부분은 서역의 지리적 위치를 설명하는 문장이다. 『한서』에는 서역 위치에 대하여 남북으로 큰 산이 있고 중앙에 강이 있으며, 동쪽으로 漢과 접하는데, 玉門(옥을 가지고 왔다 하여 지어진 이름)과 陽關로 막혀 있고 서쪽은 葱嶺으로 차단되어 있다고 설명하고 있다. 이 강의 두 원천이 총령과 우전이며, 우전에서 흐르는 강(Khotan river)이 葱嶺河(Tarim river)를 만나 蒲昌海(Lop Nor로 추정)로 흐르고, 이 포창해가 지하로 잠행하여 중국의 황하가 된다고 여겼다는 설명이 이어진다(『史記』 大宛列傳에서도 언급). 이때 우전에서 흐른다는 강(호탄강)은 상류의 유룽카쉬와 카라카쉬가 합쳐진 강으로, 두 강이 합쳐진

석(沙石)이 ⁴⁸²⁾ 많고 대기가 온난하니, 벼·보리가 있으며 포도가 많다. 옥이 나는 강이 있어 이름을 옥하(玉河)라고 한다.⁴⁸³⁾ [우전]국인은 동기(銅器)를 쉽게(喜) 주조한다. 왕이 거하는 방(室)은 붉은 그림을 더하였다. 왕은 금책을 쓰고, 부녀자(婦女)는 모두 변발하고 갖옷(裘)에 바지(袴)를 입는다. [조]위 문제 때(재위: 220~226), 명마를 바쳤다. 천감 9년(510)에 직조(織成)한 구유⁴⁸⁴⁾를 바쳤다. [천감] 13년(514)에 다시 파라등장(婆羅等障)을⁴⁸⁵⁾ 헌상하였다. [천감] 18년(519)에 또 유리병(甖)을 바쳤다.

다는 내용과 옥이 연관되어 오류가 있었던 게 아닐까 싶다. 아래의 玉河 각주 참조.

481) 웅덩이(水潦): 큰비로 논밭 고랑이나 길바닥에 고인 물을 뜻한다. 『荀子』 王制, "修隄梁 通溝澮 行水潦 安水藏"이라는 글귀와 『淮南子』 天文訓, "天受日月星辰 地受水潦塵埃."라는 글귀가 참고된다.

482) 사석(沙石): 모래와 자갈. 『史記』 項羽本紀, "大風從西北而起 折木發屋 揚沙石 窈冥晝晦"; 『水經注』 夷水, "夷水 卽很山淸江也 水色淸 照十丈 分沙石 蜀人見其淸澄 因名淸江也"라는 표현이 참조된다.

483) 옥하(玉河): 호탄(우전국이 있던 위치의 현 지명)의 큰 강 두 개의 이름은 각각 유룽카쉬(Yurungkash, 위구르 어로 '백옥')와 카라카쉬(Karakash, 위구르 어로 '흑옥')이다. 이 두 강은 현재 호탄 도시 북쪽에서 합쳐져 호탄강이 된다. 두 강에서 채취되는 옥은 색이 다르다(발레리 한센 저, 류형식 역, 2015, 『실크로드- 7개의 도시』, 소와당, p.353).

484) 구유(氍毹): 氍毹로도 표기된다. 이 단어는 카로슈티 문서에 보이는 kośava라는 말을 音寫한 것이다. 거친 털로 짠 카펫을 의미하는데, 더러는 털이 아니라 木棉으로 짠 카펫을 뜻하는 경우도 있다(동북아역사넷, 『삼국지』 권30 대진국에서 나오는 것들을 소개 각주3).

485) 파라등장(婆羅等障): '婆羅'는 '波羅婆'의 이칭이거나 오기로 보인다. 이 '파라파'가 범어 'prabha'의 음역이며 의미는 '광명'을 뜻하는 말이라고 설명하는 견해가 있다(余太山, 2011, 『兩漢魏晋南北朝與西域關係史硏究』, 中華書局). 한편, 인도에 있던 고대 국가 중에도 '波羅婆'가 등장하고 있어 참조된다. 那連提耶舍 譯, 『大方等大集經』 卷56에, "또 부처님께서 범천왕들에게 말씀하셨다. '나 이제부터 저 기살리·마하니제·오장·수니기·파라바·우라바·구다·니가·건다파라바·바기다 등의 열 나라를 柳의 별에 부촉해서 수호하고 양육케 하며, 나아가 유의 별 날에 건립한 국토·도시·촌락과 그날에 출생한 중생을 수호하게 하겠으니, 너희들은 이 사실을 그들에게 선포하여 알게 하라(爾時 佛告梵王等言 '我今以彼寄薩梨國摩訶尼梯國烏場國須尼棄國波羅婆國憂羅婆國區茶國尼佉國乾茶波羅婆國婆寄多國 如是十國 付囑柳宿攝護養育 乃至唯然受教')"에 보면 파라바가 등장한다. '等障'은 '步障'을 뜻하는 걸로 보인다. 옛날에 貴人이 출행할 때 바람과 먼지를 가리고, 사람들로부터 시선을 차단하기 위하여 세운 장막이나 휘장을 말한다(曹魏 曹植의 『曹子建集』 妾薄命(二首), "華燈步障舒光 皎若日出扶桑<障 一本作 '帳'>"; 『晉書』 石崇傳, "崇與貴戚王愷 羊琇之徒 以奢靡相尙 愷作紫絲步障四十裏 崇作錦步障(幃)五十裏以敵之"; 『晉書』 王凝之妻謝氏傳, "謝道韞乃施靑綾步障自蔽 申獻之前議 客不屈"; 『南齊書』 東昏侯紀 "置射雉場二百九十六處 翳中帷帳及步幛 皆袷以綠紅錦").

참고자료

○ 『한서』 권96 우전국

우전국. 도읍은 서성(西城)이고 장안에서 9,670리 떨어져 있다. 호수는 3,300, 인구는 1만 9,300, 병사는 2,400명이다. 보국후·좌장·우장·좌기군·우기군·동성장(東城長)·서성장(西城長)·역장이 각각 1명씩 있다. 동북쪽으로 3,947리를 가면 도호의 치소에 이르고, 남으로는 야강에 접하고, 북으로는 고묵과 접한다. 우전의 서쪽에서 강물은 모두 서쪽으로 흘러 서해로 들어가지만, 그 동쪽에서 강물은 동쪽으로 흘러 염택으로 들어가니, [거기서] 황하의 근원이 나온다. 옥돌[玉石]이 많다. 서쪽으로 380리 가면 피산(皮山)과 통한다.[486]

○ 『한서』 권96 서역

서역(西域)은 효무(孝武) 때에 처음으로 소통되기 시작하였다. 본시 36국이었으나 그 뒤에 차츰 나뉘어져 50여 개가 되었는데, 모두 흉노의 서쪽, 오손의 남쪽에 있다. 남북으로 큰 산이 있고 중앙에는 강이 있으며, [그 범위는] 동서로 6,000여 리이며 남북이 천여 리이다. 동쪽으로는 한나라와 접하고 옥문(玉門)과 양관(陽關)에 의해 막혀 있으며, 서쪽으로는 총령(葱嶺)으로 차단되어 있다. 그곳의 남산은 동쪽에 금성(金城)으로 뻗어 나와 한나라의 남산(南山)과 맞닿아 있다. 그 강은 두 개의 원천이 있는데, 하나는 총령에서 나오며 또 하나는 우전(于闐)에서 나온다. 우전은 남산 아래에 있으며 그 강은 북쪽으로 흘러 총령하(葱嶺河)와 만나서, 동쪽으로 흘러 포창해(蒲昌海)로 주입된다. 포창해는 일명 염택(鹽澤)이라고도 불리는 것이다. 옥문·양관에서 300여 리 떨어져 있으며, 넓이와 길이가 300리이다. 그 물은 정지해 있으며, 겨울과 여름에 늘지도 줄지도 않는다. 모든 사람들은 [그 물이] 지하로 잠행하여 남쪽으로 적석(積石)에서 용출하여 중국의 황하가 된다고 여기고 있다.[487]

---

486) "于闐國. 王治西城, 去長安九千六百七十里. 戶三千三百, 口萬九千三百, 勝兵二千四百人. 輔國侯·左右將·左右騎君·東西城長·譯長各一人. 東北至都護治所三千九百四十七里, 南與婼羌接, 北與姑墨接. 于闐之西, 水皆西流, 注西, 其東, 水東流, 注鹽澤, 河原出焉. 多玉石, 西通皮山三百八十里."

487) "西域以孝武時始通. 本三十六國, 其後稍分至五十餘, 皆在匈奴之西, 烏孫之南. 南北有大山, 中央有河, 東西六千餘里, 南北千餘里. 東則接漢, 阨以玉門陽關, 西則限以葱嶺. 其南山, 東出金城, 與漢南山屬焉. 其河有兩,

○ 『후한서』 권118 우전국

　우전국(于寘國). 거처는 서성(西城)이고, 장사의 거처에서 5,300리 떨어져 있으며, 낙양에서는 11,700리 떨어져 있다. 관할하는 호수는 3만 2,000, 인구는 8만 3,000, 병사는 3만명이다. 건무(25~55) 말년에 사차왕 현이 강성해져서 우전을 공격하여 합병하고 그 왕 유림(兪林)을 이주시켜 여귀왕(驪歸王)으로 삼았다. 명제(明帝) 영평(永平) 연간(58~75)에 우전의 장군 휴막패(休莫霸)는 사차에 반란을 일으키고 스스로 우전왕이 되었다. 휴막패가 사망하자 그 형의 아들인 광덕(廣德)이 즉위했고, 후에 마침내 사차를 멸망시키니 그 나라가 도리어 강성해졌다. 후에 정절의 서북쪽에서 소륵에 이르기까지 13국이 모두 복종하였다. 그러나 선선왕 역시 강성해지기 시작했는데, 그 이후로 총령에서 시작하여 그 동쪽의 남도에서는 오로지 이 두 나라가 강대했다. 순제(順帝) 영건(永建) 6년(131)에 우전왕 방전이 시자를 궁궐로 보내고 공물을 헌납하였다. …(중략) 우전에서 피산을 경유하면 서야(西夜)·자합(子合)·덕약(德若)에 도달하게 된다.[488]

○ 『삼국지』 권30 서융

　남도를 통해서 서쪽으로 가게 되면 차지국(且志國)·소완국(小宛國)·정절국(精絶國)·누란국(樓蘭國)이 있는데 모두 선선(鄯善)에 복속해 있고, 융로국(戎盧國)·우미국(扜彌國)·거륵국(渠勒國)·피산국(皮山國)은 모두 우전(于寘)에 복속해 있다.[489]

○ 『양서』 권54 우전국

　우전국은 서역에 속한다. 후한 건무(25~55) 말, 왕 유(兪)가 사차왕(莎車王) 현(賢)에게 격파

一出葱嶺山, 一出于闐. 于闐在南山下, 其河北流, 與葱嶺河合, 東注蒲昌海. 蒲昌海, 一名鹽澤者也. 去玉門陽關三百餘里, 廣袤三百里. 其水亭居, 冬夏不增減. 皆以爲潛行地下, 南出於積石, 爲中國河云."

488) "于寘國居西城, 去長史所居五千三百里, 去洛陽萬一千七百里. 領戶三萬二千, 口八萬三千, 勝兵三萬餘人. 建武末, 莎車王賢强盛, 攻幷于寘, 徙其王兪林爲驪歸王. 明帝永平中, 于寘將休莫霸反莎車, 自立爲于寘王. 休莫霸死, 兄子廣德立, 後遂滅莎車, 其國轉盛. 從精絶西北至疏勒十三國皆服從. 而鄯善王亦始强盛, 自是南道自葱領以東, 唯此二國爲大. 順帝永建六年, 于寘王放前遣侍子詣闕貢獻. …(중략) 于寘恃此逾驕, 自于寘經皮山, 至西夜·子合·德若焉."

489) "南道西行, 且志國·小宛國·精絶國·樓蘭國, 皆幷屬鄯善也, 戎盧國·扜彌國·渠勒國·皮山國, 皆幷屬于寘."

되자 옮겨져 려귀왕(驪歸王)이 되었다. 그의 동생 군득(君得)이 우전왕이 되었으나 포학하여 백성이 이를 근심하였다. 영평 연간(58~75)에 같은 종족 사람인 도말이 군득을 살해하자, 대인 휴막패가 다시 도말을 죽이고 자립하여 왕이 되었다. [휴막]패가 죽자 형의 아들인 광득이 즉위하였다. 이후 사차왕 현을 쳐 사로잡고 돌아와 그를 죽였다. 마침내 강국이 되니, 서북 여러 소국이 모두 복종하였다.

그 땅은 웅덩이와 사석이 많고 대기가 따뜻하니, 벼·보리·포도에 알맞다. 옥이 나는 강이 있어 이름을 옥하라고 한다. [우전]국인은 동기(銅器)를 잘 주조한다. 그 [나라] 도성은 서산성이라고 하였으며, 가옥과 시장이 있다. 과일과 채소는 중국과 같다. 불법을 매우 공경한다. 왕이 거하는 방에는 붉은 그림을 더하였다. 왕은 금책을 쓰는데, 오늘날 호인의 공모(公帽)와 같다. 부인과 나란히 앉아 손님을 접대한다. 나라 안에서 부인은 모두 변발하고 갖옷에 바지를 입는다. 그 [나라] 사람들은 공손하여 서로 만나면 꿇어앉는데, 꿇을 때 한쪽 무릎이 땅에 닿는다. 글을 쓸 때는 나무로 필찰(筆札)을 만들고, 옥으로 도장을 만든다. [우전]국인이 서찰을 받으면, 머리 위로 받든 후에 서찰을 개봉한다.

[조]위 문제 때, 왕 산습(山習)이 명마를 바쳤다. 천감 9년(510)에 사자를 보내 방물을 바쳤다. [천감] 13년(514)에 다시 파라바보장(波羅婆步鄣)을 헌상하였다. [천감] 18년(519)에 또 유리병을 바쳤다. 대동 7년(541)에 다시 외국에서 조각한 옥불(玉佛)을 헌상하였다.[490]

○『위서』 권102 우전국

우전국(于闐國). 차말의 서북, 총령의 북쪽 200여 리에 위치해 있으며, 동쪽으로 선선과는 1,500리, 남쪽으로 여국(女國)과는 2,000리, 서쪽으로 주구파(朱俱波)와는 1,000리, 북쪽으로 구자(龜玆)와는 1,400리, 대와는 9,800리 떨어져 있다. 그곳은 방이 1,000리에 이르고 산들

---

490) "于闐國, 西域之屬也. 後漢建武末, 王俞爲莎車王賢所破, 徙爲驪歸王. 以其弟君得爲于闐王, 暴虐, 百姓患之. 永平中, 其種人都末殺君得, 大人休莫霸又殺都末, 自立爲王. 霸死, 兄子廣得立, 後擊虜莎車王賢以歸, 殺之. 遂爲彊國, 西北諸小國皆服從. 其地多水潦沙石, 氣溫, 宜稻·麥·蒲桃. 有水出玉, 名曰玉河. 國人善鑄銅器. 其治曰西山城, 有屋室市井. 菓蓏·菜蔬與中國等. 尤敬佛法. 王所居室, 加以朱畫. 王冠金幘, 如今胡公帽. 與妻並坐接客. 國中婦人皆辮髮, 衣裘袴. 其人恭, 相見則跪, 其跪則一膝至地. 書則以木爲筆札, 以玉爲印. 國人得書, 戴於首而後開札. 魏文帝時, 王山習獻名馬. 天監九年, 遣使獻方物. 十三年, 又獻波羅婆步鄣. 十八年, 又獻瑠璃罌. 大同七年, 又獻外國刻玉佛."

이 차례대로 연이어져 있다. 도읍이 위치한 성은 방이 8~9리인데, 경역 안에는 대성(大城)이 5개, 소성(小城)이 수십개 있다. 우전성의 동쪽 30리 되는 곳에 수발하(首拔河)가 있는데 거기서 옥돌이 나온다. 풍토는 오곡과 뽕나무와 삼을 기르기에 적당하고, 산에는 아름다운 옥이 많이 나오며, 좋은 말과 낙타와 나귀가 있다. 그 형법에 의하면 살인한 사람은 사형에 처하고, 다른 범죄는 각각 그 경중에 따라 징벌을 가한다. 그 밖의 풍속과 물산은 구자(龜玆)와 대략 동일하다.

민간에서는 불법을 중요하게 여기며, 사탑(寺塔)과 승니(僧尼)가 대단히 많고, 왕도 또한 믿음이 돈독하여 재계(齋)를 올리는 날이 될 때마다 몸소 물을 뿌리며 청소를 하고 음식을 공양한다. 성의 남쪽 50리 되는 곳에 찬마사(贊摩寺)가 있는데, 이곳은 과거 나한비구(羅漢比丘)인 노전(盧旃)이 그 왕을 위하여 복분부도(覆盆浮圖)를 조영한 곳이다. 돌 위에는 벽지불(辟支佛)의 족적(跡)이 남아 있는 곳이 있는데 두 개의 족적이 아직도 생생하게 남아있다. 우전의 서쪽 500리 되는 지점에는 비마사(比摩寺)가 있는데, 이곳은 노자(老子)가 오랑캐들을 감화시키고 성불(化胡成佛)한 곳이라고 한다. 풍속을 보면 예의가 없고 도적이 많으며 음란방탕하다. 고창에서 서쪽으로 여러 나라의 사람들은 눈이 깊고 코가 높으나, 오로지 이 나라 사람들의 외모만은 호인과 닮지 않고 중원사람과 매우 비슷하다.

성의 동쪽 20리 되는 곳에 큰 강이 북쪽으로 흐르는데 이름하여 수지수(樹枝水)라고 부르니 곧 '황하(黃河)'이며 일명 계식수(計式水)라고도 부른다. 성의 서쪽 55리 되는 곳에 큰 강이 또 하나 있는데, 달리수(達利水)라고 부르며 수지수와 합류하여 함께 북쪽으로 흘러간다. … (중략) 이에 앞서 조정은 사신 한양피(韓羊皮)를 파사(波斯)에 파견했는데, 파사왕이 사신을 보내 조련된 코끼리와 진기한 물품을 헌상해 왔다. [그 사신이] 우전을 지나는데 우전에서 왕 추인(秋仁)이 갑자기 [그것들을] 압류하고, 도적들이 있어 [물품들이 조정에] 도달하지 못할까 걱정되어 그렇게 했다고 거짓말을 하였다. [한]양피가 그 상황을 보고하자 현조는 분노하여, 다시 [한]양피로 하여금 조칙을 받들고 가서 그를 견책하니, 그 이후로 매번 사신을 보내어 헌물을 조공으로 바쳤다.[491]

---

491) "于闐國. 在且末西北, 葱嶺之北二百餘里, 東去鄯善千五百里, 南去女國二千里, 西去朱俱波千里, 北去龜玆千四百里, 去代九千八百里. 其地方亘千里, 連山相次. 所都城方八九里, 部內有大城五, 小城數十. 于闐城東

○『주서』 권50 우전국

우전국(于闐國)은 총령의 북쪽 200여 리 되는 곳에 있으며, 동쪽으로 장안과 7,700리 떨어져 있다. 치소가 있는 성의 방은 8~9리이다. 나라 안에는 큰 성이 5개, 작은 성이 수십 개 있다. 그 형법은 살인한 사람은 사형에 처하고, 나머지 죄는 각각 경중에 따라 징벌한다. 그 밖의 풍속과 물산은 구자와 대체로 동일하다. 민간에서는 불법을 중시하고 사탑과 승니가 매우 많다. 왕 또한 믿음이 깊어 매번 재일이 되면 반드시 자기가 직접 소제를 하고 음식을 봉양한다. 성 남쪽 50리 되는 곳에 찬마사(贊摩寺)가 있는데, 이는 곧 과거에 나한비구(羅漢比丘) 비로전(比盧旃)이 그 왕을 위하여 복분부도(覆盆浮圖)를 조영한 곳이다. 돌 위에는 벽지불(辟支佛) 발자국이 남아 있는데 아직도 두 개의 자취가 선연하다.

고창에서 서쪽으로 여러 나라 사람들은 눈이 깊숙하고 코는 높은 경우가 많은데, 오로지 이 나라만은 모습이 호인을 닮지 않고 중화와 상당히 비슷하다. 성의 동쪽 20리 되는 곳에 큰 강이 있어 북류하는데 일컬어 수지수(樹枝水)라고 하니 즉 '황하'이다. 성의 서쪽 15리 되는 곳에 역시 큰 강이 있고 이름하여 달리수(達利水)라 하는데, 수지수와 함께 북쪽으로 흐르다가 함께 계수(計戌)와 합류한다. 건덕(建德) 3년(574)에 그 왕이 사신을 보내 명마를 헌납하였다.492)

三十里有首拔河, 中出玉石. 土宜五穀幷桑麻, 山多美玉, 有好馬駝騾. 其刑法, 殺人者死, 餘罪各隨輕重懲罰之. 自外風俗物產與龜玆略同. 俗重佛法. 寺塔僧尼甚衆, 王尤信尙, 每設齋日, 必親自灑掃饋食焉. 城南五十里有贊摩寺, 卽昔羅漢比丘盧旃爲其王造覆盆浮圖之所. 石上有辟支佛跌處, 雙跡猶存. 于闐西五百里有比摩寺, 云是老子化胡成佛之所. 俗無禮義, 多盜賊, 淫縱. 自高昌以西諸國人等, 深目高鼻, 唯此一國, 貌不甚胡, 頗類華夏. 城東二十里有大水北流, 號樹枝水, 卽黃河也, 一名計式水 城西五十五里亦有大水, 名達利水, 與樹枝水會, 俱北流. …(중략) 先是, 朝廷遣使者韓羊皮使波斯, 波斯王遣使獻馴象及珍物. 經于闐, 于闐中于王秋仁輒留之, 假言慮有寇不達. 羊皮言狀, 顯祖怒, 又遣羊皮奉詔責讓之, 自後每使朝獻."

492) "于闐國在葱嶺之北二百餘里, 東去長安七千七百里. 所治城方八九里. 部內有大城五, 小城數十. 其刑法, 殺人者死, 餘罪各隨輕重懲罰之. 自外風俗物產與龜茲畧同. 俗重佛法, 寺塔僧尼甚衆. 王尤信向, 每設齋日, 必親自洒掃饋食焉. 城南五十里有贊摩寺, 卽昔羅漢比丘比盧旃爲其王造覆盆浮圖之所. 石上有辟支佛跌處, 雙跡猶存. 自高昌以西, 諸國人等多深目高(昌以東)[鼻, 唯], 此一國, 貌不甚胡, 頗類華夏. 城東二十里有大水北流, 號樹枝水, 卽黃河也. 城西十五里亦有大水, 名達利水, 與樹枝俱北流, 同會於計戌. 建德三年, 其王遣使獻名馬."

○『수서』권83 우전국

우전국의 도읍은 총령의 북쪽 200여 리 되는 곳에 있다. 그 왕의 성은 왕(王)이고 자는 비시폐련(卑示閉練)이다. 도성은 사방이 각각 8~9리이며, 나라 안에는 대성이 5개, 소성이 수십 개 있으며, 정예병사가 수천 명이다. 민간에서는 불교를 신봉하며 또한 승니도 많고, 왕은 매번 재계를 올린다. 도성 남쪽 50리 되는 곳에 찬마사(贊摩寺)라는 곳이 있는데, 이것은 나한비구(羅漢比丘) 비로전(比盧旃)이 만든 것이라고 말하며, 돌 위에는 벽지불의 발자국 흔적이 남아있다. 우전의 서쪽 500리 되는 곳에 비마사(比摩寺)가 있는데, 이것은 노자가 오랑캐들을 감화시키고 성불한 곳이라고 말한다. 풍속은 예의가 없고 도적과 음행이 많다.

왕은 비단 모자와 금서관(金鼠冠)을 쓰고 부인은 금화(金花)를 쓴다. 그 왕의 머리카락은 다른 사람에게 보이지 않는다. 민간에서 말하기를 만약 왕의 머리카락이 보이면 그해는 반드시 흉년이 든다고 한다. 토지에서는 마, 밀, 조, 벼 및 오과(五果)가 풍부하고 원림(園林)이 많다. 산에는 아름다운 옥이 많다. 동쪽으로 선선과는 1,500리, 남쪽으로 여국과는 3,000리, 서쪽으로 주구파와는 1,000리, 북쪽으로 구자와는 1,400리, 동북쪽으로 과주와는 2,800리 떨어져 있다. 대업 연간(605~618)에 자주 사신을 보내 조공을 바쳤다.[493]

○『남사』권79 우전국

우전국(于闐國)은 서역의 오래된 나라이다. 양 천감(天監) 9년(510)에 처음으로 강좌와 통교하고 사자를 보내 그 지역 특산물을 바쳤다. [천감] 13년(514)에 또 파라파보장(波羅婆步鄣)을 바쳤다. [천감] 18년(519)에 또 유리단지를 바쳤다. [양무제] 대동(大同) 7년(541)에 또다시 외국에서 조각한 옥불(玉佛)을 바쳤다.[494]

---

493) "于闐國, 都葱嶺之北二百餘里. 其王姓王, 字卑示閉練. 都城方八九里, 國中大城有五, 小城數十, 勝兵者數千人. 俗奉佛, 尤多僧尼, 王每持齋戒. 城南五十里有贊摩寺者, 云是羅漢比丘比盧旃所造, 石上有辟支佛徒跣之跡. 于闐西五百里有比摩寺, 云是老子化胡成佛之所. 俗無禮義, 多賊盜淫縱. 王錦帽, 金鼠冠, 妻戴金花. 其王髮不令人見. 俗云, 若見王髮, 年必儉. 土多麻麥粟稻五果, 多園林. 山多美玉, 東去鄯善千五百里, 南去女國三千里, 西去朱俱波千里, 北去龜茲千四百里, 東北去瓜州二千八百里. 大業中, 頻遣使朝貢."

494) "于闐者, 西域之舊國也. 梁天監九年, 始通江左, 遣使獻方物. 十三年, 又獻波羅婆步鄣. 十八年, 又獻琉璃罌. 大同七年, 又獻外國刻玉佛."

○ 『북사』 권97 우전국

우전국(于闐國). 차말의 서북, 총령의 북쪽 200여 리에 위치해 있으며, 동쪽으로 선선과는 1,500리, 남쪽으로 여국(女國)과는 2,000리, 서쪽으로 주구파(朱俱波)와는 1,000리, 북쪽으로 구자(龜玆)와는 1,400리, 대와는 9,800리 떨어져 있다. 그곳은 방이 1,000리에 이르고 산들이 차례대로 연이어져 있다. 도읍이 위치한 성은 방이 8~9리인데, 경역 안에는 대성(大城)이 5개, 소성(小城)이 수십 개 있다. 우전성의 동쪽 30리 되는 곳에 수발하(首拔河)가 있는데 거기서 옥돌(玉石)이 나온다. 풍토는 오곡과 뽕나무와 삼을 기르기에 적당하고, 산에는 아름다운 옥이 많이 나오며, 좋은 말과 낙타와 나귀가 있다. 그 형법에 의하면 살인한 사람은 사형에 처하고, 다른 범죄는 각각 그 경중에 따라 징벌을 가한다. 그밖의 풍속과 물산은 구자(龜玆)와 대략 동일하다.

민간에서는 불법을 중요하게 여기며, 사탑(寺塔)과 승니(僧尼)가 대단히 많고, 왕도 또한 믿음이 돈독하여 재계를 올리는 날이 될 때마다 몸소 물을 뿌리며 청소를 하고 음식을 공양한다. 성의 남쪽 50리 되는 곳에 찬마사(贊摩寺)가 있는데, 이곳은 과거 나한비구(羅漢比丘)인 노전(盧旃)이 그 왕을 위하여 복분부도(覆盆浮圖)를 조영한 곳이다. 돌 위에는 벽지불(辟支佛)의 족적이 남아 있는 곳이 있는데 두 개의 족적이 아직도 생생하게 남아있다. 우전의 서쪽 500리 되는 지점에는 비마사(比摩寺)가 있는데, 이곳은 노자(老子)가 오랑캐들을 감화시키고 성불한 곳이라고 한다. 풍속을 보면 예의가 없고 도적이 많으며 음란방탕하다. 고창에서 서쪽으로 여러 나라의 사람들은 눈이 깊고 코가 높으나, 오로지 이 나라 사람들의 외모만은 호인과 닮지 않고 중원사람과 매우 비슷하다. 성의 동쪽 20리 되는 곳에 큰 강이 북쪽으로 흐르는데 이름하여 수지수(樹枝水)라고 부르니 곧 '황하(黃河)'이며 일명 계식수(計式水)라고도 부른다. 성의 서쪽 55리 되는 곳에 큰 강이 또 하나 있는데, 달리수(達利水)라고 부르며 수지수와 합류하여 함께 북쪽으로 흘러간다. …(중략) 이에 앞서 조정은 사신 한양피(韓羊皮)를 파사(波斯)에 파견했는데, 파사왕이 사신을 보내 조련된 코끼리와 진기한 물품을 헌상해 왔다. [그 사신이] 우전을 지나는데 우전에서 왕 추인(秋仁)이 갑자기 [그것들을] 압류하고, 도적들이 있어 [물품들이 조정에] 도달하지 못할까 걱정되어 그렇게 했다고 거짓말을 하였다. 양피가 그 상황을 보고하자 현조는 분노하여, 다시 양피로 하여금 조칙을 받들고 가서 그를 견책

하니, 그 이후로 매번 사신을 보내어 헌물을 조공으로 바쳤다. 북주 건덕(建德) 3년(574)에 그 왕이 사신을 보내 명마를 바쳤다.

수(隋) 대업 연간에 자주 사신을 보내 조공했다. 그 왕의 성은 왕이고, 자는 조시문(早示門)이다. 연금모(練錦帽)와 금서관(金鼠冠)을 쓰고, 부인은 금화(金花)를 얹었다. 그 왕은 머리털을 다른 사람에게 보이지 않는데, 흔히 말하기를 만약 왕이 그 머리카락을 보이면 그 해에 반드시 흉년이 들 것이라고 한다.[495]

○ 『구당서』 권198 우전

우전국(于闐國), 서남 지대는 파미르고원으로, 구자(龜玆)와 접해 있으며, 경사(京師)로부터 서쪽으로 9,700리 떨어져 있었다. 전투를 할 수 있는 병력은 4,000명이었다. 그 나라에는 아름다운 옥이 생산되었다. 그들의 습속은 잔꾀가 많고 솜씨가 좋았으며, 요신(祆神)을 잘 섬기고, 불교를 숭상하였다. 앞서 서돌궐(西突厥)에게 신하라 칭하였다. 그 나라 왕의 성은 위지(尉遲)씨이며, 이름은 굴밀(屈密)이었다.

[태종(太宗)] 정관(貞觀) 6년(632)에 사자를 보내와 옥으로 만든 허리띠를 헌납하니, 태종이 우조(優詔)를 내려 그에게 보답하였다. 정관 13년(639)에 또 아들을 보내와 입시하게 하였다. 아사나사이(阿史那社爾)가 구자를 칠 때, 그 나라 왕 복도신(伏闍信)이 크게 두려워하여 그의 아들을 사자로 삼아 낙타 1만 300필을 군대에 제공하였다. 장차 군대를 돌려서 가려고 할 때, 행군장사(行軍長史) 설만비(薛萬備)가 아사나사이에게 청하여 말하기를 "지금 이미 구자를 격파하였으니, 나라의 위세는 이미 크게 떨쳤고, 청컨대 이 기회를 타서 경기(輕騎)를 이

---

495) "于闐國. 在且末西北, 葱嶺之北二百餘里, 東去鄯善千五百里, 南去女國三千里, 去朱俱波千里, 北去龜玆千四百里, 去代九千八百里. 其地亘千里, 連山相次. 所都城方八九里, 部內有大城五, 小城數十. 于闐城東三十里有首拔河, 中出玉石. 土宜五穀幷桑麻, 山多美玉, 有好馬駝騾. 其刑法, 殺人者死, 餘罪各隨輕重懲罰之. 自外風俗物産與龜玆略同. 俗重佛法, 寺塔僧尼甚衆, 王尤信尙, 每設齋日, 必親自灑掃饋食焉. 城南五十里有贊摩寺, 卽昔羅漢比丘盧旃爲其王造覆盆浮圖之所. 石上有辟支佛跣處, 雙跡猶存. 于闐西五百里有比摩寺, 云是老子化胡成佛之所. 俗無禮義, 多盜賊, 淫縱. 自高昌以西諸國人等, 深目高鼻, 唯此一國, 貌不甚胡, 頗類華夏. 城東二十里有大水北流, 號樹枝水, 卽黃河也, 一名計式水. 城西十五里亦有大水, 名達利水, 與樹枝水會, 俱北流. …(중략) 先是, 朝廷遣使者韓羊皮使波斯, 波斯王遣使獻馴象及珍物. 經于闐, 于闐中于王秋仁輒留之, 假言慮有寇不達. 羊皮言狀, 帝怒, 又遣羊皮奉詔責讓之, 自後每使朝貢. 周建德三年, 其王遣使獻名馬. 隋大業中, 頻使朝貢. 其王姓王, 字早示門. 練錦帽, 金鼠冠, 妻戴金花. 其王髮不令人見, 俗言若見王髮, 其年必儉云."

용해서 우전의 왕을 취하고자 합니다"라고 하였다. 아사나사이가 설만비를 보내 50기(騎)를 이끌고 우전의 국[왕]을 막아서게 하고, 설만비에게 당나라의 권위와 영명함을 말하도록 해서, 우전왕에게 입조하여 천자를 알현할 것을 권하니, 복도신이 이에 설만비를 따라 내조하였다. 고종이 뒤를 잇자, 우효위대장군(右驍衛大將軍)에 배수하였다. 또 그의 아들 엽호점(葉護玷)을 우효위장군(右驍衛將軍)으로 삼고, 아울러 금대(金帶), 금포(錦袍), 포백(布帛) 60단 및 택지 한 구역을 하사하고, 수개월 동안 머물게 한 후 그를 돌려보내니, [그는] 자제(子弟)를 남겨 놓아 숙위(宿衛)로 삼아줄 것을 청하였다. 태종이 소릉(昭陵)에 묻힐 때, 돌에다 그의 형상을 새겨서 현궐(玄闕) 아래에 배열하였다.[496]

○ 『구오대사』 권138 우전

우전(于闐)은 총령(葱嶺)의 북쪽 200리에 있는데 남쪽으로 총령이 둘러 있고, 파라문(婆羅門)과 접해 있으며 위쪽으로 3,000여 리 떨어져 있다. 도성(都城)이 자리한 바는 사방 9리이다. 남쪽으로는 토번과 접해있고, 서북쪽의 소륵은 2,000여 리 [떨어져 있다]. 나라 성의 동쪽으로 백옥하(白玉河)라 하는 것이 있고 서쪽으로는 녹옥하(綠玉河)가 있으며, 또 서쪽으로 오옥하(烏玉河)가 있다. 그 근원은 모두 곤륜산(崑崙山)에서 나오며, 나라 서쪽으로 천 300여 리 떨어져 있다. 그 풍속은 요신(妖神) 섬기기를 좋아한다. 우전은 나라에 보국후(輔國侯), 좌우장(左右將), 좌우기군(左右騎君), 동서성장(東西城長), 역장(譯長)이 각각 1인씩 있다.[497]

○ 『대당서역기』 권제12 구살단나국(瞿薩旦那國)

이곳에서 동쪽으로 산봉우리를 넘고 계곡을 건너 800여 리를 가다 보면 구살단나국(瞿薩

---

496) "于闐國. 西南帶葱嶺, 與龜茲接, 在京師西九千七百里. 勝兵四千人. 其國出美玉. 俗多機巧, 好事祆神, 崇佛教. 先是于闐爲厥, 其土姓尉遲氏, 名屈密. 貞觀六年, 遣使獻玉帶, 太宗優詔荅之. 十三年, 又遣子入侍. 及阿史那社爾伐龜茲, 其王伏闍信大懼, 使其子以駝萬三百匹饋軍. 及將旋師, 行軍長史薛萬備請社爾曰, 今者旣破龜茲, 國威已振, 請因此機, 願以輕騎罵取于闐之王. 社爾乃遣萬備率五十騎抵于闐之國, 萬備陳國威靈, 勸其入見天子, 伏闍信於是隨萬備來朝. 高宗嗣位, 拜右驍衛大將軍. 又授其子葉護玷爲右驍衛將軍, 並賜金帶·錦袍·布帛六十段, 幷宅一區, 留數月而遣之, 因請留子弟以宿衛. 太宗葬昭陵, 刻石像其形, 列於玄闕之下."

497) "于闐, 在葱嶺之北二百里, 南帶葱嶺, 與婆羅門接, 相去三千餘里. 所都城方八九里. 南與吐蕃接, 西北之疏勒二千餘里. 國城之東, 有曰白玉河, 西有綠玉河, 次西有烏玉河. 其源同出崑崙山, 去國西一千三百餘里. 其俗好事妖神. 于闐, 國有輔國侯·左右將·左右騎君·東西城長·譯長各一人."

旦那國)<당의 언어로는 지유(地乳)라고 하는데, 이 말은 그 지방의 표준어이다. 속어로는 이 것을 한나구(漢那九)라고 하는데 흉노(匈奴)는 이 나라를 가리켜 우둔(于遁)이라고 한다. 제호(諸胡)는 계단(谿旦)이라고 하고 인도에서는 이 나라를 가리켜 굴단(屈丹)이라고 하며 구역에서는 우전(于闐)이라고 하는데 잘못된 것이다>에 도착한다. 구살단나국의 둘레는 4,000여 리이며 모래와 자갈이 태반을 이루고 있는데 그 땅은 좁다. 농사가 잘 되며 온갖 과일이 많이 난다. 양탄자와 가는 모직물을 생산하는데 가늘게 실을 뽑아내는 기술이 특히 뛰어나다. 또 백옥(白玉)과 예옥(鷖玉)을 생산하고 있다. 기후는 온화하고 화창하며 회오리바람이 불어서 먼지가 날아다닌다.

풍속은 예의를 알며 사람들의 성품은 온화하고 공손하다. 학문을 좋아하고 예능을 익히며 여러 기술에 널리 통달해 있다. 인민들은 부유하고 집집마다 편안한 마음으로 생업에 종사하고 있다. 나라에서는 음악을 숭상하고 있으며 사람들도 춤과 노래를 즐긴다. 소수의 사람들은 털옷이나 모직옷을 입고 대부분은 명주를 기운 옷(絁紬)이나 흰 모직물(白氎)의 옷을 입는다. 행동거지에는 예의가 있고 풍속에는 기강이 있다. 문자와 법률·제도는 인도의 것을 따르고 있지만 필법이나 양식은 조금 바꾸었으므로 새로운 부분도 있다. 말은 여러 나라들과 다르다.

부처님의 법을 숭상하고 가람은 백여 곳이 있으며 승도는 5,000여 명이 있는데, 이들은 모두 대승법의 가르침을 익히고 있다. 왕은 매우 굳세고 용감하며 부처님의 법을 깊이 받들고 있어서 스스로를 가리켜 비사문천(毘沙門天)의 후손이라고 말하고 있다.[498]

○ 『고승법현전(高僧法顯傳)』 권1
법현 등은 부공손(符公孫)으로부터 물자를 공급받아 마침내 서남쪽으로 곧바로 나아갈 수

---

498) "從此, 而東踰嶺越谷行八百餘里, 至瞿薩旦那國<唐言地乳, 即其俗之雅言也. 俗語謂之漢那國, 匈奴謂之于遁. 諸胡謂之豎旦, 印度謂之屈丹, 舊曰于闐訛也>. 瞿薩旦那國, 周四千餘里, 沙磧太半, 壤土陿狹. 宜穀稼多衆菓. 出氀毼細氎工紡績絁紬. 又產白玉鷖玉. 氣序和暢, 飄風飛埃. 俗知禮義, 人性溫恭好. 學典藝博達技能. 衆庶富樂, 編戶安業. 國尙樂音, 人好歌儛. 少服毛褐氎裘, 多衣絁紬白氎. 儀形有禮, 風則有紀. 文字憲章聿尊印度, 微改體勢粗有沿革. 語異諸國. 崇尙佛法, 伽藍百有餘所, 僧徒五千餘人, 竝多習學大乘法敎. 王甚驍武, 敬重佛法, 自云毘沙門天之祚胤也."

있었으나, 가는 도중에는 사는 사람들도 없어서 나아가는 데 어려움이 많았으니, 그 고생은 인간의 생각으로는 견줄 데가 없었다. 이리하여 길을 떠난 지 한 달하고 닷새 만에 우전(于闐)에 겨우 도착하게 되었다. 이 나라는 풍요롭고 즐거웠으며 사람들의 생활이 윤택하였고, 모두 불법을 받들어 불법에 대한 기쁨이 서로 충만해 있었다. 승려는 수만 명이나 되었는데 대부분 대승을 배우고 있었으며 모두 중식(衆食)을 하고 있었다. 이 나라 사람들은 집집마다 문 앞에 작은 탑을 세워 놓았는데, 그중 제일 작은 것의 높이는 약 2장(丈) 가량 되어 보였고, 사방에 승방(僧房)을 지어 놓고 객승(客僧)에게 제공하였으며 그 외의 것들도 제공하였다. 이 나라의 왕은 법현 등을 사원(僧伽藍)에 편안히 있도록 해 주었는데 그 승가람의 이름은 구마제(瞿摩帝)로서 대승의 사찰이었다. 3,000명의 승려들은 건추(楗槌) 소리에 따라 공양을 하러 모여드는데 그들은 식당에 들어갈 때 위의(威儀)가 가지런하고 엄숙하여 차례로 앉는다. 그리고 모두 조용하여 발우 소리조차 내지 않는다. 시중드는 자에게 음식을 더 청하려고 부득이하게 상대를 부를 때에도 단지 손으로 가리킬 뿐이었다.[499]

[정지은]

---

499) "資法顯等, 蒙符公孫供給遂得直進西南, 行路中無居民涉行艱難, 所經之苦人理. 莫比在道一月五日得到于闐. 其國豐樂人民殷盛盡, 皆奉法以法樂相娛. 衆僧乃數萬人多大乘學, 皆有衆食. 彼國人民, 星居家家門前皆起小塔, 最小者可高二丈許, 作四方僧房, 供給客僧及餘所須. 國主安頓供給法顯等於僧伽藍, 僧伽藍名瞿摩帝是大乘寺. 三千僧共揵搥食, 入食堂時威儀齊肅次第而坐. 一切寂然器鉢無聲. 淨人益食不得相喚, 但以手指麾."

신라(新羅)

개요

　현전하는 「양직공도」 모본 4종 중 신라에 대한 정보를 담은 것은 북송모본을 제외한 3종이다. 고덕겸모본에는 '신라(新羅)'라는 표제 아래 전체 사신 중 31번째로, 염립본모본에는 '신라국(新羅國)'이라는 표제 아래 전체 사신 중 17번째로 신라 사신의 모습을 전하고 있다. 한편 장경모본에는 '사라국(斯羅國)'이라는 표제 아래 북송모본에는 찾을 수 없던 신라의 제기가 전해진다. 장경모본의 발견 전까지 「양직공도」 신라조의 존재는 『속고승전(續高僧傳)』의 일문(逸文)을 통해서 겨우 추정될 뿐이었다.

「양직공도」 모본별 신라 사신 관련 정보

사신도			제기	
고덕겸모본	북송모본	염립본모본	북송모본	장경모본
○	없음	○	없음	○

　장경모본의 신라 제기와 관련해서는 크게 두 가지를 주목할 필요가 있다. 첫 번째는 『양서』 신라전(新羅傳)과의 관계이다. 『양서』 신라전은 중국 정사에 처음으로 수록된 신라전이다. 일찍이 스에마쓰 야스카즈(末松保和)는 『양서』 신라전의 사료적 가치에 주목하고, 그 기초가 된 자료가 『삼국지』・『후한서』 등의 기존 사료와 568~578년 진(陳)에 파견된 신라 사신으로부터 확보된 정보였을 것으로 짐작하였다(末松保和, 1954). 그러나 장경모본의 발견으로 『양서』 신라전 역시 여타의 『양서』 제이전(諸夷傳)처럼 「양직공도」를 원자료로 하여 편찬되

었을 것임을 분명히 할 수 있게 되었다(윤용구, 2012, p.135; 윤용구, 2019, p.71).

이는 장경모본 사라국조와 『양서』 신라전 서술의 구조와 흐름을 통해 확인할 수 있다. 이를 보면 두 자료가 내용별 서술 순서에서 일치함을 알 수 있으며, 신라와 진한(辰韓)의 관계, 시대별 신라의 국명 변화, 법흥왕 8년(521) 이전 신라 사신의 방문이 없었던 이유, 521년 신라의 첫 사신 파견, 신라의 풍속 및 문자·언어에 대한 설명 등이 매우 유사함을 알 수 있다.

그럼에도 시대별 신라의 국명, 사신 파견 여부와 그에 대한 해설 등에서 두 자료 사이에는 유의미한 차이가 있다. 또 『양서』 신라전과 달리 장경모본 사라국조에서는 진한의 내력·신라의 위치 정보 및 풍속에 대한 자세한 설명을 찾아볼 수 없다. 진한의 내력과 풍속에 대한 설명은 『삼국지』 진한조에서 상당 부분 답습하였으나, 신라의 중앙과 지방조직, 관등, 복식에 대한 기록은 『양서』 신라전에서 새로 추가된 내용이다.

두 번째는 '사라국'이라는 국호 표기와 신라가 사신을 파견하지 못한 이유를 전하는 문장에 대한 해석이다. 신라는 지증왕 4년(503)에 국호를 신라로 확정하였으나, 장경모본에서는 신라의 국호를 '사라국'으로 표기하고 있다. 이에 대해서는 다양한 해석이 가능하지만, 백제의 '방소국(旁小國)' 기사에 포함된 '사라'와 동일한 국명이라는 점과 신라 사신이 백제 사신을 따라 양나라를 방문한 점을 비추어 볼 때 백제측의 시각이 반영된 결과물로 보는 것이 가장 타당할 것이다. 신라가 사신을 파견하지 못한 이유를 전하는 "或屬韓或屬倭國王不能自通使聘"이라는 문장은 끊어 읽는 방식과 해석이 분분하다(아래의 역주 참고). 국호 표기와 마찬가지로 이 문장 역시 당시 대중(對中) 외교에서 신라가 상대적으로 열세였음을 반영한 구절이라 할 수 있다.

한편 사신도의 경우 고덕겸모본과 염립본모본에 전하는 신라 사신의 전체적인 복식은 유사하다. 둔부를 약간 덮는 길이와 긴 소매의 저고리(襦)를 오른쪽 여밈(右衽)방식으로 착용하고, 아래로 갈수록 폭이 좁아지는 바지(袴)를 입었으며, 머리에는 앞 중앙 부분이 높고 좌우로 네모 조각이 붙어있는 형태의 관(冠)을 쓰고 있다. 특히 관의 정수리 부분(帽頂)이 솟은 부분 없이 평평한데 이는 고구려·백제 사신의 고깔형(弁形) 관모와 뚜렷하게 구분된다. 두 모본의 사신 모두 공수(拱手) 자세인데, 염립본모본은 이 때문에 허리띠(帶)가 보이지 않지만, 고덕겸모본에서는 둥근 장식이 있는 좁은 너비의 가죽 허리띠(革帶)를 하고 있다.

한편 세부적인 모습을 살펴보면 머리모양과 얼굴, 연령 등에서 상당한 차이점이 발견된다. 가장 큰 차이는 머리모양으로 고덕겸모본에서는 고구려·백제 사신과 마찬가지로 머리를 올린 후 관모를 착용한 반면, 염립본모본에서는 어깨너머로 머리를 길게 풀어 내린 채 관모를 착용하고 있다. 이에 대해서는 얼굴에 수염이 없는 등 염립본모본의 신라 사신이 연령이 낮아 보이는 점을 들어 혼인 여부와 관계된다고 보거나, 고구려 고분벽화에서 낮은 신분이나 특수 직무(악무 종사자)의 인물이 머리를 풀어 해친(被髮) 점을 들어 신분 혹은 직무와 관계될 가능성을 제시하기도 한다(이진민·남윤자·조우현, 2001).

사신도

고덕겸모본 新羅	북송모본	염립본모본 新羅國
	없음	

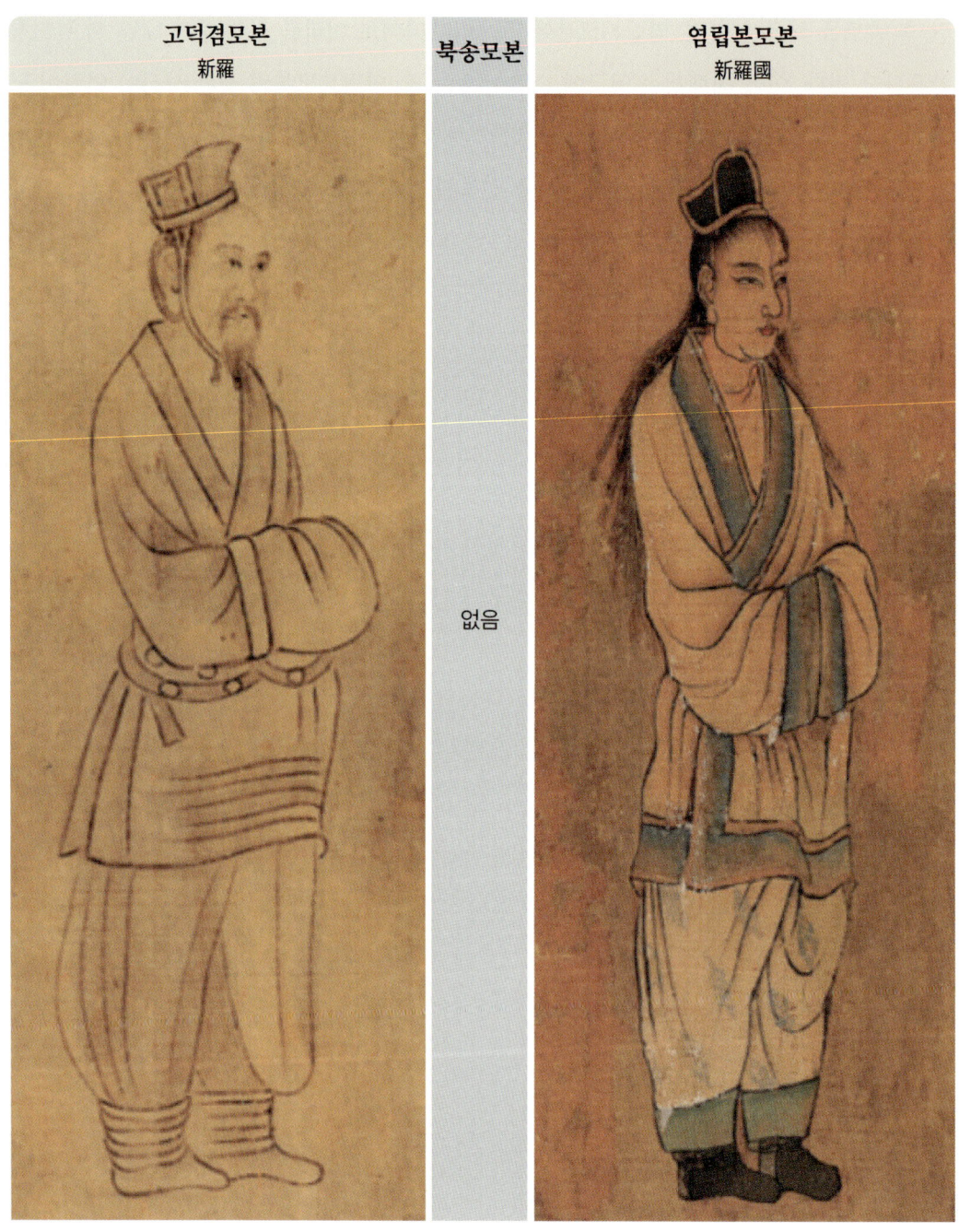

제기

○ **북송모본**

없음

○ **장경모본**

1. 교감문

斯羅國, 本東夷辰韓之小國也. 魏時曰新羅, 宋時曰斯羅, 其實一也. 或屬韓, 或屬倭國王, 不能自通使聘. 普通二年, 其王姓募名泰, 始使隨百濟, 奉表獻方物. 其國有城號曰建年. 其俗與高麗相類. 無文字, 刻木爲範. 言語待百濟而後通焉.

2. 역주

500) 사라국(斯羅國): 신라에서는 초기부터 徐伐·徐羅伐·徐那伐·徐耶伐·斯盧·斯羅·尸羅·新羅·雞林·鷄貴 등 다양한 국명을 사용하였으나, 지증왕 4년(503)에 '德業日新, 網羅四方'의 의미를 부여하여 다양한 국호 중 '신라'를 국호로 획정하였다(문경현, 1970, 「신라국호의 연구」, 『대구사학』 2; 주보돈, 1998, 「신라 국호의 획정과 민의식의 성장」, 『신라지방통치체제의 정비과정과 촌락』, 신서원).

그런데 題記 없이 신라 사절을 묘사한 그림만 전하는 양직공도 모본(염립본모본, 고덕겸모본)들이 모두 '新羅(國)'를 국명으로 선택한 데 반해, 장경모본만은 국명을 '사라국'으로 기록하고 있어 주목된다. 장경모본의 발견으로 인해 양직공도의 백제국의 '旁小國' 기사에 포함된 斯羅가 신라임이 확실해졌기 때문이다. 장경모본에서 백제의 방소국 속에 포함된 사라와 같은 국호로 신라 題記를 수록한 것은 백제 사신의 통역에 의해 신라에 대한 정보가 전해짐으로써("言語待百濟而後通焉") 백제의 시각이 반영된 결과라고 생각된다. 신라에 대한 정보에 백제측 입장이 반영된 것은 『양서』 신라전에서 신라의 위치에 대해 백제를 기준으로 설명한 점에서도 나타난다. 또 백제 사료를 충실히 반영했다고 생각되는 『일본서기』 흠명기의 기록(『일본서기』 권19 흠명천황 15년(554) 12월조)에서도 신라를 斯羅로 칭하고 있는 것이 보인다(이용현, 2006, 「《梁書》·《隋書》·《南史》·《北史》의 新羅傳 비교 검토: 통일이전 신라 서술 중국 사료의 성격」, 『新羅史學報』 8, p.28).

한편 "或屬韓, 或屬倭國王"이라는 구절을 볼 때, 왜와 관련되었을 가능성이나 해당 모본을 작성한 인물이 서술의 일관성을 꾀했기 때문이었거나, "魏時曰新羅, 宋時曰斯羅"라 하여 斯羅가 [모본 작성의 기초가 된 자료 혹은 기사 작성 당시에] 더 가까운 시기의 명칭이라고 인식했기 때문일 가능성 등도 상정할 수 있다.

장경모본에서 신라의 국명으로 斯羅國을 채택한 데 반해, 『양서』에서는 신라를 국명으로 택하고 있다. 이를 신라 조정의 공식적 입장이 반영된 결과로 보기도 하지만(김선숙, 2017, 「양직공도(梁職貢圖)·양서(梁書)의 신라 국호 이칭(異稱)에 대한 검토」, 『국학연구』 32, p.10), 『양서』 신라전에서 "魏時曰新盧, 宋時曰新羅, 或曰斯羅."라 한 것에 주목할 필요가 있다. 위나라와 송나라 때의 신라 국명을 소개한 다음 '斯羅'라는 이름을 굳이 덧붙이고 있는 것이다. 이는 백제측의 입장 및 정보(백제의 방소국 중 하나로 언급된 사라)가 반영된 흔적으로 볼 수 있다(강종훈, 2017, 「《양직공도》의 사료적 가치와 독법」, 『한국고대사 사료비판론』, 교

사라국(斯羅國)은500) 본래 동이(東夷) 진한(辰韓)의 소국(小國)이었다.501) 위(魏)나라 때에는 신라(新羅)라 하였고, 송(宋)나라 때에는 사라(斯羅)라 하였으나,502) 그 실체는 같다. 한(韓)에 속하기도 하고 왜국왕(倭國王)에 속하기도 하였으므로503) 스스로 사신을 통해 예빙(禮聘)할

육과학사, p.260). 그렇다면 『양서』 신라전에서 신라를 국명으로 채택하여 표제어로 삼은 것은 신로 조정의 입장이 반영되었다기 보다는 신라의 대중국 외교로 인해 중국 내 신라에 대한 정보가 늘어난 결과라고 봐야 할 것이다.

501) 본래…소국이었다: 신라의 기원에 대해서는 사료마다 ①중국 秦의 流亡人과 연결된 辰韓의 후예라는 설, ②고구려의 殘民이라는 설, ③弁韓의 후예라는 설, ④燕나라의 유망인이라는 설 등을 제기하고 있다. 이 구절은 첫 번째 설에 속하는 것으로, 이는 『三國志』 東夷傳의 '古之亡人避秦役'에서 비롯되어 『後漢書』, 『梁書』, 『晉書』, 『南史』, 『北史』, 『翰苑』 등이 따르고 있다(이성제 외, 2020, 『譯註 中國正史 東夷傳 (4) 晉書~新五代史 新羅』, 동북아역사재단). 『양서』 신라전에서는 秦의 유민에 의해 辰韓이 형성되었고 이 때문에 秦韓이라고도 한다고 전하고 있다. 이는 辰과 秦의 음이 유사한 것에서 비롯된 후대 역사가의 부회이다(白鳥庫吉, 1912, 「漢の朝鮮四郡疆域考」, 『東洋學報』 2-2).

502) 위나라 때에는…하였으나: 「장경모본」이 발견되기 전까지 양직공도 신라국조의 유일한 逸文으로 전해졌던 『續高僧傳』 권24 慈藏에는 "按梁職貢圖, 其新羅國, 魏時曰新盧, 宋時曰新羅, 或曰斯羅. 本東夷辰韓之國矣."라고 기술하였으며, 이는 『양서』 신라전과도 동일하다. 이 두 기록을 장경모본의 '魏時曰新羅', '宋時曰斯羅'와 비교할 때 신라의 국명을 각기 다르게 기재한 점이 눈에 띈다. 위나라 당시 신라에 대한 정보는 『三國志』 辰韓조에 기초하고 있었을 것인데, 진한조에는 진한 소국의 하나로 斯盧國을 들고 있다. 때문에 장경모본과 『양서』 신라전에서 위나라 때 신라의 국명을 '사로'가 아닌, '신라' 혹은 '신로'와 같이 첫 글자를 '신'으로 기록한 것은 의아한 부분이다. 이에 대해 강종훈은 초서의 경우 斯와 新의 字形이 흡사한 것에서 빚어진 실수로 보았는데(강종훈, 2017, 위의 논문, p. 259), 이는 「양직공도」와 『양서』 신라전 편찬에서의 원자료와 편찬과정을 추정할 때 염두에 두어야 할 부분이다.

503) 한에…하였으므로: 이 구절은 오직 양직공도 장경모본에만 보인다. 이때의 韓의 실체는 분명치 않은데, 앞서 '진한의 소국이었다'라는 표현을 염두에 둔다면 진한으로, 『양서』 신라전의 기록에 따른다면 마한으로 이해할 수 있을 것이다. 역사적 사실 면에서든 문맥상으로든 사라국(신라)이 '한에 속하였다[或屬韓]'는 구절은 어색하지 않다. 그런데 문제는 '왜국왕에게 속하기도 하였다[或屬倭國王]'는 구절이다. 이는 역사적 사실과 부합하지 않기 때문이다. 이러한 인식은 『宋書』 왜전에 왜국왕이 '使持節都督倭百濟新羅任那秦韓慕韓六國諸軍事'를 자칭하자 송에서 백제 대신 加羅가 들어간 직함을 인정하였다는 기록에서 말미암은 것으로 보인다(강종훈, 2017, 앞의 논문, pp.261~263).
법흥왕의 사신 파견 전까지 前秦과의 교섭을 제외하면(奈勿王 26년(381)) 신라가 중국의 諸왕조와 직접적으로 교섭한 기사는 발견되지 않으므로, 이 구절은 결국 외교전 속에서 나온 과시적 발언들의 결과물일 것이다. 『양직공도』 신라조에는 백제측의 입장이 상당히 여겨지는데도 백제의 '방소국' 기사와 서로 상충되는 이러한 문구가 보입된 까닭이 무엇인지, 어디에 근거한 것인지는 고민이 필요해 보인다

504) 한에 …예빙할 수 없었나: 이 구절은 어떻게 끊어서 읽는가에 따라 해석이 크게 달라진다. 윤용구와 赤羽目匡由는 "或屬韓, 或屬倭. 國王不能自通使聘."이라 하였으며(尹龍九, 2014, 「『梁職貢圖』流伝と模本」 『梁職貢圖と東部ユーラシア世界』, 勉誠出版, p.237; 赤羽目匡由, 2014, 「新出『梁職貢圖』題記逸文の朝鮮関係記事二、三をめぐって」 『梁職貢圖と東部ユーラシア世界』, 勉誠出版, p.457), 이성시는 "或屬韓, 或屬倭國, 王不能自通使聘"라 하였고(李成市, 2014, 「『梁職貢圖』高句麗・百済・新羅の題記について」 『梁職貢圖と東部ユーラシア世界』, 勉誠出版, p.432), 강종훈은 "或屬韓, 或屬倭國王, 不能自通使聘"이라 하였다(강종훈, 2017, 앞의 논문, p.257). 종합하면 '國'字와 '王'字를 어디에서 끊고 붙일 것인가가 문제임을 알 수 있다. 여기서는 강종훈이 제시한 것과 같이 끊고 해석하였다. 이는 국왕 앞에 '其'字가 없는 데서 착안하였다. 이어지는 문장들을 보면 "其王姓募名泰", "其國有城號曰建年", "其俗與高麗相類"와 같이 국왕, 국가, 풍속 등 신

수 없었다.504) 보통(普通) 2년(521)에 성(姓)이 모(募)이고 이름이 태(泰)인 왕이505) 백제를 따라 처음 사신을 보내어 표를 올리고 방물을 바쳤다. 그 나라에는 성이 있어서 건년(健年)506)이라 부른다. 그 풍속이 고구려(高麗)와 서로 비슷하다. 문자가 없어서 나무를 새겨 법식(範)으로 삼는다.507) 말은 백제[의 통역]을 기다린 뒤에야 통한다.508)

참고자료

○ 『양서』 권54 신라

신라는 그 선조가 본래 진한(辰韓)의 종족이다. 진한은 진한(秦韓)이라고도 하는데, [양(梁)

라를 설명할 때 '其'를 통해 다시 한번 특정해주는 서술방식을 택하고 있다. 따라서 이 문장에서의 국왕은 왜와 붙여서 왜국왕으로 이해하고, 한 혹은 왜국왕에게 속하였기 때문에 [사라국이] 스스로 사신을 보내지 못했다는 인과관계를 이루는 문장으로 해석하는 것이 자연스럽다.

505) 성이…왕이: 태는 秦의 오기인 듯하다. 법흥왕의 이름은 『양서』, 『南史』, 『通典』의 신라전과 『冊府元龜』에는 '성은 募이고, 이름은 秦'이라고 하였는데, 『양서』 남감본과 무영전본도 양직공도 장경모본처럼 법흥왕의 이름을 泰로 잘못 표기하고 있다. 한편 〈蔚珍鳳坪碑(법흥왕 11년, 524)〉에는 법흥왕의 이름을 牟卽智로, 〈川前里書石 追銘(법흥왕 26년, 539)〉에는 另卽知로 기록하고 있다.

506) 건년(健年): 『양서』 신라전의 健牟羅의 오기로 보인다. 『신당서』에서는 侵牟羅로 표기하고 있다. 여기서 城은 『신당서』 신라전의 "而王居金城, 環八里所, 衛兵三千人. 謂城爲侵牟羅, 邑在內日喙評, 外日邑勒. 有喙評六, 邑勒五十二."라는 기록에 근거할 때 金城, 즉 王城으로 생각된다(국사편찬위원회, 1990, 『중국정사조선전 역주 (1)』, 신서원, p.491). 금성은 국왕이 거주하는 작은 성을 의미하기도 하고, 광역의 서울을 가리키기도 하는데, 주로 상고기에 많이 사용되었다. 작은 성으로서의 금성이라는 개념은 상고기 이후 사라지고 광역의 서울 개념으로 사용되었으므로(이동주, 2019, 「신라 왕경의 정의와 그 범위」, 『문헌으로 보는 신라의 왕경과 월성』, 국립경주문화재연구소, pp.62~65), 여기서는 신라의 수도 경주를 의미하는 것이라 생각된다.

507) 문자가…삼는다: 이 구절은 문자가 없는 사회에 대한 중국측의 관용화된 문구이다(『新五代史』 四夷 附錄1, "漢人教之以隸書之半增損之, 作文字數千, 以代刻木之約."). 그러나 이에 앞서 "奉表獻方物"이라는 구절이 있어, 해당 기록에 대한 재고가 필요하다. 이성시는 이에 대해 신라 내에서 한자를 사용하였지만 대중외교에서 공적으로 의사전달을 할 수 있는 수준은 아니었기에 백제의 도움을 받은 것으로 해석하였다(李成市, 2000, 「漢字文化の伝播と受容」, 『東アジア文化圏の形成』, 山川出版社, pp.59~60). 한편 신라에서 한자를 사용한 최초의 시기는 특정할 수는 없지만, 늦어도 4세기 경에는 시작되었으리라 추정하고 있다. 현존하는 가장 이른 시기의 신라 금석문은 〈포항 중성리비〉로, 작성 시기에 대해서는 501년(지증왕 2년)과 441년(눌지마립간 25년)이라는 설이 대립하고 있다. 신라의 문자 사용에 대해서는 송기호, 2003, 「고대의 문자생활: 비교와 시기구분」, 『강좌 한국고대사 (5) 문자생활과 역사서의 편찬』, 가락국사적개발연구원을 참고.

508) 말은…통한다: 백제의 방소국 중 하나인 사라를 표제어-국명으로 택한 것처럼 이 자료에 백제의 입장이 크게 반영된 이유를 알려주는 문장이다.

나라와] 서로 1만 리 떨어져 있다. 전하는 말로는 '진(秦)나라 때의 망인(亡人)들이 역(役)을 피하여 마한으로 찾아오자, 마한에서 또 그 동쪽 경계[의 땅]을 나누어서 그들을 거주시켰는데, [그들이] 진나라 사람들이었기 때문에 진한(秦韓)이라 이름하였다'고 한다. 그들의 언어와 사물의 이름은 중국 사람들과 비슷하니, 국가(國)를 나라(邦)라고 하고, 궁(弓)을 활(弧)이라 하고, 도적(賊)을 도둑(寇)이라 하고, 위차(位次)에 따라 술을 따르는 것(行酒)을 잔을 돌린다(行觴)라 하고, 서로 부르기를 모두 무리(徒)라 하니, 마한(馬韓)과는 같지 않았다. 또 진한의 왕은 항상 마한 사람으로 세워 대대로 서로 계승하게 하고, 진한은 스스로 [누군가를] 세워서 왕으로 삼지 못하였으니, 그들이 흘러들어온 사람들이었음이 분명한 까닭이다. [따라서 진한은] 항상 마한에게 통제받았다.

진한은 애초에 6국이었다가, 점차 나누어져 12국이 되었는데, 신라는 그 중 하나이다. 그 나라는 백제의 동남쪽 5,000여 리 밖에 있다. 그 땅은 동쪽으로 큰 바다에 잇닿아 있으며, 남북으로 고구려(句驪)·백제와 접하고 있다. 위나라 때에는 신로(新盧)라 하였고, 송나라 때에는 신라(新羅) 혹은 사라(斯羅)라고 하였다. 그 나라는 작아서 스스로 사신을 통하여 예빙(禮聘)할 수 없었다. 보통 2년(521)에 성은 모(募)이고 이름은 진(秦)인 왕이 처음으로 사신을 보내어, 백제를 따라서 방물을 바쳤다.

그 풍속에 성(城)을 건모라(健牟羅)라고 부르고, 그 읍 가운데 [건모라] 안에 있는 것은 탁평(啄評)이라 하고, 바깥에 있는 것은 읍륵(邑勒)이라고 하는데, 중국말로는 군현(郡縣)이다. 나라 안에는 6개의 탁평과 52개의 읍륵이 있다. 토지가 비옥하여 5곡을 심기에 알맞다. 뽕나무와 마(桑麻)가 많아서 비단과 베(縑布)를 짠다. 소와 말을 부려서 탄다. 남녀 사이에는 구별이 있다. 그 나라의 관명(官名)으로는 자분한지·제한지·알한지·일고지·기패한지가 있다. 그 나라의 관은 유자례(遺子禮)라 하고, 저고리(襦)는 위해(尉解)라 하며, 바지(袴)는 가반(柯半)이라 하며, 신발(靴)은 선(洗)이라 한다. 그 절하고 걷는 방식이 고구려(高驪)와 서로 비슷하다. 문자가 없어서 나무에 새겨 신표(信標)로 삼는다. 말(語言)은 백제[의 통역을] 기다린 후에야 통한다.[509]

---

509) "新羅者, 其先本辰韓種也. 辰韓亦曰秦韓, 相去萬里. 傳言秦世亡人, 避役來適馬韓, 馬韓亦割其東界, 居之以秦人, 故名之曰秦韓. 其言語名物, 有似中國人, 名國爲邦, 弓爲弧, 賊爲寇, 行酒爲行觴, 相呼皆爲徒, 不與馬韓

○ 『남사』 권79 신라

신라의 그 앞선 일은 『북사』에 자세하다. [신라는] 백제의 동남쪽 5,000여 리 밖에 있다. 그 땅은 동쪽으로 큰 바다에 잇닿아 있으며, 남북으로 고구려(句麗)·백제와 접하고 있다. 위나라 때는 신로(新盧)라 하였고, 송나라 때에는 신라(新羅) 혹은 사라(斯羅)라고 하였다. 그 나라는 작아서 스스로 사신을 통하여 예빙(禮聘)할 수 없었다. 양나라 보통 2년(521)에 성은 모(募)이고 이름은 진(秦)인 왕이 처음으로 백제를 따라 사신을 보내 방물을 바쳤다.

그 풍속에 성(城)을 건모라(健牟羅)라고 부르고, 그 읍 가운데 [건모라] 안에 있는 것은 탁평(啄評)이라 하고, 바깥에 있는 것은 읍륵(邑勒)이라고 하는데, 중국말로는 군현이다. 나라 안에는 6개의 탁평과 52개의 읍륵이 있다. 토지가 비옥하여 5곡을 심기에 알맞다. 뽕나무와 마가 많아서 비단과 베를 짠다. 소와 말을 부려서 탄다. 남녀 사이에는 구별이 있다. 그 나라의 관명으로는 자분한지·일한지·제한지·알한지·일길지·기패한지가 있다. 그 나라의 관은 유자례(遺子禮)라 하고, 저고리(襦)는 위해(尉解)라 하며, 바지(袴)는 가반(柯半)이라 하며, 신발(靴)은 선(洗)이라 한다. 그 절하고 걷는 방식이 고구려(高麗)와 서로 비슷하다. 문자가 없어서 나무에 새겨 신표(信標)로 삼는다. 말(語言)은 백제[의 통역을] 기다린 후에야 통한다.[510]

○ 『속고승전(續高僧傳)』 권24 당신라국대승통석자장전(唐新羅國大僧統釋慈藏傳)

「양직공도」를 살펴보면, 신라국(新羅國)은 위나라 때에는 사로(斯盧)라 하였고, 송나라 때에는 신라(新羅)라 하였으니, 본래 동이(東夷) 진한(辰韓)의 나라였다.[511]

[박초롱]

同. 又辰韓王常用馬韓人, 作之世相係, 辰韓不得自立爲王, 明其流移之人故也. 恒爲馬韓所制. 辰韓始有六國, 稍分爲十二, 新羅則其一也. 其國在百濟東南五千餘里. 其地東濱大海, 南北與句驪·百濟接. 魏時曰新盧, 宋時曰新羅, 或曰斯羅. 其國小, 不能自通使聘. 普通二年, 王姓募名秦, 始使使隨百濟奉獻方物. 其俗呼城曰健牟羅, 其邑在內曰啄評, 在外曰邑勒, 亦中國之言郡縣也. 國有六啄評·五十二邑勒. 土地肥美, 宜植五穀. 多桑麻, 作縑布. 服牛乘馬. 男女有別. 其官名, 有子賁旱支·壹旱支·謁旱支·壹告支·奇貝旱支. 其冠曰遺子禮, 襦曰尉解, 袴曰柯半, 靴曰洗. 其拜及行與高驪相類. 無文字, 刻木爲信. 語言待百濟而後通焉."

510) "新羅, 其先事詳北史. 在百濟東南五十餘里. 其地東濱大海, 南北與句麗·百濟接. 魏時曰新盧, 宋時曰新羅, 或曰斯羅. 其國小, 不能自通使聘. 梁普通二年, 王姓募名秦, 始使使隨百濟奉獻方物. 其俗呼城曰健牟羅, 其邑在內曰啄評, 在外曰邑勒, 亦中國之言郡縣也. 國有六啄評·五十二邑勒. 土地肥美, 宜植五穀, 多桑麻, 作縑布. 服牛乘馬. 男女有別. 其官名有子賁旱支·壹旱支·齊旱支·謁旱支·壹吉支·奇貝旱支. 其冠曰遺子禮, 襦曰尉解, 袴曰柯半, 靴曰洗. 其拜及行與高麗相類. 無文字, 刻木爲信. 語言待百濟而後通焉."

511) "案梁貢職圖, 其新羅國魏曰斯盧, 宋曰新羅, 本東夷辰韓之國矣."

주고가국(周古柯國)

개요

주고가국은 활국(滑國, Ephthal) 주변의 소국(旁小國)이다. 활국에게 정복되었다고 하는 구반(句般)이며, 지금의 신장웨이우얼자치구의 카길리크현(Kargilik, 叶城縣)에 위치하였다는 견해(榎一雄, 1964, p.3)가 있지만, 그밖에 자세한 내용은 알기 어렵다.

주고가국의 사신도와 제기는 현전하는 모든 모본에서 확인이 가능하다. 즉, 「양직공도」는 주고가국에 관한 정보를 가장 상세히 전하는 사료라고 할 수 있다. 실제, 『양서』에 주고가국이 입전되어 있으나 그 내용이 상당히 단편적이다. 이 때문에 「양직공도」와 『양서』 기록의 관계를 두고 여러 견해가 있다. 『양서』의 내용이 「양직공도」의 제기를 바탕으로 하였을 것으로 보는 견해도 있으나, 최근에는 제기에 수록된 표문(表文)이 전혀 수록되어 있지 않은 것으로 보아 요사렴(姚思廉)이 『양서』를 편찬할 때, 주고가국 제기를 훑어보지 않았을 가능성을 제기하기도 하였다(趙燦鵬, 2023, pp.10~11).

「양직공도」 모본별 주고가국 사신 관련 정보

사신도			제기	
고딕겸모본	묵송모본	염립본모본	북송모본	장경모본
○	○	○	○	○

제기에는 주고가국과 활국의 관계, 그리고 주고가국이 양(梁)에 조공할 때 지참한 물품 및 표문의 내용 등이 전한다. 주고가국 내부 사정에 관한 기술은 소략하지만 활국·양 등과의 관계 및 교섭상은 엿볼 수 있다. 특히 주고가국왕이 양무제에게 보낸 표문에는 양(揚州)을 염부

제(閻浮提)에, 양무제를 부처에 비유하는 등 불교식 표현이 다수 포함되어 있다. 이를 일반적으로 '불교식 표문'이라고 부른다. 불교식 표문은 송·양과 교섭하였던 다른 국가들에서도 적잖이 확인되는데, 이를 통해 주고가국이 양과 접촉한 방식을 추론하는 것이 가능하다(河上麻由子, 2011).

제기와 함께 주목되는 것이 주고가국 사신의 도상(圖像)이다. 주고가국 사신의 도상은 사신도가 남아있는 모든 모본에서 확인된다. 다만, 각 사신도를 정밀하게 비교해보면 판본에 따라 머리모양, 사신의 포즈(pose), 그리고 복식 등에서 차이가 보인다. 특히 북송모본과 염립본모본은 유사한 반면 고덕겸모본의 경우 도상의 차이가 크다. 이 때문에 선행 연구에서는 북송모본과 염립본모본은 동일 인물을 대상으로 하였으나 고덕겸모본의 모델은 다를 수 있다고 보았다(深津行德, 1999, pp.54~55). 이러한 견해를 참조하여 이 글에서도 북송모본과 염립본모본의 주고가국 사신도를 중심으로 살펴보고자 한다.

얼굴 부분부터 순차적으로 살펴보면, 주고가국 사신은 흑발에 곱슬기 있는 머리카락과 동일한 색상의 눈썹·콧수염을 가졌다. 눈썹은 꼬리가 길어 아래로 처진 형태이며, 콧수염은 선명한 팔자모양(fu-manchu)이다. 턱수염 없이 콧수염만 묘사되어 있다. 북송모본 중 콧수염만 묘사된 사신은 주고가국이 유일하다. 한편 염립본모본의 경우 주고가국 외에도 백제국(白濟國)과 낭아수국(狼牙修國) 사신에게서 콧수염이 확인된다. 또한 염립본모본의 주고가국 사신은 유일하게 둥근(環)모양의 금귀걸이(金耳飾)를 착용하였다. 피부색은 모본마다 차이가 있지만 다른 국가와 비교하였을 때, 그을린 듯 어둡게 묘사되었다. 이마에 물결모양의 주름과 팔자주름이 강하게 그려진 것 역시 눈에 띄는 부분이다.

다음으로 복식을 보면, 채색되어 있지 않은 고덕겸모본 외 나머지 두 모본은 채도의 차이는 있지만 모두 붉은빛(朱色)이며, 무릎 아래까지 내려오는 긴 상의에 여유가 있는 통소매(筒袖)의 형태인 카프탄(Caftan/ Kaftan)을 착용하였다. 『남사』 활국조에는 "가발단(呵跋檀)·주고가(周古柯)·호밀단국(胡密丹國) 등이 모두 활국 주변의 소국(旁小國)이며, 의복과 용모가 모두 활국과 같다"라는 기록이 있다.[512] 깃 모양, 옷감장식 등 디테일의 차이는 있지만 카프탄을

---

512) 『남사』 권79 활국 참조

기본 착장으로 한다는 점에서 활국과 유사한 점이 많다. 이들이 착용한 카프탄은 서역산 비단(西域錦)으로 만들어졌을 것으로 추정되는데, 이는 당시 활국의 영향 아래 있던 국가들, 예컨대 우전국·주고가국·가발단국·호밀단국이나 활국과 교역했던 국가(하남국)의 사신에게서 공통적으로 나타나는 현상이다(河上麻由子, 2015, p.16). 카프탄을 입은 사신은 허리에 끈 형태의 벨트를 매 옷의 모양을 잡았다.

의복 중에서도 눈에 띄는 것은 상의의 끝단 장식이다. 북송모본은 옷 전체보다 채도가 높은 색을 이용해 깃과 소매 끝을 장식하였다. 차이는 두되 수수하게 멋을 낸 모습이다. 하지만 염립본모본은 모든 끝단에 흑포(黑布)를 두르고, 그 위에 붉은색과 보색을 이루는 녹색 계열의 연주문(連珠文)으로 장식미를 더하였다. 염립본모본에는 주고가국 사신 외에도 둥근 문양(圓文)으로 장식한 의복을 입고 있는 사신이 여럿 확인되지만(파사국·호밀단국·우전국 등), 연주문의 형태를 띤 것은 주고가국이 유일하다. 신발은 북송모본의 경우 흑색의 가죽신을, 염립본모본은 미색 계열의 비단신을 신고 있다. 형태는 정확하지 않으나 신발 등 부분에 장식이 가미되어 있음을 볼 수 있다. 이처럼 의복의 유사성에 비해 신발은 재질과 모양 등에서 큰 차이를 보인다.

마지막으로 사신이 들고 있는 기물을 살펴볼 필요가 있다. 그림이 희미해 정확한 확인은 어렵지만, 북송모본의 주고가국 사신은 흑색의 완(椀)과 같은 형태를 한 기물을 들고 있다. 반면 염립본모본은 완의 모양은 아니지만 미색 계통, 혹은 금빛의 병 모양 기물을 손에 쥐고 있다. 「양직공도」의 모본에서는 사신이 기물을 들고 있는 모습이 종종 확인된다.[513] 이를 두고 각국이 양에 헌상했던 물품일 것이라는 지적이 있다(河上麻由子, 2015, pp.8~12). 실제 주고가국 사신은 보통(普通) 원년(520)에 양을 방문하였는데, 이때 표문과 함께 '금완(金碗) 1개, 유리완(琉璃椀) 1개, 그리고 말 1필을 바쳤다'라는 내용이 북송모본과 장경모본 제기에 전한다. 이를 참조하였을 때 주고가국 사신이 들고 있는 기물은 금완일 가능성이 높다. 다만, 북송모본은 기물의 색상이, 염립본모본은 기물의 모양이 금완과 달라 단정 짓기는 어렵다.

---

513) 북송모본의 경우 기물이 확인되는 것은 주고가국 사신이 유일하나 호밀단국 사신의 손 모양을 보면 본래 기물이 있었던 것으로 추정된다. 염립본모본에서는 주고가국 사신과 함께 우전국 사신에게서 기물을 확인할 수 있다. 한편 고덕겸모본에서는 우전국·활국·임강만 사신에게서 기물이 확인되는데, 긴 막대기 형태의 물건을 들고 있는 사신도 다수 보인다.

사신도

고덕겸모본	북송모본	염립본모본
周古柯	周古柯國使	周古柯

주고가국(周古柯國) **245**

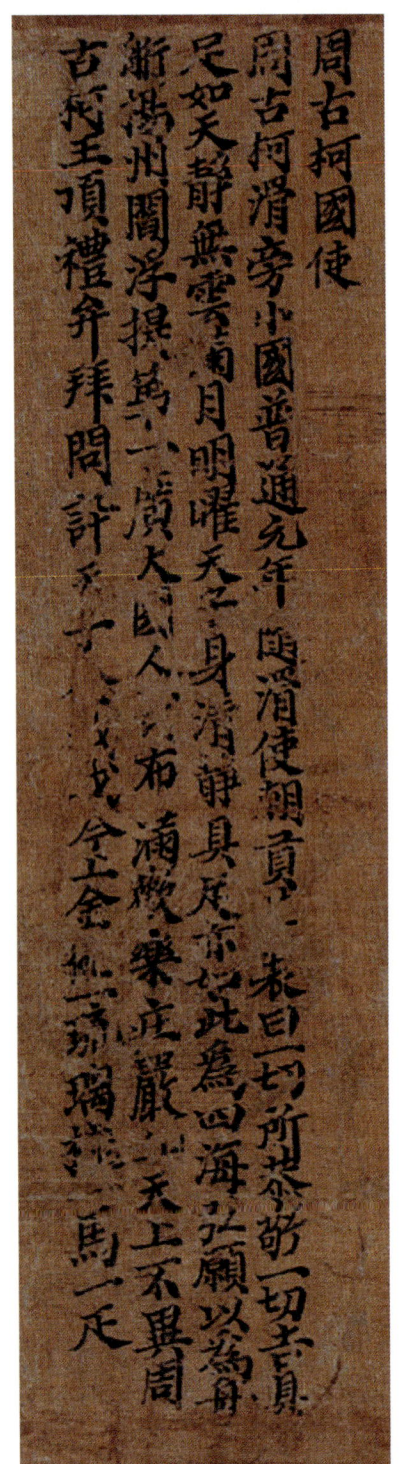

제기

○ 북송모본

1. 원문 및 판독문

周古柯國使」周古柯滑旁小國普通元年隨滑使朝貢▨514)表日一切所恭敬一切吉具」足如天靜無雲滿月明曜天子身淸靜具足亦如此爲515)四海弘願以爲舟」舡516)揚517)州閻浮提第一廣大國人▨518)布滿歡樂庄519)嚴如天上不異周」古柯王頂禮弁拜問訊天子▨▨▨520)今上金▨521)一琉璃椀一馬一疋

2. 교감문

周古柯國使. 周古柯, 滑旁小國. 普通元年, 隨滑使朝貢. ▨522)表日, 一切所恭敬, 一切吉具足, 如天靜無雲, 滿月明曜. 天子身淸靜, 具足亦如此. 爲四海弘願, 以爲

---

514) 余太山, 澤本·植田「奉」/ 윤용구, 趙燦鵬「其」. 남은 자획을 볼 때, 「其」일 가능성도 있지만 확실하지 않다.

515) 余太山, 澤本·植田, 趙燦鵬, 河上「爲」/ 윤용구「글자 없음」

516) 余太山, 澤本·植田, 趙燦鵬, 河上「舡」/ 윤용구「舟行」

517) 余太山, 윤용구, 澤本·植田「揚」/ 趙燦鵬「楊」

518) 余太山, 윤용구, 澤本·植田「民」/ 河上·趙燦鵬「民」

519) 余太山「庄莊」/ 윤용구, 河上, 趙燦鵬「莊」/ 澤本·植田「冊」

520) 余太山 ▨▨/ 윤용구, 澤本·植田「▨▨▨▨」/ 河上「▨我」/ 趙燦鵬「念我▨」

521) 余太山, 澤本·植田「▨」/ 윤용구「椀」/ 河上「碗」/ 趙燦鵬「椀」

522) 「▨」: 판독문「▨」장경모본에는 해당 글자가 없다. 「奉」으로 추독하기도 하며, 조찬붕은 북송모본의 가발단국·호밀단국 기사를 바탕으로 '其'로 판단하기도 한다. 다만 남아있는 자획만으로 글자를 단정 짓기 어려우므로 교감 보류

舟航.523) 揚州, 閻浮提第一廣大國, 人民524)布滿歡樂, 莊嚴如天上不異. 周古柯王, 頂禮并拜, 問訊天子念. 我525)今上金碗526)一, 琉璃椀一, 馬一疋.

3. 역주

주고가국 사신. 주고가[국]은 활[국] 주변의 소국(旁小國)이다. 보통 원년(520)에 활[국]의 사신을 따라 조공하였다. ▨ 표문에서 말하기를, "모든 것의 공경을 받으시고, 모든 것의 길함을 빠짐없이 갖추셨으니527) 마치 하늘이 구름 한 점 없이 깨끗하고, 보름달이 환하게 빛나는 것과 같습니다.528) 천자께서 스스로 깨끗하게 하시며 빠짐없이 갖추신 것도 이와 같습니다. [천자께서는] 사해에 홍원529)을 세우시고, [여러 중생들을 위해] 배가 되셨습니다.530) 양주(揚州)531)는 염부제532)의533) 첫째가는 빛나는 대국으로, 인민은 가득하고 기뻐하고 즐

---

523) 「航」: 판독문 「舫」. 장경모본에 의거하여 「航」으로 교감
524) 「民」: 판독문 「▨」. 장경모본에 의거하여 「民」으로 교감
525) 「念我」: 판독문 「▨▨▨」. 장경모본에 의거하여 「念我」로 교감
526) 「碗」: 판독문 「▨」. 장경모본에 의거하여 「碗」으로 교감
527) 구족(具足): '빠짐없이 고루 갖추었다'는 뜻을 가진 불교용어
528) 하늘이…같으니 : 『雜阿含經』 권45 中에 "마치 허공에 떠 있는 달이 맑고 깨끗하고 가린 구름도 없으며, 그 광명이 불꽃처럼 찬란하게 빛나 시방을 두루 비추는 것처럼 여래도 이와 같아서 지혜의 광명이 세상을 비추나니 그 공덕과 훌륭한 칭호는 시방에 두루 가득하네(如月停虛空, 明淨無雲翳, 光炎明暉曜, 普照於十方. 如來亦如是, 慧光照世間, 功德善名稱, 周遍滿十方)"라는 구절과 비슷하다는 지적이 있다(河上麻由子, 2011, 『古代アジア世界の對外交涉と佛敎』, 山川出版社, p.35).
529) 홍원(弘願): '널리 사람을 구제하겠다'는 願을 말한다. 특별히 아미타불이 세웠던 서원을 가리킨다.
530) 사해를…되셨습니다:『大般涅槃經』(T0007) 권1에 "모든 중생이 모두 나고 죽음의 큰 바다에 빠져 있으니, 바라건대 여래께서 배가 되어 주십시오(一切眾生皆悉漂沒生死大海, 唯願如來, 爲作舟航)."와 비슷하다는 지적이 있다(河上麻由子, 2011, 위의 책, p.35).
531) 양주(揚州): 양주는 『상서』 우공편에 '회수와 바다 사이가 양주이다(淮海惟揚州)'라는 표현에서 보이듯 우공이 세운 9주 가운데 하나이다. 시기에 따라 편차는 있지만 대체로 북쪽으로는 淮水, 남쪽으로는 南嶺山脈 사이의 땅을 가리킨다. 영가의 난 이후, 東晉이 강남일대에 자리잡게 되면서 양주는 남조계 왕조를 대표하는 지역이 되었다. 실제 이후 서역 및 해남제국 등 양나라 서쪽의 세력들에게 '양주'는 양을 대체하는 표현으로 사용된 사례가 적잖이 확인된다. 본문의 '양주' 역시 양을 가리키는 표현으로 여겨진다.
532) 염부제(閻浮提): Jambudvīpa의 漢譯. 南閻浮提, 贍部洲, 南贍部洲라고 부르기도 한다. 수미산을 중심으로 인간 세계를 4개의 주로 나누어 보았던 인도의 지리 관념에서 유래한 것으로, 남쪽을 가리키는 표현이다. 그러나 시간이 흐르면서 '인간세계의 통칭'으로 자리 잡게 되었고, 경전에서도 동일한 의미로 사용되었다. 인도에서는 4대주의 인간세계는 東毘提訶, 西瞿陀尼, 南閻浮提, 北俱盧洲로 구성되었다고 여겼는데, 이 중 동비제하와 북구로주에 사는 인간들이 가장 큰 즐거움을 누린다고 여겼다. 다만, 남염부제(남섬부주)는 동·북보다 즐거움은 부족하지만 '부처가 출현하는' 유일한 지역이라고 여겼다. 周古柯國이 표문에 '양주 염부

거워하며, [그 땅의] 장엄함은 천상과 다르지 않은 듯합니다. 주고가왕[인 신]은 정례534)로 절을 하고 천자께 생각을 여쭙니다. 제가 지금 금으로 된 주발 1개, 유리로 된 주발 1개, 말 1필을 [천자께] 바칩니다"라고 하였다.

○ 장경모본

1. 교감문

周古柯國, 滑旁小國也. 普通元年, 使使隨滑使來朝貢. 表曰, 一切所恭敬, 吉具足, 如天淨無雲, 滿月明耀. 天子身淸淨, 具足亦如此. 四海弘願, 以爲舟航, 揚州, 閻浮提夷一廣大國, 人民市滿歡樂, 莊嚴如天上不異. 周柯王頂體, 問許天子念. 我上金碗一, 琉璃椀一, 馬闕.

2. 역주

주고가국은 활[국] 주변의 소국(旁小國)이다. 보통 원년(520)에 사신을 보냈는데 활[국]의 사신을 따라와 조공하였다. 표문에 이르기를, "모든 것의 공경을 받으시고 길함을 빠짐없이 갖추셨으니, 마치 하늘이 구름 한 점 없이 깨끗하고, 보름달이 환하게 빛나는 것과 같습니다. 천자께서 스스로 깨끗하게 하시며 빠짐없이 갖추신 것도 이와 같습니다. [천자께서는] 사해에 홍원을 세우시고 [여러 중생들을 위해] 배가 되셨습니다. 양주는 염부제의 안온한(夷) 하나의 대국으로, 인민이 가득하고 기뻐하고 즐거워하며, [그 땅의] 장엄함은 천상과 다르지 않은 듯합니다. 주[고]가왕[인 신]이 정례하고, 천자께 생각을 여쭙니다. 제가 금으로 된 주발 1개, 유리로 된 주발 1개, 말을 [천자께] 바칩니다"라고 하였다.

제'라고 한 것은 주고가국 기준으로 방위상 남쪽에 있기 때문이기도 하지만, 무제를 부처로 간주하는 인식도 포함된 것으로 여겨진다.

533) '양주 염부제(揚州 閻浮提)'라는 표현은 대통원년 盤盤國이 보낸 표문('揚州閻浮提震旦天子')에서도 확인된다. 해당표문에서는 이외에도 유사한 문구가 다수 확인되어(『양서』 권54 盤盤國, "揚州閻浮提震旦天子, 萬善莊嚴, 一切恭敬, 猶如天淨無雲, 明耀滿目, 天子身心淸淨, 亦復如是. 道俗濟濟, 蒙聖王光化, 濟度一切, 永作舟航, 臣聞之慶善. 我等 至誠敬禮常勝天子足下, 稽首問訊. 今奉薄獻, 願垂哀受") 표문의 작성과정 등을 연구할 때 참조가 된다.

534) 정례(頂禮): 두 무릎을 꿇고 두 팔꿈치를 땅에 댄 다음 손을 펴서 상대편의 발을 받아 그 발에 자신의 머리를 대는 인도식 예법을 가리킨다. 상대방을 가장 공경한다는 뜻을 가진다.

참고자료

○ 『공괴집』 권75 인고가국

인고가국(因古柯國)<『양서』 및 『남사』에는 모두 주고가국(周古柯國)으로 되어있다. 이 '인(因)'이라는 글자는 잘못인 듯하다.>·가발단국(呵跋檀國)·호밀단국(胡密丹國)은 모두 활국 주변의 소국(旁小國)이다. 보통 원년(520)에 사신에게 활국의 사신을 따르게 하여 와서 방물을 바쳤다.[535]

○ 『양서』 권54 주고가국

주고가국은 활[국] 주변의 소국이다. 보통 원년(520)에 사신에게 활[국]을 따르게 하여 와서 방물을 바쳤다.[536]

○ 『남사』 권79 활국

가발단·주고가·호밀단 등의 나라들은 모두 활[국] 주변의 소국이다. 무릇 활[국] 주변 나라는 의복과 용모가 모두 활[국]과 같다. 보통 원년(520)에 사신에게 활[국] 사신을 따르게 하여 와서 방물을 바쳤다.[537]

[백다해]

---

535) "因古柯國<梁書及南史, 竝作周古柯國. 此因字似誤>·呵跋檀國·胡密丹國, 竝滑國之旁小國也. 普通元年, 使使隨滑國使來獻方物."
536) "周古柯國, 滑旁小國也. 普通元年, 使使隨滑來獻方物."
537) "呵跋檀·周古柯·胡密丹等國, 並滑旁小國也. 凡滑旁之國, 衣服容貌皆與滑同. 普通元年, 使使隨滑使來貢獻方物."

가발단국(呵跋檀國)

개요

　가발단국(呵跋檀國)은 『양서』, 「양직공도」, 『남사』 등에서 활국의 주변 소국(旁小國)이라고 전한다. 활국은 6세기 중엽까지 중앙아시아 아프가니스탄 일대에 있었다고 알려져 있으므로 가발단국 역시 그 인근 지역에 있었다고 추정되나 구체적인 위치를 추정할만한 단서는 없는 실정이다.

　또 위 사서들에 의하면 가발단국에서 보통(普通) 원년(520)에 활국의 사신을 따라와서 그 나라의 특산물을 양나라에 바쳤다고 전하며, 가발단국을 포함한 주변 소국들의 의복과 용모는 모두 활[국]과 같다고 전한다. 이러한 기록들을 통해 가발단국이 활국의 일정한 정치적·문화적 영향 하에 있었음을 추정할 수 있다.

「양직공도」 모본별 가발단국 사신 관련 정보

사신도			제기	
고덕겸모본	북송모본	염립본모본	북송모본	장경모본
○	○	○	○	○

　한편 가발단국의 구체적인 복식에 대한 문헌기록은 없으나, 그와 비슷하다고 전해진 활국에 대한 기록은 일부 남아있다. 『양서』 활국전에는 활국 사람들이 소매가 좁고 길이가 긴 겉옷을 입고 금과 옥으로 만든 허리띠를 두르며, 붉은색의 순록 가죽으로 만든 긴 부츠(長雍鞾)를 신었다고 전하는데, 실제로 북송모본의 활국 사신도를 살펴보면 소매가 길고 그 폭은 좁

게 표현돼 있으며, 붉은색인지는 불분명하나 가죽 부츠를 신고 있는 모습이 눈에 띈다.

　북송모본의 가발단국 사신도를 활국 사신도와 비교하면 전체적으로 흰색 바탕의 겉옷에 앞부분에 길게 내려온 붉은 줄무늬가 있고, 무늬가 있는 가죽신을 착용하는 등 비교적 유사한 모습이라고 할 수 있다. 다만 가발단국의 사신도에는 겉옷의 길이가 발목 부근까지 조금 더 길게 내려오며 소매의 폭이 조금 넓게 묘사되었다. 그리고 허리끈의 색상이 붉은색이라는 점도 차이라고 할 수 있다.

　반면 염립본모본에 있는 가발단국 사신도는 겉옷이 전체적으로 청록색 바탕을 띠고 있으며, 앞부분의 세로 줄무늬와 겉옷 밑단에 화려한 무늬가 있다는 점이 특징이다. 게다가 허리띠는 금색이며 신발은 검은색이다. 또 귀에는 귀걸이를 착용하고 있어서 북송모본의 가발단국 사신도와는 큰 차이를 나타내고 있다. 다만 같은 염립본모본에는 활국의 사신도가 남아있지 않아서 서로 비교하기는 어렵다.

　한편 북송모본의 제기에는 활국 사신이 산발머리에 머리를 깎았다고 하였고, 별도의 관(冠)이나 모자에 관한 서술은 없다. 북송모본과 고덕겸모본의 활국 사신도에도 모두 맨머리로 묘사되어 있다. 반면 가발단국 사신의 경우 고덕겸모본과 북송모본에는 머리에 무언가를 착용한 흔적이 보이지 않으나, 염립본모본에는 무언가를 착용한 듯한 모습이 나타나 차이를 보인다.

　가발단국의 제기는 북송모본과 장경모본에 남아있는데, 양자는 일부 글자들을 제외하면 내용상 큰 차이가 없다. 주요 내용은 활국의 주변 소국이라는 것, 보통(普通) 원년(520)에 활국의 사신을 따라서 양나라에 들어와 조공하였다는 것, 그리고 표문의 일부 내용을 직접 인용하는 형태로 이어지고 있다. 『양서』와 『남사』에는 표문의 내용이 보이지 않으며, 방물이 무엇인지도 구체적으로 기재하지 않았다. 따라서 북송모본과 장경모본의 제기는 활국 주변의 여러 세력에 대한 정보들과 더불어 가발단국 사신의 방문과 관련된 좀 더 구체적인 사실을 제시해준다는 점이 특징이라고 할 수 있다.

사신도

| 고덕겸모본 | 북송모본 | 염립본모본 |
| 呵跋檀國 | 呵跋檀國使 | 呵跋檀 |

제기

○ 북송모본

1. 원문 및 판독문

呵跋檀國使」呵跋檀滑538)旁小國普通元年539)隨滑使入540)貢其日最所應541)恭敬吉542)天」子東方大地呵跋檀王問訊非543)一過乃百千万544)億天子安隱我今遣」使手送此書書不空故上馬一疋銀器545)一故

2. 교감문

呵跋檀國使. 呵跋檀, 滑546)旁小國. 普通元年,547) 隨滑使入548)貢.549) 其日, 最所應550)恭敬吉天子, 東方大地, 呵跋檀王問訊非551)一過, 乃百千万552)億天子安隱. 我今遣使,

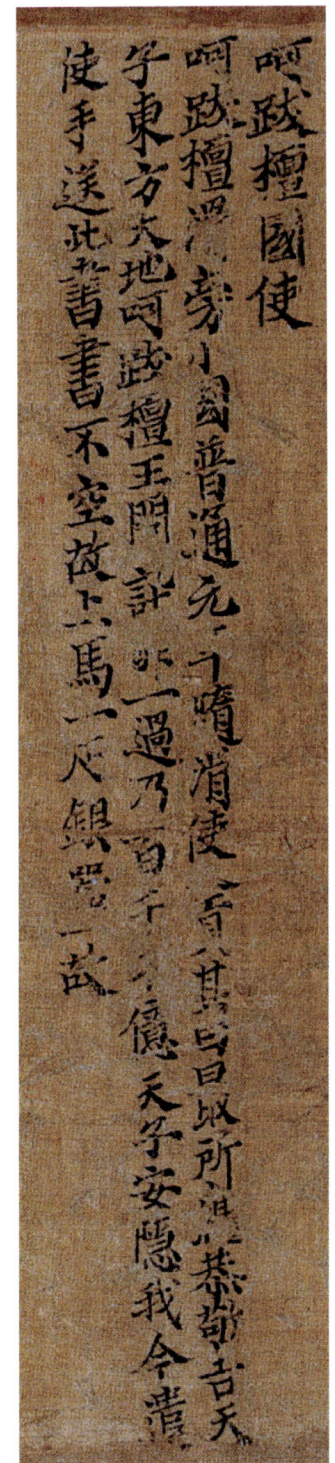

---

538) 澤本·植田, 趙燦鵬, 윤용구「滑」
539) 澤本·植田, 윤용구「年」
540) 澤本·植田, 趙燦鵬, 윤용구「入」
541) 澤本·植田「廛」/ 윤용구「▨」
542) 澤本·植田, 윤용구「吉」
543) 澤本·植田「兆」/ 윤용구「▨」
544) 澤本·植田, 윤용구「万」
545) 澤本·植田「器」/ 윤용구「▨」
546) 「滑」: 판독문「滑」. 장경모본·『양서』에 의거하여「滑」로 교감
547) 「年」: 판독문「年」. 장경모본·『양서』에 의거하여「年」으로 교감
548) 「入」: 판독문「入」. 장경모본·『양서』에 의거하여「入」으로 교감
549) 「貢」: 판독문「□」. 장경모본·『양서』에 의거하여「貢」으로 교감
550) 「應」: 판독문「應」. 장경모본「應」
551) 「非」: 판독문「非」. 장경모본에 의거하여「非」로 교감
552) 「万」: 판독문「万」. 장경모본에 의거하여「万」으로 교감

手送此書. 書不空, 故上馬一疋銀器553)一枚.554)

3. 역주

가발단국 사신. 가발단(呵跋檀)[국]은 활(滑)[국] 주변의 소국이다. 보통(普通) 원년(520)에 활[국]의 사신을 따라서 들어와 조공하였다. 그(표)에 이르기를 "가장 응당 공경 받는 바의 길천자(吉天子)시니, 동쪽의 큰 땅에서 가발단왕이 안부를 여쭙되 한 번에 그치는 것이 아닌, 백천만억번 천자의 평안하심을 문안드립니다. 제가 지금 사신을 보내 손수 이 글을 보내드립니다. 글은 빈 곳이 없으며, 고로 말 1필과 은그릇 1매를 바칩니다"라고 하였다.

○ 장경모본

1. 교감문

呵跋檀者, 滑旁小國也. 普通元年, 使使隨滑使來貢. 其表曰, "君所應恭敬吉天子, 東方大地, 呵跋檀王一問許非一過, 乃百千萬億天子安穩. 我今遣使, 手送此書. 書不空, 故上馬一匹, 銀器一枚."

2. 역주

가발단[국]은 활[국] 주변의 소국이다. 보통 원년에 사신에게 활[국]의 사신을 따르게 하여, 찾아와서 방물을 바치게 했다. 그 표에 이르기를 "군(君)께서는 응당 공경받는 바의 길천자시니, 동쪽의 큰 땅에서 가발단왕이 한번 문안드리되 한 번에 그치는 것이 아닌, 백천만억번 천자의 평안하심을 문안드립니다. 제가 지금 사신을 보내 손수 이 글을 보내드립니다. 글은 빈 곳이 없으며, 고로 말 1필과 은그릇 1매를 바칩니다"라고 하였다.

---

553) 「器」: 판독문 「器」. 장경모본에 의거하여 「器」로 교감
554) 「枚」: 판독문 「故」. 장경모본에 의거하여 「枚」로 교감

참고자료

○ 『공괴집』 권75 인고가국

주고가국(周古柯國)[555]·가발단국(呵跋檀國)·호밀단국(胡密丹國) 모두 활국 주변의 소국이다. 보통 원년(520)에 사신에게 활[국]의 사신을 따르게 하여 와서 방물을 바쳤다.[556]

○ 『양서』 권54 가발단국

가발단[국]은 또한 활[국] 주변의 소국이다. 무릇 활[국]의 주변 나라는 의복과 용모가 모두 활[국]과 같다. 보통 원년(520)에 사신에게 활[국]의 사신을 따르게 하여 와서 방물을 바쳤다.[557]

○ 『남사』 권79 활국

가발단(呵跋檀)·주고가(周古柯)·호밀단(胡密丹) 등의 나라들은 모두 활[국] 주변의 소국이다. 무릇 활[국]의 주변 나라는 의복과 용모가 모두 활[국]과 같다. 보통 원년에 사신에게 활[국]의 사신을 따르게 하여, 와서 방물을 바쳤다.[558]

[안정준]

---

555) 원래 因자이나 『양서(梁書)』와 『남사(南史)』는 모두 주고가국(周古柯國)이라고 썼으므로 周자로 교감하였다.
556) "因古柯國【梁書及南史, 竝作周古柯國. 此因字似誤】·呵跋檀國·胡密丹國, 竝滑國之旁小國也. 普通元年, 使使隨滑國使, 來獻方物."
557) "呵跋檀國, 亦滑旁小國也. 凡滑旁之國, 衣服容貌皆與滑同. 普通元年, 使使隨滑使, 來獻方物."
558) "呵跋檀·周古柯·胡密丹等國, 並滑旁小國也. 凡滑旁之國, 衣服容貌皆與滑同. 普通元年, 使使隨滑使, 來貢獻方物."

호밀단국(胡蜜丹國)

개요

호밀단국(胡蜜丹國)은 활국(滑國, Ephthal) 주변의 소국(旁小國)이다.[559] 「양직공도」의 여러 모본에는 호밀단국의 사신도와 제기가 남아있으며, 『양서』와 『남사』 열전에도 단편적인 기록이 있다. 특히 「양직공도」 제기에는 호밀단국 왕의 이름과 활국과의 관계, 그리고 호밀단국이 양에 조공할 때 지참한 물품 목록 및 표문의 내용 등이 전한다. 제기의 내용은 호밀단국의 존재와 왕의 이름을 파악할 수 있는 귀중한 자료이다.

「양직공도」 모본별 호밀단국 사신 관련 정보

사신도			제기	
고덕겸모본	북송모본	염립본모본	북송모본	장경모본
○	○	○	○	○

호밀단국 사신 도상은 고덕겸모본, 북송모본, 염립본모본 등 사신도가 남아있는 「양직공도」의 모든 모본에서 확인된다. 다만 각각의 사신도를 비교하면 판본에 따라 약간의 차이를 보인다. 북송모본과 염립본모본의 경우 채색으로 조금 더 자세한 도상을 확인할 수 있으나 고덕겸모본의 경우 다른 국가들과 마찬가지로 앞의 두 모본들과의 채색 부분과 도상의 세부

---

[559] 榎一雄의 경우 호밀단국(Kumdhan, kumedha)은 아무(Amu)강 상류성의 와한(Wakhan)계곡 경계의 국가들을 에프탈의 소국이라고 가정할 수 있으며, 아무강의 상류 경계의 여러 국가들 중 하나가 쿠메드(kumedh), 즉 호밀단국이라는 견해를 제시했다(榎一雄, 1964, 「滑國に關する梁職貢圖の記事について」, 『東方學』 27). 이는 오늘날 아프가니스탄의 일부 지역이다.

적인 부분의 차이가 크다. 이 때문에 선행 연구에서는 다른 사신도에 대해 북송모본과 염립본모본은 동일 인물에 대한 도상이라고 볼 수 있으나, 고덕겸모본의 경우 재고의 여지가 있다고 보았다(深津行德, 1999, p.70). 다만 호밀단국 사신 도상의 경우 북송모본과 고덕겸모본의 얼굴 형태가 염립본모본과 비교했을 때 유사성이 있다고 판단된다. 따라서 세 가지 모본을 모두 살펴보며 호밀단국 사신의 모습을 좀 더 상세히 살펴보고자 한다.

먼저 호밀단국 사신의 전체적인 도상을 살펴보면 대체로 흑발에 곱슬기 있는 풍성한 머리카락과 팔자모양의 짙은 눈썹, 그리고 덥수룩한 콧수염 및 턱수염이 있는 얼굴이 특징으로 그려지고 있다. 고덕겸모본과 북송모본의 얼굴 형태가 유사한 반면, 염립본모본의 경우 머리숱이 조금 적고 덥수룩한 콧수염의 묘사가 거의 나타나지 않는다는 차이점을 보인다. 또한 염립본모본의 경우에는 귓불이 부각되는 귀에 원형 귀걸이를 달았다. 피부색은 무채색에 가까운 고덕겸모본을 제외하고는 어둡게 묘사되어 있는 것이 특징이다. 눈 밑 주름이 묘사된 것을 보아 사신의 나이는 중년의 나이로 유추된다.

복식의 경우 먼저 채색이 없는 고덕겸모본을 제외하면 북송모본과 염립본모본은 붉은색의 카라가 있는 형태의 옷을 착용하고 있다. 무릎 아래까지 내려오는 상의에 통소매 형태인 카프탄(Caftan/ Kaftan)은 활국의 영향을 받은 주변 국가들에게 공통으로 확인되는 의복양식이다.

『남사』활국조에는 "가발단(呵跋檀)·주고가(周古柯)·호밀단국(胡密丹國) 등은 모두 활국 주변의 소국(旁小國)이며, 의복과 용모가 모두 활국과 동일하다"라는 기록이 있다.[560] 깃 모양, 옷감장식 등 디테일의 차이는 있지만 카프탄을 기본 착장으로 한다는 점에서 활국과 유사한 점이 많다. 이들이 착용한 카프탄은 서역산 비단(西域錦)으로 만들어졌으며, 이는 당시 활국의 영향 아래 있던 국가들(우전국·주고가국·가발단국·호밀단국)이나 활국과 교역했던 국가(하남국)의 사신에게서 공동적으로 확인된다(河上麻由子, 2015, p.12). 카프탄을 입은 사신은 허리에 끈 형태의 벨트를 매 옷의 모양을 잡았다. 다만 각 모본에 따라 의복의 세부적인 모습은 사뭇 다르다.

---

560) 『남사』권79 활국 참조

북송모본은 둥글게 천을 덧댄 옷 위에 붉은색 카프탄을 걸쳐 입었다. 청록색 안감에 채도가 높은 붉은색 끝단 장식으로 깃과 소매를 장식하고 있다. 염립본모본의 경우에는 끝단에 검은색 바탕에 가운데 색상이 붉은색 문자 타원형 장식을 장식한 천을 덧대고 있어 다른 모본보다 화려함이 부각된다. 고덕겸모본의 경우 채색이 없어 끝단과 옷이 동일한 색상으로 마감된 듯한 도상이다. 고덕겸모본에만 주고가·가발단·구자 등에서 보이는 목깃 장식이 나타난다.

　카프탄의 경우 긴 옷이라 허리에 끈을 매어 흘러내리는 것을 방지했는데, 북송모본의 경우 검은 끈을 둘러맸고, 염립본모본의 경우 구슬을 꿴 듯한 끈으로 장식적인 요소를 가미했다. 고덕겸모본의 경우에는 두꺼운 천을 말아서 맨 모습이 나타난다.

　신발의 경우 북송모본의 경우 흑색 가죽신을 신었고, 염립본모본의 경우 미색의 신발을 신고 있다. 고덕겸모본 또한 색상이 칠해져 있지 않은 신발을 신고 있으며 형태는 대체로 동일하다.

　또한 모본에 따라 사신의 손모양이 각기 다르다. 북송모본은 오른손으로 검지 손가락과 중지 손가락을 V자로 벌린 채 앞으로 내밀고 있고, 왼손은 엄지와 검지를 O모양으로 맞댄 채 나머지 세 손가락을 자연스럽게 구부리고 있다. 염립본모본의 경우에는 오른손을 내밀고 있지만 그 형태는 불분명하다. 주먹을 쥔 형태에 왼손의 경우 허리춤이 아닌 그 아래에 손을 얹고 있다. 고덕겸모본의 경우 바로 손모양이 드러나지 않도록 정(井)자 무늬의 천을 손에 얹어두었다.[561] 이러한 독특한 모습은 기물을 들고 있었던 것이 아닌가 하는 추측을 불러일으킨다.

　「양직공도」의 모본에서는 사신이 기물을 들고 있는 모습이 종종 확인된다.[562] 호밀단국

---

561) 河上麻由子의 경우 장경모본의 활국 사신이 카프탄의 깃을 고정하는 데 반해, 북속부과 왕희두의 호밀단국 사신은 카프탄의 깃을 열었단 차이가 있음에도 불구하고 북송본과 왕희도의 호밀단국사신도가 취하는 기묘한 포즈를 이해하려면 『남당본』의 활국사신도가 호밀단국사신도의 오류이며 북송본과 왕희도의 조본에 그려져 있던 호밀단국사신도의 헌상품은 전사에 있어서 어느 단계에서 생략, 갈 곳을 잃은 오른손은 부자연스럽게 남겨졌다고 가정하는 것이 유효하다는 견해를 제시했다(河上麻由子, 2015, 「職貢圖とその世界觀」, 『東洋史研究』 74-1).

562) 북송모본의 경우 주고가국에서, 염립본모본의 경우 주고가국사·우전국사, 고덕겸모본에서는 우전국사·활국사·임강만에서 각각 도상으로 그려진 기물이 확인된다. 또한 도상은 아니지만 하남이 천감 원년(502)에 마노의 종, 가발단국이 보통 원년에 銀器, 호밀단국이 같은 해에 水精鐘을 헌상하였다는 기록이 있다.

사신은 보통 원년(520)에 양을 방문했는데, 이때 편지와 함께 수정종(水精鐘) 1구, 말 1필을 보냅니다라는 내용이 북송모본과 장경모본 제기에 전한다. 선행연구에서는 주고가국 사신도와 호밀단국 사신도가 우전국사자도(于闐國使者圖)와 마찬가지로 제기에 있는 조공품을 바친다는 공통점이 있으나 입조할 당시 유리잔이나 금그릇, 수정의 종과 같은 물건을 사자도와 같이 사자가 내민 채 바치는 장면이 있었다고 보기 어렵다고 보았다. 이는 우전국사신도를 포함하여 이들 사신도가 헌상품을 바쳐 갖는 것은 작성자가 그러한 이미지화를 했기 때문일 것이라는 견해를 제시한 바 있다(河上麻由子, 2015, p.12).[563] 이런 연구를 토대로 살펴보면 호밀단국 사신의 손모양은 제기에 드러나는 기물 수정종을 길게 늘어뜨려 잡고 있는 도상일 경우를 배제할 수 없다.

---

563) 河上麻由子는 사신이 드러낸 헌상품을 바쳐 갖는다는 연구를 사신도에 추가하는 것 및 문헌·조형작품·전문 등을 토대로 사신도를 그리는 것을, 사신도의 '이미지화'라고 정의하였다.

사신도

| 고덕겸모본 | 북송모본 | 염립본모본 |
| 胡密丹國 | 胡蜜丹國使 | 胡密丹 |

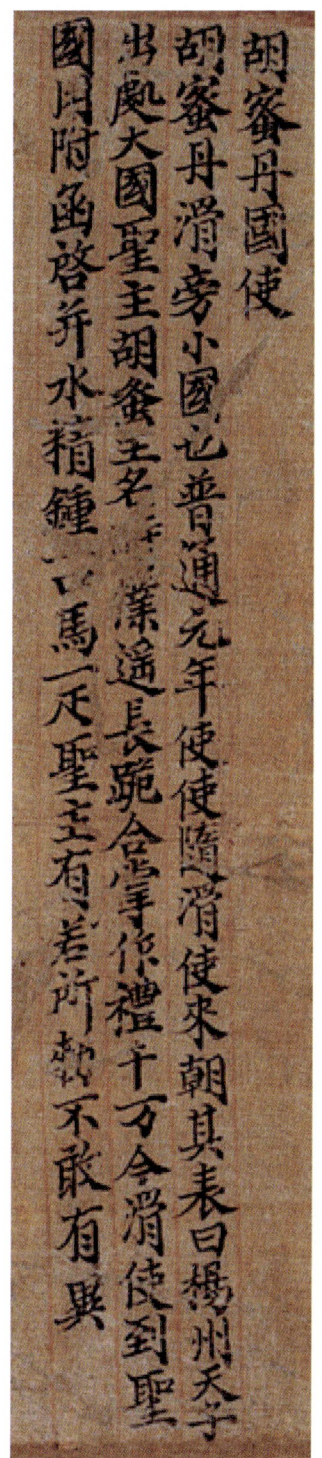

제기

○ 북송모본

1. 원문 및 판독문

胡蜜丹國使」胡蜜丹[564)]滑旁小國也普通元年使使隨滑使來朝其表曰楊州天子」出處大國聖主胡蜜王名▨[565)]僕[566)]遥長跪合掌作[567)]禮千万今滑使到聖」國因[568)]附函啓幷水精鍾一口馬一疋聖主有若所勑[569)]不敢有異

2. 교감문

胡蜜丹國使. 胡蜜丹, 滑旁小國也. 普通元年, 使使隨滑使來朝. 其表曰, 楊州天子, 出處大國聖主. 胡蜜王名時[570)]僕,[571)] 遥長跪合掌, 作[572)]禮千万. 令[573)]滑使到聖國, 因[574)]附函啓

---

564) 호밀단국은 북송모본에서는 胡蜜丹, 장경모본에서는 胡蜜檀國, 『양서』 권54 제이전에는 胡蜜丹國, 『남사』에는 胡密丹 이라고 쓰이며 각각 글자 차이를 약간씩 보인다(趙燦鵬, 2023, 『南朝梁元帝職貢圖題記釋文校證』, 社會科學文獻出版社).

565) 윤용구, 趙燦鵬「時」

566) 윤용구, 趙燦鵬「僕」, 호밀(단)왕의 이름은 時僕으로, 북송모본에서는 時으로 따라서 이 두 글자는 같은 것이라 할 수 있다(趙燦鵬, 2023, 위의 책)

567) 윤용구「作」/ 趙燦鵬「行」

568) 윤용구, 趙燦鵬「因」

569) 윤용구「勑」/ 趙燦鵬「勅」

570) 「時」: 판독문「▨」장경모본에 의거하여 「時」로 교감

571) 「僕」: 판독문「僕」장경모본에 의거하여 「僕」로 교감

572) 「作」: 판독문「作」장경모본「行」作 의 경우 '예를 올리다', 行의 경우 '예를 행하다'로 해석됨

573) 「令」: 판독문「今」장경모본에 의거하여 「令」으로 교감

574) 「因」: 판독문「▨」장경모본에 의거하여 「因」으로 교감

幷水精鍾[575]一口·馬一疋. 聖主有若所勅,[576] 不敢有異.

3. 역주

호밀단국 사신. 호밀단은 활[국] 주변의 소국이다. 보통(普通) 원년(520)에 사신을 보내 활[국]의 사신을 따라 와서 조공하였다. 그 표[문]에 이르길, "양주 천자께서는 [해]뜨는 대국의 신성한 주인이십니다. 호밀[단국]왕 시복은 아득히 먼 곳에서 허리를 세우고 꿇어앉아(長跪)[577] 손을 모으고, 천만번 예를 올립니다. 활[국의] 사신을 신성한 국가에 이르게 하신 까닭에, 글과 함께 아뢰옵고 아울러 수정[578]으로 된 종 1구, 말 1필을 보냅니다. 신성한 주인께서 만약 칙서가 있으시다면, 감히 다른 [뜻이] 있지 않을 것이옵니다."라고 하였다.

○ 장경모본

1. 교감문

胡蜜檀國, 滑旁小國也. 普通元年, 使使隨滑使來朝貢. 其表曰, 揚州天子, 日出處大國聖主, 胡蜜王名時僕, 遥長跪合掌, 行禮千万, 令滑使到聖國, 因附函啓, 幷水精鐘一口, 馬一疋, 聖國若有所頒勅, 不敢有異.

2. 역주

호밀단국은 활[국] 주변의 소국이다. 보통 원년(520)에 사신을 보내 활[국]의 사신을 따라 와서 조공하였다. 그 표[문]에 이르길, "양주 천자께서는 해 뜨는 대국의 신성한 주인이십니다. 호밀[단국]왕 시복은 아득히 먼 곳에서 허리를 세우고 꿇어앉아 손을 모으고 천만번 예를 행합니다. 활[국의] 사신을 신성한 국가에 이르게 하신 까닭에, 글과 함께 수정으로 된 종 1구, 말 1필을 보냅니다. 신성한 주인께서 만약 칙서가 있으시다면, 감히 다른 [뜻이] 있지 않

---

575) 「鍾」: 판독문 「鍾」. 장경모본 「鐘」 같은 의미로 사용됨. 따라서 글자대로 둠
576) 「勅」: 판독문 「勅」. 장경모본에 의거하여 「勅」으로 교감
577) 허리를…꿇어앉아: 두 무릎을 땅에 디딘 자세에서 허벅지와 상체를 곧게 일으켜 세우는 자세로 예를 취함, 또는 그런 자세
578) 수정(水晶)을 대개 쓰지만 水精 또한 수정(水晶)을 달리 이르는 말로 사용

을 것이옵니다"라고 하였다.

참고자료

○ 『공괴집』 권75 인고가국

인고가국<『양서』와 『남사』에는 모두 주고가국으로 되어있다. 이 '인'자는 잘못인 듯하다>·가발단국·호밀단국은 활[국] 주변의 소국이다. 보통 원년(520)에 사신을 보내, 활[국] 사신을 따르게 하여 와서 방물을 바쳤다.[579]

○ 『양서』 권54 호밀단국

호밀단국은 활[국] 주변의 소국이다. 보통 원년(520)에 사신을 보내 활[국] 사신을 따르게 하여 와서 방물을 바쳤다.[580]

○ 『남사』 권79 활국

가발단·주고가·호밀단 등의 국가는 활[국] 주변의 소국이다. 모든 활국 주변의 나라는 의복과 용모가 모두 활[국]과 같다. 보통 원년(520)에 사신에게 활[국] 사신을 따르게 하여 와서 방물을 바쳤다.[581]

[장유나]

---

579) "因古柯國<梁書及南史, 並作周古柯國. 此因字似誤>, 呵跋檀國, 胡密丹國, 並滑國之旁小國也. 普通元年, 使使, 隨滑國使來獻方物."
580) "胡蜜丹國, 亦滑旁小國也. 普通元年, 使使隨滑使來獻方物."
581) "呵跋檀·周古柯·胡密丹等國, 並滑旁小國也. 凡滑旁之國, 衣服容貌皆與滑同. 普通元年, 使使隨滑使來貢獻方物."

백제국(白題國)

개요

백제국(白題國)의 위치에 관해서는 두 계통의 기록이 전한다. 하나는 「양직공도」 백제국 제기 혹은 『양서』 백제전 등에 전하는 것으로, 백제국은 활국(滑國)과 파사국(波斯國)의 동쪽이라는 정보를 담고 있고, 다른 하나는 '동쪽으로 백제국과, 서쪽으로 파사와 접한다'는 말국(末國)의 위치정보에 관한 『양서』 말국전의 기록이다. 활국은 에프탈(Ephthal), 파사국은 페르시아(Persia), 말국은 메르브(Marv/Merv)로 비정되며, 그 동쪽에 위치하는 현재 아프가니스탄 북부의 발흐(Balkh/Bakhdhi)가 백제국으로 비정된다(榎一雄, 1964). 백제(白題)는 Bakhdhi의 음차로 이해되는데(榎一雄, 1964, p.13), 『위서』 서역전에 등장하는 토호라국(吐呼羅國, 토하리스탄)의 박제(薄提)와 같다고 보기도 한다(余太山, 1986: 2012, p.237). 박제 역시 Bakhdhi를 옮긴 말이다. 발흐는 박트라(Baktra/Bactra)라고도 불렸는데, 기원전 3세기부터 기원전 2세기 무렵까지 이 지역을 통치했던 박트리아(Bactria)왕국의 중심도시였다.

한편, 「양직공도」와 『양서』에는 백제국을 흉노의 별종으로 전하는데 이에 관해서는 이견이 있다. 『양서』 배자야전(裵子野傳)에는 "이때, 서북 요외에 백제소국과 활국이 있었는데, [두 나라가] 사신을 보내 민산도(岷山道)를 따라 [와서] 입공하였다. 이 두 나라는 역대 [중국과] 화친한 적이 없었고, [따라서] 출신을 알 수 없었다. [배]자야가 말하길, '한(漢) 영음후[穎陰侯, 관영(灌嬰)]가 호(胡, 흉노) 백제소국의 장수 한 명을 참하였다. [여기에] 복건(服虔)이 주석하길, 「백제는 호의 이름이다」라고 하였다. 또 한 정원후[定遠侯, 반초(班超)]가 오랑캐(흉노)를 공격하니, 여덟 활이 그를 따랐다. [지금 입공한] 이들(백제국과 활국)은 그 후예이다'라고 하였다"라고 전한다. 즉, 당시까지 백제국의 출신에 대해서는 중국에 알려진 바가 없었으나, 배자야가 관영의 사례를 근거로 하여 호(흉노)라는 주장을 처음으로 시도한 셈이다. 단, 이러한 배자야의 주장을 근거 없는 억측으로 보고, 오히려 백제국왕의 성이 지(支)라는 점과 백제(白題)가 박제(薄提)와 통하고, 공히 Bakhdhi/Balkh를 옮긴 말이라는 해석, 백제국의 위치 비정, 그리고 3세기 중엽까지 발흐 지역은 쿠샨(Kushan)왕조 즉, 대월지(大月氏)가 지배했다는 사실을 근거로, 백제국은 월지(月氏)의 후예일 가능성을 제기하기도 한다(余太山, 1986: 2012, pp.17~18, pp.231~240).

「양직공도」 모본별 백제국 사신 관련 정보

사신도			제기	
고덕겸모본	북송모본	염립본모본	북송모본	장경모본
○	○	○	○	○

「양직공도」의 여러 모본에 백제국의 사신도(3종)와 제기(2종)가 전한다. 사신도 모본은 3종이 전하는데, 사신의 자세는 모두 똑같이 두 손을 앞으로 모으고 있다. 모발은 공히 곱슬머리이지만, 흑발인 고덕겸모본·북송모본과 달리, 염립본모본은 밝은색의 모발로 묘사했다. 모두 수염이 없는 얼굴로 묘사되었고, 염립본모본의 사신만 고리(環)모양의 귀걸이를 착용하고 있다. 복식은 북송모본과 염립본모본의 경우, 무릎 아래까지 내려오는 길이의 겉옷을 입고 있는데, 앞섶을 열고 있다. 오른쪽 앞섶에는 단추가 달려 있고, 허리에는 벨트를 맸다. 신발을 신었다. 이처럼 북송모본과 염립본모본에 묘사된 백제국 사신의 복식 모양은 같지만, 겉옷과 그 옷깃, 벨트와 신발 등의 색깔은 모두 다르다. 이들이 입은 겉옷을 카프탄으로 해석하고, 이러한 복식이 활국(Ephthal)과 그 주변에서 당시에 널리 유행했던 것으로 보기도 한다(河上麻由子, 2015, pp.15~17). 한편, 고덕겸모본의 복식은 전혀 다른데, 무릎까지 내려오는 겉옷은 같지만, 앞섶을 열지 않고 목까지 여미고 있다. 또, 벨트의 한쪽 끝을 오른쪽 아래로 늘어뜨린 북송모본·염립본모본과는 달리, 고덕겸모본은 벨트의 끝이 보이지 않는다.

제기는 2종이 전한다. 그 내용은 백제국의 출자, 한대(漢代) 관영 관련 일화, 지리적 위치, 토산물, 국왕의 성명, 양과의 관계 등을 포함하지만, 소략하여 북송모본은 83자, 장경모본은

80자이다. 제기는 『양서』 백제전 등과 대동소이하고, 단지 두 가지 정보가 더 자세하다. 첫째는 파사국과의 거리를 구체적으로 20일 거리라고 밝힌 것이고, 둘째는 522년 양으로 파견된 사신의 인명 등이 적시된 것이다.

사신도

| 고덕겸모본 | 북송모본 | 염립본모본 |
| 白題國 | 白題國使 | 白題國 |

백제국(白題國)

제기

○ 북송모본

1. 원문 및 판독문

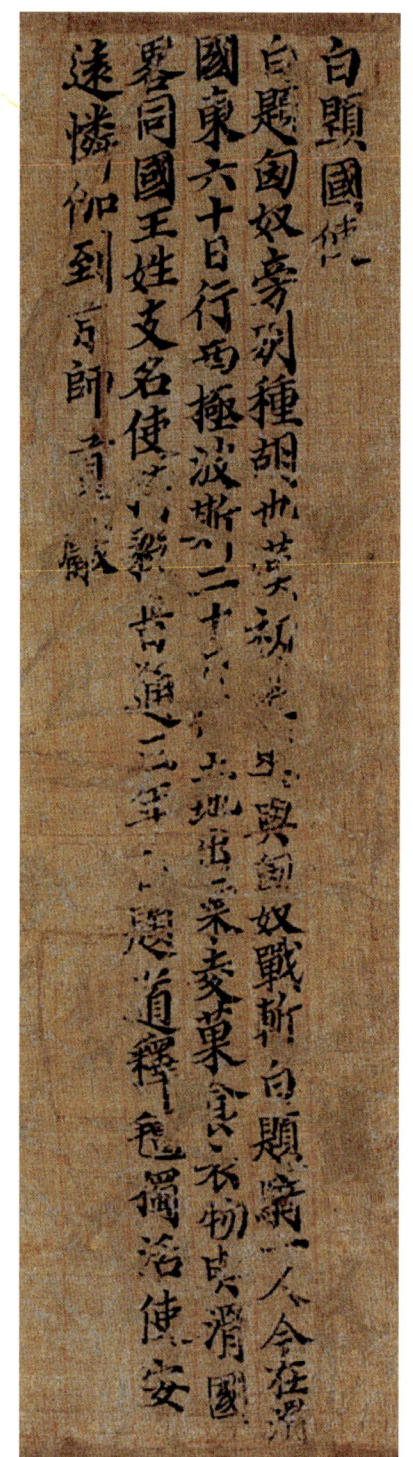

白題國使」白題匈奴旁別種胡也[漢]582) 初▨583) ▨584) 與匈奴戰斬白題騎一人今在滑」國東六十日行西極波斯二十585)▨586)▨587)土地出粟588)麦589)菓食衣物與滑國」羉同國王姓支名使▨590)毅[普]591)通三年▨592)題593)道釋氈594)獨活使安」遠憐伽到京師貢[獻]595)

2. 교감문

白題國使. 白題, 匈奴旁別種胡也. 漢初灌596)嬰597)

---

582) 余太山, 澤本·植田, 趙燦鵬「漢」/ 尹龍九「漢」
583) 余太山, 澤本·植田, 趙燦鵬「灌」/ 尹龍九「▨」
584) 余太山, 澤本·植田, 趙燦鵬「嬰」/ 尹龍九「▨」
585) 余太山, 澤本·植田, 趙燦鵬「二十」/ 尹龍九「廿」
586) 余太山, 澤本·植田, 趙燦鵬「日」/ 尹龍九「日」
587) 余太山, 澤本·植田, 趙燦鵬「行」/ 尹龍九「▨」
588) 余太山「二+米」/ 尹龍九, 趙燦鵬「粟」/ 澤本·植田「粟」
589) 余太山, 趙燦鵬「麦」/ 尹龍九「麥」/ 澤本·植田「麥」
590) 余太山, 尹龍九, 澤本·植田「▨」/ 趙燦鵬「稽」
591) 余太山「晋」/ 尹龍九, 趙燦鵬「普」/ 澤本·植田「晋」
592) 余太山, 尹龍九, 澤本·植田, 趙燦鵬「白」
593) 余太山, 澤本·植田, 趙燦鵬「題」/ 尹龍九「濟」
594) 余太山, 澤本·植田「氈」/ 尹龍九「氈」/ 趙燦鵬「氈」
595) 余太山, 尹龍九, 趙燦鵬「獻」/ 澤本·植田「獻」
596) 「灌」: 판독문「▨」. 장경모본·『공괴집』·『양서』에 의거하여「灌」으로 교감
597) 「嬰」: 판독문「▨」. 장경모본·『공괴집』·『양서』에 의거하여「嬰」으로 교감

與匈奴戰, 斬白題騎一人. 今在滑國東六十日行, 西極波斯二十日[598]行[599]. 土地出粟[600]麥[601] 菓. 食衣物與滑國畧同. 國王姓支, 名使▨[602]毅. 普[603]通三年, 白[604]題遣釋檀獨活使安遠憐伽, 到京師, 貢獻.

3. 역주

백제국 사신. 백제[국]은 흉노 주변의 별종 호인이다. 한 초에 관영[605]이 흉노와 싸울 때, 백제[국]의 기병 한 사람을 참하였다.[606] 지금은 활국의 동쪽 60일[607] 거리에 있고, 서쪽 끝은 파사[국]에서 20일 거리이다. [그] 토지에서는 조, 보리, 과일이 난다. 음식과 의복, 기물은 활국과 거의 같다. 국왕의 성은 지(支)이고, 이름은 사▨의이다.[608] 보통 3년(522)에 백제

---

598) 「日」: 판독문 「▨」, 장경모본·『양서』에 의거하여 「日」로 교감
599) 「行」: 판독문 「▨」, 장경모본·『양서』에 의거하여 「行」으로 교감
600) 「粟」: 余太山은 「二+米」로 판독한 뒤 「粟」으로 교감
601) 「麥」: 판독문 「夌」, 余太山, 趙燦鵬 「麥」으로 교감. 장경모본·『양서』에 의거하여 「麥」으로 교감
602) 「▨」: 余太山, 尹龍九, 澤本·植田 교감 보류. 장경모본·『양서』에 따르면 「稽」일 가능성이 높지만, 인명 부분이라는 점과 앞 글자가 장경모본·『양서』의 「史」와 달리, 「使」라는 점에서 교감 보류
603) 「普」: 余太山은 「晋」으로 판독한 뒤 「普」로 교감
604) 「白」: 판독문 「▨」, 장경모본·『양서』에 의거하여 「白」으로 교감
605) 관영: 관영(?~기원전 173)은 한의 개국공신이다. 한 고조 6년(기원전 201년)에 영음후(潁陰侯)에 책봉되었다. 이후 한신이 흉노와 함께 한에 반기를 들자, 거기장군이 되어 출병하였다.
606) 한 초에…참하였다: 『사기(史記)』 권95 번역등관열전(樊酈滕灌列傳)에는 "[관영은] 거기장군으로서 반역한 한왕(韓王) 신(信)을 대(代)에서 쳤다. 마읍(馬邑)에 이르러, 조서를 받아 누번(樓煩) 이북의 6현을 별도로 항복시키고, 대의 좌상을 참하였으며, 무천현 북쪽에서 호기(胡騎)를 격파하였다. 다시 진양 아래서 한신의 호기를 격파하였고, [관영이] 거느린 장졸들이 호(胡) 백제(白題)의 장수 한 명을 참하였다"고 전한다.
607) 60일: 북송모본에는 '60일', 장경모본과 『양서』에는 '6일'로 되어 있다. 단, 파사국과 20일 거리에 있다는 서술을 근거로, 북송모본의 '60일'은 '6일'의 오기로 본다(余太山, 1988, 「《梁書·西北諸戎傳》與《梁職貢圖》-兼說今存《梁職貢圖》殘卷與裴子野《方國使圖》的關係」, 『燕京學報』 1998-5; 2003, 『兩漢魏晉南北朝正史西域傳研究』, 中華書局, p.55; 澤本光弘·植田喜兵成智, 2014, 「『梁職貢圖』逸文の集成と略解」 『梁職貢圖と東部ユーラシア世界』 勉誠出版, p.298). 반면, 장경모본 등의 '6일'을 '60일'의 오기로 보기도 한다(趙燦鵬, 2014, 『梁書諸夷傳異文比勘』, 齊魯書社, p.145).
608) 사▨의: 북송모본과 『양서』 등에는 성은 支이고, 이름(名)이 사▨의/사계의라고 전하는데, 장경모본에는 성이 지사계의라고 하고, 이름은 전하지 않는다. 이에 따라 장경모본이 「名」을 누락시킨 것으로 보기도 한다(趙燦鵬, 2014, 앞의 책, p.144).

[국]의 도석전독활사 안원린가[609]가 경사(건강)에 이르러, 공헌하였다.[610]

○ 장경모본

1. 교감문

白題國, 舊匈奴別種胡也. 漢初灌嬰與匈奴戰, 斬白題騎一人. 今在滑國六日行, 西極波斯廿日行. 土地出粟麥瓜果. 食物衣服略與滑同. 王姓支史稽毅. 普通三年, 白題道釋氍獨活使安遠惱伽, 到京, 就貢獻.

2. 역주

백제국은 옛[611] 흉노의 별종 호인이다. 한 초에 관영이 흉노와 싸울 때, 백제[국]의 기병 한 사람을 참하였다. 지금은 활국에서 6일 거리에 있고, 서쪽 끝은 파사[국]에서 20일 거리이다. [그] 토지에서는 조, 보리, 박과(박科) 과일[612]이 난다. 음식과 기물, 의복은 거의 활[국]과 같다. 왕의 성은 지사계의이다. 보통 3년(522)에 백제[국]의 도석전독활사 안원뇌가가 경(건강)에 이르러 공헌하였다.

---

609) 안원린가: 북송모본에는 안원린가(安遠憐伽), 장경모본에는 안원뇌가(安遠惱伽)로 되어 있다. 한편, 남북조시대 이래 장거리 대외교섭에 관여했던 안씨(安氏)들이 대체로 소그드인이었다는 통계를 바탕으로, 이때의 안원린가/안원뇌가 역시 소그드인이었을 가능성이 있다고 보기도 한다(河上麻由子, 2015, 「『職貢圖』とその世界觀」, 『東洋史研究』, 74, p.6).

610) 보통 3년(522)에…공헌하였나: 『양서』 권3 무제하에는 보통 3년(522) 가을 8월에 "파리국과 백제국에서 각각 사신을 보내 방물을 바쳤다"고 전한다. 『책부원귀(冊府元龜)』 권968에도 같은 내용이 전한다. 『건강실록(建康實錄)』 권17에는 백제국이 사신을 보낸 구체적인 날짜를 보통 3년(522) 8월 갑자(甲子)라고 전한다.

611) 옛(舊): 북송모본과 『양서』 등에는 「舊」가 없다는 점을 근거로, 장경모본의 「舊」를 오자로 보기도 한다(趙燦鵬, 2023, 『南朝梁元帝職貢圖題記釋文校證』, 社會科學文獻出版社, p.60).

612) 박과 과일: 과과(瓜果)는 과일의 총칭이기도 하지만, 구체적으로 멜론과 수박 등 박과 식물과 그 열매를 의미한다.

참고자료

○ 『공괴집』 권75 백제국

백제국은 흉노의 별도 부락[613]이다. 한의 관영이 흉노와 싸울 때, 백제[국]의 기병 한 사람을 참하였다. 보통 3년(522)에 사신을 보내 와서 방물을 바쳤다.[614]

○ 『양서』 권54 백제국

백제국은 왕의 성이 지이고 이름은 사계의이다. 그 선조는 아마 흉노의 별종 호인일 것이다. 한의 관영이 흉노와 싸울 때 백제[국]의 기병 한 사람을 참하였다. 지금은 활국의 동쪽에 있다. 활[국]에서 6일 거리에 있고, 서쪽으로는 파사[국]에 닿는다. [그] 땅에서는 조, 보리, 박과 과일이 나며, 음식과 기물은 거의 활[국]과 같다. 보통 3년(522)에 사신을 보내 방물을 바쳤다.[615]

○ 『남사』 권79 백제국

백제국왕의 성은 지이고 이름은 사계의인데, 그 선조는 아마 흉노의 별종 호인일 것이다. 한의 관영이 흉노와 싸울 때 백제[국]의 기병 한 사람을 참하였다고 하는데 바로 이 [나라]이다. 활국의 동쪽에 있으며 활[국]에서 6일 거리에 있고, 서쪽으로는 파사[국]에 닿는다. [그] 땅에서는 조, 보리, 박과 과일이 나며, 음식과 기물은 거의 활[국]과 같다. 보통 3년(522)에 사신을 보내 방물을 바쳤다.[616]

[권순홍]

---

613) 송각본과 사부총간본에는 "흉노의 별종 호인이다(匈奴之別種胡也)"라고 되어 있다.
614) "白題國, 匈奴之別部落也. 漢灌嬰與匈奴戰, 斬白題騎一人. 普通三年, 遣使來獻方物."
615) "白題國, 王姓支名史稽毅. 其先蓋匈奴之別種胡也. 漢灌嬰與匈奴戰, 斬白題騎一人. 今在滑國東. 去滑六日行, 西極波斯. 土地出粟麥瓜菓, 食物略與滑同. 普通三年, 遣使獻方物."
616) "白題國王姓支名史稽毅. 其先蓋匈奴之別種胡也. 漢灌嬰與匈奴戰, 斬白題騎一人是也. 在滑國東, 去滑六日行, 西極波斯. 土地出粟麥瓜果, 食物略與滑同. 普通三年, 遣使獻方物."

말국(末國)・위국(爲國)

개요

말국은 오늘날 중국 신장웨이우얼자치구의 체모현(且末縣)에 해당한다. 이곳은 체르첸(Cherchen, Charchan, Qarqan)이라고도 하며, 로프노르(Lop Nur)의 서남쪽에 있다. 그 도읍인 차말성(且末城)은 일반적으로 체모현 서남쪽, 당대(唐代)의 파선진(播仙鎭)에 해당하는 Lalulik Tati 유적으로 알려져 있다. 그러나 현의 북쪽 80km 사막 가운데, Ayak(阿牙克) 하(河)의 고도(古道) 옆 고성(古城) 유적을 주목하기도 한다(余太山, 2003, pp.203~204, p.483).

말국의 명칭은 기록마다 약간씩 차이가 있다. 북송모본에서는 '말(末)', 염립본모본에서는 '말(秣)'로 쓰며, 그밖에 사서 등 여러 기록에서는 '차말(且末)'・'차말(且沫)'・'저말(沮沫)'・'좌말(左末)' 등의 표기로 나타난다. 또한 7세기 중엽 현장(玄奘)이 인도에서 중국으로 돌아가는 길에 이곳을 거쳐 가는데,『대당서역기』에 쓰기를 '절마나타(折摩馱那)'의 옛 나라(故國)로 성곽은 높이 솟아있으나 사람의 자취는 끊어졌다고 하였다. 이들 표기는 곧 Calmadana를 음역한 것으로 이해되고 있다. 말국은 같은 직공도의 왜국(倭國)과 마찬가지로 국명 뒤에 '국(國)'자가 붙어 있는데, 이는 한 글자의 국명을 피하고자 뒤에 임의로 '국'을 붙여 쓴 것으로 생각된다(新川登亀男, 2014, p.179).

말국은 아래 표에서와 같이「양직공도」북송모본에 사신도와 제기가, 또 염립본모본에 사신도가 있다. 한편 고덕겸모본에는 말국의 사신이 없지만, 위국(爲國)이라는 국명의 사신이 전한다. 그런데 위국 사신의 그림이 북송모본과 염립본모본의 말국 사신과 매우 닮았다. 비록 고덕겸모본은 채색이 되어 있지 않지만, 모자를 비롯한 복장의 형태와 표현, 인물의 자세

등에서 분명하게 공통되어 있다는 사실을 알 수 있다. 이에 위국은 말국의 오류일 가능성이 크다는 점이 지적되었다(中村和樹, 2014, pp.112~113). 위국은 그 밖의 사신도나 제기, 다른 문헌에는 전하지 않는다.

「양직공도」 모본별 말국 사신 관련 정보

사신도			제기	
고덕겸모본	북송모본	염립본모본	북송모본	장경모본
없음	○	○	○	없음

사신도에서 말국 사신의 복장과 자세를 살펴보자. 북송모본과 염립본모본에서는 기본적으로 같은 모습을 보여주는데, 머리에는 모자를 쓰고 무릎 정도까지 내려오는 옷을 착용하고 있다. 옷 아래로는 바지가 보이는데, 바지는 발목 위로 올라오는 신발 안으로 들어가는 구조로 되어 있다. 자세는 꼿꼿이 서서 두 손을 소매 안에 넣은 채로 모으고 있어, 손이 직접 그림에 나타나지는 않는다. 이는 고덕겸모본의 위국 사신도 마찬가지다.

「양직공도」 모본별 위국 사신 관련 정보

사신도			제기	
고덕겸모본	북송모본	염립본모본	북송모본	장경모본
○	없음	없음	없음	없음

채색된 북송모본과 염립본모본의 차이를 꼽아본다면, 대체로 후자가 더 화려한 까닭에 나타난다. 염립본모본에는 모자에 장식 문양도 있고 붉게 칠해진 반면 북송모본에는 색이나 무늬가 없다. 옷의 끝단 또한 염립본모본에서는 푸른색으로 화려하게 장식되어 있는 반면, 북송모본에서는 붉은색의 단색 처리에 그치고 있다. 또 염립본모본에만 귀에 둥근 귀걸이를 착용하고 있는 것이 나타난다. 그밖에 사신의 얼굴을 보면 염립본모본에서는 콧수염이 없이 턱수염만 있는 것에 비해, 북송모본에는 콧수염까지 그려져 있다.

다음으로 북송모본 사신도 왼편에 작성된 제기를 살펴보면, 모든 행의 하단부 절반가량은 훼손되어 읽을 수 없는 상태다. 말국의 주변 나라, 옷차림, 왕의 이름 등의 내용이 확인되는데, 이들 남은 구절이『양서』제이전의 내용과 대체로 일치하고 있다. 북송모본 제기가 3행 분량임을 고려하면, 훼손으로 확인할 수 없는 부분도 마찬가지로『양서』와 유사할 것이다. 이에『양서』제이전 말국 기사의 텍스트 전체가 이 제기에 근거했을 것으로 추정되었다(余太山, 2003, p.57). 다만 이하 언급하듯이『양서』보다 북송모본에서 좀 더 정확한 왕명(王名)의 표기를 전하고 있는 점은, 사소하나마「양직공도」의 사료적 가치를 드러내 주는 일면이라 할 수 있다.

한편 말국에 관해서는「양직공도」와『양서』이외에도『한서』,『위서』,『남사』,『북사』등의 열전에 여러 기록이 전한다. 먼저「양직공도」와『양서』등에 따르면 말국 왕의 성을 '안(安)', 이름을 '말자반(末粢盤)' 혹은 '말심반(末深盤)'이라 했다. 그런데 안씨 성은 직공도의 편자가 말국이 메르브(Merv) 부근에 위치하였기 때문에 말국을 안식국(安息國, 파르티아 왕국)과 결부시켰던 것에서 나타난 인식이며, 말심반(말자반)이라는 이름도 당시 말국이 사산조 페르시아의 변경후(邊境侯) 혹은 지방총독 격인 마르즈반(Marzban)의 지배를 받고 있다는 정보를 오해한 것이라는 지적이 있다(河上麻由子, 2014, p.409 및 p.422 각주14).

그밖에 말국의 풍속과 역사에 관해 간단히 살피면 다음과 같다. 앞서 언급했듯이 말국의 도읍은 차말성이며, 포도 등의 과일이 난다. 나라 서북쪽에는 유사(流沙)가 있는데 여름에는 열풍(熱風)이 불어 몹시 위험하다고 한다. 늙은 낙타만이 미리 바람이 불 것을 알기에 사람들이 이를 보고 대비하는데, 그렇지 못하면 죽음에 이를 수도 있다고 한다. 태평진군 3년(442)에는 선선왕(鄯善王) 비룡(比龍)이 저거안주(沮渠安周)의 공격을 피해 나라 사람들의 반을 이끌고 말국(且末)으로 도망하였다가 후에 선선에 복속하였다. 보통 5년(524)에는 말국의 왕이 양(梁)에 사자를 보내 공물을 바치면서 처음으로 통교하였다. 그리고 대통 8년(542)에는 선선왕의 형인 선선미(鄯善米)가 내부하였다고 한다.

사신도

| 고덕겸모본 爲國 | 북송모본 末國使 | 염립본모본 韈國 |

말국(末國)·위국(爲國)

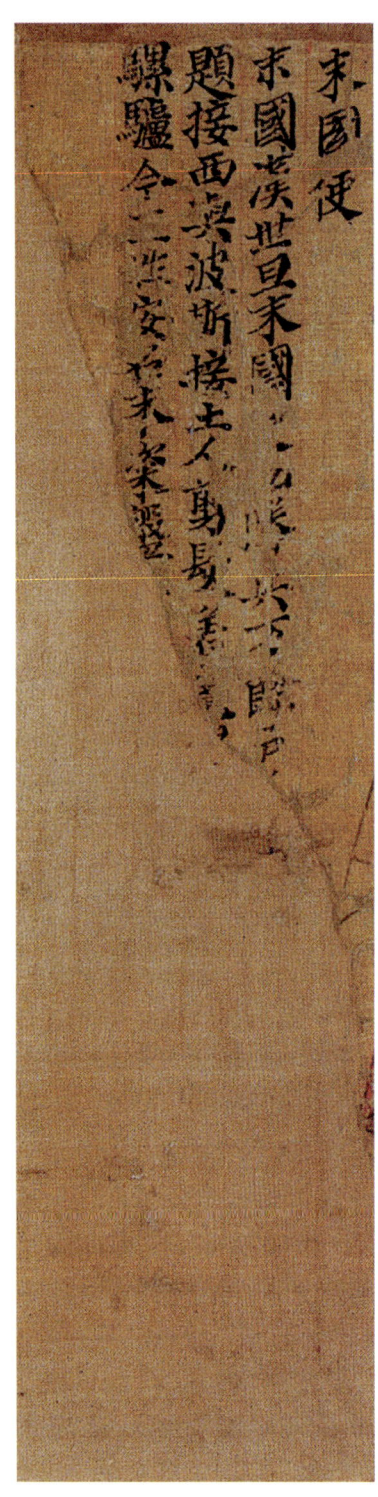

제기

○ 북송모본

1. 원문 및 판독문

末國使」末國漢世且末國▨▨618) 勝619) 兵620) 万餘621) 戶 …(결락)」題接西奧波斯接土人剪髮622) 着623) ▨624)▨…(결락)」驃驢今王625) 姓626) 安名627) 末628) 粂629) 盤630) …(결락)

2. 교감문

末國使. 末國, 漢世且末國▨▨. 勝631) 兵632) 萬餘633)

---

617) 余太山「旦[且]」/ 澤本·植田「且[旦]」/ 윤용구, 趙燦鵬「且」
618) 澤本·植田, 趙燦鵬「▨▨」/ 윤용구「▨」,「之地」로 추독할 여지가 있다.
619) 余太山, 澤本·植田, 趙燦鵬「勝」/ 윤용구「(勝)」
620) 余太山, 澤本·植田, 윤용구, 趙燦鵬「兵」
621) 余太山. 澤本·植田「[餘]」/ 윤용구, 趙燦鵬「餘」
622) 余太山, 澤本·植田, 윤용구, 趙燦鵬「髮」
623) 余太山, 澤本·植田, 윤용구, 趙燦鵬「着」
624) 余太山, 澤本·植田「穗」
625) 余太山, 澤本·植田「二(王)]」/ 윤용구, 趙燦鵬「王」
626) 余太山「口生[姓]」/ 澤本·植田「[姓]」/ 윤용구, 趙燦鵬「姓」
627) 余太山, 澤本·植田「石」/ 윤용구, 趙燦鵬「名」
628) 余太山, 澤本·植田, 趙燦鵬「末」/ 윤용구「(末)」
629) 余太山, 澤本·植田「粂」/ 윤용구「(深)」/ 趙燦鵬「(深의 別字)」
630) 余太山, 澤本·植田, 趙燦鵬「盤」/ 윤용구「(盤)」
631) 「勝」:『양서』에 의거하여「勝」으로 교감
632) 「兵」:『양서』에 의거하여「兵」으로 교감
633) 「餘」:『양서』에 의거하여「餘」로 교감

戶. …(결락) 題接, 西與波斯接. 土人剪髮[634], 着[635]氈[636]帽[637]. …(결락) 騾驢. 今王[638], 姓安 名末粲盤,[639] …(결락).

3. 역주

말국 사신. 말국은 한대 차말국▨▨이다. 승병[640]이 만여 호다. …(결락) [백]제[국][641]과 접하고, 서쪽으로는 파사[국]과 접한다. 그곳 사람들은 머리를 깎고, 모직물로 만든 모자를 쓴다.[642] …(결락) 노새와 나귀가 [많다]. 지금 왕은 성이 안이고 이름은 말자반[643]인데, …(결락).

○ **장경모본**

없음

---

634) 「髪」:『양서』에 의거하여 「髮」로 교감
635) 「着」:『양서』에서는 「著」
636) 「氈」: 판독문 「▨」,『양서』에 의거하여 「氈」으로 교감
637) 「帽」: 판독문 「▨」,『양서』에 의거하여 「帽」로 교감
638) 「王」:『양서』에 의거하여 「王」으로 교감.
639) 「盤」:『양서』에 의거하여 「盤」으로 교감.
640) 승병: 병력으로 충당하여 전투에 참가시킬 수 있는 사람을 가리킨다.
641) [백]제[국]:『양서』의 "동쪽으로는 백제와 … 접한다(東與白題…接)"라는 구절에 의거하였다.
642) 모직물로…쓴다:『양서』에는 말국의 사람들이 모직물로 만든 모자[氈帽]를 착용한다고 하고, 또 소매가 작은 옷(小袖衣)을 입는다고 하였다.
643) 말자반: 북송모본에 말국 왕의 성을 '안(安)', 이름을 '말자반(末粲盤)'이라 하였다.『양서』에서는 "그 왕은 안 말심반이다(其王安末深盤)"라 하여 이름을 '말심반(末深盤)'으로 표기하였다. 사산조 페르시아 시기에 변경 지역의 총독을 가리켜 '마르즈반(Marzbān)'이라 했는데(P. Pourshariati, 2008 Decline and Fall of the Sasanian Empire, I.B. Tauris, p.503), '말자반'은 이를 음차한 것으로 보인다. 그렇다면『양서』의 '말심반'보다는 북송모본의 '말자반'이 좀 더 타당한 것으로 생각되며,『양서』에서의 표기는 '심(深)'이 '자(粲)'와 글자 모양이 비슷해 생긴 오류로 판단해야 할 것이다.

참고자료

○ 『공괴집』 권75 말국

말국은 한대의 차말국이다. 보통 5년(524)에 처음으로 강좌(江左)와 통하여 사신을 보내 와서 공헌하였다.[644]

○ 『한서』 권96 차말국

차말국(且末國). 도읍은 차말성(且末城)이고, 장안에서 6,820리 떨어져 있다. 호수는 230, 인구는 1,610, 승병 320명이다. 보국후(輔國侯)·좌장(左將)·우장(右將)·역장(譯長)이 각각 1명씩 있다. 서북으로 2,258리를 가면 도호의 치소에 이르며, 북쪽으로는 위리(尉犁)와 접하고, 남쪽으로 소완(小宛)까지는 3일 거리이다. 포도 등 여러 과일이 있다. 서쪽으로 2,000리 가면 정절(精絕)과 통한다.[645]

○ 『양서』 권54 말국

말국은 한대(漢代)의 차말국이다. 승병이 만여 호이다. 북쪽으로는 정령(丁零)과 접하고, 동쪽으로는 백제와 접하며, 서쪽으로는 파사와 접한다. 토착인들은 머리카락을 자르고, 모직물로 만든 모자를 쓰고, 작은 소매의 옷을 입으며, 적삼을 만들되 목이 나올 자리를 열어두고 앞을 꿰맨다. 소와 양 그리고 노새와 나귀가 많다. 그 왕 안말심반(安末深盤)이 보통 5년(524)에 사자를 보내 와서 공헌하였다.[646]

---

644) "末國, 漢世且末國也. 普通五年, 始通江左, 遣使來貢獻."
645) "且末國, 王治且末城, 去長安六千八百二十裏. 戶二百三十, 口千六百一十, 勝兵三百二十人. 輔國侯·左右將·譯長各一人. 西北至都護治所二千二百五十八裏, 北接尉犁, 南至小宛可三日行. 有蒲陶諸果. 西通精絕二千里."
646) "末國, 漢世且末國也. 勝兵萬餘戶. 北與丁零, 東與白題, 西與波斯接. 土人剪髮, 著氈帽, 小袖衣, 爲衫則開頸而縫前. 多牛羊騾驢. 其王安末深盤, 普通五年, 遣使來貢獻."

○ 『위서』 권102 차말국

차말국. 도읍은 차말성이며 선선(鄯善)의 서쪽에 있고 대(代)에서 8,320리 떨어져 있다. [태평]진군 3년(442)에 선선왕 비룡이 저거안주의 공격을 피해 나라 사람들의 반을 이끌고 차말로 도망하였는데, 후에 선선에 복속하였다. 차말의 서북방에는 유사가 수백 리 뻗쳐 있으며, 여름날에는 열풍이 여행자들의 근심거리가 된다. 열풍이 언제 불어 닥칠지는 오로지 늙은 낙타만이 미리 알고 있어, 그가 울어대면 [낙타들이] 모여 서서 그 입과 코를 모래 속에 파묻는다. 사람들도 그것을 [열풍이 부는] 징후로 여겨 역시 모포로 코와 입을 막는다. 그 바람은 신속하게 불어오고 또 그렇게 신속하게 지나가 버리기 때문에, 만약 미리 예방하지 않으면 반드시 위험에 처하거나 죽음을 당하고 만다.647)

○ 『북사』 권97 차말국

대통 8년(542)에 그 형인 선선미(鄯善米)가 무리를 이끌고 내부하였다.648)

[이일규・이승호]

---

647) "且末國, 都且末城, 在鄯善西, 去代八千三百二十里. 眞君三年, 鄯善王比龍避沮渠安周之難, 率國人之半奔且末, 後役屬鄯善. 且末西北方流沙數百里, 夏日有熱風爲行旅之患. 風之所至, 唯老駝豫知之, 卽鳴而聚立, 埋其口鼻於沙中, 人每以爲候, 亦卽將氈擁蔽鼻口. 其風迅駛, 斯須過盡, 若不防者, 必至危斃."
648) "大統八年, 其兄鄯善米率衆內附."

임읍국(林邑國)

개요

임읍(林邑)은 참족을 중심으로 베트남의 중부와 남부에 세워진 국가군으로 192년에 건국되어 남월에 완전히 복속되는 19세기 초반까지 존재하였다. 베트남과 임읍의 역사는 치열한 투쟁사였다. 임읍의 시각에서 본다면 남진하는 침입자 월족으로부터 내 땅을 방어하던 역사다. 반대로 남월의 시각에서 보자면 서서히 남쪽의 참족을 동화하는 과정이었다. 북송으로부터 독립을 쟁취한 남월의 역대 왕조[649]가 공격적인 남진 정책을 편 결과 참파는 서서히 남쪽으로 밀려나다 결국 흡수되었다.

베트남 중부에 거주하던 참족은 베트남 북부의 남월이 기원전 111년에 한 무제에 의해 멸망한 직후 어느 시점에 한의 지배를 받은 것으로 보인다. 임읍은 일남군(日南郡) 상림현에서 상(象)이 빠지고 읍(邑)자가 더하여 붙여진 이름이라고 한다. 이후 점성(占城)이나 환왕(環王)으로 불린다. 종래에는 단일왕국으로 보았으나 실제로는 인드라프라(Indrapura), 아마라바티(Amaravati), 비자야(Vijaya), 까우타라(Kauthara), 판두랑가(Panduranga, 환왕) 등 5개의 소왕국이 존재한 것으로 보인다. 후한 말에서 위진남북조시대 사서에 나타나는 임읍은 이 소국 중 최북단에 있는 인드라프라(오늘날 베트남 다낭 근방)를 말하는 것으로 보인다.

임읍의 문화는 중국의 영향을 받은 남월과 달리 인도의 영향이 강했다. 남월은 중국 남부와 인도차이나반도 북부에 거주하던 월족이 주를 이루었으나 임읍을 건국한 이들은 인도네

---

649) 응오왕조(吳朝, 939~965), 딘왕조(丁朝, 966~980), 전 레왕조(前黎朝, 980~1009), 리왕조(李朝 1009~1225, 쩐왕조(陳朝, 1225~1400), 막왕조(莫朝, 1527~1592), 후 레왕조(後黎朝, 1427~1527, 1533~1789)

시아계다. 여기에 인도차이나 내륙 산간지대의 종족들이 포함되었다. 몇몇 왕과 고위층에 참족이 아닌 고산지역 출신들이 있었다고 한다(유인선, 2016, p.134). 남월이 일찍부터 중국과의 관계를 이어갔다면,[650] 임읍은 인도와 인도네시아, 말레이반도와의 문화적 공통점이 더 강했다. 7세기 이후에 지어진 베트남 중부 꽝남(Quang Nam)에 있는 미선(My son)의 사원 유적의 수준을 보면 매우 이른 시기부터 인도차이나반도 남부에 힌두·불교의 영향력이 강력하게 작용했다는 것을 알 수 있다.

「양직공도」에서 임읍국을 다룬 것은 고덕겸모본 한 점뿐이다. 고덕겸모본은 사신도만 싣고 있기에 이에 대한 설명은 남아있지 않으나 남송 대의 인물인 누약[651]의 『공괴집』에 임읍국에 대한 유일한 일문이 실려 있다.

고덕겸모본의 묘사는 곱슬머리에 긴 귀, 목과 팔, 발의 귀걸이, 팔찌, 발찌를 건 모습에 상의는 탈의하고 있으며, 하체는 긴 원통형의 치마에 허리를 둥글게 말은 천을 두르고 앞에서 묶은 다음 늘어뜨린 모습이다. 특징은 상의를 입지 않고 아래만 가린 것이다. 위진남북조부터 당대에 이르기까지 중국 정사에서 임읍을 비롯한 동남아 여러 지역의 공통으로 옷을 입지 않는 점과(아마 상의를 말하는 것으로 보임) 맨발로 다니는 것을 언급하고 있다. 베트남 중부 미선 사원 유적에서 발굴된 9세기 전반의 시바신상은 고덕겸모본에 그려진 것과는 시기를 달리하지만, 형태는 일치한다. 하노이 역사박물관에 소장 중인 시바신상도 같은 양식의 옷이다.

치마처럼 생긴 하의는 현재 인도차이나반도에서 흔히 입는 사롱(Sarong, 사룽)이라는 옷의 원초 형태이다. 사롱은 폭이 넓은 천을 원통형으로 꿰매어 몸 아랫부분을 감싸는 형태의 옷으로 허리는 천을 허리띠처럼 둘러매거나 핀으로 고정하는데, 임읍을 비롯한 인도차이나의 풍습을 설명하는 역대 사서에서는 공통으로 허리띠와 같은 천으로 허리를 고정하는 것으로 나타난다.

---

650) 남월 역사에서 최초의 국가인 반랑국(文郎國)은 거슬러 올라가면 염제(炎帝) 신농씨(神農氏)의 후손이 세운 국가라고 주장한다.
651) 누약(樓鑰, 1137~1213), 남송 대의 문인이자 관리. 절강성 출생. 기거랑 겸 중서사, 이부상서 겸 한림시강, 참지정사 등을 역임하였다. 금에 사신으로 다녀와서 『북행일록』을 지었으며 120권의 문집 『공괴집』을 남겼다.

후대의 기록이고 이웃 진랍(오늘날의 캄보디아, 양대의 부남)의 풍습을 다룬 주달관의 『진랍풍토기(眞臘風土記)』[652]에도 아래에 사롱을 두른 모습을 언급하고 있어 중국의 영향을 강하게 받은 북부 베트남을 제외한 나머지 인도차이나반도의 일반적인 풍습이라 생각된다.

다만 이것이 임읍의 사신을 보고 그린 것이냐에 대해서는 의문이 남는다. 「양직공도」와 가장 가까운 기록이라고 할 수 있는 『양서』 제이전에는 '귀한 자는 가죽신을 신고, 천한 자들은 맨발로 다닌다'라고 하여 신분이 높은 이들은 신발을 착용하는 것을 알 수 있다. (당시 중국인 기준으로) 헐벗은 모습으로 양으로 온 자가 과연 임읍의 사신인가가 의문이다. 수행원 중에는 낮은 지위로 잡역에 종사하는 자가 있을 수 있으나 사신단의 대표까지 맨발일 것인가, 그렇다면 이 사신도는 실제 모습이 아니라 하나의 아이콘, 이국적 취향의 상상도[653]일 가능성도 충분하다.

고덕겸모본의 원전은 무엇이었는가, 또 원전을 작성한 자가 실제 모습을 보았는가,[654] 전해들은 정보를 참고하였는가[655]는 현재로선 알 수 없다. 연결고리를 전혀 찾을 수 없는 상황이지만 앞으로 「양직공도」와 여러 모본 사이의 공통점과 차이를 밝혀줄 새로운 자료가 나온다면 고덕겸모본이 원본 「양직공도」와 어떤 관계인가에 대한 의문을 해결해 줄 수 있다고 생각한다.

---

[652] 국주國主 이하 남녀 모두 머리는 방망이처럼 묶고 어깨는 드러낸다. 단지 천으로 허리를 두르기만 하는데, 출입할 때는 작은 천 위에 커다란 천을 하나 더 감는다(주달관 저, 최병욱 역, 2013, 『진랍풍토기』, 산인, p.66),

[653] 당나라의 이국적 취향에 대한 글로 에드워드 셰이퍼(이호영 역, 2021, 『사마르칸트의 황금복숭아』, 글항아리)와 이시다 미키노스케(이동철·박은희 역, 2004, 『장안의 봄』, 이산)의 글이 있다. 그리고 이런 이국에 대한 관념이 사실을 넘어서 하나의 아이콘으로 자리잡는 것에 대해선 노태돈(2003, 『예빈도에 보인 고구려』, 서울대출판부)의 글이 있다.

[654] 임읍의 사신 중에서(중국인의 입장에서) 가장 인상적으로 남은 수행원의 용모를 특징으로 삼아 기록하고 그렸을 가능성이 있다.

[655] 혹은 임읍의 풍습을 전해듣고서 입읍 사람의 모습을 상상으로 그렸을 가능성이 있다.

사신도

고덕겸모본 林邑國	북송모본	염립 본모본
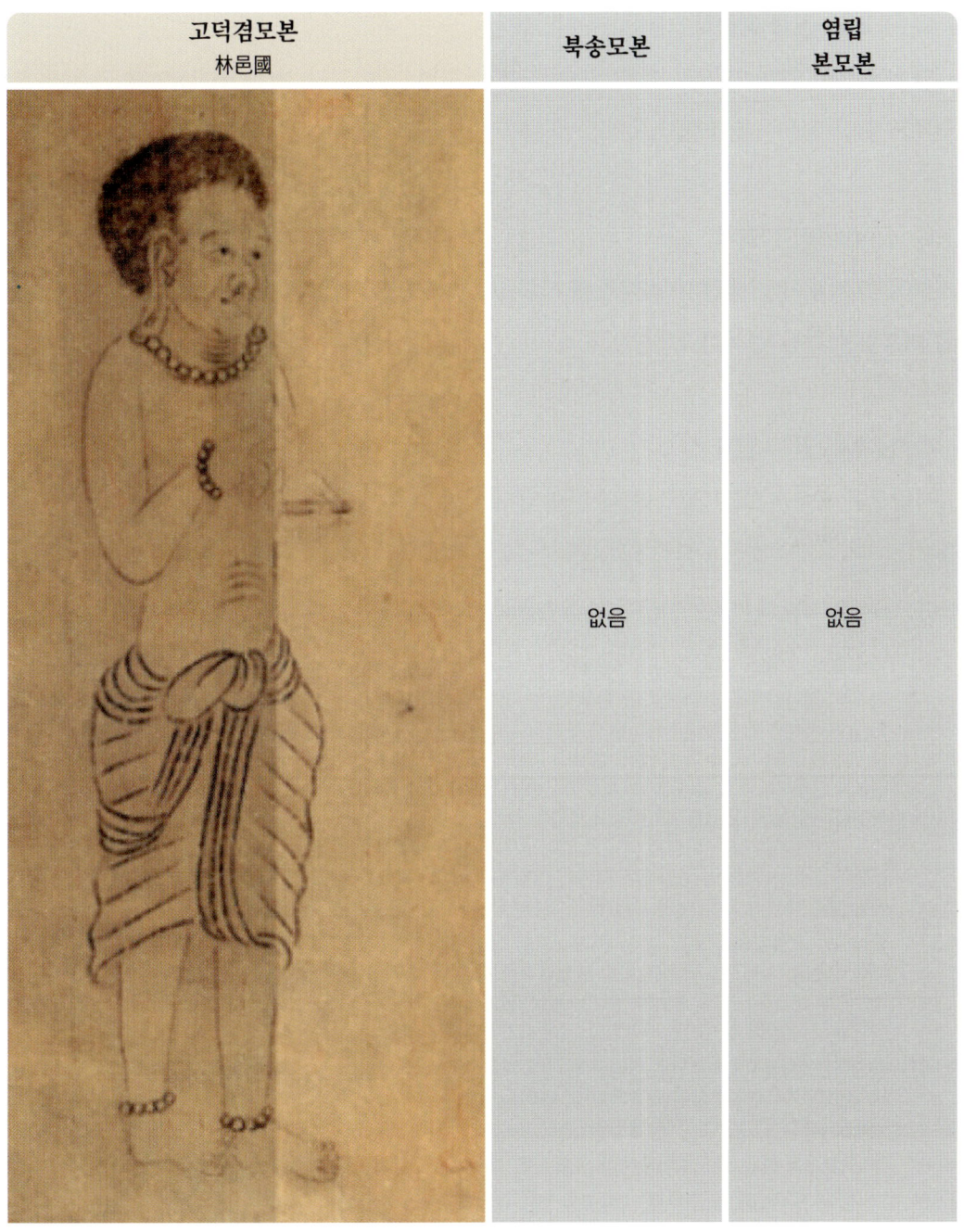	없음	없음

임읍국(林邑國)

참고자료

○『공괴집』권75 임읍국

임읍국은 옛 월상[656)]으로 한의 일남군[657)] 상림현[658)]이었다. 천감 9년(510)에 그 왕인 범천개가 하얀 원숭이를 바쳤다.[659)]

○『진서』권97 임읍국

…(중략) 기후가 사계절 내내 따뜻해 사람들은 벌거벗고 맨발로 다니며 [햇볕에 그을린] 검은 피부를 아름답게 여긴다.[660)]

○『남제서』권58 임읍국

사람들은 모두 나체였다. …(중략) 사람의 안색이 검은 것을 아름답다고 하였다.[661)]

---

656) 월상은『漢書』에 따르면 平帝 원년(1)에 흰꿩(白雉)과 검은 꿩(黑雉)을 바쳤다는 기록이 나온다. 거기에 안사고는 "월상은 남방의 먼 나라로 …(중략) 길이 매우 멀어 풍속은 전혀 다른 고로 여러 차례 거친 후에야 뜻이 통한다."라는 주를 달았다.『後漢書』남만전에 교지의 남쪽에 월상국이 있었다. 주공이 섭정하여 6년이 되어 예악을 제정하니 천하가 화평하였는데, 월상국이 코끼리 세 마리를 타고 여러 단계의 통역을 거쳐 흰 꿩을 바치면서 "길이 아득히 멀고 산천이 깊어 막혀 있기 때문에 말이 통하지 않아 여러 단계 통역을 거쳐 입조하였습니다."라고 하였다. 성왕이 이를 주공에게 보내자, 주공은 "군자는 덕을 베풀지 않았으면 그 예물을 받을 수 없고, 정치를 제대로 하지 못하였으면 그 사람을 신하로 부리지 않습니다. 제가 어떻게 이 사여품을 받을 수 있겠습니까?"라고 하였다. 이에 그 사신이 말하기를 "나는 우리나라 黃耆로부터 '오래 되었구나! 하늘에 계속된바람과 뇌우가 없어진지가! 생각컨대 중국에 성인이 있는 모양이다. 있은즉 가서 조공하거라.'라는 명을 받았습니다" 주공은 성왕에게 다시 돌려보내, 선왕의 영혼이 이른 것이라고 하여 종묘에 공물로 바쳤다. 주의 덕이 쇠미해지자 점차 단절되었다"라는 기사가 있다.

657) 일남군은 오늘날의 베트남 중부, 후에와 다낭 등이 위치한 지역에 세워진 군현으로 베트남어로는 '녓남'군이라 부른다. 기원전 111년에 한이 남월을 설치하고 남월 영역 안에 세운 9개 군현 중 하나이다. 일남군은 영토지배보다는 남방의 문물을 구하는 통로역할을 하는 것이 더 중요했다. 중국의 비단이나 황금과 남방의 진주와 보석 등이 주거래 품목이었다. 남제시기까지 존속하였다.

658) 상림현은 일남군의 속현으로 일남군 남단에 위치하였다. 베트남어로 '뜨엉 럼'현이라 불린다. 후한 順帝 永和 2년(137) '일남과 상림 외곽의 만이 區憐 등 수천 명이 상림현을 공격하여 관아를 불태우고 관장과 속리들을 살해하였다'라는 기록이 있다.

659) "林邑國, 古之越裳, 漢日南郡象林縣. 天監九年, 其王范天凱奉獻白猴."

660) "…(중략) 四時暄暖, 無霜無雪, 人皆倮露徒跣, 以黑色為美."

661) "…(중략) 人皆裸露 …(중략) 人色以黑為美."

○ 『양서』 권54 임읍국

　임읍국(林邑國)은 본디 한(漢)의 일남군(日南郡) 상림현(象林縣)으로 옛 월상(越裳)의 땅이다. 복파장군(伏波將軍) 마원(馬援)[662] 이 한의 남경을 넓힐 때[663] 이 현을 설치하였다. 그 땅은 사방 600리쯤 되고, [현]성은 바다로부터 120리 떨어져 있고, 일남의 경계로부터 400여 리 떨어져 있으며, 북으로 구덕군(九德郡)[664] 과 접하고 있다. …(중략) 천감(天監) 9년(510)에 [범]문찬의 아들 [범]천개가 흰 원숭이를 바쳤다. 조를 내려 이르기를, "임읍왕 범천개는 해외에 있으면서도, 정성이 지극하여 멀리서도 직공(職貢)하니, 진실로 칭찬할 만하다. 마땅히 작호를 나누어주어 영화와 은택을 입히겠다. 지절(持節) 독연해제군사(督緣海諸軍事) 위남장군(威南將軍) 임읍왕(林邑王)이 가하다"라고 하였다. [천감] 10년(511)·13년(514)에 [범]천개가 거듭 사자를 보내 방물을 바쳤다. [범천개가] 갑자기 병사하고, 아들 필취발마(弼毳跋摩)가 즉위하여 표를 올리고 공물을 바쳤다. 보통(普通) 7년(526)에 왕 고식승개(高式勝鎧)가 사신을 보내 방물을 바치니, 조를 내려 지절(持節) 독연해제군사(督緣海諸軍事) 수남장군(綏南將軍)[665] 임읍왕(林邑王)으로 삼았다. 대통(大通) 원년(527)에 다시 사신을 보내 공물을 바쳤다. 중대통(中大通) 2년(530)에 행임읍왕(行林邑王) 고식률타라발마(高式律羅跋摩)가 사신을 보내 공물을 바치니,

---

662) 馬援(기원전14~49): 字는 文淵이며, 扶風 茂陵(陝西省 興平 동북) 사람이다. 후한대 유명한 군사가이다. 戰功으로 인하여 관이 伏波將軍에 이르렀으며, 新息侯에 봉해졌다. 교지의 二徵의 난을 진압한 것과 '馬援銅柱'로 유명하다. 본디 그 선조 趙奢는 趙의 장수였는데, 號를 馬服君이라 한 까닭에 자손들이 그 호를 따라 氏를 삼은 것이라 한다. 援의 세 형 況, 餘, 員 모두 재능이 있어서 王莽時에 모두 二千石의 관직에 올랐다고 한다. 後漢書에 입전되어 있다(동북아역사재단 편, 2010, 『南齊書·梁書·南史 外國傳 譯註』, 동북아역사재단, 140쪽 각주 15 참조).

663) 40년, 광무제 초반에 교지태수로 부임한 소정(蘇定)의 학정에 대항해서 쯩씨 자매의 반란이 일어났다. 여기에 호응하여 65개 성으로 확대되는데, 사건의 발단은 소정이 언니인 쯩짝의 남편을 죽인 것이다. 그러나 이 반란의 근본적인 원인은 무제의 남월 정복 이후 전임 태수들에 의해 추진된 중국문화 강요와 가혹한 수탈이었다. 수도인 장안에서 매우 멀어 중앙의 관리감독이 힘들고, 남방교역의 통로였기 때문에 태수들의 착취를 막을 수 없었다. 온정적으로 대우한 관리는 극소수였다. 광무제는 마원을 보내 진압케 하였다. 마원은 42년에 쯩씨 자매의 반란군을 대파하였고, 43년에 자매를 생포하여 처형하였다. 마원은 여기서 그치지 않고, 일남까지 진격한 후 이 지역의 통치를 안정적으로 구축하고 귀환하였다.

664) 226년 사섭이 죽은 후, 오는 이 지역을 지배하던 그의 일족을 멸족시키고, 교지를 직접 지배하려 하였다. 일남군과 구진군의 일부를 나누어 구덕군을 신설하였다. 이 구덕군은 수나라의 초반까지 유지되었다.

665) 후한 이래 중국의 각 왕조에서 사용한 공식적인 장군호가 아니다. 오에서 일시적으로 제갈근諸葛瑾과 전종全琮에게 내린 바 있으나 남쪽 교주交州와는 관계가 없다. 단, 『삼국지』 오서 사섭전에 조조曹操가 사섭士燮에게 수남중랑장綏南中郎將을 제수한 사례가 있다. 양에서 책봉호를 내릴 때 과거 사례를 고려한 것으로 보인다.

조를 내려 지절(持節) 독연해제군사(督緣海諸軍事) 수남장군(綏南將軍) 임읍왕(林邑王)으로 삼았다. [중대통] 6년(534)에 다시 사신을 보내 방물을 바쳤다.[666)

○ 『수서』 권82 임읍

"…(중략) 그 사람들의 [얼굴은] 눈이 깊고 코가 높으며, 머리카락은 곱슬머리이고 검은 빛이다. 그 [민간의] 풍속은 모두 맨발에다 넓은 폭의 베로 몸을 잡아맨다. 겨울철에는 도포(袍)를 입는다. 부인들은 상투를 튼다. 야자나무 잎으로 자리를 깐다."[667)

○ 『구당서』 권197 임읍국

…(중략) 그 사람들의 생김새는 곱슬머리에 피부가 검다. 풍속이 모두 맨발로 다니며, 사향을 몸에 칠하는데, 하루 안에 두 번 칠하고 두 번 씻는다.[668)

[박인호]

---

666) "林邑國者, 本漢日南郡象林縣, 占越裝之界也. 伏波將軍馬援開漢南境, 置此縣. 其地縱廣可六百里, 城去海百二十里, 去日南界四百餘里, 北接九德郡. (중략) 天監九年, 文贊子天凱奉獻白猴, 詔曰, '林邑王范天凱介在海表, 乃心款至, 遠脩職貢, 良有可嘉. 宜班爵號, 被以榮澤. 可持節·督緣海諸軍事·威南將軍·林邑王.' 十年, 十三年, 天凱累遣使獻方物. 俄而病死, 子弼毦跋摩立, 奉表貢獻. 普通七年, 王高式勝鎧遣使獻方物, 詔以爲持節·督緣海諸軍事·綏南將軍·林邑王. 大通元年, 又遣使貢獻. 中大通二年, 行林邑王高式律陁羅跋摩遣使貢獻, 詔以爲持節·督緣海諸軍事·綏南將軍·林邑王. 六年, 又遣使獻方物."

667) "…(중략) 其人深目高鼻, 髮拳色黑. 俗皆徒跣, 以幅布纏身. 冬月衣袍. 婦人椎髻. 施椰葉席."

668) "…(중략) 其人拳髮色黑. 俗皆徒跣, 得麝香以塗身, 一日之中, 再塗再洗."

파리국(婆利國)

개요

『공괴집(攻媿集)』에 따르면 파리국은 "광주(廣州)에서 거리가 2개월이 걸린다"라고 서술하고 있다. 『양서』와 『남사』에 보다 자세한 내용이 전하는데 "광주 동남쪽 바다 가운데에 섬에 있다. 광주에서 거리가 2개월이 걸린다. 나라의 경계는 동서로 50일이 걸리며 남북으로는 20일이 걸린다"고 하였다. 『수서』에서는 "교지로부터 바다로 배를 띄워, 남으로 적토(赤土)와 단단(丹丹)을 지나서야 그 나라에 이른다. 나라의 경계는 동서로 4개월 거리이고, 남북으로는 45일 거리이다"라고 전한다. 파리국의 실체에 대하여 인도네시아 자바섬 중에 있었던 것으로 비정하는 견해(池端雪浦, 1999), 현재의 남아시아 보르네오섬 북서 해안에 있는 술탄왕국인 브루나이 다루살람(Brunei Darussalam)으로 비정하는 견해가 있다(刘新生, 2005, pp.1~25). 송~명대에는 발니(浡泥)로 불렸다.

『양서』와 『남사』에서는 "땅의 기운이 더운데 마치 중국의 한여름과 같다. 곡식은 한 해에 두 번 익고 초목은 항상 무성하다. 바다에서는 문라(文螺)와 자패(紫貝)가 난다. 감패라(蚶貝羅)라는 이름의 돌이 있는데, 처음 돌을 캐면 유연한데 이내 조각하여 물건을 만들어 그것을 말리면 마침내 매우 견고하고 강해진다"고 전한다. 문라와 자패는 조개의 종류를 말하는데 문라는 꽃무늬가 있는 바다 소라이고(동북아역사재단 편, 2010, p.185), 감패라는 정확히 알 수 없는 괴이한 돌이다. 현재 남아시아 일대 역시 열대기후이고 형형색색 아름다운 소라와 조개의 산지이다.

「양직공도」 모본별 파리국 사신 정보

사신도			제기	
고덕겸모본	북송모본	염립본모본	북송모본	장경모본
없음	없음	없음	없음	없음

현존하는 「양직공도」 모본 중 고덕겸모본, 염립본모본, 북송모본, 장경모본에서 파리국의 사신도와 제기는 전하지 않는다. 『공괴집』에 파리국에 대한 서술이 소략하게 있는데, 천감(天監) 16년(517)에 사신을 보내 표를 올린 내용만 전한다. 『공괴집』 외에도 『양서』·『남사』 그리고 『수서』에도 파리국에 대한 서술이 확인된다. 『양서』에는 천감 16년(517)에 사자를 보내 표를 올린 내용이 상세하게 서술되어 있고, 또 보통(普通) 3년(522)에 "그 왕인 빈가(頻伽)가 다시 사자 주패지(珠貝智)를 보내, 하얀 앵무, 청충(青蟲), 투구, 유리그릇, 고패(古貝), 소라로 만든 잔, 잡향, 약 등의 수십 종을 공헌하였다"고 전한다. 『남사』에도 천감 16년(517)에 사자를 보내 표를 올린 사실이 간략하게 서술되었다.

이때 『양서』에서 확인되는 파리국의 상표문은 전 왕조의 상표문과 비교하여 불교적 찬양이 차지하는 비율이 커지는데 이는 양무제의 불교적 찬양을 강조한다는 방침 아래 작성되었기 때문으로 보인다. 나아가 「양직공도」는 여러 나라 사람들의 의복, 용모 등을 그리는데 그쳤던 것이 아니라 다양한 사람들이 양무제의 덕을 흠모하여 모여든 모습을 그리는데 목적이 있었다(河上麻由子, 2013, pp.415~420).

『수서』에서는 "왕의 성은 찰리사가(刹利邪伽)이고 이름은 호람나파(護濫那婆)이다. 관직으로는 독가사나(獨訶邪拏)가 있고, 다음으로 독가씨나(獨訶氏拏)가 있다. …(중략) 살인자나 절도한 자는 그 손을 자르고, 간음한 자는 그 발에 쇠사슬을 채웠다가, 해가 차면 풀어준다. 제사는 반드시 그믐에 행하고, 소반에 술과 안주를 담아, 흐르는 물에 띄운다. 매년 11월이면 반드시 큰 제사를 지낸다"고 전한다. 『수서』에 전하는 파리국은 왕의 성(姓)이 있는 것으로 보아 왕위 부계계승이 이루어지고 왕을 중심으로 관직이 구성되었으며 법률과 제사가 행해지고 있다는 것을 짐작할 수 있다. 약 5세기경부터 인도와 스리랑카에서 중국 남부지역으로 이어지는 해로 발달에 따라 인도네시아 자바에서도 5세기 이후 인도와 스리랑카의 문화를 받아들였다는 것으로 보아(주경미, 2013, p.231) 문화적인 변화 속에 정치적인 변화도 있었던 것으로 보인다.

『수서』에 "대업(大業) 12년(616)에 사자를 보내 조공하였는데, 나중에 마침내 끊어졌다"고 전한다. 『양서』에서도 "왕의 성은 교진여(憍陳如)로 옛날부터 중국과 통한 적이 없다"고 전하는데, 중국과의 교류가 지속적이고 빈번하지 않았던 것으로 보인다.

사신도

고덕겸모본	북송모본	염립본모본
없음	없음	없음

제기

○ **북송모본**
없음

○ **장경모본**
없음

참고자료

○ **『공괴집』 권75 파리국**
　파리국은 광주에서 거리가 2개월이 걸린다. 천감 10년(511)<『양서』와 『남사』에는 모두 천감 16년으로 되어있다>에 사신을 보내 표를 올리고 금을 바쳤다.[669]

○ **『양서』 권54 파리국**
　파리국은 광주 동남쪽 바다 가운데에 섬[주]에 있다. 광주에서 거리가 2개월이 걸린다. 나라의 경계는 동서로 50일이 걸리며 남북으로는 20일이 걸린다. 136개의 취[락]이 있다. 땅의 기운이 더운데 마치 중국의 한여름과 같다. 곡식은 한 해에 두 번 익고 초목은 항상 무성하다. 바다에서는 문라와 자패가 난다. 감패라는 이름의 돌이 있는데, 처음 돌을 캐면 유연한데 이내 조각하여 물건을 만들어 그것을 말리면 마침내 매우 견고하고 강해진다. 그 국인은 고패를 머리띠처럼 걸치거나 도만을 만든다. 왕은 반사포를 사용하고, 영락으로 몸을 휘감는다. 머리에는 금관을 쓰는데 높이가 1척쯤 되어 모양이 마치 고깔 같으며 칠보로 꿰어 장식하였다. 금장검을 허리에 차고 금으로 된 높은 보좌에 기대앉아 은으로 된 발받침으로

---
[669] "婆利國, 去廣州二月日行. 天監十年<梁書及南史並作天監十六年>, 遣使奉表獻金度"

발을 지탱한다. 시녀는 모두 금으로 만든 꽃과 잡다한 보석으로 장식하고, 어떤 이는 하얀 깃털로 만든 먼지떨이와 공작 부채를 쥐고 있다. 왕이 나갈 때는 코끼리로 가여를 하는데 수레는 여러 향목으로 만들고 위에는 깃털로 만든 덮개와 주렴을 설치하였으며 그 따르는 무리는 나팔을 불고 북을 친다. 왕의 성은 교진여로 옛날부터 중국과 통한 적이 없다. 그 선조 및 [나라의] 연수를 물었는데 기억하지 못하였다. 다만 백정왕의 부인이 그 나라[중국]의 여자라고 말할 뿐이었다.

천감 16년(517)에 사자를 보내 표를 올려 말하였다. "엎드려 받들건대, 성왕께서는 삼보를 믿고 중히 여기시어 불탑과 불사를 건립하고 불상을 장식하신 것이 국토에 두루 퍼져있습니다. 사방의 도로가 평탄하고 청정하여 더러움이 없습니다. 누대와 전각이 나열되어 있는데 그 모습이 마치 천궁과 같고 장려하고 미묘하여 세상에 [이와] 견줄만한 것이 없습니다. 성주가 나갈 때에는 사방에 병사가 모두 충분하고 새의 거동을 한 도종은 좌우로 가득 포진해 있습니다. 수도 사람인 사녀들은 아름다운 복장에 빛나는 장식을 한다고 합니다. 시장은 떠들썩하고 풍부하며 진보들이 충분히 쌓여있습니다. 왕법은 분명하고 정연하여 서로 침탈함이 없습니다. 학생의 무리가 모두 이르고 삼승(소승, 중승, 대승에 정통한 이들)이 앞 다투어 모이고, 정법을 설파하니 교화가 널리 퍼졌습니다. 사해의 [물건이] 유통되고 만국이 모입니다. 장강은 아득히 멀고 끝이 없으며(眇漫), [강물의] 맑고 차가움은 깊고 넓으니 생명이 있는 것들에게 두루 도움을 주는데도 마르거나 더러워지지 않습니다. 음양이 조화를 이루어 재앙이 일어나지 않습니다. 위대하신 양의 양도 성왕과 견줄만한 것이 없고, 상국을 다스림에 커다란 자비가 있어 만민을 가르치십니다. 평등하고 인욕하심이 원수나 친지 두 개가 다름이 없다고 합니다. 궁핍한 이들에게 더하여주어 저장하여 쌓아둠이 없습니다. [성왕의 은덕이] 비추지 않는 곳이 없으니 마치 태양의 밝음과 같고, 즐거움을 받지 않는 곳이 없으니 마치 가히 달의 밝음과 같습니다. 보좌하는 재상은 현량하고 군신은 정조와 믿음이 있으며 충심을 다하여 주상을 받드니 마음에 다른 생각이 없습니다. 엎드려 생각건대 황제께서는 우리의 참된 부처이십니다. 신은 파리국의 왕으로 지금 정중히 머리를 조아려 성왕의 발아래서 예를 올리오니, 오직 원컨대 대왕께서 나의 이 마음을 알아주십시오. 이 마음은 오래된 것으로 오늘에 이르러 생긴 것이 아닙니다. 산과 바다가 험하고 아득하여 스스로 이를 방법이 없어서, 지금 그러한 까닭에 사자를 보내 금석(金席) 등을 헌상하여 이 단성을 표하고자 합니다"라고 하였다.

보통 3년(522)에 그 왕인 빈가(頻伽)가 다시 사자 주패지를 보내, 하얀 앵무, 청충, 투구[兜], 유리그릇[瑠璃器], 고패[古貝], 소라로 만든 잔[螺杯], 잡향, 약 등의 수십 종을 공헌하였다.670)

○『남사』 권78 파리국

광주 동남쪽 바다 가운데에 주에 있다. 광주까지 거리는 2개월이 걸린다. 나라의 경계는 동서로 50일이 걸리며 남북으로는 20일이 걸린다. 136개의 취[락]이 있다. 땅의 기운이 더운데 마치 중국의 한여름과 같다. 곡식은 한 해에 두 번 익고 초목은 항상 무성하다. 바다에서는 문라와 자패가 난다. 감패라는 이름의 돌이 있는데, 처음 돌을 캐면 유연한데 이내 조각하여 물건을 만들어 그것을 말리면 마침내 매우 견고해진다. 그 국인은 고패를 머리띠처럼 걸치거나 도만을 만든다. 왕은 반사포를 사용하는데 영락으로 몸을 휘감고 머리에는 금관을 쓰는데 높이가 1척쯤 되어 모양이 마치 고깔 같으며 칠보로 꿰어 장식하였다. 금장검을 허리에 차고 금으로 된 높은 보좌에 기대 앉아 은으로 된 발받침으로 발을 지탱한다. 시녀는 모두 금으로 만든 꽃과 잡다한 보석으로 하여 장식하고, 어떤 이는 하얀 깃털로 만든 먼지떨이와 공작 부채를 쥐고 있다. 왕이 나갈 때는 코끼리로 가여를 하는데 수레는 여러 향목으로 만들고 위에는 깃털로 만든 덮개와 주렴을 설치하였으며 그 따르는 무리는 나팔을

---

670) "婆利國, 在廣州東南海中洲上. 去廣州二月日行. 國界東西五十日行, 南北二十日行. 有一百三十六聚. 土氣暑熱, 如中國之盛夏. 穀一歲再熟, 草木常榮. 海出文螺·紫貝. 有石名蚶貝羅, 初採之柔軟, 及刻削為物乾之, 遂大堅強. 其國人披古貝如帊, 及為都縵. 王乃用班絲布, 以瓔珞繞身. 頭著金冠高尺餘, 形如弁, 綴以七寶之飾. 帶金裝劍, 偏坐金高坐, 以銀蹬支足. 侍女皆以金花雜寶之飾, 或持白毦拂及孔雀扇. 王出, 以象駕輿, 輿以雜香為之, 上施羽蓋珠簾, 其導從吹螺擊鼓. 王姓憍陳如, 自古未通中國. 問其先及年數不能記焉. 而言白淨王夫人即其國女也. 天監十六年, 遣使奉表曰, '伏承聖王信重三寶, 興立塔寺, 校飾莊嚴, 周遍國土. 四衢平坦, 清淨無穢, 台殿羅列, 狀若天宮, 壯麗微妙, 世無與等. 聖主出時, 四兵具足, 羽儀導從, 布滿左右. 都人士女, 麗服光飾. 市廛豊富, 充積珍寶. 王法清整, 無相侵奪. 學徒皆至, 三乘競集. 敷說正法, 雲布雨潤. 四海流通, 交會萬國. 長江眇漫, 清泠深廣. 有生鹹資, 莫能消穢. 陰陽和暢, 災厲不作. 大梁揚都聖王無等, 臨覆上國, 有大慈悲, 子育萬民. 平等忍辱, 怨親無二. 加以周窮, 無所積聚, 靡不照燭, 如日之明, 無不受樂, 猶如淨月. 宰輔賢良, 群臣貞信, 盡忠奉上, 心無異想. 伏惟皇帝是我真佛, 臣是婆利國主, 今敬稽首禮聖王足下, 惟願大王知我此心. 此心久矣, 非适今也. 山海阻遠, 無緣自達, 今故遣使獻金席等, 表此丹誠.' 普通三年, 其王頻伽複遣使珠貝智貢白鸚鵡·青蟲·兜鍪·琉璃器·吉貝·螺杯·雜香·藥等數十種."

불고 북을 친다. 왕의 성은 교진여로 옛날부터 중국과 통한적이 없다. 그 선조 및 [나라의] 년수를 물었는데 기억하지 못하였도. 다만 백정왕의 부인이 그 나라의 여자라고 말할 뿐이었다.

천감(天監) 16년(517)에 사자를 보내 표를 받들어 금석(金席) 등을 바쳤다. 보통(普通) 3년(522)에 파리의 왕 빈가(頻伽)가 다시 사자 주지(珠智)를 보내, 하얀 앵무·청충(靑蟲)·투구(兜鍪)·유리그릇(瑠璃器)·고패(古貝)·소라로 만든 잔(螺杯)·잡향(雜香)·약(藥) 등의 수십 종을 공헌하였다.[671]

○『수서』 권82 파리국

파리국(婆利國)은 교지로부터 바다로 배를 띄워, 남으로 적토(赤土)와 단단(丹丹)을 지나서야 그 나라에 이른다. 나라의 경계는 동서로 4개월 거리이고, 남북으로는 45일 거리이다. 왕의 성은 찰리야가(刹利邪伽)이고 이름은 호람나파(護濫那婆)이다. 관직으로는 독가야나(獨訶邪拏)가 있고, 다음으로 독가씨나(獨訶氏拏)가 있다. 그 국인들은 윤도(輪刀)를 잘 던지는데, 그 크기가 거울만 하며, 가운데 구멍이 있고, 바깥 칼날은 톱처럼 생겼다. 멀리 사람에게 던져도 맞추지 못하는 경우가 없다. 그 나머지 병기는 중국과 대략 같다. 그 풍속은 진랍(眞臘)과 같고, 물산은 임읍과 같다. 살인자나 절도한 자는 그 손을 자르고, 간음한 자는 그 발에 쇠사슬을 채웠다가, 해가 차면 풀어준다. 제사는 반드시 그믐에 행하고, 소반에 술과 안주를 담아, 흐르는 물에 띄운다. 매년 11월이면, 반드시 큰 제사를 지낸다. 바다에서는 산호가 난다. 사리(舍利)라는 이름을 가진 새가 있는데, 사람의 말을 이해한다. 대업(大業) 12년(616)에 사자를 보내 조공하였는데, 나중에 마침내 끊어졌다. 이때 남쪽의 황량하고 요원한 지방에 단단(丹丹)과 반반(盤盤) 두 나라가 있어, 역시 와서 방물을 바쳤는데, 그 풍속과 물산이 대체로 [위의

---

671) "婆利國, 在廣州東南海中洲上, 去廣州二月日行. 國界東西五十日行, 南北二十日行. 有一百三十六聚. 土氣暑熱, 如中國之盛夏. 穀一歲再熟, 草木常榮. 海出文螺·紫貝. 有石名坩貝羅, 初采之柔軟, 及刻削爲物暴乾之, 遂大硬. 其國人披古貝如帊, 及爲都縵. 王乃用斑絲者, 以瓔珞繞身, 頭著金冠高尺餘, 形如弁, 綴以七寶之飾. 帶金裝劒, 偏坐金高坐, 以銀蹬支足. 侍女皆爲金花雜寶之飾, 或持白毦拂及孔雀扇. 王出以象駕輿, 輿以雜香爲之, 上施羽蓋·珠簾. 其導從吹螺擊鼓. 王姓憍陳如, 自古未通中國, 問其先及年數不能記. 自言白淨王夫人卽其國女. 天監十六年, 遣使奉表獻金席等. 普通三年, 其王頻伽復遣使珠智獻白鸚鵡·靑蟲·兜鍪·琉璃器·古貝·螺杯·雜香藥等數十種."

나라들과] 유사하였다고 한다.672)

[나유정]

---

672) "婆利國, 自交阯浮海, 南過赤土·丹丹, 乃至其國. 國界東西四月行, 南北四十五日行. 王姓刹利邪伽, 名護濫那婆. 官曰獨訶邪挐, 次曰獨訶氏挐. 國人善投輪刀, 其大如鏡, 中有竅, 外鋒如鋸, 遠以投人, 無不中. 其餘兵器, 與中國略同. 俗類眞臘, 物產同於林邑. 其殺人及盜, 截其手, 姦者鎖其足, 期年而止. 祭祀必以月晦, 盤貯酒餚, 浮之流水. 每十一月, 必設大祭. 海出珊瑚. 有鳥名舍利, 解人語. 大業十二年, 遣使朝貢, 後遂絶. 於時南荒有丹丹·盤盤二國, 亦來貢方物, 其風俗物產, 大抵相類云."

탕창국(宕昌國)

개요

　탕창국은 탕창강(宕昌羌)이라고도 하며, 오늘날의 간쑤성 당창현(甘肅省 宕昌縣) 서쪽 지역을 중심으로 하여 타오허(洮河) 이동 지역과 북쪽에서 웨이수이(渭水) 이남의 지역에 분포하였던 나라이다. 『주서』에 따르면 통일된 정치체가 아닌 각 집단별로 추호(酋豪)가 존재하여 서로 간섭하지 않고, 오로지 타 지역 정벌시에만 집결하였다. 남북조시기에는 남조와 북조 모두와 교섭하여 관직을 제수 받거나 탕창왕의 지위를 인정받기도 하였다. 남북조시대에 남북조의 이웃 나라들은 사신 파견은 지리적 위치에 좌우되었는데, 탕창국의 경우는 지리적으로 남북조에 모두 인접한 서방에 위치하여 양조(兩朝)에 대해 사신 파견이 가능하였다. 때문에 탕창국은 『주서』 및 『북사』와 같은 북조 관계 사서와 『남사』·『양서』 등의 남조 관계 사서에 사신을 교환한 기록이 비교적 여러 차례 나타난다.
　특히 남조의 경우는 북조에 비해 군사력이 열세였기 때문에 주변 제국과 활발한 교섭을 통한 연대를 성립하여 이를 보충하려고 하였으며, 토욕혼(吐谷渾)과 북량(北涼)이 이에 해당한 집단이었다. 탕창의 경우는 남조와의 교섭에서 비록 두드러지게 나타나지는 않지만 남조의 주요 책봉국 중 하나로 중시되었다고 추정된다(김종완, 1995, pp.151~152). 북량의 하서왕인 저거씨(沮渠氏) 세력이 유연에 의해 소멸된 460년 후부터는 이들에게 내렸던 관직이 대체로 탕창국의 왕에게로 전이되었다. 이로 인해 하양이주제군사(河涼二州諸軍事) 및 하양이주자사(河涼二州刺史)의 직함이 476년 송(宋)으로부터 수여되었으며, 이는 양(梁) 시기에도 이어진다. 탕창국은 이후 보정 4년(564)에 북주(北周)에 의해 멸망하고 이들의 거주지는 탕주(宕州)

로 편제되었다[673)

「양직공도」 모본별 탕창국 사신 관련 정보

사신도			제기	
고덕겸모본	북송모본	염립본모본	북송모본	장경모본
○	없음	○	○	○

탕창국의 제기는 북송모본의 경우 사신도가 남아있지 않고, 제기도 앞부분의 글자 상당수가 손실되어 일부만을 확인할 수 있는 것이 특징이다. 다만 염립본모본과 고덕겸모본에는 사신도가 남아있으며, 제기 또한 전후 맥락을 고려하여 그 내용을 일부나마 추정할 수 있다. 글자를 확인할 수 있는 구절은 '공방물(貢方物)'로 시작하는데, 『남사』나 장경모본의 제기를 감안하면 아마 탕창왕 양근홀이 처음 공물을 바친 기록이 바로 앞에 이어지고 있었으며, 그 앞에는 탕창국의 간략한 소개로 제기가 시작되었을 것으로 생각된다. 그러나 전체 분량을 알 수 없는 이상 결실된 부분에서 어떤 내용이 있었는지는 단언할 수 없다.

사신도의 경우 염립본모본과 고덕겸모본에서만 확인할 수 있는데 탕창국의 사신은 두건을 쓰고 옷깃이 강조된 의상을 입고 있다. 『양서』에 따르면 탕창의 의복과 풍습은 하남(河南)과 유사하다고 전하며, 하남의 복식은 같은 책에서 남자는 소매가 작은 솜옷(袍), 폭이 좁은 바지를 입었으며 머리가 크고 긴 치마 같은 모자(大頭長裙帽)를 썼다고 한다.[674) 실제 사신도에서 탕창국 사신은 목 뒤에 천이 늘어진 모자를 착용하고 있어 『양서』의 묘사와 대체로 일치한다고 할 수 있다. 이러한 '길고 치마 같은 모자'란 같은 염립본모본의 무흥국(武興國) 사신이 착용한 오조돌기모(烏皁突騎冒)를 칭한 것으로 보기도 한다(안현주, 2020, p.142). 상의의 경우 어깨 부분에 장식과 유사한 모습이 있는데, 이는 오른쪽의 옷깃이 벌어져 있는 모습을 묘사한 것으로 그 끝의 장식은 오른쪽 깃의 여밈을 위한 장식 끈(紐)으로 추정된다(河上麻由子, 2015, p.16; 안현주, 2020. p.142).

---

673) 『주서』 권49 이역상 참조
674) 『양서』 권54 하남국 참조

사신도

고덕겸모본 宕昌國	북송모본	염립본모본 宕昌國
	없음	

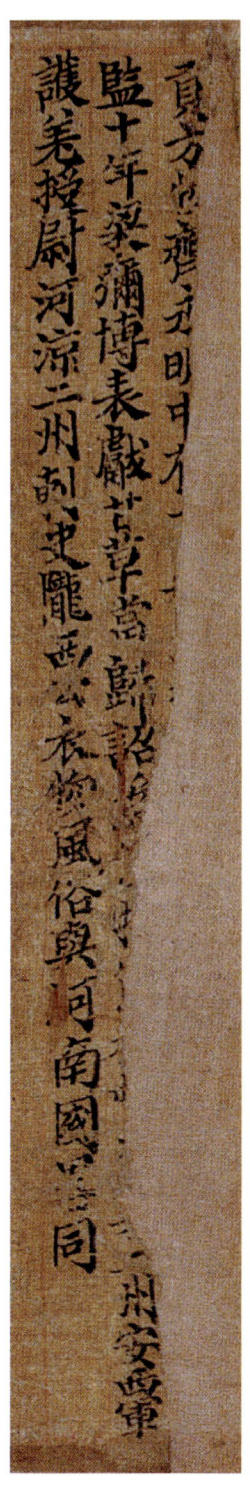

제기

○ 북송모본

1. 원문 및 판독문

…(결락) 貢方▨675)齊永明中有676) …(결락)」監十年梁彌博表獻甘草當歸詔▨677)▨▨▨▨▨▨678)州安西軍」護羌授679)尉河涼二州刺史隴西公衣物風俗與河南國畧680)同

2. 교감문

…(결락)681) 貢方物.682) 齊永明中, 有 …(결락)683) 天684)監十年,

---

675) 澤本·植田, 윤용구「▨」/ 趙燦鵬「物」
676) 澤本·植田, 윤용구「▨」/ 趙燦鵬「有」 글자가 거의 남아있지 않지만, 자획상 '有'로 판독이 가능하다.
677) 澤本·植田「爲」/ 윤용구, 趙燦鵬「▨」
678) 澤本·植田, 趙燦鵬「二」/ 윤용구, 趙燦鵬「▨」
679) 澤本·植田「校」/ 윤용구, 趙燦鵬「授」
680) 澤本·植田, 趙燦鵬「畧」/ 윤용구「略」
681) 宕昌國의 제기는 '貢方物' 앞의 부분이 사신도와 함께 소실되어 정확한 글자 수조차 확인할 수 없다. 趙燦鵬은 결실된 부분을 장경모본과 같이 [宕昌國, 在河南虜東南, 益州之西北, 隴西之地. 其王曰梁氏, 宋孝武世, 有宕昌王梁謹忽, 始]으로 추정하였다(趙燦鵬, 2023, 『南朝梁元帝職貢圖題記釋文校證』, 社會科學文獻出版社, p.21). 혹은 이들 제기와 내용상 유사한 『남사』의 기록을 감안하면 "탕창국은 하남 오랑캐의 동남쪽, 익주의 서북쪽, 농서의 땅에 있다. 송 효무제 시기 탕창왕 양근홀이 있어 처음] 특산물을 바쳤다([宕昌國, 在河南虜東南, 益州之西北, 隴西之地. 宋孝武世, 有宕昌王梁謹忽, 始]貢方物)"나 이와 유사한 문장이 있었을 것으로 볼 수도 있다.
682) 「物」: 판독문「▨」. 장경모본·『양서』에 의거하여「物」로 교감
683) '有' 이하 구절 또한 결실되어 내용을 확인할 수 없다. 길이상 약 15~17자 정도가 있었을 것으로 생각되며, 장경모본 및 이들 제기와 내용상 유사한 『남사』의 기록을 감안하면 "[탕창왕 양미기가] 있었으며, [양미기 사후 미안이 왕으로 섰고 모두 중국으로부터 작호를 받았다. 천]감 10년(有[宕昌王梁彌機, 機死彌顏立, 竝受中國爵號. 天]監十年)"과 유사한 문장이 있었을 것으로 여겨진다. 趙燦鵬은 [宕昌王梁彌機, 機死, 彌顏立, 竝受中國爵號. 天]이 있었을 것으로 추정하였다(趙燦鵬, 2023, 위의 책, p.21).
684) 「天」: 판독문「▨」. 장경모본·『양서』에 의거하여「天」으로 교감

梁彌博表獻甘草·當歸, 詔爲使持節·都督河·涼685)二686)州[諸軍事]687)·安西[將]688)軍·護羌校689)尉·河涼二州刺史·隴西公. 衣物風俗與河南國略690)同.

3. 역주

…(결락) 특산물을 바쳤다. [남]제 영명 연간(483~493)에 …(결락) [천]감 10년(511)에 양미박691)이 표를 올리고692) 감초와 당귀를 바치니, 조를 내려 사지절·도독하·양이주[제군사]·안

---

685) 「爲使持節都督·河涼」: 판독문 「▨▨▨▨▨▨▨▨」, 澤本·植田 「爲使持節都督·河涼」, 윤용구 「….」, 趙燦鵬 「爲使持節都督·河涼」. 해당 부분은 글자를 확인할 수 없지만, 장경모본·『양서』에서 전하는 내용을 감안하면 문맥상 이 부분은 양미박이 책봉을 받은 관작의 이름을 전하는 것이다. 그리고 일부 확인되는 획의 흔적들은 『양서』 등에서 전하는 관작인 「使持節都督·河涼」의 자형과 대체로 부합되므로 澤本·植田 및 趙燦鵬의 견해와 같이 교감

686) 「二」: 판독문 「▨」. 남아있는 자획과 장경모본·『양서』에 의거하여 「二」로 교감

687) [諸軍事]: 판독문에는 '州'와 '安' 사이에 글자가 없으나, 『양서』에 의거하여 [諸軍事]를 추가

688) [將]: 판독문에는 '安'과 '軍' 사이에 글자가 없으나, 『양서』에 의거하여 [將]을 추가. 趙燦鵬은 교감문에는 반영하지 않았으나 『양서』 및 『남사』 등에서 "安西將軍"으로 나타나는 점을 지적하였다(趙燦鵬, 2023, 위의 책, p.23).

689) 「校」: 판독문 「授」. 『양서』에 의거하여 「校」로 교감

690) 「略」: 판독문 「畧」. 『양서』에 의거하여 「略」으로 교감

691) 양미박: 『양서』와 『남사』에서만 그 이름을 확인할 수 있다. 정확한 재위 기간이나 생몰 연도는 전해지지 않으며, 그 아들 彌泰가 즉위하여 대동 7년(541)에 남조로부터 부친의 지위를 제수 받았다고 한다. 『양서』와 『남사』에서는 처음 조공을 바친 梁瓘忽부터 양미박 사이의 탕창의 군주에 대해 기록하지 않았으며, 여타 중국 정사류에서도 탕창의 왕에 대해 특정 기간만을 단편적으로 전하고 있어 그 계보를 분명히 알기 어렵다. 다만 『양서』 무제기에서는 무제 천감 원년(502)에서 제이전이나 타 열전에서는 확인할 수 없는 인물인 行宕昌王 梁彌邕을 安西將軍 河涼二州刺史로 삼고 宕昌王으로 정식으로 봉했다고 전하고 있으며(『梁書』 卷2 本紀2 武帝), 양미박이 처음 조공한 시점은 천감 4년인 505년으로 나타난다("천감10년" 각주 참조). 때문에 양미박은 502년에서 505년 사이에 양미옹의 뒤를 이어 탕창의 왕으로 즉위하였던 것으로 생각된다. 각 사서에서 전하는 탕창국의 군주와 그 계보는 아래와 같다.

사서별 탕창국 군주 계보(*괄호 안은 앞의 군주와의 관계)

사서	계보
『魏書』	梁勤-梁彌忽(孫)-梁虎子(孫)-梁彌治(불명)-梁彌機(子)
『北史』	梁勤-梁彌忽(孫)-梁彪子(孫)-梁彌治(불명)-梁彌機(子)
『周書』	梁勤-梁彌忽(孫)-梁企定(9世)-梁彌定(弟)
『梁書』	梁瓘忽-梁彌博(불명)-梁彌泰(子)
『梁書』武帝紀	梁彌邕
『南史』	梁瓘忽-梁彌博(불명)-梁彌泰(子)
『南齊書』	梁彌機-梁彌頡(불명)-梁彌承(불명)

692) 표를 올리고: 북송모본은 이때 공물과 더불어 표를 올렸다고 하였지만, 장경모본이나 『양서』등의 사서에서

서[장]군·호강교위[693]·하·양이주자사·농서공으로 [삼았다].[694] 의복과 물품, 풍속은 하남국과 대략 같다.[695]

○ 장경모본

1. 교감문

宕昌國, 在河南虜東南, 益州之西北, 隴西之地. 其王曰梁氏, 宋孝武世, 有宕昌王梁謹忽, 始獻方物. 齊永明中, 宕昌王梁彌機, 機死彌顏立, 竝受中國爵號. 天監十年, 獻甘草·當歸, 詔以爲使持節·都督河涼二州刺史·隴西公. 其風俗衣服與河南仝.

2. 역주

탕창국은 하남 오랑캐의 동남쪽, 익주의 서북, 농서의 땅에 있다. 그 왕은 양씨로 [유]송 효무[제] 시기에 탕창왕 양근홀이 있었는데 처음으로 특산물을 바쳤다. [남]제 영명 연간(483~493)에 탕창왕 양미기가 [있었는데], [양미]기가 죽으니 [양]미안[696]이 [왕으로] 섰으며, 모두 중국으로부터 작호를 받았다. 천감 10년(511)에 감초와 당귀를 바치니 조를 내려 사지절·도독하양이주자사·농서공으로 삼았다. 그 풍속과 의복은 하남과 같다.

는 확인할 수 없는 내용이다. 이는 북송모본의 독자적인 정보일 수도 있고, 趙燦鵬의 견해처럼 북송모본의 '表'가 '來'의 誤記인 것으로 볼 수도 있다(趙燦鵬, 2014, 『梁書諸夷傳異文比勘』, 齊魯書社, p.157).

693) 호강교위: 장경모본과 『양서』에 따르면 이때 양미박이 수여받은 관직은 東羌校尉로 호강교위는 誤記로 생각된다. 『後漢書』 백관지에 따르면 호강교위는 比二千石의 관직이자 西羌을 관할하는 교위로(『後漢書』 卷118 志28 百官5) 서진 시기까지 수여 사례가 확인된다.

694) 천감 10년…삼았다: 『양서』와 『남사』에 따르면 탕창왕 양미박이 감초와 당귀를 바친 것은 천감 4년(505)의 사실이다. 『양서』에서는 이때 수여받은 지위도 使持節·都督·河涼二州諸軍事·安西將軍·東羌校尉·河涼二州刺史·隴西公·宕昌王으로 기록하여 본문과는 차이가 있다. 천감 10년은 4년의 오류로 추정된다. 『양서』 무제기에 따르면 천감 10년에도 탕창국에서 사신을 보내 특산물을 바쳤다는 기록이 있기 때문에(『양서』 권2 무제기中 천감 10년, "宕昌國遣使獻方物") 이로 인한 착오일 수 있다.

695) 의복과…대략 같다: 『양서』 권54 하남국조는 그 의복과 풍속을 "…(중략) 여자들은 머리카락을 나누어 땋는다(其地有麥無穀 有青海方數百里 放牝馬其側 輒生駒 土人謂之龍種 故其國多善馬 有屋宇 雜以百子帳 卽穹廬也 著小袖袍 小口袴 大頭長裙帽 女子披髮爲辮)"라고 전한다.

696) [양]미안: 『양서』 및 『남제서』 등의 사료에서 梁彌顏이라는 이름은 확인할 수 없지만, 『남제서』에서 전해지는 梁彌機의 뒤를 이은 梁彌頡과 같은 인물로 여겨진다.

참고자료

○『공괴집』 권75 탕창국

탕창국은 서강(西羌)의 종족이다. 천감 4년(505)에 그 왕 양미박이 와서 감초·당귀를 바쳤다.[697]

○『남제서』 권59 탕창강

탕창은 강의 한 종족이다. 각 [집단들은] 각자 추호(酋豪)가 있어, 견수(汧水)와 농산(隴山) 사이에서 그 부중(部衆)을 거느렸다. [유]송 말기에 사지절·[도]독 하양이주[제군사]·안서장군·동강교위·하양이주자사·농서공으로 삼았다. 건원 원년(479)에 태조(太祖)는 [양미기를] 진서장군(鎭西將軍)으로 승진시켰다. 또 정로장군(征虜將軍)·서양주자사(西涼州刺史)·강왕(羌王) 상서팽(像舒彭) 역시 지절(持節)·평서장군(平西將軍)으로 삼았다. 후에 [양미기와 성서팽이] 배반하여 [북위의 오랑캐(虜)]에게 항복하였다. 영명(永明) 원년(483)에 [상서성의] 팔좌(八座)가 이전의 사지절·도독하·양이주[제]군사·진서장군·동강교위·하·양이주자사·농서공·탕창왕 양미기와 이전의 사지절·평북장군·서양주자사·강왕·상서팽이 모두 서쪽의 변방에서 열심히 일하였고 변경을 안정시켰으므로 다시 예전의 관작을 복직시킬만 하다고 상주하였다. 또 조서를 내려 농우의 도수(都帥) 강왕 유낙양(劉洛羊)을 보국장군(輔國將軍)으로 삼았다. [양미]기가 죽었다. [영명] 3년(485)에 조서를 내려 다음과 같이 말하였다. "탕창왕 대행 양미힐(梁彌頡)은 충성스런 마음으로 귀부하고 서쪽 변경에서 업적이 두드려졌으므로, 이에 마땅히 관작을 덧붙여 주어 번병을 존중하는 제도에 따라 [양미힐을] 사지절 [도]독하양이주제군사 안서장군 동강교위 하양이주자사 농서공 탕창왕에 임명한다" 후에 [양미]힐이 죽었다. [영명] 6년(488)에 탕창왕 대행인 양미승(梁彌承)을 사지절·[도]독하양이주제군사·안서장군·동강교위·하양이주자사·탕창왕에 임명하였다. [탕창이] 사자를 보내 군사의 의례에 대한 기술자들과 여러 책들을 구하였다. 이에 조서를 내려 답하여 말하였다. "[짐은 그대

---

697) "宕昌國, 西羌種. 天監四年, 其王梁彌博, 來獻甘草當歸."

들이] 군사의 의례 등 아홉 가지 종류의 책을 필요로 하는 것을 알겠노라. 이들은 모두 [짐이 특별히] 아까워하는 것들은 아니다. 다만 병장기의 종류가 매우 많아서 그것을 보내기는 쉽지 않고, [나라] 안에 있는 기공(技工)들도 먼 곳에 가는 것은 견디지 못할 것이다. 또 비각(祕閣)에 있는 그림과 책은 법률에 따르면 밖으로 가지고 나갈 수 없다. [대신] 지금 특별히 왕에게 『오경집주』와 『논[어]』를 각각 한 부씩 하사한다" [탕창의] 풍속은 호랑이 가죽을 중시하였는데, 이것을 장례에 사용하였고 나라 안에서 [호랑이 가죽을] 화폐로 사용하였다.[698]

○ 『양서』 권54 탕창국

탕창국은 하남국(河南國)의 동남쪽, 익주(益州)의 서북쪽, 농서(隴西)의 서쪽에 있으며, 강(羌)의 종족이다. [유]송 효무[제] 시기에 그 왕 양관총(梁瓘怱)이 처음 특산물을 바쳤다. 천감 4년(505)에 왕 양미박이 와서 감초와 당귀를 바치니, 조(詔)를 내려 사지절·도독하양이주제군사·안서장군·동강교위·하양이주자사·농서공·탕창왕으로 삼고, 금장(金章)을 차게 하였다. [양]미박이 죽고, 아들 [양]미태가 섰다. 대동 7년(541)에 다시 부친의 작위를 수여하였다. 그 의복과 풍속은 하남과 대략 같다.[699]

○ 『남사』 권79 탕창국

탕창국은 하남국의 동쪽, 익주의 서북, 농서의 땅에 있다. [서]강의 종족으로 [유]송 효무[제] 시기에 그 왕 양근홀이 처음으로 특산물을 바쳤다. [양] 천감 4년(505)에 왕 양미박이 와

---

698) "宕昌, 羌種也. 各有酋豪, 領部衆汧, 隴間. 宋末, 宕昌王梁彌機為使持節, 督河涼二州, 安西將軍, 東羌校尉, 河涼二州刺史, 隴西公. 建元元年, 太祖進號鎭西將軍. 又征虜將軍, 西涼州刺史羌王像舒彭亦進為持節, 平西將軍. 後叛降[虜]. 永明元年, 八座奏, 前使持節, 都督河涼二州, 鎭西將軍, 東羌校尉, 河涼二州刺史, 隴西公, 宕昌王梁彌機, 前使持節, 平北將軍, 西涼州刺史, 羌王像舒彭, 竝著勤西垂, 寧安邊境, 可復先官爵. 詔又可以隴右都帥羌王劉洛羊為輔國將軍. 機卒. 三年, 詔曰, 行宕昌王梁彌頡, 忠款內附, 著績西服, 宜加爵命, 式隆蕃屛. 可使持節, 督河涼二州諸軍事, 安西將軍, 東羌校尉, 河涼二州刺史, 隴西公, 宕昌王. 頡卒. 六年, 以行宕昌王梁彌承為使持節, 督河涼二州諸軍事, 安西將軍, 東羌校尉, 河涼二州刺史, 宕昌王. 使求軍儀及伎雜書, 詔報曰, 知須軍儀等九種, 竝非所愛. 但軍器種甚多, 致之未易. 內伎不堪涉遠. 祕閣圖書, 例不外出. 五經集注, 論[語], 今特敕賜王各一部. 俗重虎皮, 以之送死, 國中以為貨."
699) 宕昌國, 在河南之東南, 益州之西北, 隴西之西, 羌種也. 宋孝武世, 其王梁瓘忽始獻方物. 天監四年, 王梁彌博來獻甘草當歸, 詔以為使持節·都督·河涼二州諸軍事·安西將軍·東羌校尉·河涼二州刺史·隴西公·宕昌王, 佩以金章. 彌博死, 子彌泰立. 大同七年, 復授以父爵位.其衣服風俗與河南略同.

서 감초와 당귀를 바치니, 조를 내려 사지절·도독하양이주제군사·안서장군·동강교위·하양이주자사·농서공·탕창왕으로 삼고, 금장(金章)을 차게 하였다. [양]미박이 죽고, 아들 [양]미태가 [왕으로] 섰다. 대동 7년(541)에 다시 책(策)을 내려 부친의 작위를 수여하였다. 그 의복과 풍속은 하남과 대략 같다.[700]

[이종록]

---

700) 宕昌國, 在河南之東南, 益州之西北, 隴西之西, 羌種也. 宋孝武世, 其王梁瑾忽始獻方物. 天監四年, 王梁彌博來獻甘草當歸, 詔以爲使持節·都督·河涼二州諸軍事·安西將軍·東羌校尉·河涼二州刺史·隴西公·宕昌王, 佩以金章. 彌博死, 子彌泰立. 大同七年, 復授以父爵位. 其衣服風俗與河南略同.

낭아수국(狼牙脩國)

개요

낭아수국의 사신 그림은 현전하는 「양직공도」의 여러 모본에 모두 전한다. 사신의 모습은 검은 피부에 곱슬머리를 하고 있다. 의복은 어깨와 허리를 중심으로 천을 여러 번 돌려서 두른 형상이다. 『양서』와 「양직공도」에는 "웃통을 벗고 머리는 풀어 헤치며 목면(古貝)을 두른다"고 하였는데, 사신도의 그림과 대체로 일치한다. 그리고 그 기록을 통해 몸에 두른 천이 목면(古貝)임을 알 수 있다. 사신도의 그림에는 귀걸이와 목걸이뿐만 아니라 손목과 발목에도 장신구를 착용하였다. 이 부분 또한 "금귀걸이를 한다"는 내용과 일치한다. 그러나 기록에는 "귀족과 신하들은 짚신을 신고 허리에 금줄을 두른다"고 하였는데, 사신도는 맨발이며 허리의 금줄도 확인되지 않는다.

제기는 북송모본에만 있고, 장경모본에는 없다. 북송모본의 제기는 198자로 쓰여 있는데 대체로 『양서』 제이전 해남제국 낭아수국조와 같고, 그것이 조금 압축된 내용이다. 낭아수국의 위치, 기후, 물산, 복식, 건축, 왕의 행차, 역사, 양나라와의 통교 등의 내용으로 구성되어 있다.

「양직공도」 모본별 낭아수국 관련 정보

사신도			제기	
고덕겸모본	북송모본	염립본모본	북송모본	장경모본
○	○	○	○	없음

낭아수의 본토 발음은 '랑카수카(Langasuka)'이다. 산스크리트어로 'Langkha'는 "빛나는 땅"이라는 의미이고, 'Sukkha'는 "천복(天福)" 또는 "지복(地福)"의 뜻이다. 고대 동남아시아의 인도화 된 하나의 나라이다. 「양직공도」 및 『양서』 단계에서 중국 문헌에 처음 수록되어 『신당서』까지 정사류(正史類)에는 모두 '낭아수(狼牙修)'로 표기되었다. 그밖에 여러 지리지 및 불전 등 17세기 전반의 문헌까지 나타나는데, 능가수(棱伽修)·가마낭가(迦摩浪迦)·낭가수(郞迦戍)·낭서가(狼西加) 등으로 다양하게 확인된다. 특히 7세기 인도로 가는 구법승들의 행적에 자주 등장하여, 그 시기 바닷길의 중요한 기착지였음을 알 수 있다.

낭아수국이 있던 말레이반도에서는 기원전 5세기 무렵부터 철기문화를 바탕으로 수장층이 형성되어 있었다. 그리고 그곳에 이미 고도로 발달한 문명 및 국가체제를 가진 인도 사람들이 금을 구하러 오고, 현지 사람들은 철기·면직물·유리 등의 공예품을 원하면서 교역이 시작되었다고 본다. 인도 상인들은 금의 확보를 위해 더 동쪽으로 항해하여 마침내 중국에 진출하기에 이르렀고 번우(番禹, 오늘날의 중국 광저우 일대)와 합포(合浦, 오늘날의 중국 광시좡족자치구 일대)를 비롯한 중국 해안가는 바닷길을 통한 국제 무역의 최전선으로 자리 잡는다. 이때 낭아수는 중간 기착지로 더욱 번성하는데, 지역 수장은 이를 통제하며 이권을 가졌다. 낭아수는 이러한 해양무역의 등장 및 발달로 인해 1세기 무렵에 형성된 왕국으로, 항시국가(港市國家) 또는 항구도시국가로 여겨진다. 낭아수의 쇠퇴는 퇴적으로 인한 항구의 지형 변화, 장거리 항해의 발달, 이웃한 해상왕국 스리비자야(말레이반도 남부, 수마트라, 자바섬)의 성장으로 인해 8세기 이후에는 잘 포착되지 않는다(권오영, 2017).

사신도

| 고덕겸모본
狼牙修國 | 북송모본
狼牙修國使 | 염립본모본
狼牙脩 |

낭아수국(狼牙脩國) 307

제기

○ 북송모본

1. 원문 및 판독문

狼牙脩國使」狼牙脩在南海中去廣州二万701)一702)千里國界東西三十日行南北二十日行土」氣恒暖草木常榮無雪霜多金銀婆律沉703)香男女悉祖而被髮」古貝繞身國王以雲霞布覆▨704)貴臣705)着草屐706)膏707)帶金繩耳着」金鐶女子被布加以纓絡708)壘709)塼爲城重門樓閣閣有三層王行駕象」有幡毦旂710)鼓罩白711)盖兵衛甚712)設國人說自初立國四百餘年後胤」衰弱王族

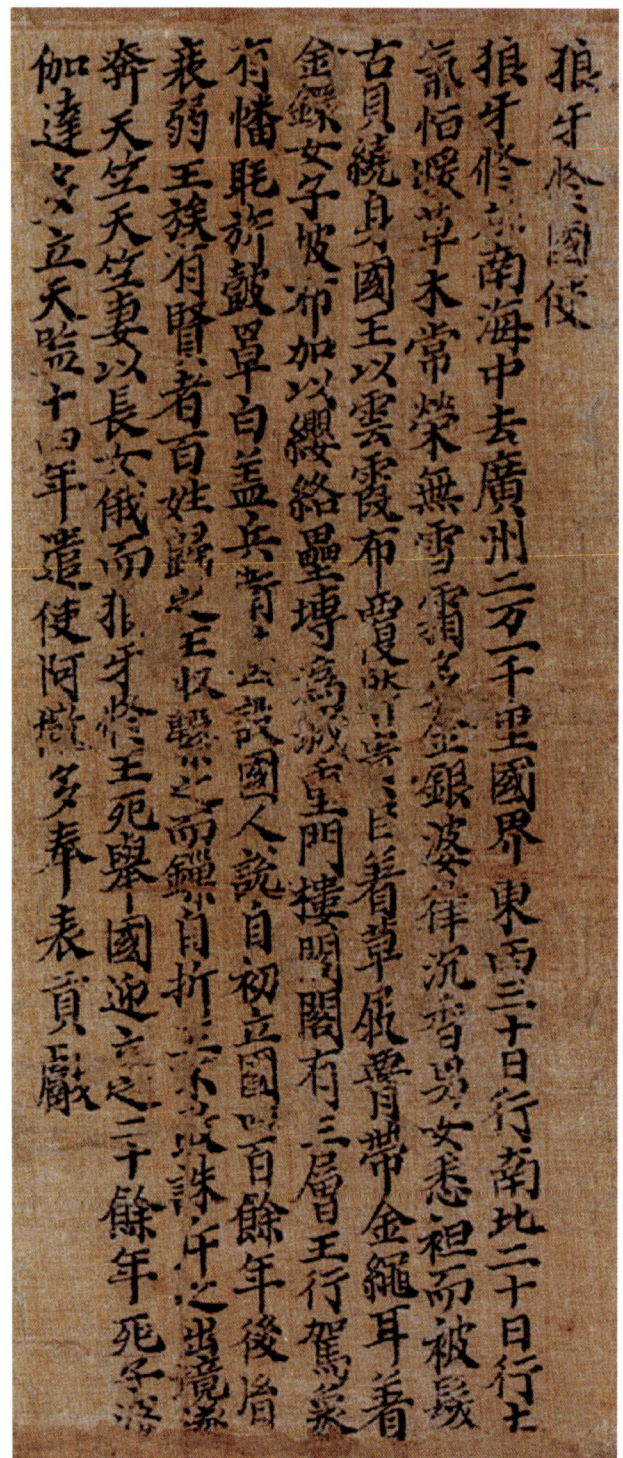

---

701) 澤本·植田「万」/ 윤용구「萬」
702) 澤本·植田「一」/ 윤용구「四」
703) 澤本·植田「沉」/ 윤용구「沈」
704) 澤本·植田「躰胛」/ 윤용구「臂」
705) 澤本·植田「貴臣」/ 윤용구「▨▨▨」
706) 澤本·植田「履」/ 윤용구「屐」
707) 澤本·植田「腰」/ 윤용구「▨」
708) 澤本·植田「纓絡」/ 윤용구「瓔珞」
709) 澤本·植田「壘」/ 윤용구「疊」
710) 澤本·植田「旂」/ 윤용구「旗」
711) 澤本·植田 [白(臺)]/ 윤용구「白」
712) 澤本·植田, 윤용구「甚」

有賢者百姓歸之王收繫713)之而鏁自折王不敢誅斥之出境遂」奔天竺天竺妻以長女俄而狼牙修王死 擧國迎立之二十餘年死子婆」伽達多立天監十四年遣使阿撒714)多奉表貢獻」

2. 교감문

狼牙修國使. 狼牙修,715) 在716)南海中. 去717)廣州二万一千718)里. 國界719)東西三十日行, 南北二十日行. 土氣恒暖, 草木常榮, 無雪霜. 多金銀婆律沉香720). 男女悉721)祖而被髮, 古貝722)繞身.723) 國王以雲霞布覆躰.724) 貴臣着草屐, 腰725)帶金繩, 耳着金鐶. 女子被布, 加以瓔絡.726) 壘727)塼爲城重門樓閣, 閣有三層. 王行駕728)象, 有幡毦旗鼓, 罩白蓋, 兵衛729)甚730)

---

713) 澤本·植田「繫」/ 윤용구「▨」
714) 澤本·植田「撒」/ 윤용구「撒」
715) 「修」: 판독문「修」『梁書』『南史』에는「脩」
716) 「在」: 판독문「在」, 『梁書』『南史』『공괴집』에 의거하여「在」로 교감
717) 「去」: 판독문「去」『南史』『太平寰宇記』『通志』『通考』에는「北去」
718) 「一千」: 판독문「一千」『梁書』『南史』『冊府元龜』『공괴집』에는「四千」
719) 「國界」: 판독문「國界」『梁書』『南史』에는「其界」
720) 「婆律沉香」: 판독문「婆律沉香」『梁書』에는「筱婆沉香」『南史』『太平寰宇記』『冊府元龜』『通典』『通志』에는「棧沉婆律香」
721) 「悉」: 판독문「悉」『梁書』『南史』에는「皆」
722) 「古貝」: 판독문「古貝」『通志』『通考』에는「吉貝」『通典』『太平寰宇記』에는「古貝布」
723) 「繞身」: 판독문「繞身」『梁書』에는「爲干縵」『南史』『通典』『通志』『通考』에는「爲干漫」『冊府元龜』에는「爲干鏝」
724) 「躰」: 판독문「▨」『梁書』『南史』「胛」『通志』『通考』『太平寰宇記』「髀」『冊府元龜』「脾」, 趙燦鵬「躰」「躰」로 교감
725) 「腰」: 판독문「胥」『梁書』『南史』에는「絡」
726) 「瓔絡」: 판독문「瓔絡」『梁書』『南史』에는「瓔珞」
727) 「壘」: 판독문「壘」『梁書』『南史』에는「累」
728) 「行駕」: 판독문「行駕」『梁書』에는「出乘」
729) 「衛」: 판독문「衛」『梁書』『南史』에 의거하여「衛」로 교감
730) 「甚」: 판독문「甚」『梁書』『南史』에 의거하여「甚」으로 교감

設.⁷³¹⁾ 國人說, 自初立國⁷³²⁾四百餘年, 後胤⁷³³⁾衰弱. 王族有賢者, 百姓⁷³⁴⁾歸之, 王收繫之, 而鏁⁷³⁵⁾自折.⁷³⁶⁾ 王不敢誅, 斥之出境, 遂奔天竺, 天竺妻以長女. 俄而狼牙修王⁷³⁷⁾死, 擧國迎立之. 二十餘年死, 子婆伽達多立. 天監十四年, 遣使阿撤⁷³⁸⁾多, 奉表貢獻.

3. 역주

낭아수국⁷³⁹⁾ 사신. 낭아수는 남쪽 바다에 있다.⁷⁴⁰⁾ 광주에서 2만 1,000리 떨어져 있다. 그 나라의 경계는 동서로 30일, 남북으로 20일 거리이다. 기후가 항상 따뜻하여 초목이 늘 번성하고 눈과 서리는 내리지 않는다. 금은과 파율침향⁷⁴¹⁾이 많이 난다. 남녀 모두 웃옷을 벗

---

731) 「設」: 판독문 「設」『南史』『通考』에는 「嚴」
732) 「自初立國」: 판독문 「自初立國」『梁書』에는 「立國以來」
733) 「胤」: 판독문 「胤」『梁書』『南史』에는 「嗣」
734) 「百姓」: 판독문 「百姓」『梁書』『南史』에는 「國人」
735) 「鏁」: 판독문 「鏁」『南史』「鎖」
736) 「折」: 판독문 「折」『梁書』『南史』에는 「斷」
737) 「狼牙修王」: 판독문 「狼牙修王」『梁書』『南史』에는 「狼牙王」
738) 「撤」: 판독문 「𠫊」. 傅欽甫本,『梁書』『南史』에 의거하여 「撤」로 교감
739) 『양서』 본기에 수록된 낭아수국의 사신 파견 기록은 총 3건이다(天監 14년(515) 9월 癸亥, "狼牙脩國遣使獻方物"; 普通 4년(523) 12월 戊午, "狼牙脩國遣使獻方物."; 中大通 3년(531) 9월 戊寅, "狼牙脩國奉表獻方物.")
740) 낭아수는…있다: 낭아수국의 위치에 대해서는 20세기 전반부터 논의되었다. 논의의 핵심은 말레이반도의 동안인가 서안인가 하는 점이다. 말레이반도 동안설은 오늘날의 태국 남부와 말레이시아 북부의 국경 일대를 주목한다. 반면, 말레이반도의 서안설은 오늘날의 케다(Kedah) 지역에 비정한다. 사료의 전반적인 맥락은 말레이반도의 동쪽 부분으로 기술된 경우가 많아 동안설 더욱 우세하다. 그러나 양직공도와 『양서』에서 동서로 30일, 남북으로 20일 거리라는 문구를 통해서 볼 때, 말레이반도 동안에서 남북으로 길게 위치히기보다 서안을 포함하였다고 봄이 합리적이다. 따라서 말레이반도 동쪽의 파따니(Pattani)를 중심으로 하여 그 동쪽과 동북 지역, 그리고 말레이반도 서쪽의 케다주에 이르는 지역까지 포괄하였다고 파악한다(동북아역사재단 편, 2010,『南齊書·梁書·南史 外國傳 譯註』, 동북아역사재단, pp.182~183; 권오영, 2017,「狼牙修國과 海南諸國의 세계」『백제학보』 20, pp.222~225).
741) 파율침향: 『양서』에는 잔침파율향(箋沉婆律香)으로 쓰였다. 침향(沉香)은 쌍떡잎식물 도금양목 팥꽃나무과의 상록교목이다. 나무를 베어 땅속에 묻어 썩혀서 침향을 만들거나, 나무에 상처를 내어 흘러나오는 진으로 침향을 만들기도 한다. 침향은 물에 두면 가라앉기 때문에 沈水라고도 하고, 반만 잠기는 것을 棧香이라 한다. 인도와 동남아시아에 분포하며, 귀한 향 중 하나로 애용되었다.

고 머리는 풀어 헤치며, 목면(古貝)742)을 몸에 두른다. 그 나라 국왕은 운하포(雲霞布)743)를 몸에 걸친다. 귀족과 신하들은 짚신(草履)을 신고, 허리에 금으로 된 줄을 두르며 금귀걸이를 한다. 여자는 베로 만든 옷을 입고 구슬을 꿰어 만든 목걸이를 더한다. 벽돌을 겹겹이 쌓아 성·중문·누각을 만드는데,744) 그 누각은 삼층이다. 왕은 행차할 때 코끼리를 타고, 번(幡)·삭모(眊)·기(旂)를 들게 하고 북을 치게 하며, 흰색 덮개를 치고, 근위병을 많이 배치한다. 나라 사람들이 말하기를, "나라가 처음 선 뒤745) 400년 정도 지나 [왕실] 후손이 쇠약해졌다. 왕족 중에 어진 이가 있어 백성이 그를 따르니, 왕이 그를 잡아 가두었는데 쇠사슬이 저절로 끊어졌다. 왕이 감히 죽이지는 못하고 국경 밖으로 쫓아내니 그는 마침내 천축으로 달아났고, 천축[왕]이 장녀를 그의 처로 하였다. 얼마 뒤 낭아수의 왕이 죽자 나라 사람들이 그를 맞아 왕으로 세웠다. 20년 정도 지나 그 왕이 죽자, 아들 파가달다가 왕이 되었다"라고 한다. 천감 14년(515)에 아철다를 사신으로 보내 표를 올리고 공물을 바쳤다.746)

---

742) 목면(古貝): '吉貝'로도 쓰며, 목화와 그것으로 만든 목면을 말한다. 길패에 대해서는 『양서』 林邑國傳에 자세히 소개되어 있다.

743) 운하포(雲霞布): 운하는 꽃구름처럼 곱고 아름다운 무늬 또는 그와 같은 화려한 문채를 비유하는 말이다. 따라서 운하포는 화려한 무늬가 수놓아져 있는 천을 말하는 것으로 판단된다.

744) 벽돌을 쌓아(壘塼): 낭아수의 대표 유적으로 꼽히는 야랑(Yarang) 일대에는 벽돌을 쌓아 만든 건물이 많이 확인된다. 야랑은 파따니에서 남쪽으로 15km 정도 떨어져 있는데, 그중 반왓(Ban Wat)이란 지점에 유적이 집중되어 있고 운하의 밀도 또한 높다고 한다. 발굴 조사 결과 이중 성벽과 해자 유적인 넓은 방형 구획과 벽돌로 만든 건물 및 스투파가 여러 채 발견되었다고 한다(권오영, 2017, 위의 논문, pp.226~227).

745) 나라가 처음 서고(自初立國): 뒤에 이어지는 내용, 즉 "400년 정도 지나 후손이 쇠약해지고 어진 이가 나와 왕을 하고 그의 아들 때인 515년에 사신을 보냈다" 하므로, 낭아수국의 건국 연대는 1세기 후반 무렵으로 판단된다.

746) 표를…바쳤다: 『양직공도』에는 이후 상표문이 실려 있지 않지만, 『양서』에는 수록되어 있다. 낭아수의 상표문이 직공도에서 빠진 이유는 유독 문장이 길어서 삭제하여 다른 나라들과 분량(줄 수)을 비슷하게 한 것이라 추정한다(新川登龜男, 2014, 「『梁職貢図』と『梁書』諸夷伝の上表文-仏教東伝の準備的考察-」, 『梁職貢図と東部ユーラシア世界』, 勉誠出版, p.178). 한편, 낭아수국의 상표문은 『송서』에 수록된 원가(元嘉) 13년(436) 가라단국(呵羅單國, 양직공도와 『양서』에서는 呵跋檀國)의 상표문과 문장이 거의 같다. 낭아수국만이 아니라 중천축, 파리국, 우시리국, 사자국 등 해남제국의 상표문이 모두 앞의 『양서』와 『남제서』에 수록된 상표문을 그대로 전사(傳寫)하거나 참조하여 쓴 문장이다. 그리고 불교적 용어가 많고 불교를 활용하여 중국 왕조와 황제를 칭송하는 내용이 대부분이다. 따라서 낭아수국을 비롯한 그들 나라가 직접 상표문을 써 왔다고 할 수 없다. 상표문 작성에 대해서는 양(梁) 무제가 불교를 좋아하는 성향에 맞추어 불교적 색채가 농후하게 작성하였고 양에 있는 부남의 승려와 같은 사람에게 의뢰한 것으로 추정하거나(河上麻由子, 2011, 『古代アジア世界の対外交渉と仏教』, 山川出版社, pp.75~84), 송·제 때에 이어 지속적으로 불교가 전해지는 흐름[東傳]에서 상표문 또한 한역(漢譯) 경전을 활용하여 작성되고 광주(廣州) 등의 지방 관사에서 쓰인 것으로 보기도 한다(新川登龜男, 2014, 위의 논문, pp.189~195).

○ 장경모본

없음

참고자료

○ 『공괴집』 권75 낭아수국

낭아수국은 남쪽 바다에 있다. 광주에서 2만 4,000리 떨어져 있다. 천감 14년(515)에 사신 아살다(阿撒多)를 보내 표문을 바쳤다.[747]

○ 『양서』 권54 낭아수국

낭아수국은 남쪽 바다에 있다. 그 나라의 경계는 동서 30일, 남북 20일 거리이며, 광주에서 2만 4,000리 떨어져 있다. 땅의 기운과 물산 등은 부남(扶南)과 대략 같으나, 잔침파율향(篯沉婆律香) 등이 더 많다. 그 풍속은 남녀 모두 웃통을 벗고 머리카락을 풀어 헤친 채 목면(古貝)으로 만든 간만(幹縵)을 입는다. 왕과 신분이 높은 신하는 운하포(雲霞布)를 더하여 어깨를 덮고, 금으로 만든 줄로 띠를 만들며, 금귀걸이를 한다. 여자는 포를 두르고, 영락(瓔珞)을 몸에 두른다. 그 나라는 벽돌을 쌓아 성과 궁궐의 문 및 누각을 만든다. 왕은 외출할 때 코끼리를 타며, 번(幡)·삭모(毦)·기(旗)를 들고 북을 친다. [왕의 머리] 위로 우산 모양의 하얀 덮개를 덮고, 근위병을 많이 배치하여 경호가 삼엄하다. 나라 사람들의 말에 따르면, 나라가 서고 400년이 지나 왕실의 후손이 쇠약해지자, 왕족 중에 현명한 이가 있어 나라 사람들이 그를 따랐다. 왕이 그 사실을 알고 그 왕족을 잡아 가두었는데, 쇠사슬이 저절로 끊어졌다. 왕이 신이하게 여겨 감히 해치지 못하고 마침내 국경 바깥으로 쫓아내었다. 그는 도망가 천축(天竺)으로 들어가니, 천축의 왕은 장녀를 주어 처로 삼게 하였다. 얼마 뒤 낭아 왕이 죽자, 대신들이 맞아들여 왕으로 삼았다. 20여 년 뒤에 왕이 죽고, 아들 파가달다(婆伽達多)가 왕이 되

---
747) "狼牙脩國在南海中. 去廣州二萬四千里. 天監十四年, 遣使阿撒多奉表."

었다. 천감 14년(515) 사신 아살다(阿撒多)를 보내 표를 받들어 말하기를, "대길천자(大吉天子) 족하! 음란한 자들과 어리석은 자들을 꾸짖어 내치시고 중생을 아끼신다 하니, 자비로운 마음이 한량없습니다. 단정 장엄하여 상호(相好)를 갖추셨으며, 몸에서 나는 빛은 명랑하기가 물속의 달과 같아 시방(十方)에 두루 비친다고 들었습니다. 미간에 있는 백호(白毫)는 그 하얀 색이 흰눈과 같고 빛깔의 밝음은 달빛과 같다고 들었습니다. 제천(諸天)의 선신이 공양을 받게 하시어, 참된 법보가 베풀어지게 하시니, 불법을 실천하는 무리가 늘어나고 도읍은 장엄하게 되었다고 들었습니다. 성과 누각의 높이가 건타산(乾陀山)과 같고, 누관이 그물처럼 줄지어 서 있고, 도로는 평탄하고 바르다고 하였습니다. 인민이 가득하고 즐겁고 편안한 생활을 누린다고 들었습니다. 가지각색의 옷을 입음이 마치 하늘의 옷과 같다고 들었습니다. 모든 나라 중에 가장 존귀하십니다. 천왕께서 백성을 아끼시니, 인민이 안락한 생활을 누립니다. 자비심이 깊고 넓으면서도 계율과 의식을 준수함이 청정하시며, 참된 불법으로 백성을 교화하시고 삼보(三寶)를 공양하시니, 그 이름이 널리 퍼져 세계를 채웁니다. 백성이 왕을 즐거이 뵙는 것이 마치 달이 처음 나는 것을 보는 듯합니다. 범왕(梵王)과 같이 세계의 주인으로 인간 세상과 하늘 모두 귀의하지 않는 자가 없습니다. 대길천자 족하께 공경의 예를 올리기를, 마치 앞에 있는 것과 같이합니다. 선업을 받들어 기쁘고 좋은 일이 무량하소서. 지금 사신을 보내 큰 뜻을 여쭙니다. 직접 가고자 하였으나, 대해의 풍파로 이르지 못할까 두려웠습니다. 여기 미미한 것을 받들어 바치오니, 대가(大家)께서 곡진히 받아들이기를 바랍니다"라고 하였다.[748)]

[전진국]

---

748) 狼牙脩國, 在南海中. 其界東西三十日行, 南北二十日行, 去廣州二萬四千裏. 土氣物產, 與扶南略同, 偏多檳榔沉婆律香等. 其俗男女皆袒而被髮, 以古貝爲幹縵. 其王及貴臣乃加雲霞布覆胛, 以金繩爲絡帶, 金鐶貫耳. 女子則被布, 以瓔珞繞身. 其國累塼爲城, 重門樓閣. 王出乘象, 有幡毦旗鼓, 罩白蓋, 兵衛甚設. 國人說, 立國以來四百餘年, 後嗣衰弱, 王族有賢者, 國人歸之. 王聞知, 乃加囚執, 其鎖無故自斷, 王以爲神, 因不敢害, 乃斥逐出境, 遂奔天竺, 天竺妻以長女. 俄而狼牙王死, 大臣迎還為王. 二十餘年死, 子婆伽達多立. 天監十四年, 遣使阿撒多奉表曰, 大吉天子足下, 離淫怒癡, 哀湣眾生, 慈心無量. 端嚴相好, 身光明朗, 如水中月, 普照十方. 眉間白毫, 其白如雪, 其色照曜, 亦如月光. 諸天善神之所供養, 以垂正法寶, 梵行眾增, 莊嚴都邑. 城閣高峻, 如乾陀山. 樓觀羅列, 道途平正. 人民熾盛, 快樂安穩. 著種種衣, 猶如天服. 於一切國, 為極尊勝. 天王濟念群生, 民人安樂, 慈心深廣, 律儀清淨, 正法化治, 供養三寶, 名稱宣揚, 布滿世界, 百姓樂見, 如月初生. 譬如梵王, 世界之主, 人天一切, 莫不歸依. 敬禮大吉天子足下, 猶如現前, 忝承先業, 慶嘉無量. 今遣使問訊大意. 欲自往, 復畏大海風波不達. 今奉薄獻, 願大家曲垂領納.

등지국(鄧至國)

개요

    등지국은 서량주(西涼州)의 경계에 있으며 그 땅은 정가(亭街)의 동쪽, 평무(平武)의 서쪽, 문령(汶嶺)의 북쪽, 탕창의 남쪽 지역으로 전한다. 이에 따르면, 등지국은 오늘날 중국 쓰촨성(四川省) 북부 일대에 해당한다. 그리고 도성인 등지성(鄧至城)은 쓰촨성 주자이거우현(九寨溝縣)의 서쪽에 있었다.

    등지국의 위치나 기원, 중국 북조·남조와 교섭에 관한 내용은 『양서』·『위서』·『주서』 외국열전 등의 문헌에서 비교적 상세히 기록되어 있다. 등지국은 강족(羌族)의 별종으로, 백수강(白水羌)으로도 불리며 스스로 등지강(鄧至羌)을 칭하기도 하였다. 등지국은 추수(酋帥) 상서치가 왕을 칭한 이래 상굴탐·상서팽 등이 중국 왕조로부터 작호를 받았으며, 11대 왕인 상첨항까지 이어졌다. 서위(西魏) 공제(恭帝) 원년(554)에 11대 왕인 상첨항이 서위(西魏)로 도망쳐 오자 우문태(이후 北周의 太祖 文皇帝)가 군사를 파견하여 상첨항을 복위시켜 주었다는 기록을 마지막으로 이후 등지국의 역사는 불분명하다. 다만 서위 왕조가 등주(鄧州)와 등녕군(鄧寧郡)을 두었다고 전해지므로[749] 얼마 지나지 않아 등지국은 멸망한 것으로 파악된다.

    아래에서 볼 수 있듯이 현존하는 모든 모본에서 등지국의 사신도와 제기를 확인할 수 있다.

---

[749] 『구당서』 권41 지리지4 검남도, "同昌 歷代吐谷渾所據 西魏逐吐谷渾 于此置鄧州及鄧甯郡 蓋以平定鄧至羌 爲名."

「양직공도」 모본별 등지국 사신 관련 정보

사신도			제기	
고덕겸모본	북송모본	염립본모본	북송모본	장경모본
○	○	○	○	○

　북송모본의 제기와 장경모본의 제기의 내용은 거의 비슷하게 전한다. 제기에서 등지국의 위치·습속에 관한 내용은 소략한 편이며, 등지국이 중국 남조 왕조에 헌상했던 물품이나 양(梁)왕조로부터 수여받았던 작호(爵號) 등이 구체적으로 기록되어 있다.

　「양직공도」에서 보다 주목되는 것은 등지국 사신의 도상이다. 여러 사서의 외국 열전·제기에서 등지국의 풍속·물산은 탕창과 비슷하다고 하였으며, 복식도 탕창의 복식과 대략 같다고만 설명하였다. 탕창의 복식은 하남의 복식과 거의 같다고 하였는데,[750] 하남은 토욕혼(吐谷渾)을 일컫는다.[751] 토욕혼의 남자는 소매통이 좁은 포(袍)와 폭이 좁은 고(袴)를 입고, 머리에는 크고 긴 치마 모양의 모자(長裙帽, 長繒帽) 또는 멱리(羃羅)를 썼다고 한다.[752] 토욕혼의 복식에 관한 서술을 통해 등지국 사람들의 복식을 가늠할 수 있는데, 「양직공도」의 사신도는 등지국의 복식을 상세하게 보여준다.

　사신도는 고덕겸모본·북송모본·염립본모본 모두에서 확인되지만, 판본에 따라 약간의 차이를 보인다. 북송모본·염립본모본과 비교하면, 고덕겸모본의 차이는 도드라진다. 북송모본과 염립본모본에서 사신은 두 손을 교차하여 팔을 감싼 형태인 것에 비해 고덕겸모본의 사신은 두 손을 맞잡아 긴 막대기 같은 기물을 들고 있다. 또한 북송모본·염립본모본의 사신 얼굴 양옆으로 쓰개의 흑색 끈이 각각 늘어진 것과 달리 고덕겸모본의 사신이 쓴 쓰개는 끈이 없다.

　모본마다 도상의 차이가 있지만, 복식의 전반적 형태는 유사한 편이다. 여기서는 북송모본

---

750) 『양서』 권54 탕창국, "宕昌國…其衣服·風俗與河南略同."
751) 『양서』 권54 하남 참조
752) 『양서』 권54 하남, "著小袖袍·小口袴·大頭長裙帽 女子披髮爲辮"; 『구당서』 권198 토욕혼, "男子通服長裙繒帽 或戴羃羅."

을 중심으로, 머리부터 차례대로 살펴보고자 한다. 먼저 사신들의 얼굴은 각기 달리 묘사되어 있지만, 모두 흑발이며 콧수염과 턱수염이 공통으로 그려져 있다. 그리고 북송모본에서 사신은 긴 치마 형태의 검은색 쓰개를 쓰고 있다. 이러한 형태의 쓰개는 북위시기 벽화나 선비족의 유물에서도 보이는데(안현주, 2020, pp.145~146) 등지국 사신의 쓰개는 양옆으로 얼굴 길이와 비슷한 길이의 흑색 끈이 달린 것이 특징이다.

그리고 사신은 무릎을 덮은 길이의 장의(長衣)를 입고 있는데 옆트임은 없다. 옷의 소매는 넓지 않은 편으로, 문헌 기록의 묘사와 일치한다. 옷깃은 둥근 형태의 단령(團領)으로 되어 있으며 북송모본·염립본모본 모두 옷깃과 소매 끝자락, 끝단의 가장자리에 다른 색의 선(襈) 장식을 둘렀다. 도상은 대부분 가려져 있지만, 허리에 얇은 대(帶)를 둘러 장의를 고정하였던 것을 확인할 수 있다. 주고가국(周古柯國)·가발단국(呵跋檀國)·호밀단국(胡蜜丹國)·백제국(白題國)의 사신들도 길이가 무릎 아래까지 내려오는 장의를 입고, 허리에 얇은 대(帶)를 둘렀다. 이들 사신의 복식과 비교하면, 등지국의 사신은 옷의 옆 자락을 살짝 들어 올려 고정한 양상이다.

하의는 화(靴)의 목 안으로 밑단을 넣었다. 북송모본 사신의 바지는 옷깃과 소매 끝자락, 표의(表衣) 끝단의 가장자리의 선(襈)장식과 같은 색이다. 신발은 목이 긴 화(靴)로, 호피 무늬로 묘사되어 있다. 이러한 신발 무늬는 주고가국·가발단국·호밀단국·백제국 사신의 신발에서도 확인된다. 다만 북송모본과 달리 염립본모본에서 사신의 바지는 붉은색과 녹색의 세로 줄무늬가 있다. 아울러 염립본모본에서 사신이 신은 화(靴)의 경우 뒤꿈치는 녹색이며, 나머지 부분은 검은색이다.

사신도

고덕겸모본	북송모본	염립본모본
鄧至國	鄧至國使	鄧至國

등지국(鄧至國)

제기

○ 북송모본

1. 원문 및 판독문

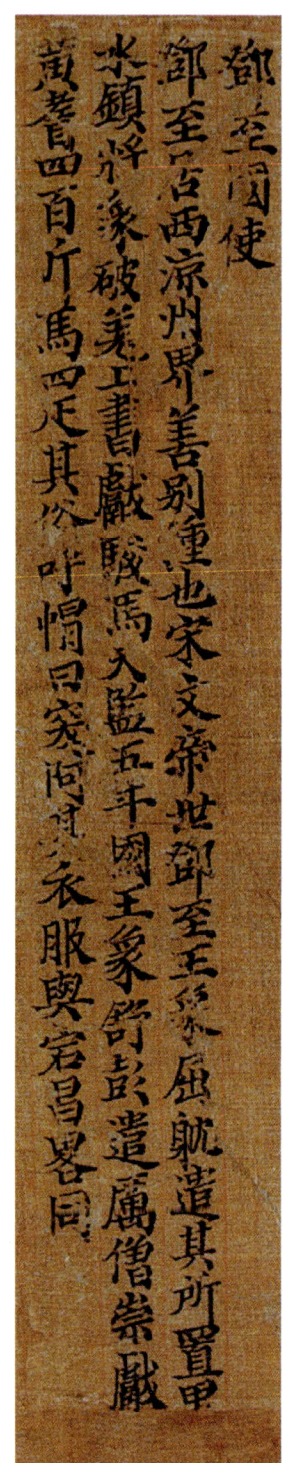

鄧至[國]753)使」鄧至居西涼州界善754)別[種]755)也宋文帝世鄧至王[象]756)屈耽遣其所置[里]757)」水鎭758)[將]759)象破羌上書獻駿馬[天]760)監五年761) 國王象舒彭遣厲僧崇獻」黃耆762)四百斤馬四疋其[俗]763)呼帽曰突764)阿 [其]765)衣服與宕昌畧同

2. 교감문

鄧至國使. 鄧至居西涼州界, 羌766)別種也. 宋文帝世, 鄧至王象屈耽遣其所置里水鎭將象破羌, 上書獻駿馬. 天監五年, 國王象舒彭遣厲僧崇, 獻黃耆四百斤·馬四疋. 其俗呼帽曰突阿, 其衣服與宕昌畧同.

---

753) 余太山, 윤용구, 澤本·植田「國」
754) 「善」의 이체자「善」余太山, 윤용구「善」
755) 余太山, 윤용구, 澤本·植田「種」 왼쪽의 자획이 보이지 않지만, 장경모본, 『양서』에 의거하여「種」으로 추독
756) 북송모본의「象」에 의거하여「象」으로 추독
757) 余太山, 윤용구, 澤本·植田「里」 장경모본「里」
758) 「鎭」의 이체자「鎭」
759) 余太山, 윤용구, 澤本·植田「將」
760) 余太山, 윤용구, 澤本·植田「天」
761) 余太山, 윤용구, 澤木·植田「午」
762) 「耆」의 이체자(『龍龕手鏡(高麗本)』『龍龕手鑑』). 余太山, 윤용구, 澤本·植田「耆」
763) 余太山, 윤용구, 澤本·植田「俗」
764) 「突」의 이체자「突」余太山, 윤용구, 澤本·植田「突」
765) 余太山, 윤용구, 澤本·植田「其」
766) 「羌」: 판독문은「善」이나 余太山, 윤용구「羌」, 澤本·植田「羌」으로 교감. 『양서』등에 의거하여「羌」으로 교감

3. 역주

등지국 사신. 등지는 서양주[767]의 경계에 있으며, 강(羌)의 별종이다. [유]송 문제 시기 (424~453)에 등지왕 상굴탐이 그가 두었던[768] 이수진장(里水鎭將)[769] 상파강[770]을 보내 글을 올리고 뛰어난 말을 헌상하였다. [양] 천감 5년(506)에 국왕 상서팽[771]이 여승숭(厲僧崇)[772]을 보내 황기 400근·말 4필을 헌상하였다. 그 풍속은 모자를 돌아(突阿)[773]라고 부르

---

767) 서양주: 오늘날 甘肅城일대이다. 서양주는 西魏 文帝 大統 12년(546)에 정식으로 두어졌으며, 廢帝 3년 (554)에 甘州로 개칭하였다(『주서』 권2 문제下 위폐제; 『주서』 권25 李賢; 『수서』 권29 지리上; 『구당서』 권40 지리3; 『甘州府志』 권2 세기下). 지방 행정단위로서 서양주를 두어지기 이전부터 남조에서 작호로 쓰였던 것으로 보인다(『남제서』 권59 탕창강, "建元元年, 太祖進號鎮西將軍. 又征虜將軍·西涼州刺史羌王像舒彭亦進爲持節·平西將軍.").

768) 그가 두었던: 「其所置」는 '그가 두었던' 혹은 '거기서 두었던', '거기(그곳)에 두었던' 등 다양하게 해석될 수 있다. 여기서는 「里水鎭將」을 중국 왕조의 관직·직책이 아닌 등지국 내부의 관직·직책으로 추정하여 '그(등지국왕)가 두었던'으로 해석하였다. 장경모본에서도 동일하게 해석하였다.

769) 이수진장(里水鎭將): 장경모본은 「其所置里水鎭將」으로 되어 있으며, 기존 연구들은 「里水鎭將」으로 판독하였다. 현재 남아있는 자획이 '里'의 윗 자획과 가까우므로 '里'로 판독하여도 무리는 없다. 다만 '里'가 아닌 '黑'일 가능성이 고려되었는데, '鄧至城'·'黑水城'(『水經注』 권20 漾水)의 지명에 주목하여 「黑水鎭」으로 판단하였다(趙燦鵬, 2023, 『南朝梁元帝職貢圖記釋文校證』, 社會科學文獻出版社, p.26). 『위서』에 따르면, 등지국은 白水羌으로 불리기도 하였는데(『위서』 권101 등지국) 이는 羌族이 거주하는 지역에 흐르던 '白水'에서 비롯된 것이었다. 白水와 더불어 '黑水'도 확인할 수 있으며, 마찬가지로 강의 이름으로 파악된다(『水經注』 권20 漾水, '白水 , 西北出於臨洮縣西南西傾山 , 水色白潤. 東南流與黑水合, 水出羌中, 西南經黑水城西, 又西南入白水.'). '黑'은 '黑'(『漢隷字源』)으로도 쓰이는데, '黑'의 윗 자획은 「里」와 같다. 전사하는 과정에서 '黑'의 아래 획이 결락되었을 가능성도 있어 「里水鎭將」은 黑水와 관련된 「黑水鎭將」으로 볼 여지가 충분하다.

770) 상파강: 장경모본은 「象破虜」으로 나온다. 『양서』에서 유송의 文帝시기 등지왕 상서탐이 보낸 사신과 관련이 있을 가능성이 크지만, 그 실체를 정확하게 파악하기 어렵다. 북송모본의 「象破羌」을 「象, 破羌」으로 보기도 하는데(윤용구, 2012, 『梁職貢圖』의 流傳과 摹本』, 『木簡과 文字』 9, p.153) 이에 따르면 '[其所置里水鎭將인] 象을 보내 羌을 격파'하였다고 해석될 수도 있다. 다만 군주의 姓이 '象'이었던 점을 고려하여 「象破羌」을 인명으로 추정하였다.

771) 상서팽: 상서팽은 南齊 健元 元年(479)에 高帝로부터 持節·平西將軍로 봉해졌다. 이후 南齊를 배반하고 魏에 內附하기도 하였으나 南齊 永明 元年(483) 使持節·平北將軍·西涼州刺史·羌王으로 복직되었다(『남제서』 권59 탕창강). 梁 天監 元年(502)에 상서팽은 武帝로부터 督西涼州諸軍事·安北將軍의 직위와 호를 받았다(『양서』 권54 등지국). 동일한 기사가 『양서』 무제기에도 있는데, 像舒彭에게 '安西將軍'의 호를 준 것으로 되어 있다(『양서』 권2 무제中 天監 元年 8월). 그러나 같은 해, 탕창왕을 '安北將軍·河涼二州刺史'로 삼은 것이 확인되므로(同書 4월) 像舒彭에게는 '安北將軍'의 호를 수여한 것으로 파악한다(余太山, 2003, 『兩漢魏晉南北朝正史西域傳研究』, 中華書局, p.61).

772) 여승숭(厲僧崇): 『양서』에서 天監 5년에 등지왕 상서팽이 보낸 사신과 동일인일 가능성이 크다. 명칭상 불교를 신봉하는 사회에 있었던 사람으로 추정하기도 하지만(河上麻由子, 2015, 「「職貢圖」とその世界觀」, 『東洋史研究』 74-1, pp.3~4) 실체를 파악하기는 어렵다.

773) 돌아(突阿): 장경모본에는 이와 동일하게 「突阿」로 쓰여있지만, 『양서』·『남서』는 「突何」로 나온다.

등지국(鄧至國)

고 그 의복은 탕창과 거의 같다.

○ 장경모본

1. 교감문

鄧至國, 居西涼州象,774) 羌別種也. 宋文帝世, 鄧至王象屈耽遣其所置里775)水鎭將象破虜, 上書獻駿馬. 天監五年, 鄧至王象舒彭遣廝僧崇, 獻黃耆四百斤·馬四疋. 其俗呼帽曰突阿, 其衣服與宕昌略仝.

2. 역주

등지국은 서양주 가장자리에 있으며, 강(羌)776)의 별종이다. [유]송 문제 시기(424~453)에 등지왕 상굴탐이 그가 두었던 이수진장(里水鎭將) 상파로777)를 보내 글을 올리고 뛰어난 말을 헌상하였다. [양] 천감 5년(506)에 등지왕 상서팽이 여승숭(廝僧崇)을 보내 황기 400근·말 4필을 헌상하였다. 그 풍속은 모자를 돌아(突阿)라고 부르고, 그 의복은 탕창과 거의 같다.

참고자료

○ 『남제서』 권59 탕창강

[남제의 고제] 건원 원년(479)에 태조는 [탕창왕 양미기에게] 진서장군(鎭西將軍)의 호(號)를 더해주었다. 또한 정로장군(征虜將軍)·서양주자사(西涼州刺史)·강왕(羌王) 상서팽 또한 지

---

774) 「象」: 윤용구 「彔」, 澤本·植田 「象」. 「彔」의 이체자(『龍龕手鏡(高麗本)』·『龍龕手鑑』)이며, 북송모본·『양서』·『남사』는 등지국은 서량주의 경계(界)에 있다고 하였으므로 「象」으로 교감

775) 「里」: 판독문 「里」. 최근 『水經注』 권20 漾水記의 '鄧至城'·'黑水城'에 의거하여 「黑」으로 파악하였다(趙燦鵬, 2023, 앞의 책, p.60).

776) 「羌」: 「羌」의 이체자로, 북송모본·『양서』는 「羌」으로 나온다.

777) 상파로: 북송모본은 「象破羌」으로 나온다. 「象破虜」를 「象, 破虜」로 구분하였는데(윤용구, 2012, 앞의 논문, p.153) 이에 따르면 [其所置里水鎭將인] 象을 보내 오랑캐를 격파'하였다고 해석되기도 한다. 다만 군주의 姓이 '象'이었던 점을 고려하여 「象破虜」을 사람의 이름으로 추정하였다.

절(持節)·평서장군(平西將軍)으로 삼았다. 후에 [양미기와 상서팽이 남제를 배반하고] 오랑캐(魏)에 항복하였다. [남제의 무제] 영명 원년(483)에 팔좌가 상주하여 이전의 사지절(使持節)·도독하양이주군사(都督河涼二州軍事)·진서장군(鎭西將軍), 동강교위(東羌校尉)·하양이주자사(河涼二州刺史)·농서공(隴西公)·탕창왕(宕昌王) 양미기와 이전의 사지절(使持節)·평북장군(平北將軍)·서양주자사(西涼州刺史)·강왕(羌王) 상서팽이 모두 서쪽의 변방에서 열심히 힘쓰고 변경을 안정시켰으므로 예전의 관작을 복직시킬 만하다고 하였다.[778]

○ 『양서』 권54 등지국

등지국은 서양주의 경계에 있으며, 강(羌)의 별종이다. 대대로 지절(持節)·평북장군(平北將軍)·서양주자사(西涼州刺史)의 호(號)를 가졌다. [유]송 문제 시기(424~453)에 [등지]왕 상굴탐이 사자를 보내 말을 바쳤다. [양] 천감 원년(502)에 조(詔)를 내려 등지왕 상서팽을 독서양주제군사(督西涼州諸軍事)로 삼고 안북장군(安北將軍)의 호를 내렸다. [천감] 5년(506)에 [상]서팽이 사자를 보내 황기 400근·말 4필을 바쳤다. 그 풍속에 모자를 돌하(突何)라고 부르고, 그 의복은 탕창과 같다.[779]

○ 『위서』 권101 등지

등지는 백수강(白水羌)이다. 대대로 강[족](羌[族])의 강호로, 지명으로부터 이름을 삼아 스스로 등지라고 칭하였다. 그 땅은 정가(亭街) 이동에서, 평무(平武) 이서, 문령(汶嶺) 이북, 탕창(宕昌)의 이남이다. 풍토와 습속은 또한 탕창과 같다. 그 왕 상서치가 사자를 보내 [북위에] 내속하니, 고조가 용양장군(龍驤將軍)·등지왕(鄧至王)에 제수하였으며, [이후] 조공이 끊이질 않았다.[780]

---

778) "建元元年, 太祖進號鎭西將軍. 又征虜將軍·西涼州刺史羌王像舒彭亦進爲持節·平西將軍. 後叛降虜. 永明元年, 八座奏, 前使持節·都督河涼二州軍事·鎭西將軍, 東羌校尉·河涼二州刺史·隴西公·宕昌王梁彌機, 前使持節·平北將軍·西涼州刺史·羌王像舒彭, 竝著勤西垂, 寧安邊境, 可復先官爵."

779) "鄧至國, 居西涼州界, 羌別種也. 世號持節·平北將軍·西涼州刺史. 宋文帝時, 王象屈耽遣使獻馬. 天監元年, 詔以鄧至王象舒彭爲督西涼州諸軍事, 號安北將軍. 五年, 舒彭遣使獻黃耆四百斤·馬四匹. 其俗呼帽曰突何, 其衣服與宕昌同."

780) "鄧至者, 白水羌也. 世爲羌豪, 因地名號, 自稱鄧至. 其地自亭街以東, 平武以西, 汶嶺以北, 宕昌以南. 土風習

○ 『주서』 권49 등지강

등지강은 강(羌)의 별종이다. 상서치라는 자가 있어서 대대로 백수(白水)의 추수(酋帥)였는데, 스스로 왕을 칭하였다. 그 땅의 북쪽은 탕창과 서로 접하여 있고, 풍속과 물산 또한 탕창과 대략 같다. [상]서치로부터 [상]첨항에 이르기까지 11대가 이어졌다. [서]위 공제 원년(554)에 [상]첨항이 나라를 잃고 도망쳐 오니, 태조(北周 文皇帝, 宇文泰)가 장무공 [우문]도에게 영을 내려 병사를 이끌고 호송하게 하여 복위시켜 주었다.[781]

○ 『남사』 권79 등지국

등지국은 서양주의 경계에 있으며 강[족](羌[族])의 별종이다. 대대로 지절(持節)·평북장군(平北將軍)·서양주자사(西涼州刺史)의 호(號)를 가졌다. [유]송 문제 시기에 [등지]왕 상굴탐이 사자를 보내 말을 바쳤다. 양의 천감 원년(502)에 조(詔)를 내려 등지왕 상서팽을 독서양주제군사(督西涼州諸軍事)로 삼고 안북장군(安北將軍)의 호(號)를 더해주었다. [천감] 5년(506)에 [상]서팽이 사자를 보내 황기 400근·말 4필을 바쳤다. 그 풍속에 모자를 돌하(突何)라고 부르며, 그 의복은 탕창과 같다.[782]

○ 『북사』 권96 등지

등지는 백수강(白水羌)이다. 대대로 강[족](羌[族])의 강호로, 지명으로부터 이름을 삼아 스스로 등지라고 칭하였다. 그 땅은 정가(亭街) 이동에서, 평무(平武) 이서, 문령(汶嶺) 이북, 탕창(宕昌) 이남이다. 풍토와 습속은 또한 탕창과 같다. 그 왕 상서치가 사자를 보내 [북위에] 내속하니, 고조가 용양장군(龍驤將軍)·등지왕(鄧至王)에 제수하였으며, [이후] 조공이 끊이질 않았다.[783]

[남혜민]

俗, 亦與宕昌同. 其王像舒治遣使內附, 高祖拜龍驤將軍·鄧至王, 遣貢不絶."

781) "鄧至羌者, 羌之別種也. 有像舒治者, 世爲白水酋帥, 自稱王焉. 其地北與宕昌相接, 風俗物產亦與宕昌略同. 自舒治至檐桁十一世. 魏恭帝元年, 檐桁失國來奔, 太祖令章武公導率兵送復之."

782) "鄧至國, 居西涼州界, 羌別種也. 世號持節·平北將軍·西涼州刺史. 宋文帝時, 王象屈耽遣使獻馬. 梁天監元年, 詔以鄧至王象舒彭爲督西涼州諸軍事, 進號安北將軍. 五年, 舒彭遣使獻黃耆四百斤, 馬四匹. 其俗呼帽曰突何. 其衣服與宕昌同."

783) "鄧至者, 白水羌也, 世爲羌豪, 因地名號, 自稱鄧至. 其地自亭街以東, 平武以西, 汶嶺以北, 宕昌以南, 土風習俗, 亦與宕昌同. 其王像舒治遣使內附, 高祖拜龍驤將軍·鄧至王, 遣貢不絶."

위국(爲國)

관련 내용은 말국(末國) 참조

간타리국(干陀利國)[784]

개요

간타리국(干陀利國)은 고덕겸모본에 그 사신이 묘사되어 있으나, 제기는 전하지 않는다. 묘사된 복장과 외양을 살피면 사신은 맨발에 하의만 입고 있으며 목걸이와 팔찌를 하고 있는데, 그 모습이 같은 고덕겸모본에서 간타리국 다음으로 등장하는 부남국(扶南國) 사신과 매우 유사하다. 간타리국은 『양서』 제이전 해남제국(海南諸國)조나 『남사』 이맥전 서남이(西南夷)조에서 모두 간타리국(干陁利國)으로 등장한다.

「양직공도」 모본별 간타리국 사신 관련 정보

사신도			제기	
고덕겸모본	북송모본	염립본모본	북송모본	장경모본
○	없음	없음	없음	없음

『양서』에 전하는 기록을 보면, "간타리국은 남해(南海) 큰 섬 위에 있다. 그 풍속은 임읍(林邑)·부남(扶南)과 대략 같다. 반포(班布)·고패(古貝)·빈랑(檳榔)이 난다. 빈랑은 특히 실하고 좋아[精好] [해남] 여러 국의 [것들 중] 최고이다. 송(宋) 효무제(孝武帝) 시기에 [그 나라] 왕 석파라염린타(釋婆羅郍憐陁)가 장사(長史) 축류타(竺留陁)를 보내 금은보기(金銀寶器)를 공헌하였다"라고[785] 그 나라를 소개하고 있다. 특히 풍속이 임읍·부남과 대략 같다고 한 대목은 고

---

784) 고덕겸모본에서는 '간타국(干陀國)'이라 쓰고 있으나, 『양서』와 『남사』에서는 '간타리국'으로 표기하고 있다. 여기서는 『양서』 제이전을 따라 '간타리국'으로 표기한다.

785) 『양서』 권54 간타리국, "干陁利國, 在南海洲上. 其俗與林邑·扶南略同. 出班布·古貝·檳榔. 檳榔特精好, 爲諸

덕겸모본 상에 묘사된 간타리국과 부남국 사신의 복장과 외양이 서로 유사한 이유를 알 수 있게 한다.

간타리국은 삼불제(三佛齊)의 고칭(古稱)으로 현재의 인도네시아 수마트라 섬에 위치하였던 것으로 알려져 있다. 카와카미 마유코(河上麻由子)는 이를 자바(Java) 서부 지역이거나 수마트라 남부 지역의 연합정권일 것으로 보았다(河上麻由子, 2014, p.418). 한편, 말레이 반도에 있었다는 설도 제기되고 있는데, 『양서』에 "남해 큰 섬 위에 있다"고 하는 것으로 보아 따르기 어렵다. 현재로서는 수마트라 섬으로 비정하는 의견이 대세라 판단된다. '간타리'의 어원은 '길타별(吉打別)'이며 이는 '카다람(Kadaram)'의 음사(音寫)라 한다(동북아역사재단 편, 2010, p.178).

다시 『양서』의 기록을 살피면, 송 효무제 시기의 공헌 뒤로도 양 천감(天監) 원년(502)과 17년(518), 보통(普通) 원년(520)에 사신을 보내 조공한 기록이 확인된다.[786] 특히 간타리국이 천감 17년에 조공하여 올린 상표문에는 양 무제를 "상승천자폐하(常勝天子陛下), 제불(諸佛), 세존(世尊)" 등으로 칭송하고 있으며, 무제의 업적에 대해 "조제탑상(造諸塔像)"하여 국토를 장엄하게 하였으니 마치 그 국토는 수미산(須弥山)과 같고 그 성곽과 건물들은 도리천궁(忉利天宮)과 같다고 찬양하고 있다.[787] 이는 양 무제의 업적을 8만 4,000개의 탑을 건립했다는 인도의 아쇼카왕(阿育王)에 빗대어 칭송한 것으로, 이러한 상표문의 작성 과정에는 부남이 관여했을 것으로 보는 견해가 있다(河上麻由子, 2014, pp.418~419). 또 스즈키 야스타미(鈴木靖民)는 이를 양 황제를 정점으로 하는 불교신앙과 불교질서의 중심지라는 관념을 보여주는 사례 중 하나로 보면서, 당시 불교가 제국(諸國)·제민(諸民) 간의 교역을 포함한 일체적인 양의 국제관계와 국제질서를 형성한 사상·신앙의 매개·수단이었다고 지적한 바 있다(鈴木靖民, 2014, p.20).

國之極. 宋孝武世, 王釋婆羅憐陁, 遣長史竺留陁獻金銀寶器."
786) 관련 내용은 간타리국편 말미의 참고자료 『양서』권54, 간타리국 기록을 참고 바람
787) 『양서』권54 간타리국, "天監十七年, 遣長史毗員跋摩奉表曰, 常勝天子陛下, 諸佛世尊, 常樂安樂, 六通三達, 爲世間尊, 是名如來. 應供正覺, 遺形舍利, 造諸塔像, 莊嚴國土, 如須彌山. 邑居聚落, 次第羅滿, 城郭館宇, 如利天宮."

사신도

고덕겸모본 干陀國	북송모본	염립본모본
	없음	없음

제기

○ **북송모본**

없음

○ **장경모본**

없음

참고자료

○ **『양서』 권54 간타리국**

　간타리국(干陁利國)은 남해의 섬 위에 있다. 그 풍속은 임읍(林邑)·부남(扶南)과 대략 같다. 반포(班布)·고패(古貝)·빈랑(檳榔)이 난다. 빈랑이 특히 정호(精好)하여 여러 나라 가운데 최고이다. 송(宋) 효무제(孝武帝) 치세에 왕 석파라염린타(釋婆羅郍憐陁)가 장사(長史) 축류타(竺留陁)를 보내 금은보기를 바쳤다. 천감(天監) 원년(502)에 그 왕 구담수발타라(瞿曇脩跋陁羅)가 4월 8일에 꿈에서 한 승려를 보았는데, [그가] 말하기를, "중국에 지금 성주(聖主)가 있어, 10년 후에 불법이 크게 흥할 것이다. 네가 만약 사자를 보내 공헌하고 경례로 받든다면, 토지가 풍요해질 것이며, 상려(商旅)가 100배에 달하리라. 네가 만약 나를 믿지 않으면, 경토가 평안하지 못하리라"라고 하였다. 수발타라가 처음에는 믿지 못하다가, 다시 꿈에서 이 승려가 말하기를, "네가 나를 믿지 못하겠다면, 너와 함께 가서 보여주겠다"고 말하였다. 곧 꿈에서 중국에 가서 천자를 배알하였다. 깬 뒤에 마음으로 기이하게 여겼다. 타라는 본래 그림에 재주가 있었는데, 이에 꿈속에서 만난 고조(高祖)의 용모를 옮겨 그리고 단청(丹靑)으로 장식을 하였다. 그리고 사자와 화공을 보내 표를 받들고 옥반(玉盤) 등의 물건을 바쳤다. 사신이 이르러 고조의 형상을 모사하여 그 나라로 돌아간 뒤, 처음 그림과 비교하여 보니 꼭 부합하여 같았다. 이 때문에 [그림을] 보석함에 담아 매일 예로 공경을 더했다. 나중에 발타가 죽고 아들 비야발마(毗邪跋摩)가 섰다.

[천감] 17년(518)에 장사 비원발마(毗員跋摩)를 보내 표를 받들며 말하기를, "상승천자폐하(常勝天子陛下). 제불(諸佛) 세존(世尊)께서는 늘 안락을 즐기며, 육통(六通) 삼달(三達) 하시니 세상의 우러름을 받으셨는데, 그 이름을 여래(如來)라 하였습니다. 공양을 받아 바른 깨달음을 이루시고, 몸은 사리로 남기심에, [사람들은] 여러 탑과 불상을 만들어 국토를 장엄(莊嚴) 하니 수미산(須彌山)과 같았습니다. 읍거(邑居)하는 취락(聚落)이 차례로 가득차고, 성곽과 건물은 마치 도리천궁(忉利天宮)과 같이 되었습니다. 사병(四兵)은 풍족하게 갖추어져 원적(怨敵)을 굴복시킬 수 있게 되었습니다. 국토가 안락하여 여러 환란이 없고, 인민은 화합하고 선량하며 교화를 받아 법을 바르게 하니, 경사가 통하지 않는 곳이 없었습니다. 마치 설산에 있다가 설수로 흐르면 [물의] 여덟 가지 맛이 맑고 깨끗하게 되고, 백천(百川)이 가득 차 넘쳐 굽이굽이 돌아 나가 순순히 큰 바다로 달려 들어가면, 모든 중생이 함께 받아쓰는 것과 같습니다. 여러 나라의 땅에서도 특히 훌륭함이 제일이라 이름을 진단(震旦)이라 하였습니다. 대량(大梁) 양도(揚都)의 천자께서는 [그] 인(仁)이 사해(四海)를 덮으시고, 덕(德)이 천심(天心)과 부합하니, 비록 인간이나 이는 하늘이며, [하늘로부터] 강생(降生)하여 세상을 보호하시고, 공덕(功德)과 보장(寶藏)으로 세상의 큰 비애를 구하시니, 우리를 위하여 [부처로] 존생(尊生)하시어 위의(威儀)를 갖추셨습니다. 이러한 까닭에 지극한 정성으로 천자 족하에 경례하며 머리 숙여 가르침을 청합니다. 금부용(金芙蓉)과 여러 향약(香藥) 등을 받들어 바치오니 받아주시기 바랍니다"라고 하였다. 보통(普通) 원년(520)에 다시 사자를 보내 방물(方物)을 바쳤다.[788]

---

788) "干陁利國, 在南海洲上. 其俗與林邑·扶南略同. 出班布·古貝·檳榔. 檳榔特精好, 爲諸國之極. 宋孝武世, 王釋婆羅憐陁遣長史竺留陁獻金銀寶器. 天監元年, 其王瞿曇脩跋陁羅以四月八日夢見一僧, 謂之曰, 中國今有聖主, 十年之後, 佛法大興. 汝若遣使貢奉敬禮, 則土地豐樂, 商旅百倍, 若不信我, 則境土不得自安. 脩跋陁羅初未能信, 旣而又夢此僧曰, 汝若不信我, 當與汝往觀之. 乃於夢中來至中國, 拜觀天子. 旣覺, 心異之. 陁羅本工畫, 乃寫夢中所見高祖容質, 飾以丹靑, 仍遣使并畫工奉表獻玉盤等物. 使人旣至, 模寫高祖形以還其國, 比本畫則符同焉. 因盛以寶函, 日加禮敬. 後跋陁死, 子毗邪跋摩立. 十七年, 遣長史毗員跋摩奉表曰, 常勝天子陛下, 諸佛世尊, 常樂安樂, 六通三達, 爲世間尊, 是名如來. 應供正覺, 遺形舍利, 造諸塔像, 莊嚴國土, 如須彌山. 邑居聚落, 次第羅滿, 城郭館宇, 如忉利天宮. 具足四兵, 能伏怨敵. 國土安樂, 無諸患難, 人民和善, 受化正法, 慶無不通. 猶處雪山, 流注雪水, 八味淸淨, 百川洋溢, 周回屈曲, 順趨大海, 一切衆生, 咸得受用. 於諸國土, 殊勝第一, 是名震旦. 大梁揚都天子, 仁廕四海, 德合天心, 雖人是天, 降生護世, 功德寶藏, 救世大悲, 爲我尊生, 威儀具足. 是故至誠敬禮天子足下, 稽首問訊. 奉獻金芙蓉·雜香藥等, 願垂納受. 普通元年, 復遣使獻方物."

○『남사』권34 간타리국

간타리국(干陁利國)은 남해의 섬 위에 있다. 그 풍속은 임읍(林邑)·부남(扶南)과 대략 같고, 반포(斑布)·고패(古貝)·빈랑(檳)이 난다. 빈랑이 특히 정호(精好)하여 여러 나라 가운데 최고이다. 송(宋) 효무제(孝武帝) 치세에 왕(王) 석파라나린타(釋婆羅那鄰陁)가 장사(長史) 축류타(竺留陁)를 보내 금은보기를 바쳤다. 양 천감(天監) 원년(502)에 그 왕 구담수발타라(瞿曇脩跋陁羅)가 4월 8일에 꿈을 꾸었는데, 한 승려가 말하기를, "중국에 지금 성주(聖主)가 있어, 10년 후에 불법이 크게 흥할 것이다. 네가 만약 사자를 보내 공헌하고 경례로 받든다면, 곧 토지가 풍요해질 것이며, 상려(商旅)가 백배가 되리라. 만약 나를 믿지 않으면, 곧 경토가 평안하지 못하리라"라고 하였다. 처음에는 믿지 못하다가, 다시 꿈에서 이 승려가 말하기를, "네가 나를 믿지 못하겠다면, 너와 함께 가서 보여주겠다"고 말하였다. 곧 꿈에서 중국에 가서 천자를 배알하였다. 깬 뒤에 마음으로 기이하게 여겼다. 타라는 본래 그림에 재주가 있었는데, 이에 꿈속에서 만난 무제(武帝)의 용모를 옮겨 그리고 단청(丹靑)으로 장식을 하였다. 그리고 사자와 화공을 보내 표를 받들고 옥반(玉盤) 등의 물건을 바쳤다. 사신이 이르러 황제의 형상을 모사하여 그 나라로 돌아갔다. 처음 그림과 비교하여 보니 꼭 부합하여 같았다. 이 때문에 [그림을] 보석함에 담아 매일 경례(敬禮)를 더했다. 후에 발타가 죽고 아들 비침사발(毗針邪跋)이 섰다. [천감] 17년(518)에 장사 비원발마(毗員跋摩)를 보내 표를 받들고 금부용(金芙蓉)과 여러 향약(香藥) 등을 바쳤다. 보통(普通) 원년(520)에 다시 사자를 보내 방물(方物)을 바쳤다.[789]

[이승호]

---

[789] "干陁利國, 在南海洲上. 其俗與林邑·扶南略同, 出斑布·古貝·檳榔. 檳榔特精好, 爲諸國之極. 宋孝武世, 王釋婆羅那鄰陁遣長史竺留陁獻金銀寶器. 梁天監元年, 其王瞿曇脩跋陁羅以四月八日夢, 一僧謂曰, '中國今有聖主, 十年之後, 佛法大興. 汝若遣使貢奉禮敬, 則土地豐樂, 商旅百倍, 若不信我, 則境土不得自安.' 初未之信, 既而又夢此僧曰, '汝若不信我, 當與汝往觀.' 乃於夢中至中國拜覲天子. 既覺心異之, 陁羅本工畫, 乃寫夢中所見武帝容質, 飾以丹靑. 仍遣使幷畫工奉表獻玉盤等物. 使人既至, 摸寫帝形以還其國, 比本畫則符同焉. 因盛以寶函, 日加敬禮. 後跋陁死, 子毗針邪跋摩立, 十七年, 遣長史毗員跋摩奉表獻金芙蓉·雜香藥等. 普通元年, 復遣使獻方物."

부남국(扶南國)

개요

부남은 푸난(Funan)이라고도 하며, 메콩강 삼각주를 중심으로 지금의 캄보디아와 베트남 서남부 등에 걸쳐 존재했던 국가이다. 1세기에 성립되어 3세기 '부남대왕(扶南大王)'을 자칭한 범만(范蔓) 시기에 주변 10여 국을 평정하며 세력을 떨치다가, 7세기 중엽 속국이었던 진랍(眞臘)에 의해 멸망하였다. 오늘날 캄보디아의 앙코르 보레이(Angkor Borei)가 수도, 그리고 베트남에 속한 옥 에오(Oc Eo)가 그 외항(外港)으로서 교역의 중심지였을 것으로 이해한다(동북아역사재단 편, 2010, pp.153~158).

『남제서』 열전에는 부남이 항상 임읍(林邑)의 침략을 받아 교주(交州)와 교류할 수 없던 탓에 사신이 드물게 왔다고 하지만, 그럼에도 부남과 중국의 교섭 사실은 문헌에 적지 않게 나타난다. 손오(孫吳) 시기에 중랑(中郎) 강태(康泰)와 선화종사(宣化從事) 주응(朱應)이 부남에 사자로 간 것을 비롯하여, 서진 때는 태시(泰始) 연간(265~274)과 태강(太康) 연간(280~289), 동진 때는 승평(昇平) 연간(357~362) 등 여러 차례 부남이 중국에 사자를 보냈다. 이후 송 문제(文帝) 시기(424~453)나 제 영명(永明) 연간(483~493)에도 공헌했다는 기록이 있고, 양대에 이르면 천감(天監)·보통(普通)·중대통(中大通)·대동(大同) 연간에 걸쳐 방물을 바친 것으로 나타난다.

한편 부남은 백제와도 관계를 맺고 있었던 점이 주목되는데, 『일본서기』 흠명조에는 543년 백제 성왕이 일본에 '부남의 재물과 노비 2명(扶南財物與奴二口])'을 보냈다는 기록이 확인된다. 다만 이것이 백제와 부남이 직접 통교한 것인지, 아니면 중국을 매개로 한 결과인지는 분명하지 않다(권오영, 2019, p.189).

「양직공도」와 관련해 부남국은 아래 표에서와 같이 고덕겸모본에만 사신도가 하나 남아 있을 뿐이고, 제기는 전해지지 않는다.

「양직공도」 모본별 부남국 관련 정보

사신도			제기	
고덕겸모본	북송모본	염립본모본	북송모본	장경모본
○	없음	없음	없음	없음

고덕겸모본에 보이는 부남국 사신의 모습은, 『양서』 제이전에서 부남과 풍속이 비슷하다고 언급된 주변 나라인 임읍국, 낭아수국(狼牙脩國), 간타리국(干陁利國) 등의 인물과 유사하다(中村和樹, 2014, pp.113~114). 먼저 눈길을 끄는 점은 곱슬머리, 윗옷을 입지 않아 맨몸을 드러낸 상반신, 그리고 맨발이다. 『진서(晉書)』 사이전에는 부남국 사람을 묘사하면서 "…(중략) [피부는] 검고 곱슬머리(拳髮)이며, 벌거벗고 맨발로 다닌다"라고 언급하고 있는데, 이러한 서술과 상당 부분 일치하는 측면이 있음을 알 수 있다.

하의는 치마가 아니라 짧은 바지 형태의 옷으로, 천을 무릎 높이로 두르고 한쪽 끝을 다리 사이로 빼서 뒤편 허리춤에 집어넣는 방식(강희정, 2011, p.57)에 가깝게 묘사한 것으로 보인다. 이는 『남제서』 열전에서 부남국의 의상에 대해 "대가(大家)의 남자는 비단을 잘라 횡폭(橫幅)으로 삼고 …(중략) 가난한 이는 베로 스스로를 가렸다"라고 서술했던 것에 해당한다. 『양서』 제이전에는 이와 관련해 좀 더 구체적인 이야기가 전하는데, 본래 부남국의 풍속에 남자는 옷을 만들어 입지 않았다가 손오 시기에 이르러 국왕 범심(范尋)이 비로소 횡폭, 곧 간만(干縵, 干漫)을 입도록 지시했다고 한다.

한편 인물의 목과 위팔, 팔목을 보면 구슬로 만든 목걸이와 팔찌를 착용하고 있는 것으로 나타난다. 조금씩 차이는 있지만 이 또한 임읍국, 낭아수국 등의 사신과 비슷한 모습이다. 다만 이들 사신은 대체로 발목에도 같은 장신구를 착용한 것으로 묘사되는데, 반면 부남국이나 간타리국 사신의 발목에는 없다. 부남국의 장신구에 관한 문헌 기록으로는 『남제서』 열전에서 금반지와 팔찌를 언급하는 정도라 이와 직접 관련 짓기는 어렵다.

그러나 옥 에오를 비롯한 여러 유적에서 다양한 유리구슬이 대량 출토되고 있는 점이나, 천감 18년(519)에 국왕 유타발마(留陁跋摩)가 양에 공헌할 때 '화제주(火齊珠)'를 보냈다는 『양서』의 기록이 있어, 부남인들이 사신도에 보이는 것과 같이 이러한 구슬을 꿰어 만든 장신구를 즐겨 착용했던 것으로 추정할 수 있다(한성백제박물관 편, 2019, p.35, p.89). 한편 이러한 유리구슬은 백제 유적에서 출토되는 것과 비교할 때 제작기법과 성분이 유사하다고 지적되어, 부남과 백제의 교섭을 뒷받침해주는 물적 근거로 보기도 한다(김규호 외, 2016).

사신도

고덕겸모본 扶南國	북송모본	염립본모본
	없음	없음

부남국(扶南國)

제기

○ **북송모본**

없음

○ **장경모본**

없음

참고자료

○ **『진서』 권97 부남국**

부남국은 임읍으로부터 서쪽으로 3,000여 리 떨어져 있다. 바다 큰 만(灣) 가운데 있으며 영토는 넓이가 3,000리에 이르고 성읍과 궁실이 있다. 사람들은 생김새가 추하고 피부색은 검으며 머리카락은 곱슬곱슬하고 벌거벗은 몸에 맨발로 다닌다. 품성이 질박, 강직하여 도둑질이나 노략질을 하지 않는다. 농사를 업으로 하여 1년에 한 번 파종하고 3번 수확한다. 또 기둥과 그릇에 문양을 새겨 넣는 것을 좋아하고 식기는 대부분 은으로 만든 것을 사용한다. 세금으로 금은, 구슬, 향 등을 바친다. 또한 문서와 기록 보관소가 있으며 문자는 오랑캐 것과 비슷하다. 상장례나 혼례는 대략 임읍과 비슷하다.[790]

○ **『남제서』 권58 부남국**

부남인은 교활하고 꾀가 많아, 주변의 복속되지 않는 사람들을 공략하여 노비로 삼고, 금은과 비단을 교역하였다. …(중략) 온갖 사탕수수와 석류 그리고 귤이 나고, 빈랑(檳榔)이 많

---

[790] "扶南西去林邑三千餘里, 在海大灣中, 其境廣袤三千里, 有城邑宮室. 人皆醜黑拳髮, 倮身跣行. 性質直, 不爲寇盜, 以耕種爲務, 一歲種, 三歲穫. 又好雕文刻鏤, 食器多以銀爲之. 貢賦以金銀珠香. 亦有書記府庫, 文字有類於胡. 喪葬婚姻略同林邑."

이 나며, 조류와 짐승은 중국과 같다. 사람들은 태어나면서부터 성품이 착하고 전쟁에 익숙하지 않아, 항상 임읍의 침략을 받아 교주와 교류할 수 없어, 그 사신이 드물게 왔다.[791]

○『양서』권54 부남국

부남국은 일남군의 남쪽에 있으며, 해서대만(海西大灣)의 중간에 있다. 일남과의 거리는 7,000리는 족히 되며, 임읍의 서남쪽 3,000여 리 지점에 있다. 도성은 바다로부터 500리 떨어져 있다. 큰 강이 있는데, 넓이가 10리이며, 서북쪽에서 흘러나와 동쪽으로 바다에 들어간다. 그 나라의 넓이는 사방 3,000여 리이며, 땅은 우묵하게 아래로 꺼져서 평평하고 넓고, 기후와 풍속은 크게 견주어 임읍과 같다. 금·은·동·주석·침목향(沉木香)·상아·공작·오색앵무가 난다. …(중략) 부남국의 풍속은 본디 나체에 문신하고 머리를 풀어헤친 채 의상(衣裳)을 만들지 않았다. …(중략) 손오 시기에 중랑 강태와 선화종사 주응을 범심의 나라에 사자로 보냈는데, 나라 사람들은 벌거벗은 거나 다름없고 오직 부인들만이 관두(貫頭)를 입었을 뿐이었다. [강]태와 [주]응이 말하여 이르기를, "나라 안이 실로 아름다운데, 단지 사람들만이 무람없이 드러내어 놓고 다니니 참으로 괴이합니다"라고 하였다. [범]심이 비로소 영을 내려 국내의 남자들에게 횡폭(橫幅)을 입게 하였다. 횡폭은 지금의 간만(干漫)이다. 대가(大家)는 비단을 끊어 만들어 입었고, 가난한 자들은 베로 만들어 입었다.[792]

[이일규]

---

791) "扶南人黠惠知巧, 攻略傍邑不賓之民爲奴婢, 貨易金銀綵帛. …(중략) 有甘蔗·諸蔗·安石榴及橘, 多檳榔, 鳥獸如中國. 人性善, 不便戰, 常爲林邑所侵擊, 不得與交州通, 故其使罕至."

792) "扶南國, 在日南郡之南, 海西大灣中. 去日南可七千里, 在林邑西南三千餘里. 城去海五百里. 有大江廣十里, 西北流, 東入於海. 其國輪廣三千餘里, 土地洿下而平博, 氣候風俗大較與林邑同. 出金·銀·銅·錫·沉木香·象牙·孔翠·五色鸚鵡. …(중략) 扶南國俗本躶體, 文身被髮, 不制衣裳. …(중략) 吳時, 遣中郎康泰·宣化從事朱應使於尋國, 國人猶裸, 唯婦人著貫頭. 泰·應謂曰, 國中實佳, 但人褻露可怪耳. 尋始令國內男子著橫幅. 橫幅, 今干漫也. 大家乃截錦爲之, 貧者乃用布."

여단국(女蜑國)

개요

여단국(女蜑國)은 염립본모본에 그 사신이 묘사되어 있으나, 제기는 전하지 않는다. 해당 사신도를 보면 모자나 복장의 형태가 고덕겸모본의 임강만(臨江蠻) 사신과 매우 유사하다. 또 같은 염립본모본에 묘사된 '건평단(建平蜑)'이나 고덕겸모본에 묘사된 '건평만(建平蠻)'과도 복장에 유사성이 보이는데, 여단국 사신의 경우 이들과 달리 신발을 신고 있다는 점에서 약간의 차이가 있다. 이로 보아 여단국은 임강만이나 건평단(혹은 건평만)과 유사한 문화적 요소를 공유하는 세력이었을 것으로 추정된다.

「양직공도」 모본별 여단국 사신 관련 정보

사신도			제기	
고덕겸모본	북송모본	염립본모본	북송모본	장경모본
없음	없음	○	없음	없음

문헌을 살피면 『양서』 제이전 동이(東夷) 조에 "여국(女國)"이 보이지만, 이는 여단국과는 직접적인 관계가 없어 보인다. 여단국과 관련하여 가장 주목되는 견해는 "여수(汝水)"라는 지명과 연결하는 나카무라 카즈키(中村和樹)의 의견이다. 『남제서』 주군지 상에 '여남군(汝南郡)'이 보이고 영주(郢州) 강하군(江夏郡)에도 '여남(汝南)'이라는 지명이 확인되는데, '여단(女蜑)'의 '여(女)'가 '여(汝)'와 통한다고 볼 수 있다면, 여단(女蜑)을 양(梁)의 북방, 즉 북위(北魏)와의 경계 부근 여수가 흐르는 곳에 거주하는 단(蜑)일 것으로 추정해볼 수 있다(中村和樹,

2014, p.120).

나카무라 카즈키는 천문만(天門蠻)·건평단(建平蜑)·임강만(臨江蠻)·여단(女蜑)을 모두 형주(荊州) 주변 내지는 양의 영역 내에 있는 집단으로 보고 있는데, 여단이 여수 유역에 거주하는 만(단)이라면 위의 기록에 근거하여 예주만(豫州蠻)의 일종으로 볼 수 있지 않을까 한다. 한편, 전술하였듯 염립본모본의 사신 묘사가 고덕겸모본의 임강만 사신과 매우 유사한데, 이런 점에 주목하여 양자를 같은 사신으로 보는 견해도 있다(米婷婷, 2020, p.57).

사신도

고덕겸모본	북송모본	염립본모본 女蜑國
없음	없음	

제기

○ 북송모본
없음

○ 장경모본
없음

참고자료

○ 『남사』 권79 예주만

　예주만(豫州蠻)은 늠군(廩君)의 후예이다. 반호(盤瓠)·품군의 일은 모두 전사(前史)에 갖추어져 있다. 서양군(西陽郡)에 파수(巴水)·기수(蘄水)·희수(希水)·적정수(赤亭水)·서귀수(西歸水)가 있는데, 이[곳에 사는 만]을 일러 오수만이라 한다. 소재지는 모두 깊고 험준한 곳으로 종족과 부락이 번성하여 대대로 도적이 되었다. 북으로는 회수(淮水)·여수(汝水)에 접하고, 남으로는 장강(長江)·한수(漢水)에 달하니 [그] 땅은 사방 수 천리였다.[793]

[이승호]

---

793) "豫州蠻, 廩君後也. 盤瓠·廩君事, 並具前史. 西陽有巴水·蘄水·希水·赤亭水·西歸水, 謂之五水蠻. 所在並深岨, 種落熾盛, 歷世爲盜賊. 北接淮·汝, 南極江·漢, 地方數千里."

백목조국(白木條國)[794]

개요

『사분율행사초간정기(四分律行事鈔簡正記)』(이하『간정기』)에서는『공직도(貢職圖)』를 인용해 백목조국(白木條國) 공헌 기사(記事)를 전하고 있다.『간정기』는 오대(五代) 시기의 승려 경소(景霄)의 저술로, 당의 승려 도선(道宣, 생애: 596~667)이 찬술한『사분율산번보궐행사초(四分律刪繁補闕行事鈔)』(이하『사분율행사초(四分律行事鈔)』)에 대한 60여 종의 주석서 중 하나이다.

『사분율행사초』를 보면,「양직공도」를 인용해서 서번(西蕃)의 백목조국이 와서 공헌하였다고 하였다. 이로 보아『간정기』에서 인용한『공직도』는「양직공도」로 파악된다. 그렇다고 한다면『간정기』에 인용된『공직도』의 백목조국 공헌 기사는「양직공도」의 일문이었을 가능성이 있다. 비단『간정기』만 아니라 당대의 승려 대각(大覺)이 찬술한『사분율행사초비(四分律行事鈔批)』를 비롯해『사분율행사초』에 대한 여러 주석서를 보아도「양직공도」에는 백목조국에 대한 서술이 있었다고 생각되는데, 현재로서는『간정기』의 기사가 가장 자세하다. 자오찬펑(趙燦鵬)은 2023년 발간한「양직공도」주석서(趙燦鵬, 2023, pp.64~65)에서『간정기』의 백목조국 공헌 기사를 발췌해「양직공도」의 일문으로 수록하였다.

현재 백목조국의 위치는 분명하지 않다. 다만『사분율』에서 백목조국은 동방 변경의 대표적인 나라로 제시되었고,「양직공도」의 일문에 서방 혹은 서번으로 서술되어 있다는 점에서, 지금의 인도와 남중국의 사이에 소재하였던 것으로 짐작된다. 당의 승려 도세(道世)가 668년에 편찬한『법원주림(法苑珠林)』(권89)을 보면, 진단(振旦)이 백목조의 동쪽으로 2만

---

794) 원문에 없지만,「양직공도」제기(題記)의 형식에 따라 보입하였다(趙燦鵬, 2023,『南朝梁元帝職貢圖題記釋文校證』, 社會科學文獻出版社, pp.64~65).

7,000리에 있었다고 하였다.[795]

「양직공도」 모본별 백목조국 사신 관련 정보

사신도			제기	
고덕겸모본	북송모본	염립본모본	북송모본	장경모본
없음	없음	없음	없음	없음

사신도
없음

제기
없음

참고자료

○ 『사분율행사초간정기』

서방(西方)[796]의 백목조국(白木條國)[797]에서 주준백마(朱駿白馬)[798] 1필, 옥상(玉象) 1구 등을 바쳤다.[799]

---

795) 『法苑珠林』卷89, 受捨部. "震旦在白木條東, 二萬七千里"(동국대학교 불교학술원 불교기록문화아카이브, https://kabc.dongguk.edu)
796) 서방(西方): 『四分律刪繁補闕行事鈔』에는 西蕃이라고 하였다.
797) 백목조국(白木條國): 『四分律』과 『四分律名義標釋』에서는 백목조국(白木調國)이라고 하였다.
798) 주준백마(朱駿白馬): 『四分律行事鈔批』에서는 주준마(朱駿馬)라고 하였다.
799) "西方白木條國, 貢朱駿白馬一疋, 玉象一軀等."

백목조국(白木條國)   **341**

○ 당 도선 찬술(撰述), 『사분율산번보궐행사초』 구권하(卷下)1[800]

『[사분]율』에서는 "동방에 나라가 있어 이름하여 백목조(白木條)라고 하는데, 그 밖은 [대계를] 허락한다<양(梁)나라 때의 『공직도(貢職圖)』에서 "서번(西蕃)의 백목조국(白木條國)이 와서 공헌하였다고 하였으니, 즉 이 나라는 그 나라의 동쪽에 있었던 것이다.>."[801]

○ 당 대각(大覺) 찬(撰), 『사분율행사초비(四分律行事鈔批)』 권12본, 참육취법편(懺六聚法篇) 제16[802]

양나라 때의 『공부도(貢賦圖)』에서 전하는 바를 살펴보니, '양나라 조정에 백목조국인(白木條國人)이 온 적이 있었다. 이 나라에서 주준마(朱駿馬)를 공헌하였는데, 서쪽에서 왔다'고 하였다.[803]

○ 후진(後秦) 계빈삼장(罽賓三藏) 불타야사(佛陀耶舍)·축불념(竺佛念) 등 공역(共譯), 『사분율(四分律)』 권39[804]

[부처께서] 여러 비구에게 말씀하셨다. "아습바아반제국(阿濕婆阿槃提國)에서는 계율 지키는 이가 다섯 명만 있으면 대계(大戒, 구족계)를 받을 수 있도록 허락한다. 만약 다른 지역도 [그와 같으면] 역시 [구족계를] 허락한다. 다른 지역은 [다음과 같다.] 동방으로 나라가 있어 이름하여 백목조국(白木調國)이라고 하는데, 그 밖으로 허락한다. 남방으로 탑이 있어 이름하여 정선탑(靜善塔)이라고 하는데, 그 밖으로 허락한다. 서방으로 국산(國山)이 있어 이름하여 일사리선인종산(一師梨仙人種山)이라고 하는데, 그 밖으로 허락한다. 북방으로 나라가 있어 이름하여 주(柱)라고 하는데 그 밖으로 허락한다. 이와 같은 여러 지역 밖에도 계율 지키는 이가 다섯 명만 있으면 대계를 받을 수 있도록 허락한다.[805]

---

800) 『大正新脩大藏經』 第40 冊1804(http://www.buddhason.org)
801) "律云, 東方有國, 名白木條, 已外便聽<按梁時貢職圖, 云西蕃白木條國來貢獻, 則此在彼東>."
802) 『新纂續藏經』 第42 冊736(http://www.buddhason.org)
803) "按梁時貢賦圖云者, 謂梁朝有白木條國人來, 此方貢朱駿馬, 云從西來."
804) 『大正新脩大藏經』 第22 冊1428(http://www.buddhason.org/tripitaka/index.php)
805) "諸比丘言, 聽阿濕婆阿槃提國持律五人, 得受大戒. 若有餘方亦聽. 餘方者. 東方有國, 名白木調國, 已外便聽.

○ 후당(後唐) 경소(景霄) 찬(纂), 『사분율행사초간정기(四分律行事鈔簡正記)』 권15 종참육취편필이지편(從懺六聚篇畢二之篇)[806]

백목조(白木條) 등은 『[사분]율』에 전한다. "동방에 나라가 있어 이름하여 백목조라고 하는데, 백목조의 바깥 변경에서 [대계를] 허락한다. 남방에 탑이 있어 이름하여 정선(靜善)이라고 하는데, 정선의 바깥 변경에서 허락한다. 서방에 산이 있어 이름하여 사리불(師利弗)이라고 하는데, 불인(佛人)의 무리 이외에도 허락한다. 북방에 나라가 있어 이름하여 주(柱)라고 하는데, 주에서도 허락한다." 『공직도(貢職圖)』는 높은 직임을 맡은 사람과 더불어 부용 제국(諸國)에서 온 방문(貢物)을 그린 것으로, 『[공직]도』에서 "서방 백목조국(白木條國)에서 주준백마(朱駿白馬) 1필과 옥상(玉象) 1구 등을 공헌하였다"고 한 것을 생각해 보면, 곧 이곳의 위치가 그 나라의 동쪽에 있어 변방에 속한다는 것을 알 수 있다.[807]

○ 명(明) 홍찬재삼(弘贊在犙) 집(輯), 『사분율명의표석(四分律名義標釋)』 권20[808]

중앙이 중앙의 천축(天竺)이다. 천축의 동쪽 변경이 백목조국(白木調國)이고, 남쪽 변경이 정선탑(靖善塔)이며, 서쪽 변경이 일사여선인산(一師黎仙人山)이고, 북쪽 변경이 주국(柱國)이다. 이 4곳에서부터 밖이 이름하여 변국(邊國)이다.[809]

[이정빈]

南方有塔, 名靜善塔, 已外便聽. 西方有國山, 名一師梨仙人種山, 方外便聽. 北方有國, 名柱, 方外便聽. 如是諸方外, 聽持律五人, 得受大戒."

806) 『新纂續藏經』 第43 冊 737(http://www.buddhason.org)

807) "白木條等, 律云. 東方有國, 名曰白木條, 白木條外邊便廳. 南方有塔, 名靜善, 靜善外便廳. 西方有山, 名師利弗, 佛人種外便廳. 北方有國, 名柱, 柱便廳. 貢職圖者, 圖寫高職任人, 及附諸國來貢物. 數圖云, 西方白木條國, 貢朱駿白馬一疋, 玉象一軀等. 則驗知此處, 在彼之東, 屬邊方也."

808) 『新纂續藏經』 第44 冊 744(http://www.buddhason.org)

809) "中是中天竺. 天竺之東際, 白木調國, 南際, 靖善塔, 西際, 一師黎仙人山, 北際, 柱國. 自此四外, 名爲邊國."

필자소개(가나다 순)

권순홍(權純弘, 한국항공대학교 인문자연학부 조교수)
『고구려의 기원과 성립』, 동북아역사재단, 2020 (공저)
「고구려 도시 연구 試論」,『사림』82, 2022
『고대 도성, 권력으로 읽다』, 푸른역사, 2023

김효진(金孝珍, 충청북도역사문화연구원 지역유산팀 연구원)
「高句麗-曹魏 전쟁의 국제적 배경과 특징」,『역사학연구』93, 2024
「2세기 고구려의 對後漢 관계와 국제정세」,『한국고대사연구』113, 2024
「고구려-손오의 單于號 授受 배경과 의미」,『한국고대사탐구』49, 2024

나용재(羅庸宰, 단국대학교 강사)
「백제 관복제(官服制)의 정비시기와 변천과정 검토」,『백제학보』21, 2017
「『양직공도(梁職貢圖)』모본(摹本) 사신도(使臣圖)의 특징과 제작 시기 검토 - 파사국(波斯國) 사신도(使臣圖)를 중심으로 -」,『해양유산』3, 2021
『百濟 官服制의 성립과 운영』, 단국대학교 박사학위논문, 2024

나유정(羅有晶, 한국외국어대학교 역사문화연구소 책임연구원)
「『翰苑』번이부의 전거자료와 편찬태도」,『규장각』59, 2021
「「土溫 墓誌銘」교감과 역주」,『목간과 문자』29, 2022
「「충주고구려비」의 판독과 건립 목적」,『충주학연구』창간호, 2022

남혜민(南慧敏, 연세대학교 강사)
「三韓 소국 네트워크의 위계 구조와 斯盧國」,『한국고대사연구』92, 2018

「신라 마립간기의 지방 통제와 上守吏의 기원」,『동방학지』196, 2021
「지증왕대 喪服法 제정의 배경과 지향」,『영남학』82, 2022

박인호(朴仁浩, 한림대학교 박사과정 수료)
『한국고대사의 뒷골목』, 좋은땅, 2024

박초롱(朴초롱, 이화여자대학교 연구교수)
「진흥왕순수비 건립의 의의」,『사학연구』118, 2015
「지증왕·법흥왕대 왕실 상장례 변화와 그 의미 - 지증왕대 상복법 제정·반행(頒行)문제를 중심으로-」,『한국사상사학』62, 2019
「혜공왕대 '始定五廟'의 정치적 의미」,『한국고대사연구』110, 2023

백길남(白佶楠, 한성백제박물관 학예연구사)
「'百濟略有遼西' 記事의 기술배경과 漢人 유이민 집단 -晉平郡縣 설치를 중심으로-」,『韓國古代史研究』86, 2017
「4세기 말~5세기 초엽 '백제왕(百濟王)'호의 책봉 배경과 '도독백제제군사(都督百濟諸軍事)'호의 의의」,『역사와 현실』115, 2020
『5세기 百濟의 지배체제 정비와 中國 官爵 활용』, 연세대학교 박사학위논문, 2024

백다해(白다해, 동북아역사재단 연구위원)
「'북연 집단'의 이동을 통해 본 430년대 고구려 외교정책」,『선사와 고대』73, 2023
「5세기 高句麗와 柔然의 교섭과 '蒙古草原路'」,『역사문화연구』91, 2024
「4세기 전반 고구려-전연 관계와 '盟'」,『한국고대사연구』118, 2025

안정준(安正埈, 서울시립대학교 국사학과 부교수)
「역사적 공간으로서의 '遼東'과 고구려의 國際秩序 인식 -「廣開土王碑」文에 보이는 국제질

서 인식의 역사적 배경」, 『한국고대사연구』 95, 2019

「「集安高句麗碑」의 建立 목적과 守墓制」, 『목간과 문자』 25, 2020

「樂浪·帶方郡 故地의 고분 속에 구현된 對外用 敍事와 구성 의도 - 「德興里壁畵古墳」의 벽화와 傍題 분석을 중심으로 -」, 『한국고대사연구』 103, 2021

오택현(吳澤呟, 한국학중앙연구원 태학사과정)

「七支刀 再判讀을 통해 본 百濟와 倭」, 『한국고대사연구』 101, 2021

「百濟 大姓八族과 東아시아 8姓」, 『동국사학』 74, 2022

「낙랑 봉니 현황 검토 - 연구현황과 향후 과제를 중심으로 -」, 『木簡과 文字』 33, 2024

위가야(魏加耶, 동북아역사재단 연구위원)

「백제 무령왕대 '更爲强國'설의 재검토」, 『한국고대사연구』 95, 2019

「영역 인식의 交錯지대로서의 전북 동부지역 이해를 위한 小論」, 『백제학보』 38, 2021

「한국고대사 시대 설정에서의 가야사 위상 정립을 위한 시론적 논의」, 『사림』 83, 2023

윤용구(尹龍九, 경북대학교 인문학술원 HK교수)

「《삼국지》·《후한서》 韓傳의 문헌사적 검토: 텍스트 수정을 통한 새로운 이해」, 『한국고대사연구』 111, 2023

「〈樂浪郡戶口簿〉에 보이는 '獲流'에 대하여」, 『목간과 문자』 31, 2023

「출토문헌으로 본 '沃沮'의 성립」, 『한국고대사연구』 115, 2024

이규호(李圭鎬, 동북아역사재단 연구위원)

「梁에 전해진 고구려 정보와 梁職貢圖 張庚摹本」, 『해양유산』 3, 2021

「고구려 중기 官制의 구조적 특징과 奴客」, 『한국고대사연구』 116, 2024

「5세기 중엽 고구려의 신라방면 영향력 확대와 충주고구려비」, 『고구려발해연구』 81, 2025

이승호(李丞鎬, 동국대학교 문화학술원 HK교수)

「부여의 국가구조와 四出道」, 『한국고대사연구』 96, 2019

「고구려의 稱元法과 年號 운용」, 『사학연구』 138, 2020

『물품으로 본 고대 동유라시아 세계』, 경인문화사, 2022(공저)

이일규(李一揆, 연세대학교 강사)

「신라 진흥왕대의 새 영토·주민 시책」, 『한국고대사연구』 96, 2019

「신라·고려 관인의 휴일과 휴가」, 『한국사연구』 203, 2023

「신라국가의 촌락사회 조직화와 승려의 역할」, 『신라문화』 65, 2024

이정빈(李廷斌, 경희대학교 사학과 부교수)

『신라는 정말 삼국을 통일했을까』, 역사비평사, 2023 (공저)

『7세기 국제정세와 고구려-수·당 전쟁』, 동북아역사재단, 2023 (공저)

「해적 張伯路와 2세기 전반 동아시아 국제정세」, 『백산학보』 125, 2023

이종록(李宗祿, 고려대학교 연구교수)

「高句麗와 玄菟郡의 관계와 幘溝漊 설치 배경 검토」, 『선사와 고대』 99, 2018

「1~3세기 고구려의 두만강 유역 지배방식과 柵城」, 『역사와 현실』 116, 2020

「4~5세기 고구려-숙신 관계와 三江平原의 주민집단」, 『고구려발해연구』 80, 2024

장미애(張美愛, 가톨릭대학교 강사)

「『일본서기(日本書紀)』 응신기(應神紀)의 성격과 5세기 전반 백제-왜 관계의 이해」, 『역사와 현실』 120, 2021

「백제의 對倭交涉에서 質의 역할」, 『사림』 82, 2022

「東城王代 정치상황과 苩加의 난」, 『한국고대사연구』 111, 2023

장유나(張有娜, 동국대학교 한국불교인문학과 박사과정)

「신라 寺院成典의 위상 변화」, 숙명여자대학교 석사학위논문, 2019

전상우(全相禹, 단국대학교 강사)

「《양서》고구려전의 원전(原典)과 편찬 방식」, 『동북아역사논총』 68, 2020

「『한원』 신라전의 분석과 저술 목적」, 『규장각』 59, 2021

「隋代의 외국 정보 수집과 『동번풍속기』」, 『선사와 고대』 71, 2023

전진국(田鎭國, 강원대학교 강사)

「고대 창녕지역의 소국 설정」, 『한국고대사연구』 101, 2021

「진번 위치에 대한 재검토」, 『한국사연구』 197, 2022

「진변한 24국 위치 비정」, 『한국상고사학보』 118, 2022

정지은(鄭芝恩, 동국역사문화연구소 연구원)

「3~4세기 백제(百濟)의 대중(對中)교섭과 동이교위(東夷校尉)」, 『역사와 현실』 112, 2019

「4세기 백제의 건국신화 정립과 부여씨」, 『동국사학』 77, 2023

참고문헌

자료

北宋摹本[北京, 中國國家博物館藏, (南京博物院舊藏)]

南唐顧德謙摹本[臺北, 國立故宮博物院藏 (故畫001389N000000000)]

唐閻立本王會圖[臺北, 國立故宮博物院藏. (故畫001379N000000000)]

張庚摹本(淸,『愛日吟廬書畫續錄』)

『史記』

『漢書』

『後漢書』

『三國志』

『晉書』

『宋書』

『魏書』

『南齊書』

『梁書』

『周書』

『隋書』

『南史』

『北史』

『舊唐書』

『新唐書』

『舊五代史』

『高僧法顯傳』

『攻媿集』

『大唐內典錄』

『大唐西域記』

『德隅堂畫品』

『佛祖歷代通載』(念常 撰)

『四分律行事鈔簡正記』

『四分律刪繁補闕行事鈔』(唐 道宣 撰述)

『四分律行事鈔批』(唐 大覺 撰)

『四分律』(後秦 罽賓三藏·佛陀耶舍·竺佛念 等 共譯)

『四分律行事鈔簡正記』(後唐 景霄 纂)

『四分律名義標釋』(明 弘贊在犙 輯)

『續高僧傳』

『翰苑』

동북아역사재단 편, 2009, 『史記 外國傳 譯註』, 동북아역사재단

동북아역사재단 편, 2009, 『漢書 外國傳 譯註 (下)』, 동북아역사재단

동북아역사재단 편, 2009, 『後漢書 外國傳 譯註 (下)』, 동북아역사재단

동북아역사재단 편, 2009, 『三國志·晉書 外國傳 譯註』, 동북아역사재단

동북아역사재단 편, 2010, 『宋書 外國傳 譯註』, 동북아역사재단

동북아역사재단 편, 2010 『南齊書·梁書·南史 外國傳 譯註』, 동북아역사재단

동북아역사재단 편, 2010 『魏書 外國傳 譯註』, 동북아역사재단

동북아역사새난 편, 2010, 『周書·隋書 外國傳 譯註』, 동북아역사재단

동북아역사재단 편, 2010, 『北史 外國傳 譯註 (下)』, 동북아역사재단

동북아역사재단 편, 2011, 『舊唐書 外國傳 譯註 (下)』, 동북아역사재단

동북아역사재단 편, 2011, 『新唐書 外國傳 譯註 (下)』, 동북아역사재단

이성제 외, 2020, 『譯註 中國正史 東夷傳(4) 晉書~新五代史 新羅』, 동북아역사재단

국문 저서

국사편찬위원회 편, 1987, 『中國正史朝鮮傳 譯註 (1)』, 신서원

김소현, 2003, 『호복: 실크로드의 복식』, 민속원

김영심, 1998, 『百濟 地方統治體制 硏究』, 서울대학교 박사학위논문

김종완, 1995, 『中國南北朝史硏究: 朝貢·交聘關係를 중심으로-』, 一潮閣

金泰植, 1993, 『加耶聯盟史』, 一潮閣

노중국, 1988, 『百濟政治史硏究』, 一潮閣

무경 편, 박희병 역, 2000, 『베트남의 신화와 전설』, 돌베개

박한제, 1988, 『中國中世胡漢體制硏究』, 일조각

박한제, 2019, 『중국 중세 호한체제의 정치적 전개』, 일조각

발레리 한센 저, 류형식 역, 2015, 『실크로드-7개의 도시』, 소와당

三崎良章 저, 김영환 역, 2007, 『五胡十六國-中國史上의 民族 大移動-』, 景仁文化社

서규석, 2013, 『잊혀진 문명 참파』, 리북

안현주, 2020, 『唐代《王會圖》의 使臣服飾 硏究』, 성균관대학교 박사학위논문

양진성, 2016, 『南朝時期의 文書行政에 관한 硏究』, 연세대학교 박사학위논문

연규동, 2023, 『세계의 문자사전』, 따비

유인선, 2016, 『베트남』, 세창출판사

유인선, 2018, 『베트남의 역사』, 이산

李弘稙, 1971, 『韓國古代史의 硏究』, 新丘文化社

임매촌 저, 장민 외 역, 2020, 『실크로드 고고학 강의』, 소명출판

임영진 외, 2019, 『중국 梁職貢圖 馬韓諸國』, 학연문화사.

정수일, 2013, 『실크로드 사전』, 창비

주달관 저, 최병욱 역, 2013, 『진랍풍토기』, 산인

千寬宇, 1991, 『加耶史硏究』, 一潮閣

천득염·허지혜, 2017, 『동양의 진주, 스리랑카의 역사와 문화』, 심미안

한성백제박물관 편, 2019, 『베트남 옥에오 문화』

玄奬 저, 김규현 역, 2013, 『대당서역기』, 글로벌콘텐츠

慧超 저, 김규현 역, 2013, 『왕오천축국전』, 글로벌콘텐츠

중문 저서

樊翔, 2016, 『仇池与南北政权的冲突与交往』, 兰州大学 博士研究生学位论文

王素, 1998, 『高昌史稿: 統治編』, 文物出版社

余太山, 1986, 『嚈噠史研究』, 齊魯書社(2012, 『嚈噠史研究』, 商務印書館)

余太山, 2003, 『兩漢魏晋南北朝正史西域傳研究』, 中華書局

余太山, 2005, 『兩漢魏晋南北朝正史西域傳要注』, 中華書局

余太山, 2011, 『兩漢魏晋南北朝與西域關係史研究』, 中華書局

劉芳如·鄭淑方 編, 2019, 『四方來朝: 職貢圖特別展』, 國立故宮博物院

刘新生, 2005, 『文莱』, 社会科学文献出版社

趙燦鵬, 2014, 『梁書諸夷傳異文比勘』, 齊魯書社

趙燦鵬, 2023, 『南朝梁元帝職貢圖題記釋文校證』, 社會科學文獻出版社

周伟洲, 2006, 『吐谷浑史』, 广西师范大学出版社

黄心川主, 1998, 『南亚大辞典』, 四川人民出版社

일문 저서

榎一雄, 1992, 『榎一雄著作集 7』, 汲古書院

堀內淳一, 2018, 『北朝社会における南朝文化の受容: 外交使節と亡命者の影響』, 東方書店

內田吟風, 1975, 『北アジア史研究 -鮮卑柔然突厥篇-』, 同朋舎

鈴木靖民·金子修一, 2014, 『梁職貢図と東部ユーラシア世界』, 勉誠出版

池端雪浦, 1999, 『東南アジア史（Ⅱ）島嶼部』, 山川出版社

河內春人, 2018, 『倭の五王-王位繼承と五世紀の東アジア-』, 中公新書

河上麻由子, 2011, 『古代アジア世界の對外交涉と佛教』, 山川出版社

기타

P. Pourshariati, 2008, Decline and Fall of the Sasanian Empire, I.B. Tauris

국문 논문

강종훈, 2017, 「『양직공도』의 사료적 가치와 독법」, 『한국고대사 사료비판론』, 교육과학사

강희정, 2011, 「미술을 통해 본 唐 帝國의 南海諸國 인식」, 『중국사연구』 72

권오영, 2017, 「狼牙修國과 海南諸國의 세계」, 『백제학보』 20

권오영, 2019, 「백제와 푸난(扶南)의 교섭」, 『베트남 옥에오 문화』

기종수, 2013, 「베트남 참파 왕조의 사원과 조상」, 『한국의 고고학』 24

김규호 외, 2016, 「베트남 옥 에오(Oc Eo) 유적 출토 유리구슬의 재질 및 특성 연구」, 『문화재』 49-2

김선숙, 2017, 「『梁職貢圖』·『梁書』의 신라 국호 異稱에 대한 검토」, 『국학연구』 32

김유철, 2016, 「양진남북조·수대의 정사 외국전과 그 세계」, 『중국정사 외국전이 그리는 '세계'들』, 역사공간

金鍾完, 1981, 「梁書 東夷傳의 文獻的 檢討: 高句麗·百濟·新羅傳을 中心으로」, 『論文集』 3

김종완, 1993, 「仇池 楊氏政權과 南北朝의 關係」, 『又石大學校 論文集』 15

金鍾完, 2000, 「《梁職貢圖》百濟國記의 文獻的 檢討」, 『東아시아 歷史의 還流』, 知識産業社

金鍾完, 2001, 「『梁職貢圖』의 성립 배경」, 『중국고중세사연구(舊 魏晉隋唐史研究)』 8

나용재, 2021, 「『양직공도(梁職貢圖)』 모본(摹本) 사신도(使臣圖)의 특징과 제작 시기 검토-파사국(波斯國) 사신도(使臣圖)를 중심으로-」, 『해양유산』 3

노중국, 1991, 「漢城時代 百濟의 檐魯制 實施와 編制基準」, 『계명사학』 2

라선정, 2016, 「백제 사신도를 통해 본 백제 복식의 정체성」, 『百濟文化』 55

마성, 1990, 「상좌불교의 종주국 스리랑카」, 『曹溪寺報』 35

문경현, 1970, 「신라국호의 연구」, 『대구사학』 2

백길남, 2017, 「'百濟略有遼西' 記事의 기술배경과 漢人 유이민 집단」, 『한국고대사연구』 86

송기호, 2003, 「고대의 문자생활: 비교와 시기구분」, 『강좌 한국고대사 (5) 문자생활과 역사서의 편찬』, 가락국사적개발연구원

신혜성, 2012, 「제직기술과 문양을 통해 본 금직물(錦織物)의 동서교류에 관한 연구」, 『복식』 62-4

辻正博 저, 서용석 역, 2009, 「中國王朝의 外交政策 -麴氏 高昌國의 사례」, 『동국사학』 46

양기석, 1990, 「백제의 대륙진출설의 허실」, 『역사산책』 2, 1990년 10월호

여호규, 2001, 「백제의 요서진출설 재검토-4세기 후반 부여계 인물의 동향과 관련하여」, 『진단학보』 91

위가야, 2021, 「영역 인식의 交錯지대로서의 전북 동부지역 이해를 위한 小論」, 『백제학보』 38

俞元載, 1989, 「『百濟略有遼西』記事의 分析」, 『百濟研究』 20

윤용구, 2012, 「『梁職貢圖』의 流傳과 摹本」, 『木簡과 文字』 9

尹龍九, 2012, 「현존《梁職貢圖》百濟國記 三例」, 『백제문화』 46

윤용구, 2019, 「『梁職貢圖』와 백제·고구려·신라의 題記」, 『중국 양직공도 마한제국』, 학연문화사

윤용구, 2024, 「6세기 세계사를 보는 창: 〈梁職貢圖〉」, 『백산학보』 130

이경희 외, 2007, 「고구려와 중국의 武冠 비교 연구」, 『한국의상디자인학회지』 9-1

이규호, 2021, 「양(梁)에 전해진 고구려 정보와 『양직공도(梁職貢圖)』 장경모본(張庚模本)」, 『해양유산』 3

李道學, 2008, 「梁職貢圖의 百濟 使臣圖와 題記」, 『百濟文化海外調査報告書 (Ⅵ)』, 국립공주박물관

이동주, 2019, 「신라 왕경의 정의와 그 범위」, 『문헌으로 보는 신라의 왕경과 월성』, 국립경주문화재연구소

李丙燾, 1954, 「古代南堂考」, 『서울대학교 논문집』 1

이용현, 2006, 「《梁書》·《隋書》·《南史》·《北史》의 新羅傳 비교 검토: 통일이전 신라 서술 중국 사료의 성격」, 『新羅史學報』 8

이용현, 2007, 「梁職貢圖·百濟國使條의 '旁小國'」, 『가야제국과 동아시아』, 통천문화사

이용현, 2020, 「己汶·帶沙의 위치와 그 위상」, 『전북사학』 59

이진민·남윤자·조우현, 2001, 「『王會圖』와 『蕃客入朝圖』에 묘사된 三國使臣의 服飾 硏究」, 『服飾』 51-3

李弘稙, 1965, 「梁職貢圖論考」, 『高麗大學校開校60週年紀念論文集(人文科學篇)』(1971, 『韓國古代史의 硏究』, 新丘文化社)

정동준, 2011, 「백제 담로제(檐魯制)의 역사적 위상에 대한 시론」, 『역사와 현실』 79

정동준, 2017, 「5세기 동아시아에서의 책봉호의 정치적 의미-백제 및 남조 주변제국에 수여된 장군호를 중심으로-」, 『역사와 세계』 52

정동준, 2018, 「6세기 동아시아에서의 책봉호의 정치적 의미-국제정세의 변동과 백제의 책봉호에 반영된

　　　　　인식을 중심으로-」, 『사림』 66

정동준, 2022, 「소역(蕭繹)의 생애와 『양직공도(梁職貢圖)』의 편찬」, 『선사와 고대』 68

정면, 2012, 「'南蠻' 및 '海南' 諸國과 隋唐代 中國의 국제관계」, 『동북아역사논총』 35

정은주, 2015, 「중국(中國) 역대(歷代) 직공도(職貢圖)의 한인도상(韓人圖像)과 그 인식」, 『漢文學論集』 42

조우연, 2019, 「『三國史記』 高句麗本紀에 보이는 修辭的 표현과 사료 구성」, 『韓國古代史探究』 32

주경미, 2008, 「스리랑카의 佛齒精舍와 동아시아의 求法僧」, 『역사와 경계』 69

주경미, 2013, 「인도네시아 중부 자바의 고대 금속공예품 연구」, 『역사와 경계』 86

주보돈, 1998, 「신라 국호의 확정과 민의식의 성장」, 『신라지방통치체제의 정비과정과 촌락』, 신서원

洪思俊, 1981, 「梁代職貢圖에 나타난 百濟國使의 肖像에 대하여」, 『百濟研究』 12

洪潤基, 2004, 「〈梁職貢圖〉의 백제사신과 劉勰」, 『中國語文論叢』 27

북한 논문

김세익, 1967, 「중국 료서지방에 있었던 백제의 군에 대하여」, 『력사과학』 1967-1

김용준, 1959, 「백제 복식에 관한 자료」, 『문화유산』 1959-6

손영종, 2010, 「《백제국사》그림에 보이는 백제 주변의 소국들에 대하여」, 『력사과학』 2010-4

정찬영, 1962, 「량 원제의 《직공도》에 대하여」, 『문화유산』 1962-6

중문 논문

甄逸伦, 1990, 「武兴国之始末」, 『兰州教育学院学报』 1990-1

霍巍, 2022, 「梁元帝《职贡图》与"西戎"诸国」, 『民族研究』 2022-4

郭懷宇, 2011, 「《職貢圖》的時代風格再研究」, 『美術』 2011-2

金維諾, 1960, 「職貢圖之時代與作者」, 『文物』 1960-7(2004, 『中國美術史論集』(上卷), 黑龍江美術出版社)

杜帅荞, 2020, 「从萧绎《职贡图》看百济与南朝梁关系」, 『开封文化艺术职业学院学报』 40-4

罗建新, 2020, 「中国古代职贡图像研究的回顾与前瞻」, 『中国史研究动态』 2020-2

羅建新, 2024, 「中國國家博物館藏《職貢圖》(北宋摹本) 辨僞」, 『历史文献研究』 2024-1

罗丰, 2020, 「邦国来朝: 台北故宫藏职贡图题材的国家排序」, 『文物』 2020-2

連冕, 2008, 「宋摹梁元帝《職貢圖》與中古域外"冠服"」『裝飾』 2008-12

莫莹萍·府建明, 2016, 「梁元帝《职贡图》"倭国使"题记二题」『北华大学学报(社会科学版)』 2016-4

米婷婷, 2016, 「梁职贡图摹本源流初探」 中国艺术研究院 碩士學位論文

米婷婷·王素, 2020, 「隋封高昌王麹伯雅弁国公索隐-兼谈梁元帝《职贡图》的影响」『西域研究』 2020-02

米婷婷, 2020, 「梁元帝《职贡图》"女蜑"即"临江蛮"考」『文物』 2020-2

米婷婷, 2020, 「梁元帝《職貢圖》的形成」『魏晋南北朝隋唐史資料』 41

徐日辉, 1988, 「武兴国述论」『西北师范大学学报』 1998-3

余太山, 1988, 「《梁書·西北諸戎傳》與《梁職貢圖》-兼說今存《梁職貢圖》殘卷與裴子野《方國使圖》的關係」『燕京學報』 1998-5, 北京大學出版社(2003, 『兩漢魏晉南北朝正史西域傳研究』, 中華書局)

叶原·高丽, 2023, 「异质与差序 : 宋摹本萧绎《职贡图》中的使节形象」『美术』 2023-8

王文源, 2017, 「梁职贡图研究综述」『散文百家(新语文活页)』 2017-8

王素, 1992, 「梁元帝 职贡图 新探: 兼说滑及高昌国史的几个问题」『文物』 1992-2

王素, 2012, 「梁元帝《職貢図》'龜茲國使'題記疏證」『龜茲學研究』 5

王素, 2020, 「梁元帝《职贡图》与西域诸国」『文物』 2020-2

王素, 2020, 「梁元帝《職貢圖》"高昌國使"圖像與題記」『魏晋南北朝隋唐史資料』 41

王素, 2020, 「梁元帝《职贡图》与《梁书·诸夷传》」

李孟彧, 2015, 「从《职贡图》卷到《乾陵王宾像》看初唐时期的对外交流」『荣宝斋』 2015-12

李霖灿, 2010, 「从《职贡图卷》说起」『中华文化画报』 2010-10

李昀, 2022, 「使者与商人:6~8世纪粟特和中国的交往与职贡图绘」『丝绸之路研究集刊』 2022-2

李昀, 2022, 「梁元帝《职贡图》与唐阎立本《王会图》:现存《职贡图》摹本题跋辨伪」『中国国家博物馆馆刊』 223

李垠周, 2001, 「早期職貢題材繪画之再探討」『美術研究』 2001-3

李志敏, 1999, 「关于麹氏高昌王国主体居民族属问题」『喀什师范学院学报』 1999-03

佚名, 2025, 「《职贡图》卷(局部)」『中国国家博物馆馆刊』 2025-3

林樹中, 2004, 「蕭繹與《職貢圖》」『六朝藝術』 南京出版社

岑仲勉, 1961, 「現存的職貢圖是梁元帝原本嗎」『中山大學學報』(社會科學) 1961-3(1981, 『金石論叢』, 上

海古籍出版社)

张勇革, 2011, 「萧绎与阎立本《职贡图》的比较研究」, 『新课程学习·中』 2011-11

錢伯泉, 1988, 「《職貢圖》與南北朝時代的西域」, 『新疆社會科學』 1988-3

田惠, 2021, 「南朝到唐代中土与西域服饰的演变与相互影响: 以《职贡图》与《客使图》的对比为例」, 『南宁职业技术学院学报』 29-1

丁莉·杨琴·姜鹏·徐小蕾·罗旭东·张洋, 2022, 「基于高光谱成像技术的中国古代书画研究: 以中国国家博物馆藏《职贡图》(北宋摹本)为例」, 『中国国家博物馆馆刊』 228

趙燦鵬, 2011, 「南朝梁元帝《職貢圖》題記佚文的新發現」, 『文史』 94

趙燦鵬, 2011, 「南朝梁元帝《職貢圖》題記佚文續拾」, 『文史』 97

趙燦鵬·潘龙威, 2022, 「南朝梁元帝《职贡图》历代摹本著录述略」, 『历史文献与传统文化』 2022-2

陳連慶, 1987, 「輯本梁元帝《職貢圖》序」, 『古籍整理研究學刊』 1987-3

陳繼春, 2006, 「蕭繹《職貢圖》的再研究」, 『中國美術史論文集』(金維諾教授八十華誕暨從教六十周年紀念文集), 紫禁城出版社

许帅英, 2022, 「〈梁职贡图〉与〈梁书·诸夷传〉的上表文-佛教东传的前期考察」, 郑州大学硕士论文

胡健, 2020, 「梁元帝《芙蓉蘸鼎图》考」, 『中国国家博物馆馆刊』 2020-7

일문 논문

榎一雄, 1963, 「梁職貢圖について」, 『東洋學』 26 (1994, 『榎一雄著作集』 第7卷(中國史), 汲古書院)

榎一雄, 1964, 「滑國に關する梁職貢圖の記事について」, 『東方學』 27 (1994, 『榎一雄著作集』 第7卷(中國史), 汲古書院)

榎一雄, 1969, 「梁職貢圖の流傳について」, 『鎌田博士還曆記念 歷史學論叢』 (1994, 『榎一雄著作集』 第7卷(中國史), 汲古書院)

榎一雄, 1970, 「梁職貢圖に關する攻媿集の記事について」, 『オリエント』 11-1·2 (1994, 『榎一雄著作集』 第7卷(中國史), 汲古書院)

榎一雄, 1985, 「描かれた倭人の使節―北京博物館藏〈職貢圖卷〉」, 『歷史と旅』 12-2 (1994, 『榎一雄著作集』 第7卷(中国史), 汲古書院)

榎一雄, 1987, 「梁職貢圖の起源」,『東方學會創立四十周年記念 東方學論集』(1994,『榎一雄著作集』第7卷 (中國史), 汲古書院)

榎一雄, 1988, 「故宮博物院所藏の梁職貢圖について」,『東洋文庫書報』19, 東洋文庫

關尾史郎, 1993, 「「義和政變」前史: 高昌國王麴伯雅の改革を中心として」,『東洋史研究』52-2

堀内淳一, 2012, 「'魯國'か '虜國'か」,『梁職貢図と東部ユーラシア世界』, 勉誠出版

金子ひろみ, 2014, 「南朝梁の外交とその特質」,『梁職貢圖と東部ユーラシア世界』, 勉誠出版

氣賀澤保規, 2012, 「梁職貢圖にみる倭人像」,『遣隋使がみた風景-東アジア新視點』, 八木書店

鈴木靖民, 2012, 「東アジア世界史と東部ユーラシア世界史: 梁の国際関係・国際秩序・国際意識を中心に」,『専修大学社会知性開発研究センター東アジア世界史研究センター年報』6

鈴木靖民, 2014, 「東部ユーラシア世界史と東アジア世界史」,『梁職貢圖と東部ユーラシア世界』, 勉誠出版

末松保和, 1954, 「梁書新羅傳考」,『新羅史の諸問題』, 東京: 東洋文庫

白鳥庫吉, 1912, 「漢の朝鮮四郡疆域考」,『東洋學報』2-2

本間寛之, 2005, 「麹氏高昌国の将軍号と兼官」,『史觀』153

杉本直治郎, 1956, 「『天竺』名中国伝来経路考」,『東南アジア史研究 (1)』, 日本学術振興会

上田正昭, 1964, 「職貢圖倭人の風俗」,『風俗』3-4(1968, 修訂改題, 「職貢圖の倭國使について」,『日本古代國家論究』, 塙書房)

西嶋定生, 1963, 「職貢圖卷・倭國使」,『世界美術大系』8(中國美術 1), 講談社

石﨑貴比古, 2021, 「天竺の語源に関する一考察」,『印度學佛敎學研究第』69-2

新川登亀男, 2014, 「『梁職貢圖』と『梁書』諸夷傳の上表文」,『梁職貢図と東部ユーラシア世界』, 勉誠出版

深津行德, 1999, 「臺灣故宮博物院所藏『梁職貢圖』模本について」,(『學習院大學東洋學研究所 調査研究報告44) 朝鮮半島に流入した諸文化要素の研究』2

王素, 2014, 「梁職貢圖と西域諸國-新出清張庚模本「諸番職貢図卷」がもたらす問題-」,『梁職貢圖と東部ユーラシア世界』, 勉誠出版

王勇, 2001, 「中国資料に描かれた日本人像-遣唐大使の風貌を中心に-」,『国際日本文学研究集会会議録』24

尹龍九, 2014, 「『梁職貢図』流伝と模本」,『梁職貢図と東部ユーラシア世界』, 勉誠出版

李成市, 1988,「〈梁職貢圖〉の高句麗使圖について」『東アジア史上の國際關係と文化交流』(昭和61·62年度文部省科學研究費補助金總合研究(A)研究調查報告書)

李成市, 2000,「漢字文化の伝播と受容」『東アジア文化圏の形成』山川出版社

李成市, 2014,「『梁職貢図』高句麗·百済·新羅の題記について」『梁職貢図と東部ユーラシア世界』勉誠出版

李鎔賢, 1999,「《梁職貢圖》百濟國使條の〈旁小國〉」『朝鮮史研究會論文集』37

赤羽目匡由, 2014,「新出「梁職貢図」題記逸文の朝鮮關係記事二,三をめぐって」『梁職貢図と東部ユーラシア世界』勉誠出版

中村和樹, 2014,「「梁職貢圖」の國名記載順」『梁職貢圖と東部ユーラシア世界』勉誠出版

澤本光弘·植田喜兵成智, 2014,「『梁職貢図』逸文の集成と略解」『梁職貢図と東部ユーラシア世界』勉誠出版

坂元義種, 1988,「梁職貢圖の倭国使臣圖について」『古代の探究』學生社

河上麻由子, 2014,「『梁職貢図』と東南アジア国書」『梁職貢図と東部ユーラシア世界』勉誠出版

河上麻由子, 2015,「「職貢圖」とその世界觀」『東洋史研究』74

荒川正晴, 1983,「麴氏高昌国の官制について」『史観』109

기타

동국대학교 불교학술원 불교기록문화아카이브, https://kabc.dongguk.edu)

王素,「梁元帝《职贡图》与《梁书·诸夷传》」

(http://www.cnpubg.com/book/2020/0623/51985.shtml)

한국민족문화대백과사전(https://encykorea.aks.ac.kr/Article/E0054619)

「양직공도」 색인

가라국(加羅國) 191

가발단국(呵跋檀國) 13, 33, 217, 244, 246, 249, 250, 251, 252, 253, 254, 255, 257, 258, 263, 311, 316,

가섭가라가려야(迦葉伽羅訶黎邪·伽葉伽羅訶梨邪) 73, 75, 78

가유(嘉維) 71

간타리국(干陀利國) 324, 325, 327, 329, 331,

갈반타국(渴盤他國) 17, 79, 80, 81, 83, 84, 85, 86

감백주(闞伯周) 99

감상(闞爽) 99, 109, 110

감수귀(闞首歸) 99

감패라(蚶貝羅) 287, 291, 293

강빈(絳賓·降賓) 180, 181

강승보(江僧寶) 12, 54,

강태(康泰) 71, 330, 335

거사(車師) 98, 104, 109, 111, 130, 138, 139,

건평군(建平郡) 120

건평단(建平蜑) 14, 114, 119, 120, 336, 337

건평만(建平蠻) 114, 115, 119, 120, 121, 122, 125, 126, 336,

게빈국(罽賓國) 85

「고려자백마도(高麗赭白馬圖)」 13

「고려투압도(高麗鬪鴨圖)」 13

고마(固麻) 162, 164, 166, 171, 173

고명(高明) 144

고보광(顧寶光) 13

고식률타라발마(高式律羅跋摩) 285

고식승개(高式勝鎧) 285

고창군(高昌郡) 99

고창벽(高昌壁) 98, 99

고창태수(高昌太守) 99

고패(古貝) 71, 288, 291, 293, 294, 305, 308, 309, 311, 312, 324, 327, 329

곤오(昆吾) 37, 39

『공괴집(攻媿集)』 15, 32, 44, 46, 54, 60, 68, 72, 73, 75, 79, 80, 81, 84, 89, 90, 93, 139, 157, 163, 169, 179, 180, 182, 192, 249, 255, 263, 268, 271, 278, 281, 284, 287, 288, 291, 302, 309, 312,

공상(空桑) 37, 39

관영(灌嬰) 264, 265, 269, 270, 271

교진여(憍陳如) 289, 292, 294

교지(交趾) 284, 285, 287, 294

구자국(龜玆國) 14, 33, 108, 175, 178, 179, 180, 181, 182, 183

구지저(仇池氐) 87, 88

국가(麴嘉) 99

국문태(麴文泰) 101

국백아(麴伯雅) 100, 103

국씨(麴氏) 98, 99, 100, 109, 110

굴다(屈多) 65, 68, 714

금귀걸이(金耳飾) 243, 305, 311, 312,

금성(金城) 37, 38, 222

기주(岐州) 92, 95,

길천자(吉天子) 253, 254, 313

낭아수국(狼牙修國) 15, 33, 243, 305, 306, 310, 311, 312, 331,

낙랑(樂浪) 164, 165, 184

노국(魯國) 13, 19, 40, 41, 42, 43, 44, 46, 47

노국(虜國) 41, 44, 48

누약(樓鑰) 149, 281

『대관록(大觀錄)』 14, 32, 33, 101

『대당내전록(大唐內典錄)』 41, 42, 44, 47

『대당서역기(大唐西域記)』 72, 79, 80, 81, 83, 84, 215, 272,

대방(帶方) 165, 184, 188, 189, 192, 195, 196, 199

대완(大宛) 37, 38, 39, 64, 220

대월지(大月支) 70, 140, 265,

대진(大秦) 39, 69, 108

단혈(丹穴) 37, 39

담로(檐魯) 164, 166, 171, 173,

돌아(突阿) 318, 319, 320,

동완(董琬) 144

동위(東魏) 43, 44, 101

동익주(東益州) 88, 89, 90, 93, 95, 96

동진(東晉) 50, 73, 76, 77, 78, 92, 114, 143, 148, 165, 205, 206, 247

도선(道宣) 41, 149, 340, 342

독가사나(獨訶邪挐) 288,

녹가씨나(獨訶氏挐) 288, 294

등지강(鄧至羌) 314, 322

등지국(鄧至國) 51, 314, 315, 316, 317, 318, 319, 320, 321, 322

마르즈반(Marzban) 274, 277

마원(馬援) 285

마유(馬儒) 99

말국(末國·秣國) 33, 264, 272, 273, 274, 275, 276, 277, 278, 323,

모도(牟都) 171, 173,

모용부(慕容部) 57

무론(茂論) 71,

무릉(武陵) 114, 115, 118, 122. 285

무흥국(武興國) 80, 84, 87, 88, 89, 90, 91, 92, 94, 95, 297,

문라(文螺) 287, 291, 293,

문성제(文成帝) 142, 147

박트라(Baktra) 264

박트리아(Bactria) 264

발니(浡泥) 287

발흐(Balkh) 264, 265

방소국(旁小國) 14, 16, 18, 19, 21, 163, 164, 167, 234, 237, 238, 239, 242, 243, 246, 247, 248, 249, 250, 253, 254, 255, 257, 261, 262, 263

「방국사도(方國使圖)」 12, 15, 17, 18, 203, 205

배자야(裵子野) 12, 15, 17, 18, 203, 205, 264, 265

백묘본(白描本) 142

백제국(白題國) 33, 243, 264, 265, 267, 268, 269, 270, 271, 316

번령(翻領) 102

범전(范旃) 65, 70

범천개(范天凱) 285

『법원주림(法苑珠林)』 149, 340

부남(扶南) 42, 46, 65, 70, 71, 282, 311, 312, 324, 325, 327, 330, 331, 332, 333, 334, 335

북량(北涼) 50, 99, 109, 296

북연(北燕) 50,

색인 **363**

북위(北魏) 43, 44, 50, 88, 92, 94, 95, 96, 99, 100, 101, 109, 136, 142, 143, 144, 147, 165, 217, 302, 316, 321, 322, 336

북주(北周) 41, 93, 100, 109, 229, 296, 314, 322

북천축국(北天竺國) 63, 65, 67, 68

분본(粉本) 11, 24, 47, 142,

불교식 표문 243

『불조역대통재(佛祖歷代通載)』 47

비미호(卑弥呼) 196, 197, 200

빈가(頻伽) 288, 293, 294

삭로(索虜) 44, 48, 136

사라국(斯羅國) 233, 234, 237, 238

사자국(師子國) 14, 72, 73, 74, 75, 76, 77, 311,

사위(舍衛) 71,

『사분율산번보궐행사초(四分律刪繁補闕行事鈔)』 340

『사분율행사초간정기(四分律行事鈔簡正記)』 340, 341, 343

삼불제(三佛齊) 325

상서팽(象舒彭) 302, 314, 318, 319, 320, 321, 322

서양주(西涼州) 314, 318, 319, 320, 321, 322

「서역제국지(西域諸國志)」 143, 146, 147, 148

『석거보급초편(石渠寶笈初編)』 14

석도안(釋道安) 143, 147, 148

선농제(宣統帝) 14, 201

소송(蘇頌) 9, 10, 157

소역(蕭繹) 4, 8, 9, 12, 15, 17, 18, 37, 39, 44, 46, 115, 116, 125, 142, 143

『속고승전(續高僧傳)』 233, 238, 241

손휴(孫休) 114, 118, 120

「손현착고려의도(孫夐著高麗衣圖)」 13

수마트라섬 306, 325

수정(水晶·水精) 151, 155, 259, 262

승가라(僧伽羅) 72,

스리랑카 72, 73, 288

신독(身毒) 63, 64, 65, 68, 69, 70, 183

싱할러(Sinhala)족 72

아철다(阿撤多) 311

안식(安息) 130. 141,

안식국(安息國) 39, 142, 146, 147, 148, 274

야랑(夜郎) 37, 38, 311

약수(弱水) 37, 39

양근홀(梁謹忽) 299, 301, 303

양미기(梁彌機) 299, 300, 301, 302, 320, 321

양미박(梁彌博) 299, 300, 301, 302, 303

양미안(梁彌顏) 301

양무제(梁武帝) 8, 12, 15, 17, 38, 51, 65, 73, 108, 115, 125, 142, 144, 173, 185, 191, 213, 218, 227, 242, 243, 248, 288, 311, 325, 329

「양사공기(梁四公記)」 105

양원제(梁元帝) 8, 9, 15, 17, 37, 44, 46, 47, 54, 105, 142

양주(梁州) 88, 92, 108

양주(揚州) 242, 247, 248, 262

에프탈(Ephtal) 129, 130, 136, 256, 264

여단국(女蜑國) 125, 336, 338

여비(餘毗) 162, 163, 165, 170, 171, 173

여융(餘隆) 162, 163, 165, 171, 173

색인 **365**

여전(餘腆) 162, 163, 165, 168

여태(餘太) 162, 163, 165, 168

「역대제왕도권(歷代帝王圖卷)」 41, 43

연성(延城) 179, 180, 181, 182, 183

염부제(閻浮提) 242, 246, 247, 248

엽달(嚈噠) 83, 85, 86, 129, 130, 140

엽파(葉波) 71

예예국(芮芮國) 46, 50, 51, 53, 54, 55

『오문정집(吳文正集)』 42

오승(吳升) 14

오손(烏孫) 181, 182, 183, 222

오조돌기모(烏早突騎帽) 89, 92, 97, 297

옥관(玉關) 37, 38

옥 에오(Oc Eo) 330, 332

옥하(玉河) 220, 221, 224

왜(倭) 33, 167, 171, 172, 173, 174, 184, 189, 191, 192, 194, 196, 197, 198, 199, 200, 237, 239

왜(倭)의 오왕(五王) 191

왜국왕(倭國王) 185, 234, 237, 238, 239

요동(遼東) 162, 163, 164, 165, 169, 170, 172, 174, 207, 209, 210, 211, 213,

요사렴(姚思廉) 13, 242

요서(遼西) 157, 162, 163, 164, 165, 169, 170, 172, 174,

우임(右衽) 43, 52, 102, 234

운하포(雲霞布) 308, 309, 311, 312, 313

위국(爲國) 32, 272, 273

위로(魏虜) 44, 49, 55

위자야(Vijaya) 72, 280

유연(柔然) 50, 88, 99, 136, 296

육탐미(陸探微) 13

이수진장(里水鎭將) 318, 319, 320

일대일로(一帶一路) 22, 24

일남(日南) 64, 69, 71, 284, 285, 286, 335

일남군(日南郡) 70, 280, 284, 285, 286, 335

일축(日逐) 37, 38

임강만(臨江蠻) 32, 115, 124, 125, 244, 258, 336, 337

임읍(林邑) 10, 42, 280, 281, 282, 286, 294, 295, 324, 327, 328, 329, 330, 334, 335

임읍국(林邑國) 84, 281, 284, 285, 286, 331

자바섬 287, 288, 306, 325

자패(紫貝) 287, 291, 293, 294

장건(張騫) 64, 70, 71

장궤(長跪) 261, 262

장경(張庚) 9, 10, 19, 24

장량(張亮) 99, 120

장맹명(張孟明) 99

장옹지(張雍之) 120, 125, 126

장차율(張次律) 8, 157

저거무휘(沮渠無諱) 99

전자(田慈) 118

점성(占城) 280

절풍(折風) 205, 206, 207, 208, 211, 212, 213

조우관(鳥羽冠) 202

좌임(左衽) 49, 52, 55, 102, 160

주고가국(周古柯國) 13, 33, 136, 217, 242, 243, 244, 246, 247, 248, 249, 255, 257, 258, 259,

263, 316

주애(朱崖) 38, 190, 194, 199, 200

주패지(珠貝智) 288, 293

중천축국(中天竺國) 65, 68, 70, 71

지이시통(葛嗣㴸) 9, 19, 24

직령(直領) 102

진령(秦嶺) 61, 62, 92, 95, 96

진랍(眞臘) 282, 294, 295, 330

진평(晉平) 170, 172

진평현(晉平縣) 163, 164, 165, 169, 170

차말국(且末國) 276, 277, 278, 279

찰리마가(刹利摩訶) 73, 76, 78

찰리마가남(刹利摩訶南) 73, 75, 76

찰리사가(刹利邪伽) 288, 294, 295

책(幘) 202, 205, 206, 207, 208, 211, 212, 213

천감(天監) 18, 51, 54, 55, 56, 60, 61, 62, 65, 68, 71, 90, 93, 94, 95, 96, 137, 138, 139, 140, 157, 169, 171, 172, 173, 174, 182, 210, 211, 213, 214, 218, 220, 221, 224, 227, 258, 284, 285, 286, 288, 291, 292, 293, 294, 300, 301, 302, 303, 304, 309, 310, 311, 312, 313, 318, 319, 320, 321, 322, 325, 327, 328, 329, 330, 332

천문군(天門郡) 113, 118

천문단(天門蜑) 114, 120

천문만(天門蠻) 13, 14, 113, 114, 115, 118, 120, 125, 337

천축(天竺) 63, 64, 68, 69, 70, 71, 72, 76, 77, 78, 309, 310, 311, 312, 313, 343

청구(青丘) 37, 39

청해(青海) 61, 62

체르첸(Cherchen) 272

축나달(竺羅達) 65, 71

『출삼장기집(出三藏記集)』 216, 217

친위왜왕(親魏倭王) 196, 198

카프탄(Caftan/Kaftan) 176, 217, 243, 244, 257, 258, 265

타쉬쿠르간(Tashkurghan) 79, 83

탁발(의)로(托跋(猗)盧) 42, 47, 48, 49

탁발섭규(托跋涉珪) 42, 47, 48, 49

탁발십익건(托跋拾翼鞬) 42, 48, 47

탕주(宕州) 296

탕창강(宕昌羌) 296, 302, 319, 320

탕창국(宕昌國) 20, 33, 92, 296, 297, 299, 300, 301, 302, 303, 304, 315

『태평광기(太平廣記)』 105

토욕혼(吐谷渾) 51, 57, 58, 60, 61, 62, 87, 296, 314, 315

파가달다(婆伽達多) 310, 311, 312, 313

파르티아(Partia, 安息國) 39, 142, 146, 147, 148, 274

파리국(婆利國) 270, 287, 288, 291, 292, 293, 294, 295, 311

파사국사(波斯國使) 142, 146, 147

파율침향(婆律沉香) 309, 310

팔활(八滑) 130, 134, 136, 139, 140

푸난(Funan) 330

필취발마(弼毳跋摩) 285, 286

하남(河南) 51, 55, 56, 60, 102, 109, 110, 111, 112, 258, 297, 299, 301, 303, 304, 315

하남국(河南國) 51, 58, 217, 244, 297, 299, 300, 303

하·양이주제군사(河·涼二州諸軍事) 296, 301, 302, 303, 304

하·양이주자사(河·涼二州刺史) 296, 299, 300, 301, 302, 303, 304, 319, 321

『한원(翰苑)』 18, 167, 202, 203, 207, 238

한중(漢中) 87, 88, 89, 92, 93, 94, 95, 96

향개(向瑊) 120

향홍(向弘) 120

혜생(慧生) 141, 144

호람나파(護濫那婆) 288, 294, 295

호밀단국(胡密丹國) 13, 33, 79, 217, 243, 244, 249, 255, 256, 257, 259, 259, 261, 262, 263, 316

호복(胡服) 103

호탄(Khotan) 136, 215, 216, 221

환왕(環王) 280

활(滑) 134, 136, 138, 140, 246, 248, 249, 253, 254, 255, 261, 262, 263, 270, 271

활국(滑國) 11, 14, 17, 85, 86, 129, 130, 136, 139, 140, 147, 148, 150, 151, 217, 242, 243, 244, 249, 250, 251, 255, 256, 257, 258, 263, 264, 265, 268, 269, 270, 271

회계(會稽) 188, 189, 190, 194, 198, 199, 200

효무제(孝武帝) 109, 114, 173, 299, 324, 325, 327, 329

흉노(匈奴) 48, 49, 50, 54, 55, 56, 64, 183, 222, 231, 264, 265, 268, 269, 270, 271

역주
양직공도

지은이 | 한원연구회
펴낸이 | 최병식
펴낸날 | 2025년 9월 30일
펴낸곳 | 주류성출판사
주소 | 서울특별시 서초구 강남대로 435 주류성빌딩 15층
전화 | 02-3481-1024(대표전화)   팩스 | 02-3482-0656
홈페이지 | www.juluesung.co.kr

값 40,000원

잘못된 책은 교환해 드립니다.

ISBN 978-89-6246-563-1 93910